Dominando Gerenciamento de Projetos com
MS PROJECT 2010

Francisco Constant de Figueiredo
Helio Carlos Maciel Figueiredo

Dominando Gerenciamento de Projetos com MS PROJECT 2010
Copyright© Editora Ciência Moderna Ltda., 2013

Todos os direitos para a língua portuguesa reservados pela EDITORA CIÊNCIA MODERNA LTDA.
De acordo com a Lei 9.610, de 19/2/1998, nenhuma parte deste livro poderá ser reproduzida, transmitida e gravada, por qualquer meio eletrônico, mecânico, por fotocópia e outros, sem a prévia autorização, por escrito, da Editora.

Editor: Paulo André P. Marques
Produção Editorial: Aline Vieira Marques
Assistente Editorial: Lorena Fernandes
Capa: Paulo Vermelho
Diagramação: Daniel Jara
Copidesque: Lorena Fernandes

Várias **Marcas Registradas** aparecem no decorrer deste livro. Mais do que simplesmente listar esses nomes e informar quem possui seus direitos de exploração, ou ainda imprimir os logotipos das mesmas, o editor declara estar utilizando tais nomes apenas para fins editoriais, em benefício exclusivo do dono da Marca Registrada, sem intenção de infringir as regras de sua utilização. Qualquer semelhança em nomes próprios e acontecimentos será mera coincidência.

FICHA CATALOGRÁFICA

FIGUEIREDO, Francisco Constant de. FIGUEIREDO, Helio Carlos Maciel.

Dominando Gerenciamento de Projetos com MS PROJECT 2010

Rio de Janeiro: Editora Ciência Moderna Ltda., 2013.

1. Programação de Computador – Programas e Dados 2. Ciência da Computação
I — Título

ISBN: 978-85-399-0411-2

CDD 005
004

Editora Ciência Moderna Ltda.
R. Alice Figueiredo, 46 – Riachuelo
Rio de Janeiro, RJ – Brasil   CEP: 20.950-150
Tel: (21) 2201-6662/ Fax: (21) 2201-6896
E-MAIL: LCM@LCM.COM.BR
WWW.LCM.COM.BR

SUMÁRIO

PARTE I - CONCEITOS E DEFINIÇÕES 1

CAPÍTULO 1 - ENTENDENDO GERENCIAMENTO DE PROJETOS 3

O que é um projeto 4

Definição 5

Características 7

Temporário 7

Específico 7

Mensurável 8

Dinâmico 8

Ciclo de vida 9

Concepção 9

Detalhamento 10

Execução 10

Conclusão 10

O que é gerenciamento de projetos 10

Definição 11

Ciclo de vida 12

Objetivos 15

No planejamento estratégico 15

No planejamento tático... 15

Na determinação de metas 15

No controle 15

Na análise de resultados 16

Na comunicação 16

As partes envolvidas 16

Identificação dos envolvidos nos projetos 16

O gerente de projetos... 17

Técnicas de gerenciamento de projetos 19

Estrutura analítica de projeto (EAP)... 19

Escopo do projeto x escopo do produto 20

Diferentes critérios de decomposição 21

A estruturação do plano 21

Gráfico de Gantt 22

PERT/CPM 24

Elementos básicos do gerenciamento de projetos.................................... 26

Tarefas 26

Duração.. 27

Unidades de duração.. 28

Critérios para estimativas 28

Precedência 30

Ligação 32

Folga... 33

Lag.. 35

Caminho crítico 35

Restrição 36

O mecanismo provável, meta e real 38

Recursos.. 42

Os diferentes tipos de recursos 43

Custo 44

Formas de custeio 44

Formas de apropriação 44

Conflito de recursos 45

Sumário | V

CAPÍTULO 2 - GERENCIAMENTO DE PROJETOS E INFORMÁTICA **49**

Software 49

Por que usar *software* de gerenciamento de projetos 49

Objetivos do *software* de gerenciamento de projetos........... 50

Na fase de planejamento 50

Na fase de controle... 51

Teoria X prática... 52

Orçamento em *software* de gerenciamento de projetos 52

Regime de caixa X regime de competência 53

Custo ABC 56

Formas de apropriação de custos 58

Nivelamento de recursos 58

Viabilidade e exequibilidade... 61

PARTE II - INTRODUÇÃO AO MS PROJECT **65**

CAPÍTULO 3 - VISÃO GERAL **67**

CAPÍTULO 4 - INSTALAÇÃO DO MS PROJECT E DOS ARQUIVOS DE EXEMPLO **73**

Baixando o MS Project 2010 para testar durante 60 dias. 73

Instalando o MS Project 2010.. 74

Instalando service pack 1 do MS Project 2010 79

Procedimento de instalação do service pack 1.................. 79

Instalando os exercícios de exemplo.................................... 80

CAPÍTULO 5 - OS PASSOS INICIAIS.................................. **81**

Iniciando o MS Project 2010 81

Conhecendo a área de trabalho... 82

Barra de título.. 83

Caixa de controle 83

Botões de controle.. 84

Faixa de opções 84

Barra de ferramentas de acesso rápido 85

Gráfico de Gantt... 85

VI | *Dominando Gerenciamento de Projetos com MS Project 2010*

Biombo do Gantt 86
Planilha de tarefas 86
Barras de rolagem 87
Barra de status 87

CAPÍTULO 6 - CONFIGURAÇÕES INICIAIS 89
Organização das configurações: visão inicial 90
Opções de agendamento deste projeto 91

PARTE III - PLANEJAMENTO 95

CAPÍTULO 7 CRIAÇÃO DO POOL DE RECURSOS 97
Configurando calendários de recursos 98
Criando calendários 99
Alterando expediente de trabalho 101
Definindo feriados e horários excepcionais de trabalho 102
Salvando o pool de recursos 106
Disponibilizando calendários para outros projetos 107
Cadastrando os recursos 109
Inserindo informações adicionais 113
Resumo – Criação de *pool* de recursos 115

CAPÍTULO 8 - CRIAÇÃO DE PROJETO 117
Visão geral do planejamento 118
Conclusão 122
Criando um projeto 123
Ficha *Geral* 126
Ficha *Resumo* 127
Ficha *Estatísticas* 129
Ficha *Conteúdo* 130
Ficha *Personalizar* 131
Cadastrando as tarefas 132
Subordinando as tarefas 133
Indicando prazo final 136
Determinando durações das tarefas 136
Definindo o tipo da tarefa 139

Determinando precedências de tarefas 140
Compreendendo melhor latência e tempo decorrido 142
Indicando calendário de tarefas 146
Determinando restrições às tarefas 147
Resumo – Criação de projeto 149

CAPÍTULO 9 - VISUALIZAÇÃO DE PROJETO 153
Personalizando o estilo do gráfico de Gantt 155
Personalizando um tipo de barra 159
Personalizando uma barra específica 161
Formatando as fontes do texto 162
Formatando o texto selecionado 163
Formatando categorias de texto 164
Alterando elementos do layout do gráfico de Gantt 166
Alterando linhas de grade do gráfico de Gantt 169
Ajustando a escala de tempo 171
Trabalhando com o diagrama de rede 174
Aplicando tabelas 184
Personalizando tabelas 197
Disponibilizando tabelas para outros projetos 202
Resumo – Visualização de projeto 203

CAPÍTULO 10 - ALOCAÇÃO DE RECURSOS 209
Associando o projeto a um pool de recursos 210
Alocando recursos a tarefas 213
Utilizando o formulário de tarefas 214
Utilizando a janela atribuir recursos 216
Resumo – Alocação de recursos 224

CAPÍTULO 11 - RESOLUÇÃO DE SUPERALOCAÇÕES 227
Identificando superalocação de recursos 228
Solucionando superalocações administrativamente 232
Determinando prioridades 236
Procedendo ao nivelamento por software 237
Resumo – Resolução de superalocações 244

VIII | *Dominando Gerenciamento de Projetos com MS Project 2010*

CAPÍTULO 12 - DETERMINAÇÃO DE METAS 247
Determinando as metas do projeto 248
Visualizando gráfico de Gantt com meta 250
Resumo – Determinação de metas 251

PARTE IV - CONTROLE 253

CAPÍTULO 13 - CONTROLE 255
Metodologia da operação em software 256
Medindo o real 258
Lançando o real 259
Realinhando o projeto 265
Identificando as distorções 269
Avaliando as distorções 271
Tomando medidas corretivas 272
Publicando o plano 274
Compreendendo custos 275
Resumo – Controle 278

CAPÍTULO 14 - UTILIZAÇÃO DE FILTROS 281
Aplicando filtros 282
Personalizando filtros 289
Disponibilizando filtros para outros projetos 291
Resumo – Utilização de filtros 292

CAPÍTULO 15 - IMPRESSÃO 295
Imprimindo o projeto 296
Configurando a página 296
Ficha *Página* 296
Ficha *Margens* 297
Ficha *Cabeçalho* 298
Ficha *Rodapé* 299
Ficha *Legenda* 300
Ficha *Modo de exibição* 301
Resumo – Impressão 302

CAPÍTULO 16 - EMISSÃO DE RELATÓRIOS 305

Gerando relatórios.. 305

Criando relatórios 309

Relatórios do tipo tarefa 310

Relatórios do tipo recurso 312

Relatórios do tipo calendário mensal.................................. 315

Relatórios do tipo tabela de referência cruzada 316

Resumo – Emissão de relatórios 319

CAPÍTULO 17 - CONFIGURAÇÃO DO AMBIENTE 321

Acessando o menu de opções 322

Opções do Project - Geral 322

Opções do Project – Exibir 324

Opções do Project - Cronograma... 326

Opções do Project - Revisão... 333

Opções do Project – Salvar... 335

Opções do Project – Avançado 337

Permitir aos membros da equipe reatribuir tarefas. 339

Criando uma faixa de opções.. 347

Resumo – Configuração do ambiente.................................... 348

CAPÍTULO 18 - REVISÃO DE METAS 351

Revendo metas... 352

Visualizando metas originais e metas revisadas..................... 356

Resumo – Alteração de metas estabelecidas 359

CAPÍTULO 19 - TRATAMENTO AVANÇADO DE TAREFAS 361

Trabalhando com tarefas recorrentes..................................... 362

Criando tarefas recorrentes... 362

Manipulando tarefas recorrentes... 366

Configurando o gráfico de Gantt... 367

Personalizando visualizações 374

Criando novas visualizações... 374

Disponibilizando modos de exibição para outros projetos 377

Visualizando emprego de tarefas.. 377

Dominando Gerenciamento de Projetos com MS Project 2010

Classificando tarefas 383
   Classificando tarefas com chave simples 383
   Classificando tarefas com chave composta 384
Agrupando tarefas 386
   Usando grupos padrão 386
   Personalizando grupos de tarefas 388
   Disponibilizando grupos para outros projetos 392
Trabalhando com códigos estruturais.. 392
   Formatando o código de estrutura de divisão de trabalho 393
   Renumerando o código de estrutura de divisão de trabalho 395
   Utilizando códigos de estruturas auxiliares 397
Resumo – Tratamento avançado de tarefas 403

CAPÍTULO 20 - TRATAMENTO AVANÇADO DE RECURSOS 409

Visualizando emprego de recursos 410
Visualizando um recurso graficamente...................................... 413
Comparando recursos graficamente.. 414
Registrando disponibilidade temporária 415
Determinando custos diferenciados.. 420
Alocando carga de trabalho diferenciada 423
Classificando recursos... 428
   Classificando recursos com chave simples............................ 428
   Classificando recursos com chave composta 429
Agrupando recursos... 430
   Usando grupos padrão 430
Personalizando grupos de recursos.. 432
   Disponibilizando grupos para outros projetos 435
Resumo – Tratamento avançado de recursos............................. 436

CAPÍTULO 21 - CAMPOS PERSONALIZADOS............................ 441

Preparando o modelo 443
Personalizando campos... 444
Associando indicadores gráficos a campos................................ 452
Disponibilizando campos personalizados para outros projetos 454
Resumo – Campos personalizados.. 455

PARTE VI - GERENCIAMENTO DE MÚLTIPLOS PROJETOS.... 457

CAPÍTULO 22 - ANÁLISE DE SUPERALOCAÇÕES ENTRE PROJETOS 459

Preparando o modelo 460
Preparando o ambiente............ 465
Analisando superalocações entre projetos............ 466
Nivelando recursos entre projetos............ 466
Resumo – Análise de superalocações entre projetos............ 470

CAPÍTULO 23 - PROJETOS CONSOLIDADOS............ 473

Criando um projeto consolidado............ 475
Mostrando caminhos críticos em projeto consolidado 478
Resumo – Projetos consolidados............ 479

CAPÍTULO 24 - PRECEDÊNCIAS ENTRE TAREFAS DE DIFERENTES PROJETOS 481

Preparando o modelo 482
Trabalhando com precedência externa 485
Desfazendo precedência externa 489
Resumo – Precedência entre tarefas de diferentes projetos 490

PARTE VII - INTERFACE COM OUTROS SOFTWARES 491

CAPÍTULO 25 - IMPORTAÇÃO/EXPORTAÇÃO DE INFORMAÇÕES 493

Exportando informações do projeto 494
Exportando para tabelas de dados 495
Exportando com mapa personalizado............ 497
Importando informações para o projeto 500
Importando de banco de dados Access 501
Importando de banco de dados project 502
Importando de tabela de dados 502
Importando com mapa personalizado 503
Exportando imagem............ 508
Resumo – Importação/exportação de informações............ 510

PREFÁCIO

A finalidade de um *software* de gerenciamento de projetos não é apenas o de produzir o desenho de um cronograma. O objetivo principal deste nosso trabalho é o de transmitir conhecimentos de tal forma que fique claro que os cronogramas que vamos produzir são resultado de um planejamento correto e a base fundamental do processo de controle do evolução do projeto. Qualquer profissional que procurar ver apenas o cronograma como o objetivo de trabalho de *software* de gerenciamento de projetos estaria raciocinando de uma forma análoga a aquele que vê em uma planilha eletrônica, como o Excel, a finalidade única de substituir calculadoras. Na verdade, estes *softwares* são o que de melhor podemos conceber para planejar uma empreitada, controlar a execução, recalcular o futuro e deliberar sobre medidas de contingência a serem tomadas para recuperar contratempos ou dissipar prejuízos ocasionais.

O MS Project 2010 é ótimo, mas é uma ferramenta. Em que pese ter uma interface amigável com o usuário, típico de aplicações da Microsoft, é um *software* de gerenciamento de projetos e como tal foi idealizado, processando diretamente para um propósito definido. Sendo assim, é presunção inerente ao manejo do *software* que os seus usuários conheçam as técnicas de gerenciamento de projetos, as quais não fazem parte do ramo das ciências exatas e ocasionalmente podem ter métodos diversos de aplicação, dependendo do cenário e de diversas outras particularidades do projeto.

Dominando Gerenciamento de Projetos com MS Project 2010

Podemos dizer que este *software* faz parte do grupo denominado Sistemas de Apoio à Decisão. Ele se comporta para o gerente de projetos de uma forma similar à qual um cirurgião se vale de um tomógrafo computadorizado: o aparelho não toma decisão alguma para o profissional que utiliza essa ferramenta, mas mostra um quadro, o mais claro possível, da situação que o profissional enfrenta, para que este, apoiado pelas informações do aparelho, baseado nas técnicas que domina e com a experiência adquirida, decida qual é a melhor forma de solucionar o quadro apresentado.

O emprego de técnicas modernas associadas ao uso de ferramentas adequadas é o principal diferencial das empresas modernas e eficientes. Para que uma empresa possa ambicionar sobreviver no mundo de hoje, tais conhecimentos são não apenas indispensáveis, bem como quanto melhor o uso que for feito dessas técnicas e ferramentas, melhores serão seus resultados.

O que observa-se em algumas empresas é que tais processos que, a princípio, entendia-se que deveriam estar centrados em apenas um profissional ou pequeno setor, necessitam de interagir em grande parte da empresa ou até na totalidade da mesma, tanto para a coleta de dados confiáveis, quanto nas ações determinadas por decisões fruto da análise de tais informações.

Muitos conflitos nascem dessa nova abordagem uma vez que temos de encarar com todas as consequências fatos como apontados pela frase sábia que: "Gerenciamento de Projetos é um ramo do conhecimento humano que parte do sublime bom senso de que as coisas não ocorrem necessariamente como queremos e que mesmo assim devemos lutar ao máximo para sermos vitoriosos".

Seria para nós muito simples escrever um livro mostrando monotonamente para que serve cada comando do menu, cada opção do *software*, mas decidimos por elaborar o trabalho de uma forma diferente. Apresentamos o gerenciamento completo de um projeto, desde o seu planejamento inicial até o seu acompanhamento (ou controle), passando por todas as etapas naturais à vista da técnica como, por exemplo, a interpretação diferenciada do que é viabilidade e exequibilidade, a determinação de metas, a interpretação das distorções naturais do acompanhamento, a adoção e aplicação das medidas corretivas e até as revisões de metas. Dessa forma o discurso do livro não segue mecanicamente cada opção do *software*, mas mostra, passo a passo, etapa a etapa, a gestão do projeto, quais são as opções e métodos do *software* aplicáveis a cada fase por que passa o projeto.

Sentimos também a necessidade de apresentar, se bem que de uma forma sintética, as principais técnicas e métodos de gerenciamento de projetos como um preâmbulo ao corpo do trabalho. Recomendamos uma atenta apreciação a este capítulo, o primeiro.

VISÃO GERAL DA OBRA

Parte 1

São apresentados os conceitos fundamentais de gerenciamento de projetos. Esta parte é essencial para a compreensão de todo o restante do trabalho. Mesmo que o leitor já tenha conhecimento das técnicas e princípios essenciais de gerenciamento de projetos, a leitura e perfeita compreensão dessa parte é essencial, não só à guisa de uma revisão conceitual, mas também pelo fato de que com o advento dos *softwares* de gerenciamento de projetos muitos conceitos foram revistos ou implementados, merecendo atenção redobrada os conceitos de Custo e Nivelamento. O funcionamento do software associado a ideias do tipo "Eu tinha programado originalmente a tarefa X para a data tal, mas com um atraso na sua tarefa anterior quando será, na verdade, que esta tarefa deverá ocorrer ?" é abordado nesta parte, de imprescindível compreensão. A sistemática necessária ao bom emprego de *software* de gerenciamento de projetos merece detida atenção.

Parte 2

Apresentamos as diferenças entre as novas modalidades do MS Project, Standard e Professional, bem como as associações necessárias do produto para alcançar o Microsoft Project Enterprise Solution. Nesta parte são apresentados também, alguns tópicos preliminares necessários à operação do *software*, como a instalação do MS Project, como localizar o *site* dos autores e proceder ao *download* dos arquivos utilizados nos exemplos do decorrer do livro, apresentação da área de trabalho e seus elementos estruturais e algumas configurações que se fazem necessárias para o funcionamento mais amigável do *software*.

Parte 3

Tem por finalidade a apresentação completa do desenrolar da etapa de planejamento de um projeto sendo gerenciado pelo MS Project em toda a sua eficácia. Aplica uma metodologia de trabalho extremamente produtiva e que leva o leitor a compreender como as partes se juntam formando um todo, enfocando desde o passo inicial, que é a criação do *Pool* de Recursos, até o término do planejamento, composto pela Determinação de Metas do projeto, passando pela Análise de Viabilidade e pela Análise de Exequibilidade, incluindo a resolução de indisponibilidade de recursos. Para aqueles que já tem experiência no MS Project em versões anteriores a 2000, muita atenção no reexame da parte de recursos, sobre o custo de materiais, pois seu entendimento de taxa--padrão e custo/uso sofreram radical alteração.

Parte 4

Tendo terminado o planejamento, o próximo passo é o acompanhamento do projeto, discutido aqui primeiro sob o enfoque organizacional, quando são identificadas e comentadas as diferentes etapas que compõem o ciclo do acompanhamento, e em seguida sob o enfoque operacional, quando são apresentadas para cada etapa as ferramentas disponíveis. O foco nos resultados é preocupação marcante, portanto, a utilização de ambientes mais propícios é abordada a todo o momento e os diferentes comportamentos do *software* frente a cada alternativa de operação que se apresenta ao usuário são comentados. A identificação e avaliação de distorções frente ao planejamento merecem tópicos específicos, assim como a tomada de medidas corretivas e a publicação do projeto com as novas perspectivas.

Parte 5

É a complementação essencial do trabalho, pois o desejo é sermos o mais abrangentes dentro do possível. Para o tratamento genérico de projetos esses tópicos são acessórios, mas tão belos e profundamente úteis que batizamos esta parte de Ferramentas de Produtividade. Fundamental, por abrir novos horizontes para o manuseio de informações, é o tópico sobre Campos Calculados.

Parte 6

Aqui é tratada a problemática do gerenciamento de múltiplos projetos, simultâneos ou não, em toda a sua abrangência, com especial destaque para o capítulo que trata da análise de conflitos de recursos entre projetos, o que permite a perfeita gestão do compartilhamento de recursos entre projetos e a consequente otimização do uso destes recursos. Esta parte abre um universo de aplicações para as altas gerências das empresas que permite a gestão integrada com máxima otimização de custos e prazos, visto que os impactos entre projetos são planejados e monitorados, e no nível de detalhamento mais adequado a cada momento e a cada interlocutor.

Parte 7

Nesta parte são tratados todos os processos de interface do MS Project com outros *softwares*, como, por exemplo, o Excel e o Access, processos estes tão úteis nesta época atual em que o tempo é cada vez mais curto, a precisão da informação cada vez mais essencial e a redundância funcional cada vez mais condenável. Tópicos especiais focam a exportação de gráficos para o Excel, de extrema utilidade e muita praticidade, a exportação de imagens GIF, que podem ser utilizadas em qualquer aplicativo compatível com este padrão, e a exportação para páginas WEB, cada vez mais presentes e universalizando a informação.

Infelizmente, a tradução da versão 2010 continua tão ruim quanto nas versões anteriores. Foram feitas traduções literais quando estas não caberiam, por se tratar de termos amplamente consagrados e usados em todas as boas obras sobre a cadeira Gerenciamento de Projetos; por exemplo, Work Breakdown Structure (WBS), consagradamente tratado como Estrutura Analítica de Projetos (EAP), foi traduzido literalmente como Estrutura de Divisão de Trabalho (EDT). Em casos em que deveria, a tradução literal não foi utilizada, como Free Slack, consagradamente tratado como Folga Livre, que foi traduzido como Margem de Atraso Permitida. Existe ainda o caso dos termos de difícil tradução, que o bom senso opta pela não tradução, como Delay, cuja melhor tradução seria Retardo e não Atraso, o que constitui um erro, pois em gerenciamento de projetos qualquer emprego do termo Atraso está obrigatoriamente ligado à distorção entre o estabelecido contra uma perspectiva de execução e Delay, tanto o imposto na alocação de recursos quanto o resultante de operação de nivelamento de recursos, é determinado a princípio durante a fase de planejamento, quando é impossível a existência de atraso, pois no planejamento ainda não existe um cronograma-referência.

Nossa opção foi empregar os termos consagrados de gerenciamento de projetos no corpo da obra, só fazendo uso de termos traduzidos nessa versão do software quando se trata de menção a campos ou comandos para emprego nos exercícios práticos.

Colocamos à sua disposição nossa home page http://www.controlplan.com (sem o .br), assim como os nossos e-mails fconstant@controlplan.com e helio@heliofigueiredo.com.br, abertos a quaisquer sugestões, críticas, etc. Agradecemos desde já toda e qualquer contribuição.

I

CONCEITOS E DEFINIÇÕES

1

ENTENDENDO GERENCIAMENTO DE PROJETOS

É necessário ao usuário do MS Project, assim como de qualquer outro *software* de gerenciamento de projetos, o conhecimento dos conceitos fundamentais que regem esta cadeira de Administração denominada Gerenciamento de Projetos.

Em que pese desde tempos imemoriais a civilização estar marcada por grandes projetos (as Pirâmides, o Aqueduto Romano, a Grande Muralha da China), até o século XX existe uma total desinformação de como tais projetos eram administrados. Apenas a partir de finais do século XIX, com trabalhos como os de Fayol sobre a criação das bases da Administração de Negócios é quando podemos dizer que começamos a empregar o gerenciamento de uma forma organizada e sistemática.

As aplicações práticas dos conceitos de Administração deram um grande salto quando no início do século passado o Frederick Taylor publicou a monografia sobre "Principios do Gerenciamento Científico" e Eng. Henry Gantt concebeu o que os técnicos de idioma inglês chamam de Gráfico de Gantt (Gantt Chart) e que nós chamamos de cronograma. Desde lá foram desenvolvidos e amadurecidos diversos conceitos e técnicas (Caminho Crítico e PERT/CPM, entre inúmeros outros) que apresentam-se hoje em dia perfeitamente definidas, testadas e documentadas.

Apesar de serem conceitos técnicos, a sua aplicabilidade se mostra extremamente familiar, sendo muito comum os iniciantes descobrirem, surpresos, que muitas das ideias apresentadas são utilizadas cotidianamente pelas pessoas. A diferença é que este uso cotidiano se baseia no empirismo, enquanto o uso que defendemos é extremamente técnico, utilizando meios concretos e objetivando metas pré-definidas. Incontestável é a ideia de que todos gerenciamos projetos durante nossas vidas, uns mais empíricos, outros mais técnicos, mas todos gerenciamos projetos.

Um projeto pode ser a construção de um balanço no jardim de casa ou pode ser o desenvolvimento de um novo composto químico revolucionário, pode durar algumas horas ou muitos anos, pode custar alguns Reais ou vários milhões de Dólares, mas todos são projetos.

O que realmente marca um projeto na história é o nível de sucesso alcançado. Alguns projetos são fadados ao fracasso, os prazos não são cumpridos, os custos são estourados, os problemas se sucedem com uma frequência impensada. Outros projetos apresentam índices de sucesso que provocam orgulho em qualquer gerente, com os problemas sendo solucionados preventivamente antes mesmo que ocorram, os índices de qualidade cumpridos, o cliente satisfeito... Porque isto ocorre? Na maioria das vezes, a diferença entre o sucesso e o fracasso de um projeto se resume a dois itens: planejamento e controle bem feitos, de forma responsável e coerente.

Neste capítulo apresentaremos os conceitos necessários para um gerenciamento de projetos responsável e coerente.

O que é um projeto

Para entender e aplicar bem as técnicas de gerenciamento de projetos é necessário, antes de qualquer coisa, conhecer o que é um projeto, para que serve, como funciona, suas características marcantes. É o que faremos neste tópico.

Definição

"Projeto é um conjunto de tarefas inter-relacionadas que tem como objetivo gerar um produto pré-definido em um prazo limitado".

As organizações têm como ponto comum o fato de produzirem bens ou serviços para serem ofertados a seus clientes, os quais, por sua vez, fazem exigências quanto às características do produto que irão consumir, assim como quanto ao custo e ao momento ideal para o consumo. Fica claro que para uma organização ser vitoriosa não basta produzir algo e ofertar ao mercado; o produto deve obedecer a determinadas especificações, ter um valor atraente, estar disponível no momento que a demanda se faz presente e, para que isto ocorra, é necessário planejar, executar e controlar cada etapa de produção, diligenciando para que os três quesitos que impactam diretamente o produto permaneçam o mais próximo possível dos anseios daqueles que realmente determinam a existência das organizações: os clientes.

Note que aqui, como em toda a extensão desta obra, quando citamos o termo produto estamos nos referindo tanto a bens quanto a serviços, pois, no nível de abordagem apresentado, o do gerenciamento de projetos, tal distinção não se faz necessária.

Especificação, prazo, custo, estamos falando do Triângulo do Projeto. Todo projeto possui um prazo, um orçamento e um escopo (a combinação de todos os objetivos e tarefas do projeto representada pelo trabalho necessário para sua conclusão) específicos e muito bem definidos, os quais interagem continuamente, fazendo com que alterações em um ou mais dos componentes do triângulo provoquem impacto em um ou mais dos outros componentes.

Devemos estar atentos para a diferença entre especificação ou escopo de produto e escopo de projeto. O escopo de produto determina claramente o que será produzido, apontando as características e funcionalidades esperadas. O escopo de projeto indica a combinação de todos os objetivos e tarefas do projeto, representada pelo trabalho necessário para concluí-los, ou seja, o trabalho necessário para gerar o produto final, de acordo com suas características e funcionalidades e contemplando cada um dos processos e subprodutos necessários.

E a qualidade? A preocupação com a qualidade deve estar presente como foco principal em toda e qualquer empreitada, e o Triângulo do Projeto a situa como seu elemento central. O prazo, o custo e o escopo do projeto – os lados do triângulo – existem para dar forma à qualidade – o corpo do triângulo. A qualidade não é um fator do triângulo, mas o resultado do que fazemos com o tempo, o custo e o escopo.

Figura 1.1. O Triângulo do Projeto.

Projetos se apresentam como a ferramenta ideal para gerenciar a implementação dos planos estratégicos das organizações, visto que planos estratégicos nada mais são que um conjunto de objetivos a serem atingidos. Cada um destes objetivos pode ser representado por um ou mais projetos que, por sua vez, são desenvolvidos por um ou mais níveis da organização, envolvem uma ou milhares de pessoas, duram poucas horas ou vários anos, podendo envolver uma única unidade organizacional ou até várias organizações trabalhando em conjunto para a realização do objetivo.

Não importa o tamanho ou a abrangência de uma empreitada, todo objetivo a ser atingido pode ser gerenciado por projeto.

Podemos citar como exemplos de projetos a construção de um prédio, a construção de uma usina hidrelétrica, a construção de um navio, a mudança de local de uma fábrica, a realização de uma operação militar, o desenvolvimento de um novo produto, a realização de um evento, a produção/lançamento/veiculação de uma campanha educativa, a implementação de um novo sistema organizacional, etc.

Características

Determinadas características devem estar sempre presentes em um projeto, para que o mesmo seja definido como tal. A seguir discutimos as principais características dos projetos.

TEMPORÁRIO

Todo projeto deve ter necessariamente um início e um fim muito bem definidos, tanto no aspecto físico quanto no aspecto cronológico.

Durante o ciclo de vida do projeto, tanto o marco de início quanto o de término podem sofrer deslocamentos no tempo, de forma a representar adiantamentos ou adiamentos, podendo ainda o projeto sofrer descontinuação, por não ser mais possível ou interessante cumprir o objetivo delineado, sendo o marco de término, neste caso, deslocado para o momento da interrupção da operação. Por ter objetivos relacionados a tempo, projetos são ditos como *one-time goal objective*.

Note que a característica de temporalidade discutida aqui se aplica aos projetos. Um produto originário de um projeto pode ser ou não temporário, tendo seu ciclo de vida vinculado ao do projeto apenas no período de concepção do produto e a partir daí totalmente independente.

ESPECÍFICO

Um projeto deve determinar um objetivo final específico.

Um objetivo específico deve esclarecer não apenas o produto final que está sob foco, mas também o alcance ou extensão do projeto, parâmetros de magnitude, grupos afetados e tantos outros detalhes quantos forem possíveis.

Um objetivo é específico – único – mesmo quando já foram desenvolvidos inúmeros projetos com objetivos semelhantes, pois cada um destes projetos produziu um produto único, já que possuem um projeto próprio, um momento de produção único e/ou uma localização única e/ou um consumidor único e/ou um código de identificação único e assim por diante. Por exemplo, projetos de instalação de redes de computadores podem parecer todos iguais – computadores, cabos, roteadores, ligar tudo – porém cada um deles tem datas de início e de fim distintas e/ou diferentes quantidades de computadores afetados e/ou diferentes distâncias entre os pontos e/ou...

MENSURÁVEL

Por permitirem medições de grandezas concretas e análises baseadas nestas medições, dizemos que projetos são mensuráveis.

Diversas variáveis podem ser medidas em um projeto, tais como prazo, custo, percentual de evolução física, quantidade de trabalho e quantidade de unidades de material. A partir destas medições é possível determinar desde valores absolutos, como custo total do projeto e prazo de uma etapa, até números relativos, como variação entre prazo realizado e prazo projetado, índice de sucesso, e ainda percentual de trabalho extra sobre trabalho planejado.

De todas as características naturais de um projeto é exatamente esta propriedade, a do projeto ser, por definição, mensurável é que nos permite estabelecer todas as bases de estimativas, medições e cálculos do processo de gerenciamento de projetos visto pela perspectiva do cronograma e do orçamento.

"Tudo que é importante tem de ser medido, porque somente o que é medido pode ser gerenciado"
(Kaplan & Norton)

DINÂMICO

Projetos estão sempre sujeitos a alterações, por isto são ditos dinâmicos.

Não existe um projeto que, durante todo o seu ciclo de vida, se desenvolva sem sofrer alterações de escopo, prazo ou custo. Durante a fase de planejamento o projeto sofre mudanças conforme vai sendo refinado e adequado às circunstâncias que vão se apresentando, durante a fase de execução/controle o projeto sofre mudanças porque invariavelmente ocorrem disfunções de performance que produzem impacto sobre prazos, custos e trabalho, disfunções estas que vão gerar a necessidade de medidas corretivas que, por sua vez, gerarão mais alterações.

Projetos são dinâmicos porque o mundo onde existem é dinâmico, porque as pessoas que com ele interagem são dinâmicas, porque é necessário se adequar a todo este dinamismo que o envolve.

"Não existe planejamento que permaneça inalterado após o nosso primeiro contato com o inimigo"
(Von Moltke)

Ciclo de vida

Todo projeto, por ser temporário, possui um ciclo de vida muito bem definido, o qual indica claramente o ponto de início e o ponto de término do projeto. De forma semelhante aos seres vivos, um projeto nasce quando se apresenta na forma de uma ideia traduzida mais como uma esperança do que como uma realidade, cresce tomando uma forma bem delineada que indica claramente onde deverá chegar, produz gerando bens palpáveis ou não para a sociedade, ensina transmitindo o conhecimento armazenado durante sua existência e acaba, na maioria das vezes resistindo a este final.

Cada fase do Ciclo de Vida de um projeto o mostra sob um determinado enfoque.

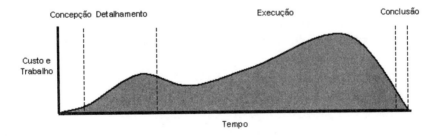

Figura 1.2. *O ciclo de vida do projeto.*

CONCEPÇÃO

Esta fase mostra um projeto delineado a partir de informações técnicas que se baseiam em um ambiente ideal de trabalho no que diz respeito a métodos produtivos, disponibilidade de recursos e produtividade, podendo seu nível de detalhamento se limitar a representar etapas, sem detalhar as tarefas que as compõem.

DETALHAMENTO

Nesta fase o projeto evolui para sua forma mais elaborada, apresentando um nível de detalhamento que seja suficiente para embasar todos os procedimentos de análise e de controle do projeto e refletindo não apenas as informações técnicas, mas também os fatores contingenciais específicos de um determinado objetivo a ser alcançado.

EXECUÇÃO

Durante a fase de execução o projeto mostra a realidade da sua implementação e as consequências desta realidade sobre o objetivo final planejado, exigindo constantes operações de replanejamento para fazer frente aos desvios de rumo que inevitavelmente vão se apresentando, podendo estes desvios impactar prazos, custos e escopo.

CONCLUSÃO

O produto está concluído contrapondo a expectativa do planejamento e a realidade da execução. Nesta fase o projeto mostra as informações necessárias para a entrega e respectiva aceitação do produto final pelo cliente, além dos índices e relatórios finais, os quais vão transformar toda a informação gerada durante as diferentes fases do ciclo de vida do projeto em *business intelligence*.

O que é gerenciamento de projetos

Tendo entendido o foco das atenções que é o projeto, passemos agora à análise do que seria Gerenciamento de Projetos, algo que todos fazemos espontaneamente no dia a dia, mas com um enfoque empírico ou pouco técnico. O gerenciamento de projetos, assim como o projeto, tem ciclo de vida e objetivos muito bem definidos, e quanto mais aperfeiçoadas as ferramentas, melhores serão os resultados.

Definição

"Gerenciamento de Projetos é a aplicação de métodos de planejamento e controle para coordenar tarefas e recursos visando obter sucesso no objetivo maior, o projeto".

O gerenciamento de projetos tem por finalidade essencial municiar o gerente de projetos com todas as informações necessárias para habilitá-lo a fazer análises de viabilidade e de exequibilidade na fase de planejamento e a tomar medidas de contingência necessárias à correção de distorções que ocorram durante a fase de acompanhamento, pois por via de regra os projetos não são executados conforme o planejado. É uma disciplina que parte do bom senso de que as coisas não acontecem conforme o previsto, portanto, o objetivo fundamental não é acertar passo a passo todo o projeto, mas sim tê-lo sob rígido controle, pois, desta forma, os problemas se apresentam concretos e palpáveis e acertar o objetivo final torna-se consequência do bom gerenciamento destes problemas.

Nossas empreitadas podem ter duas conotações distintas: podem ser aventuras ou projetos. O que nós aqui tratamos como gerenciamento de projetos é uma ação extremamente sistematizada e racional, quando temos como principal intenção reduzir ao mínimo a questão mais crucial na gestão de um projeto, que é a questão da imponderabilidade do futuro. Isso não quer dizer que queiramos dar uma de Profeta adivinhando o que irá acontecer, porém como já disseram alguns ilustres pensadores:

"Se quiseres conhecer o invisível abra bem os olhos para o visível", por Helena Petrovna Blavatsky em *"A doutrina secreta";*

"O pior dos erros é não prever", por Sun Tsu em *"A Arte da Guerra".*

Esta forma de procedimento racional denominado gerenciamento de projetos está ligado a diversas questões de ordem técnica, mas todas extremamente razoáveis, tanto que vamos nos surpreender quando nos dermos conta que já imaginamos ou até já utilizamos muitos dos tópicos ilustrados aqui, porém quando o fizemos foi de uma forma bastante inconsistente, devido à falta de embasamento técnico.

Ciclo de vida

Sendo o gerenciamento de projetos uma técnica direcionada a projetos, o mesmo apresenta um ciclo de vida que reflete o ciclo de vida do projeto-alvo. Gerenciamento de projetos é uma atividade que se inicia imediatamente após decidirmos realizar um objetivo e termina quando da concretização deste objetivo, ou em alguns casos, infelizmente, da desistência.

É indispensável a perfeita compreensão do quadro que se segue, pois ele descreve o que vem a ser a atividade de gerenciamento de projetos: em que fases se divide, quais as ações típicas de cada fase e qual o objetivo formal de cada uma.

Para que a realização de uma empreitada possa decorrer da forma mais sistemática possível é necessário cumprir duas etapas distintas.

1. **Planejar:** antes de nos comprometer em assumir quaisquer compromissos advindos do custeio de atividades ligadas à concretização de um determinado objetivo, é necessário estimar os prazos e custos envolvidos com a execução desta empreitada da maneira mais consciente possível, para que com esses parâmetros possamos avaliar a viabilidade e a exequibilidade da iniciativa, pois é sabido que só devemos nos compromissar com aquilo que podemos cumprir. A isso chamamos de Planejamento, logo, Planejamento é uma ação realizada antes do início da execução física de um projeto, com a finalidade de estimar os prazos e custos que serão advindos quando de sua execução e, consequentemente, avaliar se o projeto é viável e exequível.

2. **Controlar:** toda a problemática do gerenciamento de projetos está baseada em um curioso fato, por melhor que seja um planejamento, nada garante que as coisas ocorrerão de forma idêntica ao planejado. Na maioria das vezes, infelizmente, as coisas não ocorrem tal como foi planejado e de nada adianta nos determos no que já aconteceu, o que precisamos é de meios para descontar os fatos negativos já acontecidos em ações que estão previstas e ainda não ocorreram, de forma que possam ser executadas com maior rapidez e/ou com menor custo. Lembre-se "Gerenciamento de projetos não é para chorar o leite derramado mas, sim, para correr atrás

Capítulo 1 - Entendendo Gerenciamento de Projetos | **13**

de metas". Assim, é necessário medir periodicamente, se possível a intervalos regulares, os prazos e custos advindos da execução do projeto, para que estes prazos e custos reais sejam comparados aos prazos e custos estimados na fase de planejamento, o que vai permitir não somente a identificação das distorções, como principalmente a deliberação sobre medidas eficazes a adotar para diminuir ou solucionar as quebras nestes custos e prazos. A isso chamamos de Controle, podendo definir como "Controle é uma ação de nível gerencial quando, pela medição de fatos relacionados a prazos e custos acontecidos durante a execução de um projeto, são constatadas distorções face ao planejado e é decidido onde serão aplicadas medidas corretivas".

Neste ponto fica clara a máxima importância do planejamento, pois são seus dados referentes a prazos e custos que servirão como elementos balizadores para a aferição do controle. Assim, o resultado final do planejamento deve ser documentado para que sejam atestados esses dados balizadores. Esta documentação, a última ação do planejamento, é chamada de Determinação de Metas, quando os gestores do projeto concluem que já realizaram da melhor forma possível a estimativa dos prazos e custos que serão advindos da execução física do projeto e concluíram que o projeto a esse instante se mostra viável e exequível, neste instante publicando o cronograma referência do projeto e seu orçamento.

São o cronograma-referência e o orçamento do projeto, tal qual ratificados nesta cerimônia denominada de Determinação de Metas, que servirão como parâmetros balizadores do acompanhamento ou controle para a identificação de distorções, isto é, os fatos reais serão comparados com os que foram determinados como Metas.

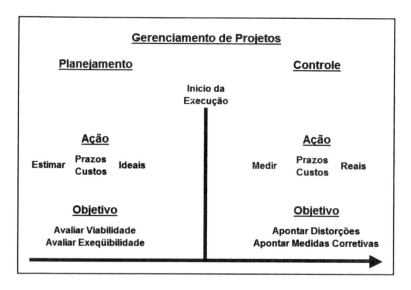

Figura 1.3. Gerenciamento de Projetos.

Assim podemos dizer a uma primeira instância que o Gerenciamento de um projeto se divide em dois períodos distintos, cada um com ações típicas e diversas: o Planejamento e o Controle. Além disso, temos um instante de importância crucial servindo como linha limítrofe entre os dois períodos, a Determinação de Metas.

O Planejamento e o Controle podem ser ainda subdivididos.

- **Planejamento Estratégico:** é a criação a partir de uma ideia inicial de um projeto ideal que, dando suporte à fase Concepção do ciclo de vida do projeto, não leva em conta qualquer fator circunstancial no que diz respeito à alocação de recursos, a prazos de entrega ou a limitação de custos, visando fundamentalmente à viabilidade técnica de projeto.

- **Planejamento Tático:** é a adequação do modelo ideal produzido durante o Planejamento Estratégico, quando os dados resultantes desta fase se mostrarem favoráveis às características específicas e circunstanciais do projeto em questão, visando fundamentalmente o estudo de exequibilidade do projeto. Esta fase é encerrada com a determinação das metas e a consequente definição do cronograma-referência e orçamento do projeto.

- **Controle:** é o monitoramento da realidade da execução de um projeto e o controle dos reflexos desta realidade sobre as metas a serem atingidas.

- **Análise de Resultados:** é a comparação das metas determinadas pelo planejamento com os índices atingidos pela execução, após o término do projeto.

Objetivos

Com o gerenciamento de projetos procuramos atingir os objetivos descritos a seguir.

NO PLANEJAMENTO ESTRATÉGICO

Determinar a viabilidade da implementação de um projeto em termos de prazos e custos, descrevendo da forma mais completa e sistemática possível as tarefas necessárias para que o objetivo final seja alcançado, apontando para cada tarefa o prazo de execução (duração), a ordem de execução (precedência), os recursos necessários (elementos físicos) e os custos consequentes destes recursos, se baseando em parâmetros técnicos ideais de operação.

NO PLANEJAMENTO TÁTICO

Determinar a exequibilidade da implementação de um projeto em termos de prazos e custos, adequando métodos produtivos e quantidades de recursos alocados aos interesses do requisitante do projeto e à realidade circunstancial do requisitado, através de processos de detalhamento e refinamento sucessivos.

NA DETERMINAÇÃO DE METAS

Pré-estabelecer valores intermediários de prazos e custos que sirvam para ciência e aprovação do projeto pelos requisitantes, para aceitação pelos executores dos cronogramas estabelecidos e servindo também de pontos de aferição do ritmo de execução do projeto pela comparação destes elementos balizadores com as informações lançadas e/ou recalculadas pelo acompanhamento.

NO CONTROLE

Dispor de informações que permitam deliberar sobre iniciativas a serem tomadas, para que a execução do projeto possa se adequar às contingências e incidentes operacionais.

NA ANÁLISE DE RESULTADOS

Gerar informações capazes de mostrar os objetivos traçados pelo planejamento, as distorções ocorridas durante a execução e o grau de sucesso obtido pelo projeto depois de finalizado.

NA COMUNICAÇÃO

Manter os planejadores, os requisitantes e os executores informados sobre os prazos, durações, quantidades e custos planejados, projetados e realizados tanto do projeto como um todo quanto de cada tarefa componente.

As Partes Envolvidas

Em um projeto, invariavelmente nos deparamos com o envolvimento de diversas partes. Geralmente denominados *Stakeholders*, são pessoas, grupos de pessoas ou organizações juridicamente estabelecidas, podendo o envolvimento das mesmas se dar através de laço direto com o gerenciamento ou com a produção do projeto, ou através de laço indireto, criado pelo fato de sofrerem algum tipo de consequência advinda do projeto ou, também através de laço indireto, pelo fato de possuírem algum tipo de poder de influência sobre a execução e/ou sobre o objetivo final do projeto.

Identificação dos envolvidos nos projetos

É de suma importância a identificação, ainda na fase de iniciação ou durante a primeira etapa do planejamento, das partes envolvidas no projeto, assim como o levantamento de suas necessidades e expectativas, visto que podem provocar alterações de escopo, prazo, custo e qualidade, influenciando de forma decisiva no sucesso do projeto.

A seguir identificamos algumas partes envolvidas em projetos que apresentam diferentes níveis de interferência no projeto ou no produto final gerado pelo projeto, ressaltando que não existe qualquer obrigatoriedade de ocorrência simultânea de todas as partes citadas.

- **Cliente:** pessoa, grupo ou organização que fará uso do produto do projeto, podendo se referir também àquele que no exercício profissional indica o produto ou ainda àquele que paga pelo produto.

- **Patrocinador:** pessoa, grupo ou organização que custeia o projeto.
- **Gerente de projeto:** pessoa responsável pela gerência do projeto.
- **Equipe de gerência de projeto:** grupo que realiza o trabalho relacionado aos processos de gerenciamento de projetos.
- **Gerente de produção:** pessoa responsável pela gerência da produção do produto contemplado pelo projeto.
- **Equipe de produção:** grupo que realiza o trabalho relacionado aos processos da gerência de produção.
- **Outras gerências:** pessoa ou grupo lotado em outras gerências que não as diretamente envolvidas no projeto, citadas acima.
- **Fornecedores:** pessoa, grupo ou organização que fornece bens e/ou serviços para o projeto.

O GERENTE DE PROJETOS

"Toda realização da Administração é também a realização de um dirigente. Todo fracasso representa o fracasso de um dirigente. A visão, a dedicação e a integridade dos gerentes determinam se existe uma Administração ou um mau gerenciamento." (Peter F. Drucker)

O Gerente de Projetos, também denominado Gerente de Planejamento, este profissional ainda tão desconhecido, o que deve fazer, como deve se posicionar dentro da organização, que metas deve perseguir, que ferramentas deve usar?

Em primeira instância, o gerente de projetos é o profissional diretamente responsável pelo planejamento do projeto; por conseguinte, pelos estudos de viabilidade e de exequibilidade, e pela mobilização e intercomunicação de todos os recursos necessários ao zelo pelas metas do projeto.

Por mais perfeita que seja qualquer técnica de gerenciamento e *software* empregado, os gerentes de projetos devem possuir alguns atributos essenciais, os quais determinam a probabilidade de que em cada organização os projetos sejam executados o mais próximo possível das metas. Porém, devemos sempre ter em mente que técnicas de administração e *software* apenas determinam e facilitam métodos de gerência, mas o que efetivamente pesa nos resultados é a real mecânica gerencial da organização, se é dinâmica e participativa ou burocrática e abúlica.

Para bem exercer sua função um gerente de projetos deve possuir, necessariamente, alguns atributos, os quais são apresentados resumidamente a seguir.

- **Autoridade:** "Direito ou poder de se fazer obedecer, de dar ordens, de tomar decisões, de agir, etc." [Aurélio]; deve ser suficiente para estabelecer os parâmetros e métodos de execução e controle nos projetos em planejamento e, nos projetos já aprovados e em andamento, reprogramar tarefas, alterar métodos executivos, alterar agendamento de recursos, comprar, contratar e substabelecer tanto os recursos previstos quanto os emergenciais necessários ao sucesso do projeto, obedecendo a limitantes preestabelecidos e prestando contas *a posteriori* sobre suas deliberações.
- **Liderança:** a capacidade de liderança envolve diretamente pessoas, estabelecendo a direção a ser seguida e as estratégias a serem implementadas para atingir determinado objetivo e, ainda, alinhando, motivando e inspirando as pessoas, de forma a conseguir a união de esforços, a superação de limites e a participação pró-ativa de todas as partes envolvidas.
- **Capacidade gerencial:** segundo Kotler é a "capacidade de produzir resultados que atendam, de forma consistente, às principais expectativas das partes envolvidas"; tanto na fase de planejamento quanto nas de execução e controle são muitos e diferentes os resultados a serem produzidos e as partes envolvidas, sendo, portanto, essencial ao gerente de projetos a capacidade gerencial.
- **Discernimento:** a capacidade de julgar de forma clara e sensata se mostra necessária quando o gerente de projetos deve decidir sobre a melhor solução para um problema, que pode ser de natureza técnica, gerencial ou interpessoal, ou ainda quando é necessário negociar escopo, custo, prazo, alocação de recursos ou qualquer outro item que provoque algum tipo de impacto no projeto ou no produto final.

Todo gerente de projetos deve conhecer uma organização denominada *Project Management Institute (PMI)*. É um órgão não governamental de abrangência internacional, voltado para a divulgação das boas técnicas de gerenciamento de projetos, com representações no Brasil em vários estados. Acesse o *site* pmi.org para mais informações.

Técnicas de gerenciamento de projetos

Neste tópico são apresentadas as ferramentas mais difundidas mundialmente para a perfeita aplicação das técnicas de gerenciamento de projetos.

Estrutura Analítica de Projeto (EAP)

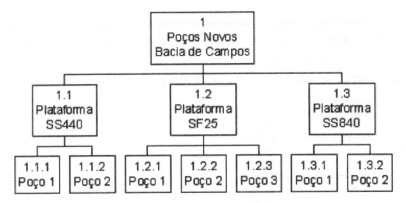

Figura 1.4. Estrutura Analítica de Projeto.

Existe corriqueiramente em projetos uma representação gráfica, denominada Estrutura Analítica de Projeto (EAP) ou *Work Breakdown Structure* (*WBS*), que tem como principal objetivo agrupar os elementos do projeto, de forma a identificar os subprodutos componentes e, por conseguinte, representar claramente o escopo do projeto. O Departamento de Defesa dos Estados Unidos utiliza o WBS como sua principal ferramenta para definir e gerenciar projetos, descrevendo-o na norma Military Standard (MIL-STD) 881B 25 Mar 93 como "Uma *Work Breakdown Structure* é uma árvore genealógica orientada a produtos, sendo composta por hardware, *software*, serviços, dados e recursos... exibe e define o produto ou os produtos a serem desenvolvidos e/ou produzidos e relaciona os elementos do trabalho a ser realizado entre si e com relação ao(s) produto(s) final(is)".. Esta ferramenta recebe no MS Project em português a denominação de Estrutura de Divisão do Trabalho (EDT).

A EAP implementa a abordagem *top-down*, níveis sucessivos de detalhamento, o que facilita o processo de identificação de necessidades, nas fases de iniciação e planejamento, e de gerenciamento das partes, nas fases de execução e controle.

O MS Project não nos provê diretamente esta ferramenta gráfica, no entanto, dispõe de recursos que permitem hierarquizar as tarefas, atendendo plenamente aos objetivos básicos do Gráfico EAP. Na verdade, trata-se de um Gráfico de Gantt combinado com o Gráfico EAP, pois não só serve para a identificação da subordinação das tarefas, como também a todo o mecanismo de agrupamentos, totalizações e subtotalizações baseados nesta representação hierárquica.

> **HIPERLINK** → leia no tópico **Gráfico de Gantt** deste mesmo capítulo mais detalhes sobre o Gráfico de Gantt.

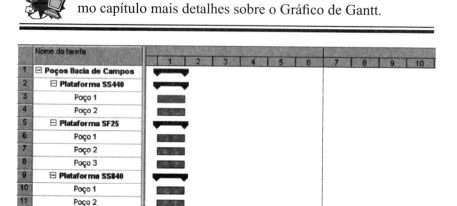

Figura 1.5. Gráfico de Gantt hierarquizado segundo a EAP.

ESCOPO DO PROJETO X ESCOPO DO PRODUTO

Uma EAP deve definir e representar o escopo de um projeto. É necessário termos claramente definidos escopo de projeto e escopo de produto, dois conceitos totalmente distintos.

Como escopo do projeto entendemos todo e somente o trabalho necessário ao cumprimento do objetivo definido para o projeto. O escopo do projeto deve contemplar clara e explicitamente cada um dos subprodutos e respectivos processos necessários para gerar o produto fim do projeto, de acordo com suas características e funcionalidades e, por conseguinte, indicar todo o trabalho necessário à execução do projeto.

O escopo do produto, ou especificação do produto, determina claramente o que será produzido, o que é o produto fim do projeto, apontando todas as características e funcionalidades desejadas. O escopo do produto é utilizado como ponto de partida para o trabalho de gerenciamento do projeto, visto que na etapa de iniciação é elemento de entrada, servindo como referência para a definição do escopo do projeto, e também como ponto de término, já que embasa o *check-list* de entrega e aceitação do produto final pelo cliente (foi produzido exatamente o que era esperado?).

DIFERENTES CRITÉRIOS DE DECOMPOSIÇÃO
Note que é possível, e bastante útil, a utilização de outros critérios para a aplicação de estruturas hierárquicas aos projetos que não a identificação de subprodutos, porém estas estruturas recebem nomes específicos representativos dos critérios utilizados para sua montagem. A seguir citamos alguns exemplos de estruturas muito utilizadas.

- **EAP Contratual (Contractual Work Breakdown Structure):** representa o nível de informação a ser disponibilizado para o cliente, geralmente contendo menos detalhes, já que o cliente a utilizará apenas para identificar escopo e subprodutos e não para gerenciar trabalho.
- **Estrutura de Decomposição Organizacional (Organizational Breakdown Structure):** representação muito utilizada em organizações cujas estruturas tendem ao funcional, agrupa os elementos do projeto por departamentos, órgãos, ou outra denominação de unidade organizacional que se aplique, permitindo a identificação do trabalho que compete a cada um.
- **Lista de Materiais (Bill Of Materials):** a estrutura representa hierarquicamente a montagem do produto, identificando, no nível mais baixo, os componentes necessários.

A ESTRUTURAÇÃO DO PLANO
A EAP permite uma abordagem *top-down* que leva ao detalhamento progressivo do projeto, criando subdivisões que podem representar fases, subprojetos, pacotes de trabalho (*work packages*) ou outro elemento qualquer, sem, no entanto, perder de vista que o objetivo é identificar os subprodutos e, consequentemente, o escopo do projeto.

O detalhamento progressivo vai quebrando cada um dos subprodutos do projeto em elementos menores, mais gerenciáveis, até atingir os três pontos apresentados a seguir.

1. Identificar clara e completamente os principais subprodutos componentes do projeto.
2. Mostrar um nível de detalhamento suficiente para representar todos os processos necessários para a conclusão do item decomposto;
3. Possibilitar alocar recursos, estimar prazos e estimar custos para cada subproduto componente do projeto.

Geralmente o nível de detalhamento abordado na EAP não permite a abordagem de fatores contingenciais, sendo estes fatores contemplados pelo nível de planejamento tático. Este fato permite a criação de EAP´s padrão que podem ser utilizadas como modelo de referência quando do início do planejamento de novos projetos, diminuindo o trabalho requerido e permitindo a implantação de um padrão de abordagem.

A utilização de identificadores únicos nos elementos da EAP (Código EAP ou WBS Number) é uma prática muito comum e útil, visto que permitem a identificação de responsabilidades e a totalização em cascata de custos, prazos, etc.

Gráfico de Gantt

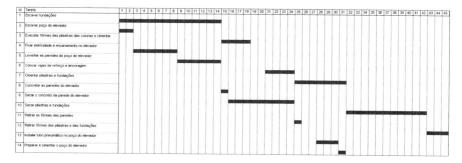

Figura 1.6. Gráfico de Gantt.

Primeira ferramenta moderna direcionada para a gerência de projetos, foi criada em 1918 por Henry L. Gantt, engenheiro industrial norte-americano. Também conhecido como Cronograma de Barras ou Diagrama de Gantt, é usado para a apreciação tanto de tarefas (Gantt de Tarefas) quanto de recursos (Gantt de Recursos), sendo mais comum o de tarefas. Neste tipo, cada uma das barras horizontais representa a duração de uma tarefa, e as divisões verticais representam unidades de tempo, onde vemos que quanto maior a barra horizontal maior será a duração da tarefa. O Gráfico de Gantt representa muito bem a ideia de simultaneidade e temporalidade das tarefas, mas, no caso de grandes projetos, é muito difícil a visualização da ordem de execução das tarefas (rede de precedência), mesmo com o uso de setas indicativas de ligação.

O objetivo fundamental do Gráfico de Gantt é apontar o aspecto cronológico das tarefas (período de execução, data de início, data de término) e o caminho crítico do projeto.

HIPERLINK → no tópico **Caminho Crítico** deste mesmo capítulo é explicado detalhadamente este conceito.

É bastante comum no exercício da gerência de projetos a utilização de um Gráfico de Gantt estruturado de forma a representar a hierarquia definida na EAP para o projeto. O resultado é um gráfico que apresenta simultaneamente o aspecto cronológico das tarefas, pelas barras de tarefas associadas a uma escala de tempo características do Gráfico de Gantt, e o aspecto hierárquico do projeto, representado por uma estrutura que reflete a hierarquia definida na EAP pela indentação em diferentes níveis dos elementos componentes do projeto.

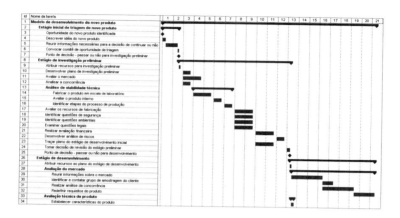

Figura 1.7. Gráfico de Gantt hierarquizado.

PERT/CPM

Estamos tratando aqui de duas técnicas distintas, porém bastante semelhantes, que normalmente são utilizadas em conjunto.

PERT ou Program Evaluation and Review Technique é uma técnica para gerenciamento de projetos criada no final da década de 50 pela Marinha norte-americana, a fim de auxiliar no projeto do míssil Polaris, pois este se mostrava muito extenso e de vital importância quanto ao cumprimento dos prazos estabelecidos.

A técnica PERT dá tratamento probabilístico às durações das tarefas, determinando-as pela média ponderada entre previsões pessimistas, prováveis e otimistas onde, geralmente, as previsões pessimistas e otimistas têm peso proporcional a 1 e a provável tem peso proporcional a 4.

CPM ou Critical Path Metod foi criada em 1956 pela Dupont, em função dos insucessos no cumprimento dos prazos para lançamento de novos produtos e recebeu inicialmente a denominação Kelley-Walkers. Por exigir muitos cálculos, em 1957 foi convertida para o uso em computadores Univac através de associação com a Remington-Rand e se tornou o primeiro *software* comercial de gerenciamento de projetos, tendo sido desde então a metodologia mais usada em todo o mundo. Dá tratamento determinístico às durações das tarefas, baseado em uma estimativa única, e introduziu um novo conceito quando definiu o caminho crítico do projeto como aquele que merece especial atenção do gerente de projeto, por ser o fator determinante da duração do projeto como um todo, pois, baseando-se no sequenciamento e duração das tarefas, aponta aquelas que têm maior ou menor flexibilidade no cronograma.

HIPERLINK → no tópico **Caminho Crítico** deste mesmo capítulo é explicado detalhadamente este conceito.

A técnica PERT/CPM possui a Rede PERT como sua representação gráfica, sendo constituída de diversas formas geométricas (geralmente retângulos) distribuídas e ligadas por setas. As figuras geométricas representam tarefas (atividades) e as setas representam a dependência cronológica (ordem de precedência) entre as tarefas.

HIPERLINK → veja mais sobre ordem de precedência no tópico **Precedência** deste mesmo capítulo.

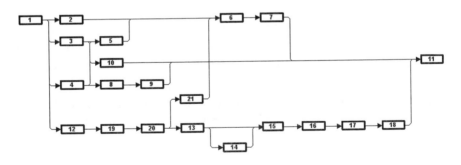

Figura 1.8. Rede PERT.

O emprego da Rede PERT, assim como do Gráfico de Gantt ou da Estrutura Analítica de Projeto de forma alguma é a solução dos problemas do gerenciamento de projetos, pois se baseia em informações que podem trazer uma série de imprecisões, contudo, trata-se de instrumentos eficientes para a análise do administrador do projeto, que tem à mão uma forma mais clara e sucinta de corrigir distorções no planejamento, identificar inconsistências nas informações, acompanhar o desenvolvimento do projeto e poder apresentá-lo de forma extremamente nítida à equipe envolvida.

Elementos básicos do gerenciamento de projetos

Tarefas

Tarefas são os passos necessários à execução de um projeto.

Através das tarefas devemos representar tudo aquilo que é necessário ser feito, todos os processos ou ações a serem executados, para atingir o objetivo final designado para o projeto.

É de grande importância a correta definição das tarefas, pois através delas é determinado o escopo do projeto, pelas durações estimadas das tarefas associadas às suas relações de precedência é determinado o prazo do projeto e a alocação de recursos às tarefas determina o custo do projeto.

As tarefas de um projeto podem representar apenas os processos orientados ao produto, quando se relacionam diretamente com a criação do produto final do projeto, ou representar também os processos de gerenciamento do projeto, quando se relacionam à criação e controle do projeto em si, mas sempre estarão representando processos. Devemos sempre ter em mente que cada tarefa, por representar uma ação, deve, necessariamente, gerar um bem ou serviço para o projeto.

As tarefas possuem como principais características duração, ordem de execução, tipo de ligação, folga, lag, restrição e os recursos necessários à sua realização, se dividindo em quatro tipos distintos.

- **Tarefa Crítica:** tarefa com folga total igual a zero ou a menor folga total admitida como risco para o projeto.

- **Tarefa Não Crítica:** tarefa que pelo percurso restante dela até o caminho crítico tenha folga total maior que zero ou maior que a menor folga total admitida como risco para o projeto.

> **HIPERLINK** → neste mesmo capítulo, nos tópicos **Caminho Crítico** e **Folga**, estes conceitos são explicados detalhadamente.

- **Tarefa Sumário:** tarefa totalizadora utilizada para montar a estrutura EAP. É tratada pelo MS Project como Tarefa de Resumo.
- **Marco Temporal:** não se trata de uma tarefa propriamente dita, pois possui duração igual a zero, não aloca recursos e não produz nada, servindo para destacar um momento importante no projeto. É tratada pelo MS Project como Etapa.

Duração

Durante a fase de planejamento, um processo importante contempla a definição da duração estimada de cada uma das tarefas componentes do projeto, e para isto devemos levar em conta o escopo do projeto, a necessidade de recursos, o método executivo a ser utilizado, premissas (suposições ou fatos considerados verdadeiros) estabelecidas e restrições, devendo nos basear no conceito de duração ideal resultante da alocação de quantidades ideais de recursos.

É comum as estimativas de duração partirem de pessoas ligadas à gerência da execução, com experiência relacionada à tarefa em questão ou, no caso de não partirem da gerência da execução, serem referendadas por esta gerência.

A duração total do projeto não é definida diretamente, mas calculada levando em conta não apenas as durações, mas também as precedências e restrições das tarefas componentes do caminho crítico.

UNIDADES DE DURAÇÃO

As durações das tarefas podem ser estimadas utilizando qualquer unidade de tempo conhecida, sendo as mais utilizadas as unidades Horas, Dias e Semanas.

Normalmente, e principalmente quando utilizamos *softwares* de gerenciamento de projetos, as estimativas de duração são feitas em tempo útil de trabalho, por exemplo, dias úteis. Isto decorre da necessidade de fazermos frente ao dinamismo do projeto, onde datas podem sofrer alterações e, consequentemente, as durações terem que se adaptar a um novo período de execução. Por exemplo, se uma tarefa que começa originalmente numa segunda-feira e teve sua duração estimada em cinco dias úteis sofrer adiamento ao início de dois dias, seu término passa para a terça-feira da semana seguinte; se sua duração tivesse sido estimada em cinco dias corridos, na mesma situação de adiamento ao início, seu término se daria no domingo, apontando trabalho no sábado e no domingo, normalmente dias de folga.

Em casos específicos podemos tratar as durações com unidades de tempo corrido, como, por exemplo, no caso de projetos inteiros ou tarefas executados sob regime especial de trabalho, sem folga. O MS Project tem mecanismos para tratar este tipo de ocorrência, como calendários especiais e unidades de duração em tempo útil e em tempo corrido.

CRITÉRIOS PARA ESTIMATIVAS

Existem basicamente três métodos para a definição da duração de uma tarefa, apresentados a seguir.

- **Histórico de Tarefas Similares:** quando há ocorrência documentada de execução anterior de tarefas semelhantes à tarefa em questão, utilizamos a duração real da tarefa já executada como estimativa para a tarefa futura. É necessário analisar bem para verificar se a similaridade é real e não apenas aparente, levando em conta inclusive circunstâncias específicas e nível de capacitação dos recursos alocados.
  Quando temos várias ocorrências anteriores de tarefas similares, é necessário decidir como calcular a duração estimada a partir destas informações,

Capítulo 1 - Entendendo Gerenciamento de Projetos | 29

pois podemos utilizar várias fórmulas, cada uma das quais com vantagens e desvantagens, por exemplo:

A menor duração: tem como principal vantagem a possibilidade de diminuir o prazo total do projeto, uma tarefa só impacta o prazo total se pertencer ao caminho crítico, e como principal desvantagem o aumento do grau de risco proporcionalmente à diferença entre a menor duração e a duração média, ou seja, quanto maior esta diferença, maior o aumento do grau de risco; esta fórmula deve ser utilizada apenas quando prazo for fundamental e o aumento do risco apresentar algum tipo de compensação;

A maior duração: tem como principal vantagem a diminuição do grau de risco proporcionalmente à diferença entre a maior duração e a duração média; quanto maior esta diferença, maior a diminuição do grau de risco, e como principal desvantagem a possibilidade de aumento do prazo total do projeto; esta fórmula deve ser quando o nível de risco for muito grande e o prazo não for componente significativo;

Média das durações: a estimativa baseada na média das durações documentadas se apresenta como uma possibilidade de consenso, balanceando bem vantagens e desvantagens, e sendo a mais indicada para casos genéricos, onde não haja necessidade de pressionar um ou outro fator específico;

Outras fórmulas: existe ainda a possibilidade de tantas outras fórmulas derivadas destas três apresentadas, como, por exemplo, Cálculo PERT (probabilístico), média excluindo a maior e a menor, a segunda maior, a terceira menor, etc.

- **Consulta a Técnico Especializado:** quando não existe a ocorrência de tarefas similares podemos solicitar uma avaliação especializada, feita por um profissional ou grupo de profissionais com experiência e/ou conhecimento comprovado. A informação desejada pode estar disponível em várias fontes, por exemplo, outras unidades da organização, consultores, partes envolvidas com o projeto, associações técnicas, etc.

- **Estimativa Métrica:** Em muitas áreas encontramos bibliografia descrevendo composições unitárias para a execução de tarefas, que indicam a quantidade necessária de trabalho para cada recurso envolvido, as quais podem ser utilizadas no cálculo das durações estimadas. Por exemplo, Produzir Desenho Unifilar Formato A3 envolve 6h de desenhista e 30min de supervisor. Note que as composições apontam quantidade de trabalho que, para gerar duração, deve levar em consideração a estimativa de quantidade de recursos alocados. Estas composições apontam para unidades de produção, por exemplo, Escavar 1m³ de Solo, e a multiplicação desta unidade pela quantidade necessária ao projeto pode produzir desvios bastante significativos, visto que a margem de erro sempre embutida nestas composições aumenta proporcionalmente e muitas vezes deixa de ser real.

Precedência

Uma relação de precedência entre tarefas acontece quando o início ou término de uma tarefa apresenta algum tipo de dependência técnica frente ao início ou término de outra tarefa, indicando que a realização de determinadas tarefas se constitui de alguma forma como pré-requisito essencial para a realização de outras.

O encadeamento, fruto das relações de precedência entre tarefas determina a ordem de execução do projeto ou sua rede de precedência.

"Todas as tarefas componentes de um projeto devem, necessariamente, possuir predecessora(s) e sucessora(s), com exceção da primeira tarefa do projeto que só tem sucessora(s) e da última que só tem predecessora(s)".

Este é um princípio obrigatório, uma tarefa que não se enquadre nele não deve fazer parte do projeto, pois não é necessária ao projeto ou efetivamente não pertence a ele. Por exemplo, uma tarefa que não seja a última do projeto e que não possua uma sucessora nos leva a crer que não é necessária ao projeto, pois não há qualquer coisa no projeto que dependa da sua execução.

Note que este preceito parte da premissa que estabelece que um projeto deve ter um único ponto de início e um único ponto de término, sendo que ambos podem ser representados por uma tarefa ou por um marco temporal.

A ordem de execução das tarefas deve ser ditada por fato de ordem puramente técnica, não devendo nunca ser relacionado com disponibilidade de recursos ou qualquer outro fator circunstancial. Por exemplo, imaginemos um projeto com as seguintes tarefas:

1. Fabricar Cilindro Externo
2. Fabricar Cilindro Interno
3. Encaixar Cilindros

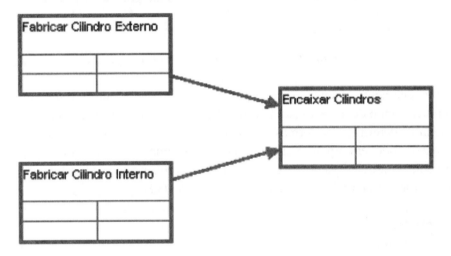

Figura 1.9. Ordem de precedência técnica.

Deve ficar claro que a única representação correta de precedência para este projeto é a mostrada na figura acima. Mesmo que desde o início do planejamento fique claro que as duas tarefas iniciais não poderão ser executadas simultaneamente devido a limitações de recursos, a solução deste fato deve ser alcançada pela operação de nivelamento de recursos, que irá postergar o início de uma das duas tarefas, acabando com a simultaneidade entre as mesmas sem, contudo, alterar sua ordem de precedência.

 HIPERLINK → veja mais sobre nivelamento de recursos no tópico **Conflito de Recursos** deste mesmo capítulo e no capítulo **11 Resolução de Superalocações**.

De forma alguma dê a este projeto ou a qualquer outro caso análogo uma precedência na forma indicada pela figura abaixo, pois esta representação falha, não admitindo a hipótese de disponibilização de mais recursos, o que permitiria a execução simultânea daquelas tarefas, e ainda admitindo que atrasos em uma tarefa reflitam sobre outra sem que existam razões técnicas para tal.

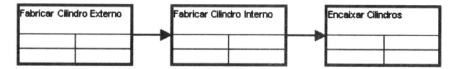

Figura 1.10. Ordem de precedência errada.

É absolutamente essencial entender que o MS Project e outros *softwares* de gerenciamento de projetos são ferramentas e, como tal, foram projetados para operar de determinadas formas, baseados em determinados princípios. O usuário não pode, em hipótese alguma, querer que uma ferramenta trabalhe exatamente como ele deseja, ele é que tem que aprender a manejar a ferramenta de acordo com os princípios para a qual foi projetada.

Ligação

Para cada relação de precedência estabelecida é necessária uma apreciação sobre que tipo de pré-requisito está envolvido, com o objetivo de esclarecer o tipo de ligação que deverá ser estabelecido na relação. As relações de precedência permitem quatro diferentes tipos de ligação.

Se para ter início uma tarefa necessita que outra tenha sido concluída, deve ser utilizada uma ligação do tipo FS (*Finish/Start*), onde fica estabelecido que é necessário terminar a predecessora para ter início a sucessora; este tipo de vínculo foi traduzido no MS Project para TI – Término/Início.

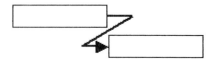

Figura 1.11.Vínculo Término/ Início.

Se para ter início uma tarefa necessita que outra também tenha sido iniciada, deve ser utilizada uma ligação do tipo SS (Start/Start), onde fica estabelecido que é necessário iniciar a predecessora para ter início a sucessora; este tipo de vínculo foi traduzido no MS Project para II – Início /Início.

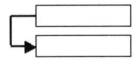

Figura 1.12. - Vínculo Início/Início.

Se para ter fim uma tarefa necessita que outra tenha sido concluída, deve ser utilizada uma ligação do tipo FF (Finish/Finish), onde fica estabelecido que é necessário terminar a predecessora para terminar a sucessora; este tipo de vínculo foi traduzido no MS Project para TT – Término/ Término.

Figura 1.13. - Vínculo Término/Término.

Se para ter fim uma tarefa necessita que outra tenha sido iniciada, deve ser utilizada uma ligação do tipo SF (Start/Finish), onde fica estabelecido que é necessário iniciar a predecessora para terminar a sucessora; este tipo de vínculo foi traduzido no MS Project para IT – Início /Término.

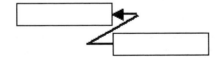

Figura 1.14. - Vínculo Início/ Término

Folga

Folga é um intervalo de tempo existente entre duas tarefas proveniente do sequenciamento estabelecido para as tarefas do projeto como um todo ou de restrição à data de início ou de término imposta a uma das tarefas. Uma tarefa está sujeita a dois tipos de folga.

- **Folga Livre:** é a quantidade de tempo que a data de término de uma tarefa pode ser adiada sem comprometer o andamento das tarefas subsequentes, calculada pela subtração entre data de término da tarefa corrente e data de início da tarefa sucessora.
- **Folga Total:** é a quantidade de tempo que a data de término de uma tarefa pode ser adiada sem comprometer o andamento das tarefas críticas subsequentes, calculada pelo somatório das folgas livres da tarefa corrente, inclusive, até a primeira tarefa crítica.

No exemplo a seguir, desenvolvemos uma rede de precedência onde a Tarefa B e a Tarefa D têm início simultâneo, uma vez que ambas têm como predecessora a Tarefa A, e que a Tarefa C e a Tarefa E também têm início simultâneo, uma vez que ambas têm como predecessora a Tarefa B.

Observe que entre a Tarefa D e a Tarefa E existe um intervalo de 3 dias, o que significa que a Tarefa D pode sofrer atraso de até 3 dias sem que isto comprometa a data estabelecida para o início de sua sucessora, a Tarefa E. Entre a Tarefa E e a Tarefa F existe um intervalo de 2 dias, a Tarefa E pode sofrer atraso de até 2 dias sem que isto comprometa a data estabelecida para o início de sua sucessora, a Tarefa F. Assim, a Tarefa D tem folga livre de 3 dias e a Tarefa E tem folga livre de 2 dias.

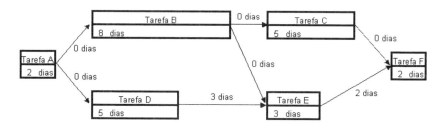

Figura 1.15. Folga Livre.

Note ainda que a Tarefa D pode atrasar até 5 dias sem que isto cause impacto na data de início da Tarefa F, visto que a própria Tarefa D tem folga livre de 3 dias e a sua sucessora Tarefa E tem folga livre de 2 dias, folgas estas que absorveriam o atraso. Portanto, a Tarefa D tem folga total de 5 dias, pois ela pode atrasar em até 5 dias sem prejuízo para o final do projeto.

A Tarefa E tem folga livre igual a folga total, pois não possui sucessoras com folga livre.

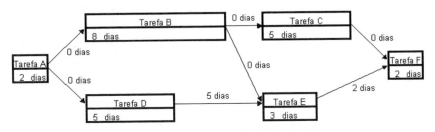

Figura 1.16. Folga Total.

Lag

É um intervalo de tempo mínimo obrigatório entre duas tarefas específicas, não gerando custos para o projeto por não existir a participação de recursos e fugindo da interferência do gerente do projeto, que não tem como alterá-lo. Por exemplo, o tempo de sedimentação de uma reação química ou o prazo dado por um fornecedor para a entrega de um produto encomendado.

Lag se diferencia de folga por dois aspectos distintos: primeiro, o lag é determinado explicitamente pelo gerente de projetos, enquanto a folga aparece espontaneamente como resultado das durações, precedências e restrições de datas definidas para as tarefas; segundo, a duração do lag é fixa e só varia por interferência direta do gerente de projetos, enquanto a extensão da folga varia sempre que variam as durações, precedências e restrições de datas das tarefas.

Caminho crítico

Caminho Crítico é o caminho, da primeira à última tarefa do projeto, onde for menor o somatório das folgas livres.

É extremamente importante a identificação do caminho crítico do projeto, visto que é este que determina a duração total do projeto e, portanto, a probabilidade de um impacto em qualquer tarefa componente do caminho crítico impactar o projeto como um todo é muito grande.

Note que o caminho crítico, acompanhando o dinamismo característico dos projetos, pode sofrer alterações durante o ciclo de vida de um projeto. Por exemplo, no projeto representado na figura a seguir o caminho crítico é composto pelas tarefas de ID 1,2,3,4,7,8. Se as durações das tarefas de ID 5 e 6 sofrerem ajustes na fase de planejamento aumentando o total de suas durações em mais de 2 dias, ou na fase de acompanhamento o somatório de atraso das tarefas de ID 5 e 6 for superior a 2 dias, as mesmas passam a pertencer ao caminho crítico e a tarefa de ID 4 não mais fará parte do caminho crítico.

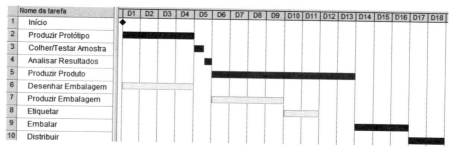

Figua 1.17. O Caminho crítico.

Geralmente o caminho crítico é composto por tarefas críticas, porém é possível um caminho crítico com incidência de folga em uma de suas tarefas componentes, portanto, com tarefa(s) não crítica(s). Esta situação geralmente é provocada pela existência de uma ou mais datas restritivas nas tarefas componentes do caminho crítico.

 HIPERLINK → consulte o tópico **Tarefas** deste mesmo capítulo para entender como se diferenciam as tarefas críticas e não críticas e o tópico **Folgas**, também neste capítulo, para entender como e quando as folgas se fazem presentes.

Restrição

As restrições tratadas pelo gerenciamento de projetos podem se referir a escopo, custo ou prazo, determinando limitações, geralmente táticas, que deverão ser obedecidas pelo projeto. Vamos nos ater à discussão das restrições de datas, que são limitações aplicáveis a datas de início e/ou de término de tarefas para adequá-las a exigências circunstanciais, podendo afetar o desempenho do projeto.

Em determinadas situações a data de início ou de término de uma tarefa, calculada a partir das durações das tarefas predecessoras e do sequenciamento imposto pelas relações de precedência, pode não se mostrar a mais adequada, devendo se adequar a exigências tais como fornecimento de material ou equipamento não contemplado no projeto, disponibilidade de agendamento de elementos externos, sazonalidade, datas e/ou prazos estabelecidos por lei, etc. Estas exigências externas são tratadas como restrição de data.

Ao indicar uma relação de precedência entre duas tarefas com ligação do tipo FS (*Finish/Start*), entendemos que a tarefa sucessora deve iniciar logo após o término da anterior, ou seja, possui uma restrição do tipo O Mais Cedo Possível (*As Soon As Possible – ASAP*).

O Mais Breve Possível e O Mais Tarde Possível são os dois tipos mais elementares de restrição, existindo outras seis possibilidades: Não Iniciar Antes De, Não Iniciar Depois De, Não Terminar Antes De, Não Terminar Depois De, Deve Iniciar Em e Deve Terminar Em. Algumas vezes é necessário estabelecer que o início de uma tarefa não aconteça antes de uma determinada data, por exemplo, por limitações sazonais, situação que devemos atender pela utilização de uma restrição do tipo Não Iniciar Antes De. Outra possibilidade pode ser a necessidade de não terminar uma tarefa depois de uma determinada data, por exemplo, por questões mercadológicas, situação resolvida pela utilização de uma restrição do tipo Não Terminar Depois De. As restrições do tipo Não Iniciar Depois De e Não Terminar Antes De são de uso menos frequente, porém bastante úteis em situações específicas, e as restrições Deve Iniciar Em e Deve Terminar Em devem ser evitadas, por estabelecer marcos extremamente rígidos, se contrapondo ao dinamismo inerente ao gerenciamento de projetos, o que provoca problemas sérios e frequentes nas operações de recálculo do projeto.

Observe a figura a seguir, que indica a ordem de execução de um projeto, onde todas as tarefas têm início logo ao término da predecessora. Dizemos que essas tarefas possuem restrição do tipo ASAP (*As Soon As Possible*), ou seja, acontecem "O Mais Cedo Possível".

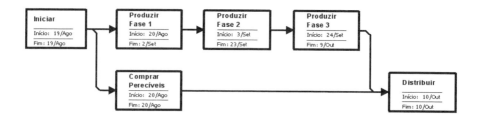

Figura 1.18 - *Restrição ASAP.*

A tarefa Comprar Mat.Perecível possui folga livre de dois meses em relação à tarefa Distribuir, sua sucessora. Será que estrategicamente é interessante a compra de materiais perecíveis e, após isto, se passarem dois meses até que haja a distribuição dos mesmos, ou seria melhor que ela acontecesse o mais tarde possível, de forma a se realizar em um prazo imediatamente anterior à distribuição? Para que esta segunda hipótese seja possível, a restrição da tarefa Comprar Mat.Perecível deve ser definida como O Mais Tarde Possível (*As Late As Possible* – ALAP), com o projeto assumindo a programação representada na figura a seguir.

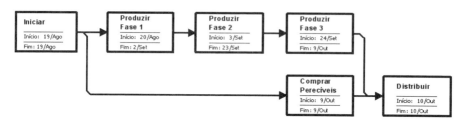

Figura 1.19. - *Restrição ALAP.*

O Mecanismo Provável, Meta e Real

Todas as informações em um projeto referentes a prazo, custo e trabalho apresentam três aspectos distintos: provável, meta (também conhecido como *baseline* e tratado pelo MS Project em português como Linha de Base) e real.

informação original	desdobramento
Data de Início	Data de Início Provável
	Data de Início Meta
	Data de Início Real
Data de Término	Data de Término Provável
	Data de Término Meta
	Data de Término Real
Duração	Duração Provável
	Duração Meta
	Duração Real
Custo	Custo Provável
	Custo Meta
	Custo Real
Trabalho	Trabalho Provável
	Trabalho Meta
	Trabalho Real

Tabela 1.1. - Informações do tipo provável, meta e real.

Cada um dos três aspectos é absolutamente essencial ao desenvolvimento do trabalho da gerência de projetos, sendo tratados de formas distintas em cada fase da operação e oferecendo parâmetros distintos.

A seguir desenvolvemos um exemplo que, tomando por base as datas de início e término das tarefas, apresenta a evolução destas informações e suas implicações através das diferentes fases do gerenciamento de projetos.

Quando do planejamento inicial de um projeto, é usual estabelecer a data provável de início do mesmo, as tarefas que o constituem, uma estimativa da duração de cada tarefa e sua ordem de execução (ordem de precedência). Basta isso para que tenhamos condições de cálculo das datas de Início Provável e de Término Provável de cada uma das tarefas, como mostra a figura a seguir. Durante a fase de planejamento as informações tratadas são do tipo Provável.

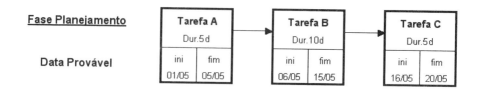

Figura 1.20. *- Datas do tipo provável.*

Quando o planejamento estiver concluído, comprovando que o projeto é viável e exequível, e antes do início da execução, deve ser efetuado o procedimento denominado Determinação de Metas do Projeto, o qual preenche os campos do tipo Meta com informações copiadas dos seus respectivos campos do tipo Provável, como mostra a figura a seguir. Informações do tipo Meta representam o compromisso de execução do projeto, o contrato assinado, portanto, não devem ser alteradas durante a fase de execução, diferentemente das informações do tipo Provável que, como veremos adiante, sofrem operações de atualização frente à entrada de dados do tipo Real. O MS Project em português trata Início Meta como Início da Linha de Base e Término Meta como Término da Linha de Base.

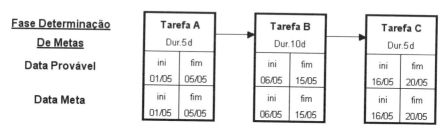

Figura 1.21. *- Datas do tipo provável e do tipo meta.*

Ao entrar na fase de acompanhamento, o projeto começa a receber informações do tipo Real, que retratam a realidade da evolução da execução e se denominam, no caso das datas, Início Real e Término Real. As informações do tipo Real representam sempre o passado, algo que já aconteceu, portanto, ao lançar no projeto uma data de início Real, fica implícito que a tarefa já começou efetivamente, o mesmo acontecendo com a data de término real. Quando do lançamento de datas reais de início e término de tarefas que apresentem diferenças frente ao programado, as datas prováveis das tarefas sucessoras diretas e indiretas são automaticamente reprogramadas pelo *software*, mostrando então a importância da operação de determinação de metas efetuada ao final da fase de planejamento, sem a qual seriam perdidas todas as informações definidas naquela etapa do projeto, como mostra a figura a seguir.

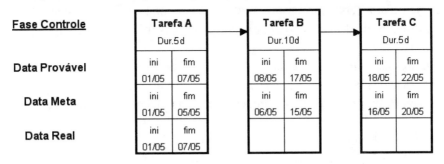

Figura 1.22. - *Datas do tipo provável, do tipo meta e do tipo real.*

Note que apresentamos aqui as implicações sobre as datas de início e término das tarefas, porém estas implicações recaem, de forma similar à apresentada, sobre todos os campos sujeitos ao enfoque Provável, Meta e Real.

Concluindo:
- **Informações tipo Provável** representam o planejamento original, porém sofrem ajustes durante a execução/controle para refletir as variações advindas da realidade da execução.
- **Informações tipo Meta** representam o compromisso assumido, o contrato assinado, o ideal a ser alcançado, não devendo ser alteradas.
- **Informações tipo Real** representam o que efetivamente aconteceu no projeto.

As distorções do projeto são representadas sob dois aspectos distintos:
- **Distorção efetiva** é o desvio real e irreversível, por retratar algo que já aconteceu, calculado pela diferença entre Real e Meta; por exemplo, atraso, adiantamento ou estouro de custo.
- **Distorção projetada** é o desvio projetado, futuro, portanto reversível, calculado pela diferença entre Provável e Meta; por exemplo, projeção de atraso, projeção de adiantamento ou projeção de estouro de custo.

Recursos

Recursos são todos os elementos físicos necessários à realização de um projeto.

Tarefas representam ações, procedimentos a serem cumpridos para atingir o objetivo do projeto e, para que sejam realizadas, é necessária a utilização de recursos. Para gerenciar, assim como para executar projetos, é necessário o cumprimento de diversos procedimentos, os quais utilizam recursos.

Recursos são sempre limitados no que diz respeito à sua disponibilidade, o que gera sérias limitações para a gerência dos projetos quando da alocação dos recursos às tarefas, requerendo atenção redobrada na gerência destes recursos.

Efetivamente, o que representa o custo de um projeto é o desembolso necessário para habilitar os recursos que executarão as tarefas, dizemos que "tarefas não têm custo, o que custa são os recursos necessários à execução das tarefas", portanto, a utilização racional dos recursos é fator primordial ao sucesso do projeto no aspecto de custos.

Os recursos impactam diretamente os quatro elementos do triângulo do projeto: trabalho, custo, prazo e qualidade.

Como podemos ver, o perfeito gerenciamento de recursos é essencial ao desenvolvimento de qualquer projeto. Tão essencial e complexo que, dentro da estrutura de gerência de projetos, temos três áreas se dedicando à gerência de recursos.

- **A gerência de custos**, que define quais recursos devem ser utilizados, com que características, quando e em que quantidade.
- **A gerência de recursos humanos**, que procura tornar mais efetivo o uso dos recursos humanos envolvidos no projeto, incluindo todas as partes envolvidas direta ou indiretamente.
- **A gerência de aquisições**, que disponibiliza, por compra ou contratação, os recursos externos à organização executora necessários à gerência ou à execução do projeto.

Os recursos devem ser caracterizados, sempre que possível, de forma impessoal, pela sua descrição ou caracterização funcional. Por exemplo, não devemos cadastrar o recurso José e sim o recurso Engenheiro de Produção, que é a função exercida pelo José na organização, assim como não devemos cadastrar o recurso Caminhão Placa AAA1234 e sim o recurso Caminhão Basculante 10Ton. Isto se deve, principalmente, ao fato de poder existir mais de uma quantidade de cada recurso funcional, sendo mutuamente substituíveis, e a abordagem funcional facilita este processo. Note que é possível haver distinção de especialização, produtividade, custo, etc, dentro da classificação funcional como, por exemplo, Programador ASP e Programador Delphi ou Engenheiro Mecânico Júnior e Engenheiro Mecânico Sênior, facilitando os processos de gerenciamento de projetos e dando maior nível de exatidão ao projeto.

OS DIFERENTES TIPOS DE RECURSOS

Os recursos, sob a ótica do gerenciamento de projetos, podem ser de quatro tipos distintos, conforme descrito a seguir.

- **Mão de obra:** São os recursos humanos necessários ao projeto, não apenas o *staff* interno da organização, mas qualquer recurso humano que tenha o custo contabilizado pela quantidade de horas trabalhadas, podendo ser, por exemplo, contratados serviços externos que, se cobrados por hora de trabalho são caracterizados como mão-de-obra. São classificados como tipo trabalho, consomem horas de trabalho, afetam a duração de tarefas controladas por esforço e têm seu custo originado na taxa padrão de remuneração do profissional por hora de trabalho, acrescida ou não de encargos trabalhistas e previdenciários.
- **Máquina/equipamento:** São os recursos renováveis ou bens depreciáveis, podem ser reutilizados em mais de uma tarefa do mesmo projeto ou de projetos diferentes. São classificados como tipo trabalho, consomem horas de trabalho, afetam a duração de tarefas controladas por esforço e têm seu custo calculado, geralmente, por valor de depreciação contábil + custo operacional (consumo de energia ou combustível, seguro, manutenção preventiva, etc) tomando por base a unidade de tempo hora.
- **Material consumível:** Representa os recursos consumíveis ou bens não depreciáveis, aqueles que se extinguem durante a execução da tarefa ou se tornam imprestáveis para reutilização. São classificados como tipo material, não consomem horas de trabalho, não afetam a duração de tarefas e têm seu custo calculado pelo custo unitário de reposição;

- **Empreiteiro:** São os recursos, geralmente externos à organização executora, que trabalham sob regime de empreitada por preço fixo, ou seja, o custo independe de possíveis variações na duração da tarefa durante seu curso ou na quantidade de trabalho. Dependendo da abordagem podem ser classificados como tipo trabalho ou material, não consomem horas de trabalho ou se consomem as mesmas não são contabilizadas, não afetam a duração de tarefas e têm seu custo calculado pelo custo fixo total negociado.

Custo

FORMAS DE CUSTEIO
A todo recurso está alocado um custo. Existem quatro tipos de custos, cada um aplicável a determinados tipos de recursos.
- **Custo Por Hora:** usado em recursos do tipo mão-de-obra, onde representa o valor de homem/hora e em recursos do tipo máquina/equipamento, onde representa o valor de depreciação, podendo ser acrescentado a este valor itens como consumo de combustível ou energia, manutenção preventiva, seguro, etc.
- **Custo Por Uso:** usado em recursos do tipo material consumível, representando o valor de mercado para reposição de uma unidade do material.
- **Custo De Reaplicação:** quando um recurso é onerado de um determinado custo toda vez que for reempregado, independente da quantidade ou tempo a ser empregado, é também conhecido como custo de mobilização e pode ser aplicado tanto a recursos do tipo mão-de-obra quanto a recursos do tipo máquina/equipamento ou a recursos do tipo material consumível.
- **Custo Fixo:** usado para representar custos que não variam frente ao tempo ou à quantidade a ser empregada na tarefa, é geralmente associado a recursos do tipo empreiteiro e tem seu valor definido diretamente em cada tarefa em que participam.

FORMAS DE APROPRIAÇÃO
Em gerenciamento de projetos, como já visto anteriormente, os custos estão diretamente associados aos recursos, em valores unitários. É pelo processo de alocação de recursos às tarefas que os custos são lançados, proporcionalmente à quantidade alocada, sob a ótica de custo por execução, nestas tarefas em primeira instância e no projeto por extensão.

Existem três formas distintas de apropriação de custos, indicando o momento da execução da tarefa em que os custos aparecerão.

- **Pro rata ou rateado:** os custos são apropriados de forma proporcional à programação de uso do recurso, sendo calculados multiplicando o valor unitário pela quantidade de horas de trabalho (se o recurso for do tipo trabalho) ou de unidades consumidas (se o recurso for do tipo material) a ser utilizada na unidade de tempo e apresentando o resultado dentro de uma escala de tempo. Esta forma de apropriação geralmente é associada a recursos do tipo trabalho.
- **Ao início:** o custo total de execução da tarefa é assumido assim que a tarefa iniciar, conforme indicado pela data de início. Esta forma de apropriação de custos geralmente é associada a recursos do tipo material consumível, do subtipo matéria-prima.
- **Ao término:** o custo total de execução da tarefa é assumido quando a tarefa termina, conforme indicado pela sua data de término. Esta forma de apropriação de custos geralmente é associada a recursos do tipo material consumível, do subtipo produto acabado, ou do tipo empreiteiro.

Conflito de recursos

"Conflito de Recursos é a situação causada pela necessidade momentânea de alocar uma quantidade de recursos não disponível".

Em um determinado momento o projeto necessita utilizar uma quantidade de recursos não disponível, está configurado em conflito de recursos.

Dizemos que um recurso está em conflito, ou sobrealocado, quando não possui quantidade disponível suficiente para atender a um conjunto específico dentre as tarefas que lhe estão designadas. Note que a indisponibilidade é um fator temporal, o recurso está em conflito em um determinado momento do projeto, não conseguindo atender a um determinado conjunto de tarefas dentre todas as que lhe foram designadas.

A gerência de projetos geralmente encontra sérias dificuldades para utilizar a quantidade ideal de cada recurso; isto acontece porque recursos são finitos e também pelo fato de serem os responsáveis pela determinação dos custos do projeto. O usual é alocar, na primeira etapa do planejamento, a quantidade ideal de recursos para cada tarefa e, num segundo momento, verificar a melhor opção para resolver cada um dos conflitos que se apresentam, sendo esta operação de resolução de conflitos denominada Nivelamento de Recursos.

Nivelamento de Recursos é o procedimento pelo qual são solucionados os conflitos de recursos existentes no projeto.

Existem diversos procedimentos para a solução de conflitos que, normalmente, competem à gerência de projetos, sendo que a maioria deles impacta prazos e/ou custos do projeto. A seguir apresentamos os principais.

- **Realocar recursos:** se uma das tarefas geradoras do conflito possuir folga e for dirigida por esforço, podemos diminuir a quantidade alocada do recurso em conflito até o limite onde o aumento de duração da tarefa proveniente da diminuição da quantidade de recurso seja absorvido pela folga. Esta é uma ótima possibilidade, visto que não impacta o custo nem o prazo do projeto.
- **Disponibilizar mais recursos:** é possível aumentar a disponibilidade através de vários meios, dependendo do tipo do recurso e da situação específica, por exemplo, contratar mão-de-obra temporária, alugar um equipamento ou negociar a transferência de um recurso de outra área da organização. Este procedimento não impacta prazos, mas atente para o fato de que o processo de disponibilizar o recurso pode onerar o projeto.
- **Postergar tarefas:** se o conflito de recursos é gerado por tarefas simultâneas, uma possibilidade é adiar o início de uma das tarefas para após o término da outra, atentando para postergar a tarefa que tiver maior folga livre ou total, de forma a impactar o mínimo possível o prazo do projeto. Este procedimento não impacta custos, mas pode impactar o prazo total do projeto se nenhuma das tarefas possuir folga suficiente para absorver o *delay* imposto.

O MS Project possui um método para nivelamento de recursos, onde, a partir de um *pool* de recursos (o contingente executante) e da determinação da alocação deste contingente nas tarefas, identifica a indisponibilidade de recursos, avalia em quanto monta a indisponibilidade e, dependendo da metodologia empregada pelos profissionais que desenharam o plano, o próprio *software* gera um plano exequível pelo deslocamento de tarefas ou identifica a quantidade a mais de recursos que deve chegar ao projeto para que este seja exequível dentro dos prazos estabelecidos. Basicamente, o que determina qual das tarefas será postergada na operação de nivelamento por *software* é o critério de folgas: a tarefa que tiver maior folga livre ou total é postergada. Essa operação de nivelamento é um algoritmo fantástico do *software* capaz inclusive de resolver problemas de alocação de recursos (conflitos) entre diferentes projetos, sendo para isto necessária a criação de um arquivo específico, o qual funciona como um *pool* de recursos, identificando os diversos recursos que a organização tem à disposição e os compartilhando entre os diferentes projetos.

2

GERENCIAMENTO DE PROJETOS E INFORMÁTICA

Por que usar um *software* de gerenciamento de projetos?

Quais são os objetivos de um *software* de gerenciamento de projetos?

Como a teoria melhor se adapta à prática?

Estas são algumas questões extremamente importantes e que procuramos responder neste capítulo, com detido enfoque nas questões referentes ao orçamento visto sob o prisma da gerência de projetos: o Regime de Caixa ou Orçamento Financeiro tratado pela gerência financeira *versus* o Regime de Competência ou Orçamento Econômico tratado pela gerência de projetos, o Custo ABC mapeando os custos diretos do projeto de forma concisa e totalmente confiável, as diferentes formas de apropriação de custos adequando o projeto à realidade do dia-a-dia.

Não basta conhecer a teoria e conhecer a operação do *software*, é necessário estabelecer uma conexão confiável entre os dois, aparando as arestas da forma mais adequada e confiável possível. Este é o foco deste capítulo.

Software

Por que usar *software* de gerenciamento de projetos

Existem vários motivos para embasar a utilização de um *software* de gerenciamento de projetos, dentre os quais podemos destacar:

- Possibilita, melhor que qualquer outro meio, apresentações bem elaboradas e precisas do projeto, na forma de gráficos (Gantt, PERT), relatórios e planilhas.
- Direciona a uma metodologia eficaz de planejamento e planificação, pois obriga a utilização de um método para detalhar cada tarefa.
- Determina instantaneamente inconsistências entre a execução do projeto e as metas determinadas pelo planejamento.
- Facilita os mecanismos de troca de informações entre a gerência encarregada pelas aprovações e viabilidades e os recursos executores dos projetos.
- Oferece integração imediata com outros *softwares* como planilhas, editores de textos, bancos de dados, etc.

Objetivos do *software* de gerenciamento de projetos

O objetivo do *software* de gerenciamento de projetos é prover aos seus usuários potencialidades tanto na fase de planejamento quanto na fase de controle. Este objetivo é alcançado através de metodologias apoiadas na rapidez e precisão de cálculos do *software*.

NA FASE DE PLANEJAMENTO

Organizar o plano de ação
- Determinando macro objetivos que possam representar o escopo do projeto e servir como síntese de um conjunto determinado de tarefas (Tarefas de Resumo);
- Estabelecendo marcos temporais intermediários (Etapas) para uma medida correta do ritmo de execução do plano.

Programar as tarefas
- Individualizando cada uma das tarefas necessárias à consecução dos objetivos;
- Estimando a duração de cada tarefa;
- Determinando a ordem de precedência das tarefas, regida por dependência técnica;
- Ajustando a data inicial de cada tarefa — caso necessário — a datas mandatárias, condição esta criada por alguma restrição não técnica.

Alocar os recursos necessários à realização de cada tarefa

- Determinando, um a um, os recursos necessários à realização de cada tarefa;
- Especificando, no caso de recursos tipo mão-de-obra, a carga de homem/hora necessária à execução das tarefas;
- Especificando, no caso de recursos tipo máquina/equipamento, a quantidade de horas necessárias à execução das tarefas;
- Apontando, no caso de materiais consumíveis, a quantidade necessária de material;
- Determinando nas tarefas tipo empreitada o seu custo fixo provável.
- Informar a necessidade do aporte de capital para uma tarefa, usando recurso do tipo custo.

Resolver os problemas envolvendo conflito de recursos

- Conferindo e corrigindo os dados lançados como quantidade total de cada recurso e quantidade do recurso associada a cada tarefa;
- Determinando diferentes quantidades de recursos, em tarefas dirigidas por esforço, a fim de propiciar uma distribuição dos mesmos, de forma que as tarefas sejam atendidas pelo *staff* da organização sem, contudo, comprometer o projeto quanto a prazos;
- Contratando mais recursos nos casos em que a prioridade das tarefas e seus custos assinalarem essas necessidades;
- Identificar e caracterizar a necessidade da aplicação de horas extras, para atender questões de prazos ou tipicidades de alocação dos recursos em tarefas específicas.
- Acionando o mecanismo de nivelamento de recursos.

Produzir Relatórios

- Provendo todos os processos necessários a gerencia de comunicação do projeto.

NA FASE DE CONTROLE

Monitorar a Performance de Execução

- Lançando datas de início e fim de cada tarefa e, periodicamente, o percentual de execução das tarefas em andamento, a quantidade efetivamente utilizada de cada recurso e o custo fixo de tarefas sob este regime.

Projetar o Impacto das Datas Reais Contra a Programação Meta

- Comparando as distorções entre as datas lançadas como metas e a novas datas prováveis, observando também o campo Variação Inicial e as variações das folgas.

Corrigir a Planificação

- Permitindo ao gerente de projetos se sobrepor às contingências, determinando medidas emergenciais para minorar o impacto de tais contingências contra o plano estabelecido.

Produzir Relatórios Finais

- Possibilitando o exame do sucesso do projeto.

Na Gestão de Múltiplos Projetos

- Solucionando problemas de indisponibilidade de recursos interprojetos.
- Reescalonando os cronogramas de projetos em face de alterações nas prioridades desses projetos.
- Permitindo o estabelecimento de precedência entre tarefas de diferentes projetos.
- Gerando cronogramas consolidados de um conjunto específico de projetos que necessitem de interpretação conjunta.
- Permitindo a análise da organização a partir da geração de matriz de projetos.

Teoria X Prática

Orçamento em *Software* de Gerenciamento de Projetos

Na gerência de projetos temos como um dos principais objetivos gerar orçamentos controláveis dos projetos, porém estes orçamentos apresentam algumas características importantes, cujo entendimento é fundamental ao desenvolvimento dos trabalhos, sendo discutidos nos tópicos a seguir.

REGIME DE CAIXA X REGIME DE COMPETÊNCIA

Software de gerenciamento de projetos emitem Orçamento e isto é fundamental ao gerenciamento de projetos, pois sabemos, entre outras coisas, que uma das bases do planejamento é a Estimativa de Custos, sinônimo de Orçamento.

Entretanto, cabe atenção. O orçamento tratado ao nível da gerência de projetos é o Orçamento Econômico, pelo Regime de Competência e não o Orçamento Financeiro, pelo Regime de Caixa. É de suma importância termos em mente que, de forma geral, a gerência de custos do projeto tem a ambição de apresentar o orçamento relativo ao custo de execução do projeto com forte embasamento técnico, sob Regime de Competência, para permitir o estudo de viabilidade econômica na fase de planejamento e para permitir o controle e consequentes projeções na fase de execução/controle, garantindo que o projeto seja concluído dentro do orçamento aprovado.

Como custo de execução do projeto devemos entender uma estimativa técnica baseada nas quantidades necessárias de recursos exigidos para o fornecimento do produto final pela organização, não contemplando o preço de mercado, que é uma decisão de negócio, estratégica, onde o custo de execução é apenas uma dentre as muitas variáveis a serem consideradas.

O Orçamento Financeiro, pelo Regime de Caixa, que aponta as melhores opções de quando e como saldar os compromissos advindos da execução do projeto extrapola o âmbito da gerência de projetos, ficando, geralmente, a cargo da gerência financeira. Por ser mais capacitada nos meandros dos índices financeiros, das moedas e das diferentes oportunidades financeiras que se configuram a cada momento, a gerência financeira é capaz de processar elementos de análise financeira, como valor presente e outros, assim como de fazer análises ainda mais avançadas, como a de retorno de investimento.

Orçamento Econômico X **Orçamento Financeiro**
Regime de Competência   Regime de Caixa

O Orçamento Econômico é sempre a ideia primitiva, fundamental, responden-do às questões "Quando estará sendo assumido compromisso, de que valor é o compromisso?".

O Orçamento Financeiro apresenta uma ideia mais elaborada, respondendo às questões "Quando e quanto será desembolsado para honrar o compromisso assumido?".

Como exemplo, imaginemos a compra de um produto que custa R$ 300,00 – fato econômico – com pagamento em 6 parcelas mensais, sem entrada e sem juros – fato financeiro.

mês	orçamento econômico	orçamento financeiro
Jan	R$ 300,00	
Fev		R$ 50,00
Mar		R$ 50,00
Abr		R$ 50,00
Mai		R$ 50,00
Jun		R$ 50,00
Jul		R$ 50,00

Tabela 2.1. - *Orçamento econômico X orçamento financeiro.*

O gerente de projetos tem como uma de suas atribuições estimar o custo do empreendimento, mas não a forma como será pago, o que constitui responsa-bilidade que extrapola o âmbito da gerência de projetos.

Na verdade, o Orçamento Econômico, visto pelo prisma da aplicação do re-curso, está ligado a um compromisso de pagamento. A forma do pagamento já é o Orçamento Financeiro.

Supondo uma tarefa que demore 6 dias úteis, onde participa um único recurso, com remuneração semanal, para o qual sábado é dia útil e que esta tarefa esteja programada para começar, e efetivamente comece, em uma segunda-feira. Se o recurso faltar a um dia de trabalho, fará com que a tarefa atrase proporcionalmente, e só seja concluída na segunda-feira seguinte, sem que o custo da tarefa seja alterado. Isto é o que importa à gerência de projetos, independentemente de este atraso repercutir ou não em um desdobramento de mais de 1 evento de pagamento para o recurso. Antes a tarefa seria paga em um contracheque relativo a uma semana apenas, e agora está desmembrado em duas semanas; este fato não é de preocupação da área de projeto, cuja preocupação é o fato físico do atraso e o fato da alteração ou não no custo total da tarefa, não sendo o fato financeiro de sua responsabilidade.

Em outro exemplo uma tarefa tem 4 semanas de duração, com 6 dias úteis por semana, onde trabalha um recurso que custa 1 real por dia. A visão simplista do Orçamento por Regime de Competência, onde fica perfeitamente caracterizado que a importância nesse orçamento é o instante da aplicação do recurso, é apresentada na tabela 2.2.

Semana 1	Semana 2	Semana 3	Semana 4	Semana 5
1 1 1 1 1 1	1 1 1 1 1 1	1 1 1 1 1 1	1 1 1 1 1 1	

Tabela 2.2. - Custo sob o enfoque econômico.

Os *softwares* de gerenciamento de projetos permitem visões sintéticas, sob diferentes níveis, onde podemos ter o mesmo exemplo totalizado por semana, por quinzena, etc.

Semana 1	Semana 2	Semana 3	Semana 4	Semana 5
6	6	6	6	

Quinzena 1	Quinzena 2	Quinz
12	12	

Tabela 2.3. - Custo econômico na escala de tempo.

Já o Regime de Caixa, Orçamento Financeiro, se importa em assinalar quando ele será remunerado pelo seu trabalho e em que valor.

Assim, tendo em vista o exemplo anterior, supondo que o recurso seja remunerado às quartas-feiras pelo seu trabalho da semana anterior apurado até o último sábado, seu orçamento financeiro seria representado da seguinte forma, onde fica clara a diferença fundamental entre estas formas de orçamentação, já que na primeira semana da tarefa não há qualquer desembolso e na semana seguinte ao término da tarefa ainda há um desembolso a ser cumprido, conforme mostrado na tabela 2.4.

Semana 1	Semana 2	Semana 3	Semana 4	Semana 5
0	6	6	6	6

Tabela 2.4. - Custo sob o enfoque financeiro.

CUSTO ABC

As tarefas componentes de um projeto, e o projeto por extensão, só têm custo em função da necessidade de viabilizar os meios físicos necessários à sua execução. Isto é, o custo das tarefas não é dado pela tarefa em si, mas pela necessidade de custear os recursos (mão-de-obra, máquinas/equipamentos, materiais de consumo e empreiteiros) responsáveis pela concretização da tarefa. Este processo de formação dos custos de um projeto recebe o nome de Custo ABC (*Activity Based Cost* – custo baseado em tarefas). Note que Custo ABC não deve ser confundido com Curva ABC, que é uma forma de análise comparativa de custos.

O Custo ABC pode ser visto como o custo direto de produção, o que significa que, adotando esse procedimento padrão na formação de custos de um projeto, são contemplados tão somente os recursos que participam das tarefas componentes do projeto.

Tomando como exemplo uma organização orientada a projetos que presta serviços de treinamento em micro-informática, onde cada evento de treinamento é tratado como um projeto, as tarefas diretamente associadas a um projeto de treinamento comportam os seguintes recursos:

Capítulo 2 - Gerenciamento de Projetos e Informática | **57**

- **Instrutor – mão-de-obra:** é remunerado em função da quantidade de horas que despende diretamente com o serviço de ministrar as aulas.
- **Micro-computadores, *data-show* e impressoras – equipamentos:** servem a este projeto e a outros, com o passar do tempo ficarão obsoletos ou perderão sua eficácia por desgaste natural, devendo ser substituídos ao final da sua vida útil.
- **Sala de treinamento – equipamento:** serve a este projeto e a outros, com o passar do tempo ficará obsoleta ou perderá sua eficácia por desgaste natural, devendo ser reformada ao final da sua vida útil.
- **Apostilas, disquetes e certificados – materiais consumíveis:** ficarão com os alunos de cada turma, sendo necessário providenciar novas unidades desses bens para suprir cada turma.
- ***Coffee-break* – material consumível:** será consumido pelos alunos no transcorrer do treinamento, sendo necessário providenciar novas unidades desses bens para suprir cada turma.

Numa primeira instância, apenas estes recursos serão contabilizados como custo do projeto. Porém, outros elementos também importantes e não menos essenciais, como pessoal de secretaria e administração, não participam diretamente da execução das aulas, mas investem trabalho e, por conseguinte, geram custo para o projeto. Por não haver uma forma de precisar exatamente quanto tempo esses recursos investem para a realização do treinamento de uma turma em específico, eles são considerados formadores de custo indireto de produção e, de forma geral, não são custeados diretamente em cada turma/ projeto. Os custos indiretos devem ser estimados, por exemplo, por critério de rateio e compor o preço de mercado do produto que, como dito anteriormente, é uma decisão de negócio, estratégica, onde o custo de execução é apenas uma dentre as muitas variáveis a serem consideradas.

Se houver necessidade ou interesse em contabilizar os custos indiretos dentro do projeto, a melhor alternativa é criar tarefas representando os processos de suporte administrativo aos treinamentos e alocar os recursos nestas tarefas. Ao implementar esta alternativa, deve ser dedicada atenção especial à estimativa de trabalho dos recursos indiretos, visto que estes não se dedicam *full time* à produção de um treinamento/projeto específico, mas dedicam seu trabalho a vários projetos simultaneamente.

Formas de Apropriação de Custos

Em tese, recursos do tipo mão-de-obra e máquinas/equipamentos têm sua apropriação de custos na forma pro rata, uma vez que quanto mais tempo estes recursos tiverem alocado em uma tarefa mais a oneram.

Agora imagine um empreiteiro, aquele que apresenta um custo fixo para uma tarefa, independentemente da quantidade de tempo alocado, por exemplo, a contratação de um treinamento com duração prevista de 5 dias:

- **Caso 1 – Rateado:** se houver um comprometimento de pagamento por aula ministrada e que por uma eventualidade o treinamento seja suspenso ao final do 3º dia; isso implica que foi economicamente realizado apenas 60% do custo.
- **Caso 2 – Ao Início:** se houver um compromisso de pagamento integral do curso, monitorado pelo fato da apresentação do instrutor na data combinada, do início do mesmo e independentemente do restante do andamento do curso.
- **Caso 3 – Ao Fim:** se houver um compromisso de pagamento somente após uma avaliação do curso, por parte dos treinandos, ao final do último dia.

Nivelamento de Recursos

A maioria dos *softwares* de gerenciamento de projetos apresenta ferramentas voltadas para a solução do problema de exequibilidade de projeto, isto é transformar um cronograma primeiramente apenas viável tecnicamente em um cronograma exequível. A ferramenta procura identificar conflitos de recursos, quando a demanda momentânea de um determinado recurso tal como apresentada por um cronograma é maior que a disponibilidade do mesmo, e postergar tarefas, a princípio simultâneas, de forma a solucionar este conflito obtendo um cronograma exequível.

No exemplo apresentado admitimos a execução de 5 tarefas com 1 dia de duração cada, as quais, para facilitar o entendimento, não apresentam relação de precedência.

Em cada uma das tarefas estão alocados 2 recursos em regime de dedicação integral, conforme descrito dentro das respectivas caixas. Portanto, na Tarefa

1 estão alocados os recursos RecA e RecB, na Tarefa 2 estão alocados os recursos RecB e RecC e assim sucessivamente.

Note que no dia 1 há 2 tarefas sendo executadas simultaneamente, Tarefa 1 e Tarefa 4, enquanto nos dias subsequentes é executada apenas 1 tarefa por dia.

Se levarmos em conta que no *staff* da organização executora existe apenas 1 quantidade de cada recurso, chegamos à conclusão que este cronograma, mesmo sendo tecnicamente viável, enfrenta um problema sério de exequibilidade, já que no primeiro dia do projeto se apresenta uma demanda total de 2 unidades do recurso RecA quando sua disponibilidade se limita a 1 unidade. Dizemos que o recurso RecA está em conflito, pois em um determinado momento do projeto (dia 1) há uma demanda do recurso (2 un) superior à sua disponibilidade (1 un).

Problema: Inexequibilidade
Fato: conflito de Rec A no dia 1

Dias			
1	**2**	**3**	**4**
Tarefa 1 **Rec A** **Rec B**			
	Tarefa 2 **Rec B** **Rec C**		
		Tarefa 3 **Rec C** **Rec D**	
Tarefa 4 **Rec A** **Rec D**			**Tarefa 5** **Rec E** **Rec F**

Figura 2.1 - O conflito.

O *software*, pelo nivelamento, pode resolver este conflito executando uma dentre duas operações. Atente para o fato de que a operação de nivelamento tem por finalidade apenas postergar tarefas para garantir um cronograma exequível, ele não altera duração de tarefa nem quantidade de unidades de recursos alocados em tarefas. Ele apenas posterga as tarefas - é bom enfatizar.

Na primeira solução possível, apresentada a seguir, a operação de nivelamento implementou uma solução em cascata com 3 passos: quando empurrou a Tarefa 1 para o dia 2 solucionou o conflito de RecA, mas causou um conflito de RecB, quando empurrou a Tarefa 2 para o dia 3 solucionou o conflito de RecB, mas causou um conflito do RecC, somente quando empurrou a Tarefa 3 para o dia 4 conseguiu o *status* de exequibilidade para o projeto.

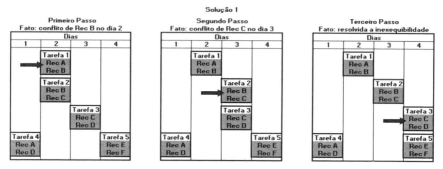

Figura 2.2 - Nivelamento de recursos - solução 1.

Na segunda solução possível, mostrada a seguir, a operação de nivelamento implementou uma solução mais simples com apenas 1 passo: ao empurrar a Tarefa 4 para o dia 2 solucionou o conflito de RecA conseguindo o *status* de exequibilidade para o projeto.

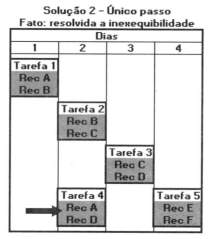

Figura 2.3 - Nivelamento de recursos - solução 2.

> **ATENÇÃO** → neste discurso didático não temos, a esse instante, o interesse de debater qual das duas soluções será a optada pelo *software*, o que queremos é chamar absoluta atenção para o fato de que o procedimento, em tese, busca entre todas as soluções possíveis aquela que represente o menor risco de atraso possível ou o menor atraso, independentemente do que isso possa representar de trabalho para o *software*.

Importante chamar atenção também para o fato de que este algoritmo soluciona problemas de exequibilidade em um único projeto ou entre um conjunto de projetos que compartilhem um mesmo *staff* de recursos.

Viabilidade e Exequibilidade

O tema Precedência, abordado no capítulo 1, gera um fato de indispensável importância que é a caracterização dos processos de Análise de Viabilidade e Análise de Exequibilidade como dois procedimentos nitidamente distintos.

A precedência, em si, serve para definir a viabilidade técnica de um projeto. Analisando um projeto que apresenta um determinado conjunto de tarefas com uma única predecessora, por exemplo, um projeto de montagem de torres em uma linha de transmissão de energia, onde temos um conjunto de tarefas, cada tarefa representando a montagem de uma torre, as quais têm uma única predecessora, supondo que dependam única e exclusivamente de uma tarefa, que é a preparação do material a ser montado. A rede de precedências se apresentaria conforme mostrado na figura 2.4.

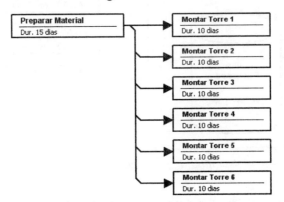

***Figura 2.4.** - Precedência Técnica.*

Assim, pela definição das durações, precedências, restrições e recursos alocados somos informados que tecnicamente é possível a execução deste serviço em 25 dias, Viabilidade Técnica. Fica constatado que o menor prazo tecnicamente possível deste serviço é de 25 dias.

Agora vem outra questão: será que dispomos de recursos executores na quantidade suficiente para executar tal serviço nesse menor tempo tecnicamente possível?

Em um novo processo, devemos analisar a exequibilidade do projeto. Confrontando o quadro possível de recursos disponíveis, o *pool* de recursos apontando as funções existentes e seus respectivos contingentes, contra a demanda necessária deste cronograma tecnicamente viável. Admitindo para este exemplo que tenhamos no *pool* de recursos 8 montadores e que em cada tarefa o quadro ideal de execução, que justifica a duração de montagem em 10 dias, é de 4 montadores por torre, encontramos a discrepância mostrada na figura 2.5.

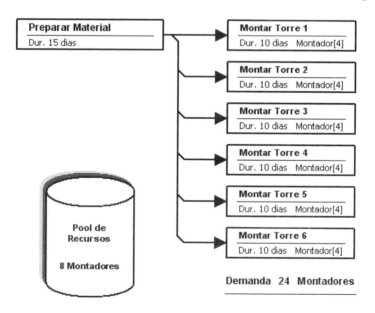

Figura 2.5. - *Disponibilidade de recursos X demanda de recursos.*

Chegamos à constatação óbvia que o cronograma tecnicamente viável não é exequível.

A operação de nivelamento de recursos vem dar a primeira resposta desejada: em que prazo o projeto se apresenta como viável e exequível? Quando realizamos a operação de nivelamento chegamos ao cronograma de solução mostrado na figura 2.7.

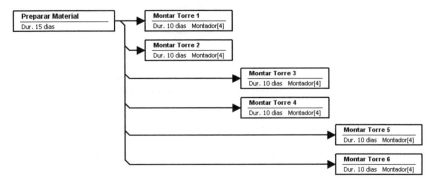

Figura 2.6. - Projeto nivelado – viável e exequível.

Chegamos, auxiliados pelo *software*, a uma nova constatação: nas condições de disponibilidade de recursos que supomos o projeto só é viável e exequível em 45 dias.

Porém, é fundamental em planejamento podermos traçar avaliações de todo um limiar entre a viabilidade e a exequibilidade, termos meios de levantar proposições para uma análise mais apurada. Por exemplo, concebermos que o prazo de 45 dias não atende aos requisitos do cliente, aumentarmos a disponibilidade do contingente que iremos empregar, admitindo em uma segunda instância que poderíamos ter 12 montadores, e proceder novamente ao nivelamento encontrando um novo cronograma de solução mostrado na figura 2.7.

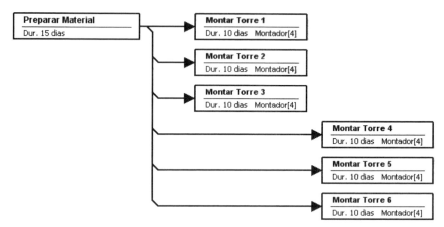

Figura 2.7. - Projeto nivelado – outra alternativa.

Agora temos a visão que com tal procedimento, a contratação de mais 4 montadores, podemos ter um cronograma viável e exequível com prazo de 35 dias e que esse menor prazo pode atender aos requisitos do cliente.

A grande resposta do planejamento é a identificação clara dos limites de transformação ou adaptação da realidade da organização que são necessários à concepção de um plano que melhor se encaixe na dialética entre o que se quer fazer e o que realmente podemos fazer.

II

INTRODUÇÃO AO MS PROJECT

3

VISÃO GERAL

O Microsoft Project é hoje o *software* de gerenciamento de projetos com a maior base instalada em sua categoria em todo o mundo, atingindo mais de 6 milhões de usuários segundo a Microsoft. Isto se deve não apenas ao renome da Microsoft como ícone no desenvolvimento de *software*, mas também e principalmente à facilidade de uso, à versatilidade e ao poder de fogo do aplicativo.

Lançado em 1990, o MS Project se encontra hoje na sua nona versão baseada no Sistema Operacional Windows, e neste longo caminho vem crescendo e se aprimorando significativamente, da mesma forma que o mercado de gerenciamento de projetos. Existem estimativas que apontam para um crescimento da área de gerenciamento de projetos da ordem de 35% ao ano. Isto significa uma grande e constante entrada de novos usuários no mercado, e o MS Project vem atender a este público de forma perfeita, visto que uma de suas principais características é ser, dentre seus similares, o aplicativo mais simples e de mais fácil aprendizado, tornando o processo de gerenciamento de projetos quase tão fácil quanto manter uma agenda pessoal de compromissos, com sua padronização frente ao pacote Office tornando a maioria dos comandos confortavelmente familiares.

Acompanhando uma tendência de mercado, o *downsize*, os departamentos de gerência de projetos de grandes organizações vêm migrando seus aplicativos dos grandes e pesados *mainframe* para os versáteis PC e aqui, mais uma vez, o MS Project se faz presente de forma extremamente consistente, visto que aliado à sua facilidade de uso está uma arquitetura bem elaborada, que dá ao aplicativo poder de fogo para tratar desde um pequeno projeto de mudança de um escritório até um grande e complexo projeto de implantação de um campo de prospecção de gás com dezenas de milhares de tarefas, vários anos de duração, subdividido em dezenas de subprojetos distribuídos por diferentes departamentos, com centenas de recursos alocados.

Note que a combinação de características do MS Project permite a elaboração e operação de um projeto por uma equipe composta de *experts* em gerenciamento de projetos e de trabalhadores da área de execução que, se sentindo à vontade com a facilidade da *interface*, podem interagir com o projeto não apenas validando aspectos do planejamento, mas também atualizando os dados de acompanhamento, imprimindo um aspecto mais realista e confiável ao projeto e diminuindo a carga de trabalho da equipe de gerência de projetos. O MS Project é uma ferramenta poderosa e versátil, desenvolvida para permitir a você o gerenciamento da mais ampla gama de projetos que se possa imaginar.

O MS Project cobre todas as etapas do ciclo de vida do projeto, contemplando tanto a etapa de planejamento quanto a de acompanhamento, tanto a gerência de tarefas quanto a gerência de recursos (mão-de-obra, máquinas, equipamentos, materiais, empreiteiros), permitindo a utilização da Internet como ferramenta de comunicação e o MS Excel como gerador de gráficos.

O MS Project 2010 tem uma interface nova semelhante a família de produtos MS Office 2010, mas não é só isso. Ele inclui melhorias avançadas inéditas de agendamento, gerenciamento de tarefas e modo de exibição que dão um maior controle sobre a maneira como você gerencia e apresenta seus projetos. Composta pelas versões MS Project Standard 2010 e MS Project Professional 2010 nas versões de 32 e 64 bits e pela ferramenta de comunicação MS Project Server 2010.

As versões Standard e Professional diferem basicamente no que diz respeito à arquitetura Project Enterprise Solution, pois apenas a versão Professional trabalha com o Project Server, sendo o Project Server o substituto evoluído e melhorado do Project Central, que acompanhava a versão 2000 do MS Project e, agora, vendido separadamente.

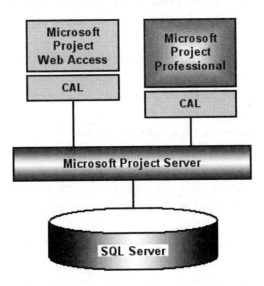

Figura 3.1 - Microsoft Enterprise Project Management.

Para a total funcionalidade no gerenciamento de projetos corporativos, o Microsoft Project Server 2010 requer a instalação dos: Microsoft Project Professional 2010 ou 2007 SP2, MS Office 2010 ou 2007, Windows Server 2008 64-bit ou 2008 R2, Microsoft SQL Server 2008 R2 64-bit ou 2008 ou 2005 e o MS SharePoint Server 2010 Enterprise Edition. O uso dos recursos e serviços do Microsoft Project Server, incluindo o Microsoft Project Web Access - a *interface* da Web do Microsoft Project Server - requer a instalação de uma licença de cliente CAL (Client Access Licence) do Microsoft Project Server.

O Project Server é uma solução de software constituído das seguintes funcionalidades:

- Os dados de projeto não ficam mais salvos em arquivos MPP geridos por cada usuário e sim em um banco de dados SQL Server normalmente gerido pela área de informática da organização.
- Melhora relativa das condições de segurança dos arquivos, pois a responsabilidade de segurança fica nas mãos de quadro mais profissional neste sentido.
- Capacidade dos dados de Projeto poderem ser enxergados por outras aplicações da empresa que leiam e tratem os dados depositados no SQL Server.
- Relativa capacidade de outros aplicativos da organização interagirem com a massa de dados do SQL Server, capacidade relativa por causa do cuidado a acesso de um banco de dados que foi originalmente projetado para servir a um sistema proprietário.
- Existência de um site (conjunto de páginas WEB) dedicado, visível ao ambiente Intranet da empresa e de possível acesso também a Extranet. Este site possibilita certo grau de interação com os dados de projeto.
- Consultas a status de projetos podem ser feitas pelo site, bastando o emprego do Internet Explorer e a devida permissão de acesso aos dados, concedida ao(s) usuário(s).
- Possibilidade da atualização de informações sobre a execução do projeto sem que os usuários empreguem o MS Project, bastando a utilização do Internet Explorer, sob regime de permissões concedidas aos usuários.
- Lista de discussão do projeto.
- Arquivamento inteligente de toda a documentação de projeto.

Algumas outras considerações:

- O Project Server não é ambiente de Planejamento, por exemplo, não temos a possibilidade de de estabelecermos precedências pelas páginas disponibilizadas no produto (indispensável em planejamento).
- Para o Project Server, caracteristicamente, recurso não é apenas quem executa a tarefa, mas sobretudo quem informa o seu andamento. Assim se aplica de forma muito mais transparente a projetos onde os executores reportarão o andamento das tarefas. Caso contrário há que se determinar mecanismos metodológicos para possibilitar outras formas de atualização

(por exemplo na construção de uma hidrelétrica, quem e como irá reportar o trabalho executado pelos "ajudantes").

Assim concluímos que o melhor cenário para o emprego do Project Server seja em um ambiente de projetos onde:

- O Planejamento seja centralizado e os informes de andamento sejam reco-lhidos e lançados de forma descentralizada.
- Os recursos apontados como tais no MS Project sejam não apenas os reais executores das tarefas bem como os responsáveis pelo seu informe de andamento.

4

INSTALAÇÃO DO MS PROJECT E DOS ARQUIVOS DE EXEMPLO

Para que o estudo deste livro se mostre o mais proveitoso possível é necessária a manipulação do *software* durante o desenrolar dos capítulos, que se mostram totalmente voltados para a prática, e a conferência dos resultados dos exercícios pela comparação dos exercícios desenvolvidos com os exemplos originais.

Neste capítulo você aprenderá a instalar o MS Project 2010 e como disponibilizar os arquivos com os exemplos originais.

Baixando o Ms Project 2010 para testar durante 60 dias.

A Microsoft disponibiliza para teste durante 60 dias o Project Professional 2010 em português no *link* http://technet.microsoft.com/pt-br/evalcenter. Inicie o processo clicando no produto que você quer baixar para avaliação.

Para fazer o *download* é necessário ter uma conta Windows Live Id. Caso não tenha, na tela que solicita a digitação da sua Live Id é possível criar um conta nova.

Siga todos os passos e após baixar, execute a instalação conforme os tópicos a seguir.
Será necessário escolher para baixar a versão 32bits ou 64bits, conforme a versão do seu sistema operacional. Caso não saiba, vá em **Painel de Controle** do Windows, clique em **Sistema** e verifique se o seu sistema operacional é de 32 ou 64bits.

Instalando O MS Project 2010

A instalação do MS Project 2010 é extremamente simples e segura, seguindo os padrões Windows existentes, devendo ser obedecida a sequência descrita a seguir. O MS Project consome aproximadamente 884 MB na instalação completa.
O MS Project 2010 utiliza, a exemplo dos aplicativos do MS Office a partir da versão 2000, uma nova tecnologia denominada **Instalação Sob Demanda** que a princípio instala apenas os arquivos essenciais ao funcionamento básico do *software* e, conforme forem sendo solicitadas novas ferramentas pelo usuário, as mesmas vão sendo instaladas. Esta tecnologia ainda gerencia de forma quase transparente para o usuário a reinstalação de arquivos danificados ou removidos.

1. Após a colocação do CD-ROM de instalação no respectivo *drive*, o programa de instalação inicia, abrindo automaticamente uma janela de diálogo que mostra a evolução da operação de reconhecimento de ambiente promovida pelo *software* de instalação do MS Project.

Figura 4.1 - *Tela inicial de instalação.*

Capítulo 4 - Instalação do Ms Project e dos Arquivos de Exemplo | 75

2. Aguarde os procedimentos de inicialização do assistente de instalação. Na janela que se abre informe o número da chave do produto (*Product key*) e acione o botão "Continuar".

Figura 4.2 - Tela de chave do produto.

3. Na janela seguinte dos Termos de Licença para Software Microsoft, leia os termos do contrato e caso aceite, selecione a opção "Aceito os termos deste contrato". Com isso o botão "Continuar" fica liberado para continuar a instalação. Acione o botão "Continuar".

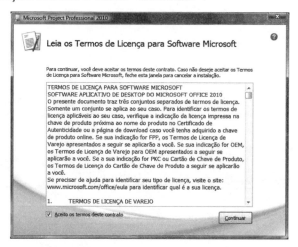

Figura 4.3 - Tela de contrato de licença.

4. A próxima janela indica o tipo de instalação a ser efetuada. **Instalar Agora** é a opção mais indicada, pois instala todos os arquivos necessários a uma operação comum, para aqueles que não pretendem grandes investidas nas áreas de *macros* e de *interfaces* mais complexas com bancos de dados. Personalizar permite ao usuário na aba Opções de Instalação, escolher os arquivos a serem instalados; por exemplo, excluindo da instalação Módulos de Reconhecimento Ótico de Caracteres de Revisores de Texto em Recursos Compartilhados do Office, entre outras ferramentas. Na aba Local do Arquivo, defina o local onde o programa será instalado, por padrão é sugerido C:\Program Files\Microsoft Office. Na aba Informações do Usuário, informe nome completo do usuário, iniciais e nome da organização.

Após fazer as escolhas e preenchimentos em todas as abas, acione o botão "Instalar Agora".

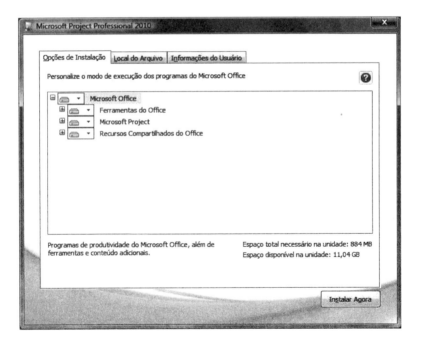

Figura 4.4 - *Opções de instalação.*

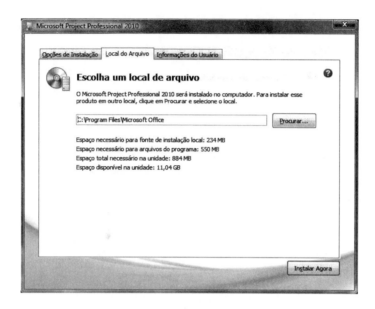

Figura 4.5 - Local do Arquivo.

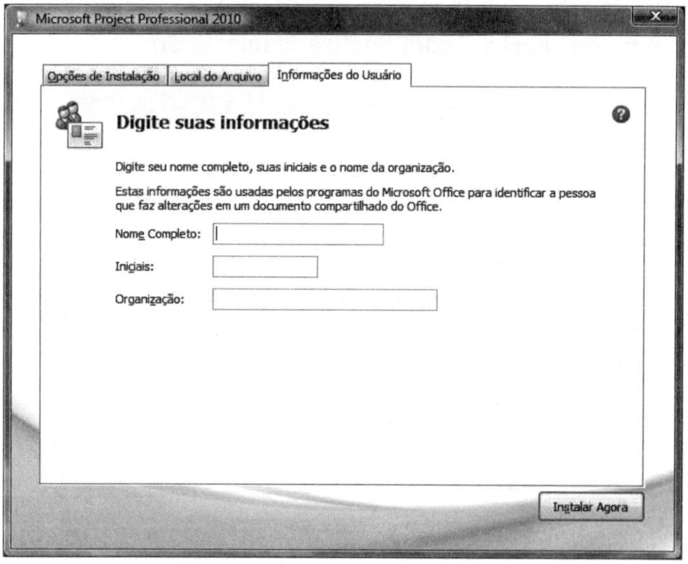

Figura 4.6 - Informações do Usuário.

5. A próxima janela mostra a evolução dos procedimentos de instalação.

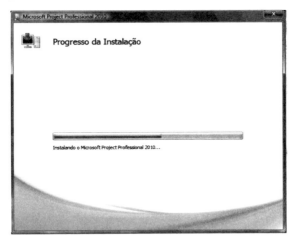

Figura 4.7 - Tela de evolução da instalação.

6. A instalação está concluída. Se desejar consultar a Web para obter atualizações e downloads adicionais, acione o botão "Continuar Online" e uma janela Web da Microsoft oferece atualizações se estiverem disponíveis. Acione o botão "Fechar" para finalizar a instalação.

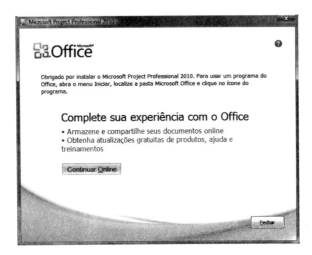

Figura 4.8 - Tela de encerramento da instalação.

Instalando service pack 1 do MS Project 2010

É recomendável a instalação do *service pack* 1 do Ms Project 2010, que corrige vários problemas conforme relatado no site da Microsoft.
Um dos problemas que este service pack corrige é quando se deseja salvar um arquivo no formato do Project 2007, o arquivo pode ficar corrompido.
Para baixar este service pack sugerimos o link http://support.microsoft.com/kb/2460052. Caso este link tenha sido alterado pela Microsoft, faça uma pesquisa diretamente no site da Microsoft. Para baixar existem 2 links indicados para baixar, um link para o Project 2010 32 bits e outro para o de 64 bits, conforme a sua versão instalada.

Procedimento de instalação do Service Pack 1:

Execute o arquivo de instalação do service pack 1 e clique na opção *"Clique aqui para aceitar os Termos de Licença para Software Microsoft"*. Clique no botão *"Continuar"*.

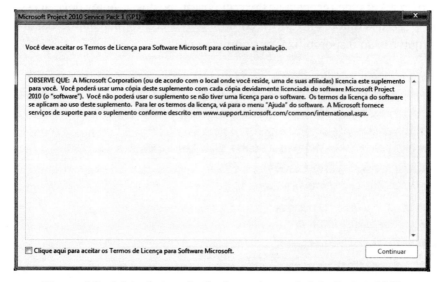

Figura 4.9 - Início da instalação do service pack 1 do Project 2010.

Aguarde a instalação e após surgir a janela de confirmação da instalação, clique no botão *"Ok"*.

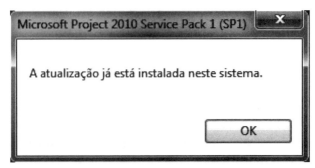

Figura 4.10 - *Término da instalação.*

Instalando os exercícios de exemplo

Vários capítulos deste livro se baseiam em projetos de exemplo desenvolvidos especialmente para esta finalidade. Para ter acesso a estes arquivos e outros de apoio ao texto e de resposta aos exercícios propostos, o leitor deve acessar a *homepage* dos autores no endereço http://www.controlplan.com e baixá-los; os arquivos são disponibilizados gratuitamente.

5

OS PASSOS INICIAIS

O ambiente operacional Windows e a área de trabalho contendo barras de menu, barras de ferramentas e tantos outros elementos estruturais característicos da *interface* gráfica não devem parecer estranhos à grande maioria dos usuários, já familiarizados com o padrão utilizado pela Microsoft em seus aplicativos.

Aqueles que não estiverem perfeitamente familiarizados com o padrão desenvolvido pela Microsoft para seu ambiente operacional e aplicativos da família Office encontrarão neste capítulo um suporte essencial, pois o MS Project baseia toda a sua operação neste padrão.

Os usuários acostumados ao ambiente Windows/Office também devem investir um pouco de seu tempo neste capítulo, pois há algumas características estruturais específicas para atender à operação do MS Project, como o Biombo do Gantt.

Iniciando o MS Project 2010

O MS Project 2010 é um aplicativo desenvolvido para ser executado sobre os sistemas operacionais Microsoft Windows XP 32 bits SP3, Windows Vista

SP1, Windows Server 2003 R2 MSXML 6.0, Windows Server 2008 SP2 (32 ou 64 bits), Windows 7 ou sistemas operacionais posteriores em um computador com processador de 700 MHz ou superior e com 512 MB de RAM ou superior. O sistema operacional é carregado automaticamente quando o computador é ligado.

Estando iniciado o MS Windows, clique sobre o botão *Iniciar* e em seguida selecione a opção *Programas*. A instalação padrão do MS Project coloca seu comando de inicialização no menu da opção *Microsoft Office* sob o título *Microsoft Office Project 2010*, que deve ser selecionado.

Por padrão, o MS Project abrirá no modo de exibição *Gráfico de Gantt*, permitindo a abertura de um arquivo existente, ou ainda a criação de um novo arquivo. Caso não deseje mais que este painel se abra ao inicializar o MS Project, escolha outro modo de exibição em *Modo de exibição padrão*, usando o menu *Arquivo → Opções → Geral*, conforme descrito no Capítulo 6 - Configurações Iniciais.

Figura 5.1. - Janela de abertura do MS Project 2010.

Conhecendo a área de trabalho

Ao ser iniciado, o Project abre uma janela contendo vários elementos estruturais, seguindo o padrão Windows, e um projeto em branco chamado Projeto1 que, ao ser trabalhado, deve ser salvo com um nome significativo do seu conteúdo, como qualquer arquivo de trabalho. Se for criado outro arquivo de projeto, o mesmo ocupará uma nova janela dentro do aplicativo, sendo denominado Projeto2, e assim por diante.

A tela padrão de abertura do Project mostra como elemento principal o Gráfico de Gantt à direita e a Planilha de Tarefas à esquerda. O Gráfico de Gantt e a Planilha de Tarefas são separados por uma linha dupla vertical móvel que denominaremos de Biombo do Gantt (B), pois se trata de um elemento móvel que divide dois ambientes, o Gráfico de Gantt (C) e a Planilha de Tarefas (A).

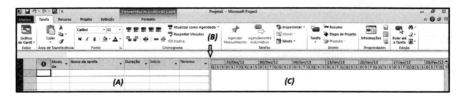

Figura 5.2. - Área de trabalho do MS Project 2010.

A seguir são descritos os principais elementos estruturais desta janela, denominada área de trabalho.

BARRA DE TÍTULO

Figura 5.3. - A Barra de Título.

Tem por finalidade mostrar o nome do aplicativo – Microsoft Project – e o nome do arquivo ativo, além de permitir a operação de mover a janela na tela, pela ação de clicar e arrastar o *mouse* sobre ela. Duplo clique sobre a **Barra de Título** restaura ou maximiza a janela, dependendo do seu estado.

CAIXA DE CONTROLE

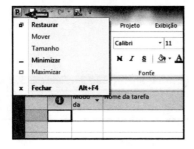 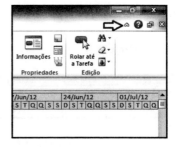

Figura 5.4. - Caixas de Controle.

Apresenta menu com os comandos **Restaurar**, **Mover**, **Tamanho**, **Minimizar**, **Maximizar** e **Fechar**. Duplo clique sobre ela fecha o aplicativo. Existem 2 caixas de controle: uma posicionada na **Barra de Título** age sobre a janela do aplicativo, outra posicionada à direita da **Barra de Menu** age sobre a janela do arquivo de projeto corrente.

BOTÕES DE CONTROLE

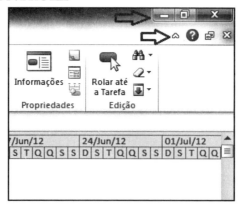

Figura 5.5. - Botões de Controle.

Executam as operações de dimensionamento da janela, fechando a janela na Barra de Tarefas do Windows sem fechar o aplicativo – **Minimizar** –, fazendo a janela ocupar toda a área da tela – **Maximizar** – ou fazendo a janela ocupar apenas uma parte da tela – **Restaurar**. Note que apenas 2 destes 3 botões se apresentam. O terceiro representa o estado atual da janela. O último, à direita, fecha o aplicativo. Existem 2 conjuntos de botões de controle: um posicionado na **Barra de Título** age sobre a janela do aplicativo, outro posicionado à direita da **Barra de Menu** age sobre a janela do arquivo de projeto corrente.

FAIXA DE OPÇÕES

Figura 5.6 - Faixa de Opções.

A Faixa de opções, que nas versões anteriores era denominada barra de menu principal guarda nos seus menus e submenus todos os comandos disponíveis do aplicativo. Sendo um menu de contexto, se adapta sempre ao elemento/ambiente selecionado, mostrando os comandos possíveis e inibindo ou substituindo aqueles que não puderem ser executados no momento. Os comandos estão disponíveis sob demanda, ou seja, quando um menu é aberto são mostradas as opções padrão e na parte inferior do menu um par de setas dá acesso aos demais comandos. Quando um comando não disponível originalmente é selecionado com o auxílio do par de setas, o mesmo passa a constar no conjunto de opções disponíveis do menu.

BARRA DE FERRAMENTAS DE ACESSO RÁPIDO

Figura 5.7 - Barra de Ferramentas de Acesso Rápido.

A **Barra de Ferramentas de Acesso Rápido** segue o padrão dos aplicativos Microsoft Office 2010, disponibilizando os comandos básicos: projeto novo, abrir projeto, salvar projeto, salvar projeto como, email, impressão rápida, desfazer, refazer, modo de exibição, abrir arquivo recente. A barra de ferramentas de acesso rápido pode ser personalizada em *Arquivo → Opções → Barra de Ferramentas de Acesso Rápido*.

GRÁFICO DE GANTT

Figura 5.8 - O Gráfico de Gantt.

O Gráfico de Gantt, descrito no Capítulo 1, é o ambiente-padrão de trabalho no Project, por ser extremamente simples de operar e visualizar.

BIOMBO DO GANTT

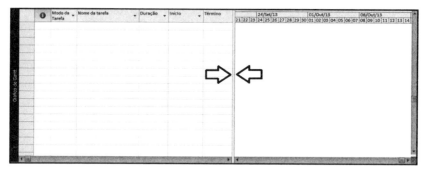

Figura 5.9 - *O Biombo.*

Trata-se de uma linha dupla vertical móvel que separa o **Gráfico de Gantt**, à direita, da **Planilha de Tarefas**, à esquerda. Quando o cursor do *mouse* é posicionado sobre ela assume um formato característico de divisor ou limite, permitindo então o seu reposicionamento através da operação de clicar e arrastar.

PLANILHA DE TAREFAS

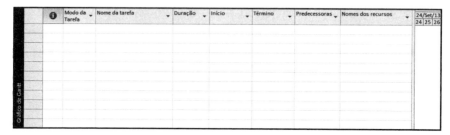

Figura 5.10 - Planilha de Tarefas.

A **Planilha de Tarefas** mostra informações sobre as tarefas componentes do projeto em um formato matricial (tabular), permitindo a criação e edição de tarefas de forma muito simples e rápida. Arrastando o Biombo para a direita você descobre a existência de várias colunas de informação, até então escondidas atrás do Gráfico de Gantt.

BARRAS DE ROLAGEM

Figura 5.11 - Barras de Rolagem.

As barras de rolagem **Horizontal** e **Vertical** constituem os elementos responsáveis pela navegação via *mouse* na janela.

BARRA DE STATUS

Figura 5.12 - Barra de Status.

A ***Barra de* Status** é um elemento muito importante, pois apresenta informações: estado do aplicativo (A) - ***Pronto*** quando está pronto para receber dados ou ***Inserir*** quando está em modo de edição; gravação de macros (B) – ao clicar no ícone, abre janela de diálogo ***Gravar Macro***; filtro (C) – informa se existe algum filtro aplicado. Colocando o ponteiro do mouse em cima, indica qual filtro está aplicado; modo de tarefa (D) – indica informações de agendamento; atalhos (E) – permite acionar os modos de exibição gráfico de gantt, uso da tarefa, planejador de equipe e planilha de recursos; controle deslizante de zoom (F) – altera a escala de tempo.

6

CONFIGURAÇÕES INICIAIS

Gerenciamento de Projetos é uma técnica administrativa de ampla aplicabilidade, atendendo as mais diferentes necessidades, não apenas no que diz respeito ao tamanho dos projetos e aos objetivos a serem atingidos, mas também à metodologia de gestão inerente a cada organização e até a cada diferente tipo de projeto.

O MS Project traz um conjunto grande de possibilidades de configurações, que permitem adequar o software às mais diferentes necessidades organizacionais e características de operação. Estas configurações permitem atender perfeitamente bem a metodologias distintas de aplicação da gerência de projetos, como, por exemplo, se o usuário pretende trabalhar com pool de recursos pode configurar o aplicativo para tirar melhor proveito deste método. As configurações personalizadas permitem também adequar o software a características pessoais do usuário, como, por exemplo, se o usuário não se sente seguro o suficiente frente à diferentes etapas do ciclo de vida do projeto, pode configurar o MS Project para acionar um assistente que vai guiá-lo na sequência de seus passos.

Neste capítulo orientamos ao leitor como fazer alterações nas configurações originais do MS Project para um melhor aproveitamento e entendimento dos exemplos práticos que iremos apresentar nos próximos capítulos.

Organização das configurações: visão inicial

Para melhor trabalharmos com o MS Project 2010, é necessário alterarmos algumas configurações padrão do software. Estas configurações são acessadas selecionando na faixa de opções *Arquivo* → *Opções*, quando se abre a janela de diálogo Opções do Project com uma lista de itens:
Geral
Exibir
Cronograma
Revisão
Salvar
Idioma
Avançado

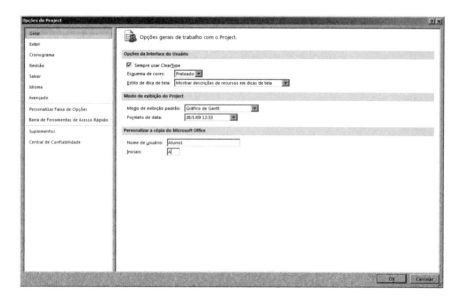

Figura 6.1 - *Opções do Project 2010*

Tais opções serão exploradas mais à fundo no capítulo 17, por enquanto, para o nosso primeiro contato, vamos nos dedicar às configurações que possam afetar significativamente os exercícios aqui propostos.

Opções de agendamento deste projeto:

Em *Arquivo* → *Opções* → *Cronograma* localize a área que indicamos na figura que se segue e faça as configurações apresentadas a seguir:

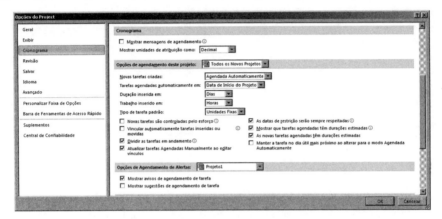

Figura 6.2 Opções - Cronograma

Mostrar mensagens de agendamento: desmarcado;
Mostrar unidades de atribuição como: selecione decimal;
Opções de agendamento deste projeto: selecione *Todos os Novos Projetos* para que em todos os projetos a serem criados as configurações aqui definidas sejam aplicadas, de outro modo será apenas no projeto ativo;
Novas tarefas criadas: selecione *Agendada Automaticamente* para que o agendamento das tarefas respeite a lógica e os cálculos de precedências, prioridades e outros elementos de automatismo típicos de um software de gerenciamento de projetos;
Tarefas agendadas automaticamente em: selecione *Data de Início do Projeto* para que todos os cálculos de ordenação do projeto ocorram com sucessão da tarefa inicial;
Duração inserida em: selecione *Dias*.
Trabalho inserido em: selecione *Horas*.
Tipo padrão de tarefas: selecione unidades fixas (maiores detalhes sobre isso serão tratados no capítulo 8).
Novas tarefas são controladas pelo esforço: desmarcado.

Vincular automaticamente tarefas inseridas ou movidas: desmarcado.

Continuando em *Arquivo* → *Opções* → *Cronograma* localize a área que indicamos na figura que se segue:

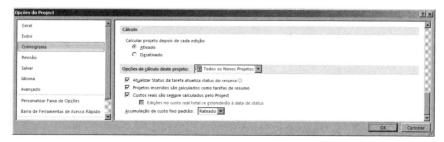

Figura 6.3 - *Opções - Cronograma*

Atualizar o Status da tarefa atualiza o status do recurso: marcada; é essencial para a forma pela qual faremos as medições de controle dos projetos.

Em *Arquivo* → *Opções* → *Avançado* localize a área que indicamos na figura que se segue:

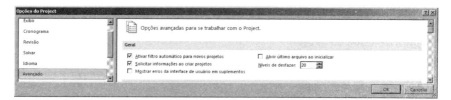

Figura 6.4 - *Opções - Avançado*

Solicitar informações ao criar projetos: marcada.

Em *Arquivo* → *Opções* → *Salvar* localize a área que indicamos na figura que se segue:

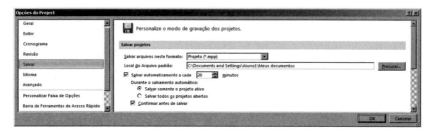

Figura 6.5 - Opções - Salvar

Salvar automaticamente a cada: marcada; inserindo na caixa seguinte, *minutos*, o intervalo de tempo, por exemplo, 20 min, no qual o Project salvará automaticamente o projeto ativo.

 HIPERLINK → Estas configurações são discutidas no capítulo **17 Configuração do Ambiente** – tópico **Alterando os Parâmetros de Operação**.

III

PLANEJAMENTO

7

CRIAÇÃO DO POOL DE RECURSOS

Pool de Recursos é um arquivo padrão do MS Project (extensão MPP), que tem uma característica bastante peculiar: neste arquivo não existem tarefas, apenas recursos cadastrados. No arquivo que funciona como *pool* de recursos deverão estar cadastrados todos os recursos da organização que possam vir a ser alocados em projetos, operando como um banco de dados centralizador de informações de recursos. A partir da criação do arquivo *pool* de recursos, todos os projetos deverão servir-se das informações contidas neste arquivo para a alocação de recursos.

Neste capítulo nos dedicamos a criar o *pool* de recursos. Mais adiante faremos a alocação dos recursos aqui cadastrados no projeto, onde efetivamente produzirão seu trabalho.

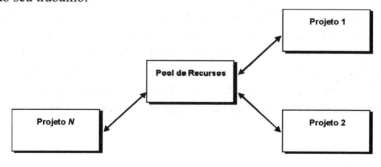

*Figura 7.1. - O **pool** de recursos e os arquivos de projeto.*

O uso de um *pool* de recursos é interessante por várias razões, a seguir citamos as principais.

- Evita o retrabalho de cadastramento de todos os recursos a cada novo projeto, já que os recursos são cadastrados uma única vez no *pool* e, a partir daí, a cada novo projeto é criado um canal de comunicação entre o arquivo de projeto e o arquivo de recursos, alocando naquele os recursos cadastrados neste.
- Funcionando como um banco de dados de recursos, possibilita a padronização das informações e a constante atualização de todos os projetos, no que diz respeito aos recursos utilizados.
- Possibilita identificar a disponibilidade residual dos recursos, levando em conta a sua participação em todos os projetos onde estão alocados, o que permite que os recursos sejam compartilhados por vários projetos de forma racional e responsável, sempre baseados em informações precisas e atualizadas.
- Possibilita o nivelamento de recursos compartilhados entre diferentes projetos, ou seja, a quantidade de unidades de um recurso especificada no *pool* é que servirá como balizador para a operação de nivelamento, operação esta que irá deslocar as tarefas dos vários projetos, de forma tal que a quantidade de unidades de um recurso empregada simultaneamente seja sempre menor ou igual à quantidade de unidades deste recurso tal qual descrita no *pool*.

Configurando calendários de recursos

Todo recurso do tipo trabalho (mão-de-obra ou máquinas/equipamentos) deve estar associado a um calendário, o qual indica os dias úteis e a jornada de trabalho daquele recurso para efeito de cálculos de quantidade de horas de trabalho e respectivos custo e duração de tarefas. No caso de recursos do tipo mão-de-obra, devemos atentar para o fato de que o calendário define o horário de trabalho normal, não se atendo à questão da hora extra, que deverá ser tratada de outra forma (***Formulário de Tarefas → Trabalho → Trab. H. Extra***).

Capítulo 7 - Criação do Pool de Recursos | 99

 HIPERLINK → No capítulo 13 Controle – tópico Tomando Medidas Corretivas descrevemos os procedimentos para lançamento de horas extras.

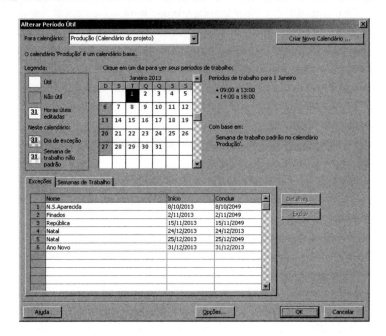

Figura 7.2. - Janela de diálogo para edição de calendários.

Criando calendários

Selecionando na faixa de opções a opção **Projeto** → **Alterar Período de Trabalho**, será aberta a janela de diálogo **Alterar Período Útil**, onde, por meio do botão Criar **Novo Calendário**, devemos criar tantos diferentes calendários quantas diferentes jornadas de trabalho houver na organização, envolvendo tanto os recursos do tipo mão-de-obra quanto os do tipo máquinas/equipamentos. Para cada calendário criado, devemos indicar os dias úteis, a jornada de trabalho, que apresenta cinco faixas de horário, pois pode ocorrer de um recurso ter até quatro paradas diárias obrigatórias, e os feriados.

NOTA → Evite alterar as ferramentas padrão do software, criando, sempre que desejar alterar um calendário original, uma cópia do calendário desejado e fazendo as alterações na cópia. Esta sugestão se deve ao fato de não existir um comando Redefinir, tão comum em vários aplicativos, para os calendários do MS Project e isto faz com que a operação de retorno às características originais seja mais trabalhosa, ou pela redefinição manual de cada elemento ou, se der sorte e o Global.MPT não foi alterado, por operação de cópia do Global para o arquivo corrente na janela Organizador, a mão inversa do que é mostrado no tópico Disponibilizando Calendários Para Outros Projetos deste capítulo.

O botão *Criar Novo Calendário* dá acesso à janela de diálogo *Criar Novo Calendário Base*, que permite a criação de calendários através das opções descritas a seguir:
- *Nome:* o nome que designará o novo calendário;
- *Criar Novo Calendário Base:* permite criar um novo calendário, baseado no calendário padrão do MS Project;
- *Criar Uma Cópia do Calendário:* permite criar um novo calendário, baseado em um calendário existente e trazendo, portanto, incorporadas as particularidades de feriados e jornadas de trabalho já definidas.

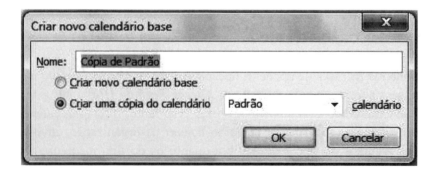

Figura 7.3. - Janela de diálogo para criação de calendários.

Alterando expediente de trabalho

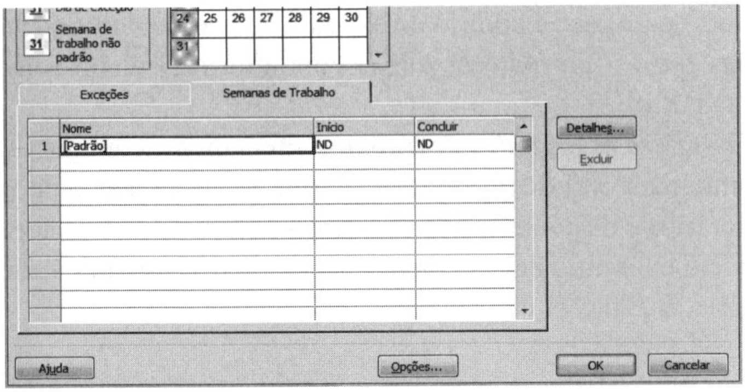

Figura 7.4.- Ficha Semanas de Trabalho.

Para definir um expediente de trabalho diferente daquele que estiver em uso, selecione a ficha **Semanas de Trabalho** da janela de diálogo **Alterar Período Útil** e em seguida selecione a opção desejada na coluna *Nome* ou crie uma nova ocorrência. Acione o botão **Detalhes** e será aberta a janela de diálogo **Detalhes de ''**.

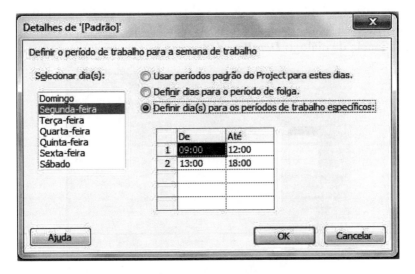

Figura 7.5. - Janela para configuração de expediente de trabalho.

Selecionar dia(s): selecione nesta caixa de lista um ou mais dias da semana;
Usar períodos padrão do Project para estes dias: configura o(s) dia(s) selecionado(s) para usar o horário de expediente padrão do Project;
Definir dias para o período de folga: configura o(s) dia(s) selecionado(s) como dia não útil;
Definir dia(s) para os períodos de trabalho específicos: configura um horário de expediente para o(s) dia(s) selecionado(s); ao selecionar esta opção, uma grade de horários é disponibilizada para que sejam lançados os horários desejados de início e término de expediente, sendo possível definir vários intervalos, para refeição, lanche, etc.

Definindo feriados e horários excepcionais de trabalho

Para definir feriados ou ainda um dia ou um período sob regime de horário excepcional de trabalho, por exemplo, para compensar um feriado enforcado, selecione no campo **Para Calendário** o calendário a ser trabalhado, selecione no calendário da janela o dia a ser marcado (isto não é obrigatório, mas facilita a operação) e digite o nome do feriado ou qualquer outra identificação na coluna **Nome** da ficha **Exceções**. Em seguida acione o botão **Detalhes** e será aberta a janela de diálogo **Detalhes de ''**.

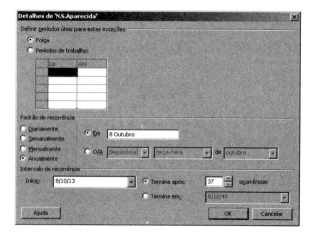

Figura 7.6. - *Janela de diálogo para detalhamento de feriados e horários excepcionais de trabalho.*

Capítulo 7 - Criação do Pool de Recursos | **103**

Folga: mantenha esta opção selecionada para detalhar uma folga ou feriado; *Períodos de trabalho:* ao selecionar esta opção, uma grade de horários é disponibilizada para que sejam lançados os horários desejados de início e término de expediente; é possível definir vários intervalos, para refeição, lanche, etc. *Padrão de recorrência Diariamente:* determina a frequência de repetição das ocorrências como diária; o campo *Todo 1,2,3,...* *dias* determina a periodicidade específica, com as opções todo dia, dias alternados, de 3 em 3 dias, etc;

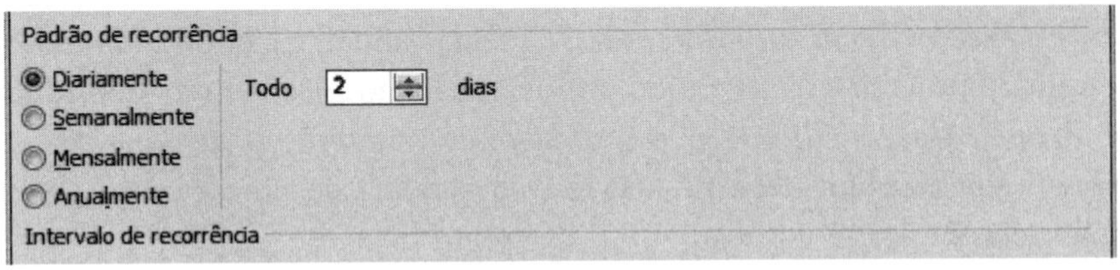

Figura 7.7. - Opções de periodicidade diária.

Padrão de recorrência Semanalmente: frequência semanal; o campo *A cada 1,2,3,...* *semana(s) no(a)* determina a periodicidade específica como toda semana, semanas alternadas, de 3 em 3 semanas, etc; por meio das opções *domingo, segunda, terça, quarta, quinta, sexta, sábado* é definido em qual dia ou dias da semana a folga ou período de trabalho excepcional vai ocorrer;

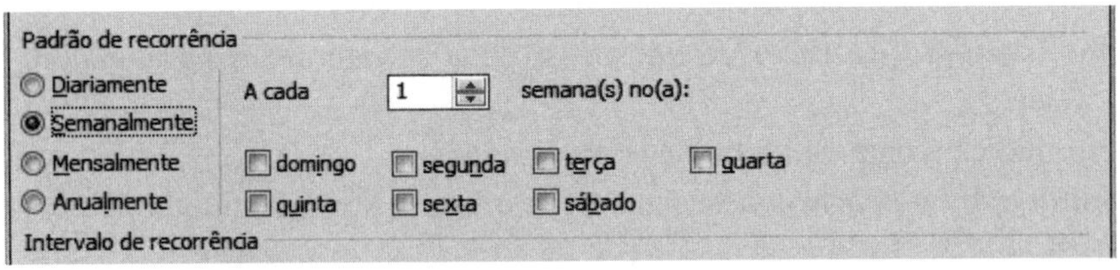

Figura 7.8. - Opções de periodicidade semanal.

Padrão de recorrência Mensalmente: frequência mensal; o campo *Dia 1,2,3,...* *de cada 1,2,3,...* *mês (meses)* indica um determinado dia do mês para as ocorrências, assim como a periodicidade específica, com as opções todo mês, meses alternados, 3 em 3 meses, etc; *O/A Primeiro(a)... Último(a) segunda-feira... domingo de cada 1,2,3,...* *mês (meses):* indica um determinado dia de semana para as ocorrências, assim como a periodicidade específica com as opções todo mês, meses alternados, de 3 em 3 meses, etc;

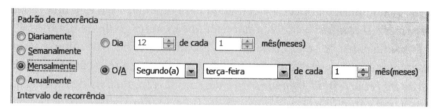

Figura 7.9. - Opções de periodicidade mensal.

Padrão de recorrência Anualmente: frequência anual; o campo **Em dia mês...** determina um determinado dia de um determinado mês para as ocorrências; **O/A Primeiro(a)... Último(a) segunda-feira... domingo de janeiro... dezembro** especifica um determinado dia da semana de um determinado mês para as ocorrências;

Figura 7.10. - Opções para periodicidade anual.

grupo Intervalo de recorrência: possibilita determinar a abrangência das ocorrências;
Início: indica a data de início das ocorrências;
Termina após n ocorrências: estabelece o limite por quantidade de ocorrências;
Termina em: indica a data de término das ocorrências.

PRÁTICA

Criar os três calendários descritos a seguir em um arquivo novo, em branco.

1. Nome   :   Produção;
    Tipo   :   calendário básico;
    Dias úteis :   2ª a sábado;
    Expediente :   Das 9 às 13 horas e das 14 às 18 horas;

Capítulo 7 - Criação do Pool de Recursos | **105**

Feriados	:	N.S.Aparecida, 12/10/2013, ocorre anualmente até 2049; Finados, 02/11/2013, ocorre anualmente até 2049; República, 15/11/2013, ocorre anualmente até 2049; Natal, 25/12/2013, ocorre anualmente até 2049;
Horários especiais	:	Natal, 24/12/2013, 09:00 / 13:00, 1 ocorrência; Ano Novo, 31/12/2013, 09:00 / 13:00, 1 ocorrência;
2. Nome	:	Administração;
Tipo	:	cópia de Produção;
Dias úteis	:	2ª a 6ª;
Obs	:	a cópia foi feita com o objetivo de evitar digitar novamente feriados e outras datas de exceção, porém ao configurar os sábados como período de folga, aqueles que porventura estivessem sob efeito de horários especiais não seriam configurados, sendo necessário fazer a configuração de cada um deles em específico.
3. Nome	:	Reuniões;
Tipo	:	cópia de Administração;
Dias úteis	:	2ª a 6ª;
Horários especiais	:	todos os dias úteis saída às 22horas;
Obs	:	da mesma forma que ocorreu quando da criação do calendário Administração, nas datas de exceção os horários não são configurados, veja, por exemplo, as 2 configurações de meio expediente, uma Natal e outra Ano Novo.

Salvando o pool de recursos

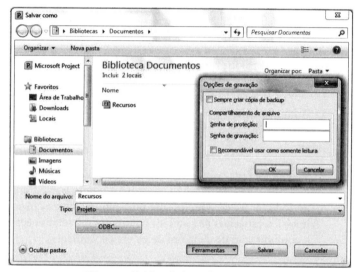

Figuras 7.11. - Salvando o arquivo.

Para salvar um projeto selecione na faixa de opções a opção Arquivo → Salvar, quando, por ser a primeira operação de salvamento efetuada, abre-se a janela de diálogo Salvar como, onde é digitado o nome desejado do arquivo no campo Nome do arquivo, sendo a digitação da extensão MPP desnecessária, pois é presumida. Com o acionamento do botão Ferramentas → Opções Gerais é possível determinar senhas que permitem restringir a abertura e/ou alteração do projeto, de forma que seja possível garantir a confidência e integridade do mesmo, ou ainda acionar a criação automática de backup pela ativação da opção Sempre Criar Cópia de Backup, aumentando a segurança na manipulação dos dados.

PRÁTICA

Salvar o arquivo corrente, onde foram criados os três calendários no tópico anterior e que servirá como *pool* de recursos, com o nome RECURSOS.MPP, sem determinar senha nem *backup* automático.

Disponibilizando calendários para outros projetos

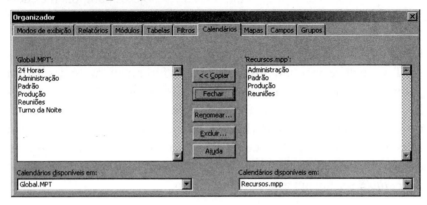

Figura 7.12. - *Janela de diálogo Organizador.*

Uma série de objetos de apoio a projetos, como calendários, relatórios, tabelas, filtros e outros, pertencem tão somente ao projeto corrente quando de sua criação, existem apenas no arquivo onde foram criados. Para que estes objetos fiquem disponíveis a todos os projetos é necessário copiá-los para um arquivo chamado GLOBAL.MPT, que é um arquivo básico do MS Project lido no instante do *start up* do *software*.

Um dos caminhos para fazer a disponibilização de um objeto é na faixa de opções **Arquivo,** onde acionamos o botão **Organizador,** que leva à janela de diálogo de mesmo nome, constituída por um sistema de fichas, existindo em todas as fichas dois quadros: o da esquerda mostra os objetos já existentes no GLOBAL.MPT e o da direita mostra os que foram criados no arquivo corrente. Quando um ou vários objetos se encontram marcados é possível copiá-los (**botão Copiar**), excluí-los (**botão Excluir**) ou renomeá-los (**botão Renomear**). A operação de disponibilização de calendários deve ser feita na ficha **Calendários**.

NOTA → Não é possível alterar diretamente o conteúdo dos calendários pertencentes ao GLOBAL.MPT, bem como de qualquer um dos outros objetos componentes deste arquivo, como tabelas, filtros, etc.

Havendo necessidade de alterar um elemento depositado no GLOBAL.MPT, você deve abrir um projeto qualquer, fazer a alteração desejada a partir do projeto e repetir a operação de disponibilização para o GLOBAL.MPT. Por exemplo, se for necessária a alteração de um calendário já pertencente ao GLOBAL.MPT, este calendário deve ser acessado através da operação padrão como calendário pertencente a um arquivo de projeto (MPP) na faixa de opções **Projeto** → **Alterar Período de Trabalho** e ser novamente disponibilizado.

Note que é necessário repetir a operação de disponibilização para o GLOBAL.MPT toda vez que houver alguma alteração em um de seus componentes que deva ser propagada, pois a operação de disponibilização gera uma cópia estática do elemento não havendo, portanto, atualização automática. Podemos dizer que o elementos colocados no GLOBAL.MPT são por cópia e não por referência, Vale também destacar que o GLOBAL.MPT é característico da sua máquina/instalação, assim o que está depositado no GLOBAL.MPT da máquina do seu trabalho não é necessariamente igual ao que está na máquina que você usa na sua casa.

Em ambientes corporativos multiusuários o GLOBAL depende do perfil/usuário ativo.

PRÁTICA

Disponibilizar os calendários Administração, Produção e Reuniões criados no arquivo *pool* de recursos para o arquivo GLOBAL.MPT.

Cadastrando os Recursos

Selecionando na faixa de opções **Exibição → Planilha de Recursos** temos acesso ao ambiente mais completo e abrangente para o cadastramento de recursos, onde o preenchimento de todas as colunas possibilita a criação de um banco de dados completo, descrevendo os recursos que integram o staff da organização. Procure identificar os recursos por sua faixa funcional e/ou salarial, evitando o tratamento personalizado, pois esta forma de tratamento pode trazer problemas quando da necessidade de substituição de recursos.

Sempre que possível, cadastre todos os recursos da organização, obedecendo às características inerentes a cada tipo de recurso, conforme mostra a tabela 7.1.

DICA → Na Barra de Status, à direita, tem o Controle Deslizante de Zoom e um conjunto de 4 botões onde o último botão à direita é atalho pata a Planilha de Recursos.

recurso	tipo	Custo	nivelável ?
Mão-de-obra	Trabalho	Taxa Padrão (H/H)	Sim
Máquina/ Equipamento	Trabalho	Taxa Padrão (M/H)	Sim
Empreiteiro	Custo	Por tarefa	Não
Material Consumível	Material	Taxa Padrão (unitário)	Não

Tabela 7.1.Caracterização de recursos.

NOTA → Recursos do tipo Material podem apresentar duas formas de consumo: fixo e variável.

Um recurso material tem consumo fixo quando a quantidade utilizada do recurso independe de variações na duração da tarefa. Um recurso material tem consumo variável quando a quantidade utilizada do recurso varia frente a alterações na duração da tarefa.

Note que o cadastramento do recurso material independe da forma de consumo, sendo a distinção feita apenas no momento da sua alocação. Para mais detalhes sobre a forma de alocação, consulte o capítulo 10 Alocação de Recursos - tópico Utilizando a Janela Atribuir Recursos.

Descrição das colunas da Planilha de Recursos:

- *Nome do Recurso:* identificação funcional do recurso;
- *Tipo*: deve ser usado tipo Trabalho para identificar os recursos mão-de--obra ou máquinas-equipamentos, tipo Material para identificar os recursos material consumível ou tipo Custo para recursos sob regime de custo fixo (p/ex. empreiteiros);
- *Unidade do material:* unidade de medida válida somente para recursos do tipo material, p/ex, cx, ton, lt;
- *Iniciais:* iniciais do nome, sendo o padrão pela primeira letra geralmente insuficiente para identificar inequivocamente um recurso;
- *Grupo:* grupo funcional do recurso, utilizado em consultas direcionadas;
- *Unid. Máximas:* quantidade total do recurso tipo trabalho a ser disponibilizada para os projetos; não disponível para recursos tipo Material ou Custo;
- *Taxa Padrão:* custo por hora normal de cada unidade de recurso do tipo Trabalho; custo unitário no caso de Material; não disponível para recursos tipo Custo;

DICA → Para custear o trabalho de um recurso em unidades de tempo diferentes de hora digite na coluna Taxa Padrão o valor, seguido de uma barra (/) e da unidade desejada. Por exemplo, para custear o trabalho de um recurso que custa R$ 435,00 por dia de trabalho digite 435/d como taxa padrão.

- *Taxa H. Extra:* custo por hora extra de cada unidade de recurso do tipo trabalho que apresente esta particularidade; não disponível para recursos tipo Material ou Custo;

- **Custo/Uso:** custo de mobilização do recurso, aplicável aos recursos que apresentem um custo associado a cada tarefa onde for empregado, independente da quantidade utilizada; não disponível para recursos tipo Custo;
- **Acumular:** forma de apropriação do custo sendo comum usar Rateado para recursos tipo Trabalho e Início para materiais em geral; o tipo Custo deve ser examinado caso a caso, de que forma assumimos a responsabilidade de custeio tomando como exemplo a interrupção de uma tarefa;
- **Calendário:** calendário para a determinação da jornada de trabalho do recurso; não disponível para recursos tipo Material ou Custo;
- **Código:** campo disponível para usuário, permite determinações do tipo centro de custo ou conta contábil.

NOTA → Quando empregar recursos de skill altamente específicos e ao mesmo tempo necessitar enxergá-los ora como recurso de skill específico e ora como recurso pertencente a um grupo funcional, existe a possibilidade, para quem emprega a versão Professional, do assinalamento do campo *Genérico* na janela de diálogo de *Informações Sobre o Recurso* (*Projeto → Informações sobre o Recurso*). Isto é, cada recurso de skill específico tem seu cadastramento como dois registros na Planilha de Recursos. Um registro com o registro do seu skill específico e outra no registro do recurso genérico, do qual ele é um dos elementos.

Um bom emprego desta opção da versão Professional é usar o assistente de substituição de recurso envolvendo a criação de códigos personalizados de recursos (campos personalizados são tratados no capítulo 22), porém de forma combinada com a criação de recursos da empresa, e esta só para quem tiver instalado o Project Server.

No caso de trabalhar com o Professional sem ter o Server operacional, só será possível fazer a operação de substituição manualmente.

PRÁTICA

Cadastrar, no arquivo *pool* de recursos RECURSOS.MPP, os recursos apresentados na tabela 7.2.

Nome do recurso	Tipo	Unidade do material	Iniciais	Grupo	Unid. máximas	Taxa padrão	Taxa h. extra	Custo/ Uso	Acumular	Calendário Base
Diretor	Trabalho		DI	DIR	3	R$50,00/hr	R$0,00/hr	R$0,00	Rateado	Administração
Secretária	Trabalho		SE	DIR	3	R$12,00/hr	R$18,00/hr	R$0,00	Rateado	Administração
Ger.Executivo	Trabalho		GE	PRO	1	R$18,00/hr	R$27,00/hr	R$0,00	Rateado	Produção
Ger.Administrativo	Trabalho		GA	ADM	1	R$16,00/hr	R$24,00/hr	R$0,00	Rateado	Administração
Produção	Trabalho		PR	PRO	100	R$6,00/hr	R$9,00/hr	R$0,00	Rateado	Produção
Químico	Trabalho		QI	PRO	2	R$12,00/hr	R$18,00/hr	R$0,00	Rateado	Produção
Distribuidor	Trabalho		DT	MKT	100	R$0,00/hr	R$0,00/hr	R$0,00	Rateado	Administração
Ag.Publicidade	Custo		AP	MKT					Fim	
Vendedor	Trabalho		VN	MKT	15	R$8,00/hr	R$12,00/hr	R$0,00	Rateado	Produção
Caminhão	Trabalho		CM	EQP	12	R$3,00/hr	R$0,00/hr	R$0,00	Rateado	Produção
Motorista	Trabalho		MO	PRO	12	R$12,00/hr	R$18,00/hr	R$0,00	Rateado	Produção
Ajudante	Trabalho		AJ	PRO	1	R$4,00/hr	R$6,00/hr	R$0,00	Rateado	Produção
Reagente	Material	Galão	RE	MAT		R$1,30		R$0,00	Início	
Kit de Limpeza	Material	Conjunto	KL	MAT		R$50,00		R$ 20,00	Início	

Tabela 7.2. Exercício de cadastramento de recursos.

Inserindo informações adicionais

Tabela 7.13. Visualização de Formulário de Recursos.

Selecionando na faixa de opções **Exibição** a opção **Detalhes**, a tela se divide em dois painéis, sendo o painel superior de contexto geral e o painel inferior de detalhamento do item selecionado no painel superior. No painel inferior é mostrado por padrão o **Formulário de Recursos** como complemento à **Planilha de Recursos** no painel superior.

Quando o painel inferior é selecionado, fica disponível na faixa de opções **Formato** a opção **Anotações**, ambiente próprio para o lançamento de informações adicionais sobre recursos, sendo uma aplicação útil para esta ferramenta a documentação de dados cadastrais e/ou contratuais de recursos do tipo empreiteiro. Os recursos que possuem anotação apresentam, na coluna **Indicadores** da **Planilha de Recursos**, um símbolo indicativo desta característica.

DICA → Selecione um recurso, acione o botão reverso do mouse e a opção Anotações para associar uma anotação ao recurso.

Outra opção bastante interessante disponível para o **Formulário de Recursos** é o botão **Inserir Objeto**, acima da caixa de texto para anotações, que permite associar elementos do tipo objeto Windows aos recursos, como, por exemplo, documentos, planilhas, desenhos e outros, concentrando todas as informações pertinentes ao projeto dentro do mesmo, o que facilita sobremaneira o acesso às informações.

 DICA → Selecione um recurso, acione o botão reverso do mouse e a opção Hyperlink para associar um objeto de forma WEB ao recurso.

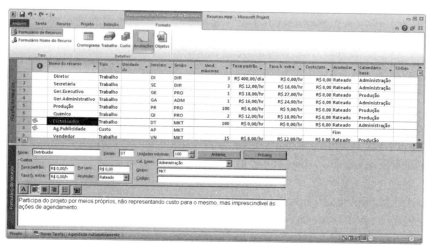

Figura 7.14. Detalhamento de Formulário de Recursos.

PRÁTICA

Colocar as anotações apresentadas a seguir nos respectivos recursos do arquivo *pool* de recursos.

1 Ag.Publicidade:	Recurso do tipo empreiteiro, sendo classificado como tipo Custo e seu custo lançado diretamente nas tarefas onde participar.
2 Distribuidor:	Participa do projeto por meios próprios, não representando custo para o mesmo, mas imprescindível às ações de agendamento.

Resumo – Criação de *pool* de recursos

O Que Fazer	Como Fazer
Criar calendários	**Projeto → Alterar Período de Trabalho** Crie tantos calendários quantas diferentes jornadas de trabalho houver na organização, informando, para cada um, os dias úteis e as jornadas de trabalho.
Disponibilizar calendários para todos os projetos	**Arquivo → Organizador** Na janela Organizador, selecione a alça de ficha Calendários, selecione os calendários criados no arquivo corrente e acione o botão Copiar; somente após esta operação outros arquivos de projeto terão acesso aos calendários criados.
Cadastrar recursos	**Exibição → Planilha de Recursos** Cadastre os recursos da organização alocáveis a projetos, através de digitação nas colunas da planilha.
Acessar o ambiente de detalhamento	**Exibição → Detalhes** Divida a tela em dois painéis, ficando posicionado no painel inferior o Formulário de Recursos, que mostra detalhes do recurso selecionado no painel superior.

Associar anotações aos recursos	**Formato → Anotações** Estando selecionado o painel inferior, repare se a barra vertical à esquerda do painel está destacada, acione o comando de detalhamento para associar anotações ao recurso. O botão reverso do mouse acionado sobre um recurso também permite associar anotações a recursos.
Associar objetos Windows aos recursos	**Painel Inferior → Inserir Objeto** No painel inferior, acione o botão Inserir Objeto localizado acima da caixa de texto para digitação de anotações para associar objetos Windows ao recurso. A opção Hiperlink também permite associar objetos a recursos, selecione o recurso e acione o botão reverso do mouse.
Salvar o pool de recursos	**Arquivo → Salvar** Nomeie e salve o arquivo que funcionará como Pool de Recursos, permitindo o compartilhamento destes recursos por vários projetos.

8

CRIAÇÃO DE PROJETO

Um projeto é composto por um conjunto de tarefas inter-relacionadas, nas quais alocamos os recursos necessários à sua execução, tudo isto visando atingir um objetivo final predeterminado e guiado por metas. Como podemos notar, a criação de um projeto não é uma atividade simples, pois envolve muitos elementos, os quais se relacionam de diversas formas, devendo estar muito bem sincronizados para que o objetivo final seja atingido no espaço de tempo mais conveniente e pelo custo mais adequado. Para que toda a engrenagem funcione de forma otimizada e sincronizada, deve ser empregada a metodologia aqui apresentada, pois tal metodologia orienta a um emprego sistemático do *software* facilitando o entendimento do projeto desde a fase de criação, até a conclusão do projeto. Tal metodologia foi criada para que sempre fiquem evidenciadas e documentadas distorções e até possíveis erros no manejo, com a correção mais rápida destes imprevistos, uma vez que destaca os pontos onde tais não conformidades podem ter-se originado e aponta soluções.

Neste capítulo você vai criar as tarefas componentes do projeto, definindo todas as suas características e obtendo ao final o primeiro cronograma do projeto.

Visão geral do planejamento

Planejamento é a primeira fase do gerenciamento de projetos contemplada pelos *softwares* dedicados, tendo como principal objetivo a análise de viabilidade e a análise de exequibilidade do projeto. Tais análises se apresentam como as ferramentas ideais para fornecer toda a segurança necessária ao gerente do projeto no momento de assumir compromisso com os objetivos e metas traçados, dando-lhe a certeza de poder honrar estes compromissos.

Análise de viabilidade e análise de exequibilidade são duas ferramentas distintas, porém complementares, devendo ser aplicadas de forma sequencial.

Primeiro você avalia a viabilidade do projeto, identificando as tarefas, estimando suas durações, estabelecendo sua ordem de execução (precedências) e identificando as distorções. Sempre baseado em informações técnicas, avalie se o prazo de execução do projeto atende às expectativas do cliente. Isto é chamado de viabilidade técnica.

Uma vez estabelecida a viabilidade técnica do projeto, você deve alocar recursos às tarefas para que seja calculado o custo total do projeto a partir da estimativa ABC (*Activity Based Cost*). Agora avalie se tal montante se encontra dentro das margens de rentabilidade desejadas do negócio, a viabilidade econômica.

Uma vez convicto que o projeto é viável técnica e economicamente, você parte para a avaliação da exequibilidade do projeto. Fazendo os ajustes necessários ao cronograma e/ou aos recursos disponibilizados, de forma que a todo instante a demanda de recursos esteja compatível com a sua disponibilidade, exequibilidade física. Fazendo os ajustes necessários ao cronograma e/ou ao plano de aporte de capital de forma que a organização conte, a todo momento, com o capital necessário para fazer frente ao custeio da execução do projeto, exequibilidade econômica.

Assim temos que:

Viabilidade Técnica indica o menor prazo tecnicamente possível para realizar o projeto; baseia-se em um cronograma com o detalhamento adequado a uma estimativa realista de prazo.

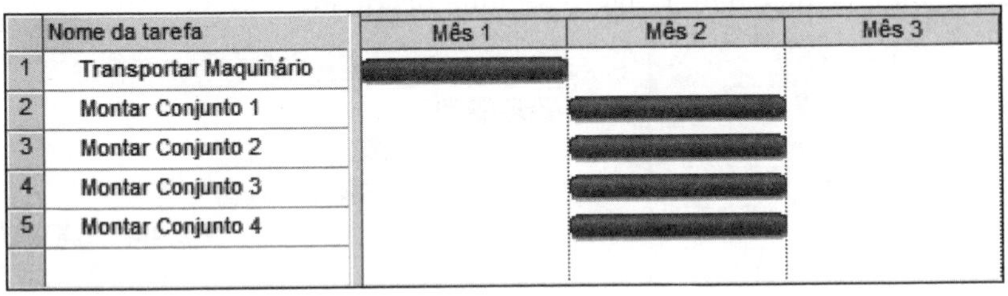

	Nome da tarefa	Mês 1	Mês 2	Mês 3
1	Transportar Maquinário			
2	Montar Conjunto 1			
3	Montar Conjunto 2			
4	Montar Conjunto 3			
5	Montar Conjunto 4			

Figura 8.1. - Viabilidade técnica.

Viabilidade Econômica indica o menor custo possível para realizar o projeto; baseia-se em uma estimativa ABC (Activity Based Cost), sem levar em conta quando cada parcela do custo ocorre.

Tarefas/Recursos	Custo
Transportar Maquinário	
Caminhão	R$ 1.000,00
Motorista	R$ 500,00
Montar Conjunto 1	
Montador	R$ 400,00
Grua	R$ 1.300,00
Montar Conjunto 2	
Montador	R$ 400,00
Grua	R$ 1.300,00
Montar Conjunto 3	
Montador	R$ 400,00
Grua	R$ 1.300,00
Montar Conjunto 4	
Montador	R$ 400,00
Grua	R$ 1.300,00
Custo Total Projeto	R$ 8.300,00

Figura 8.2.- Viabilidade econômica.

Exequibilidade Física indica o menor prazo possível para realizar o projeto frente a limitações quanto à disponibilidade de recursos; baseia-se em um cronograma contemplando as transformações impostas pela resolução da questão entre a demanda requerida de recursos e sua real disponibilidade; na figura 8.3 supomos não haver recursos, montadores ou gruas, na quantidade suficiente para executar as quatro montagens simultaneamente.

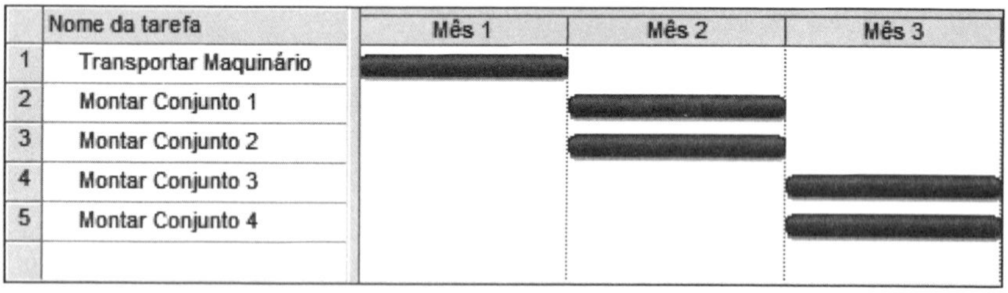

	Nome da tarefa	Mês 1	Mês 2	Mês 3
1	Transportar Maquinário			
2	Montar Conjunto 1			
3	Montar Conjunto 2			
4	Montar Conjunto 3			
5	Montar Conjunto 4			

Figura 8.3.- Exequibilidade Técnica.

Exequibilidade Econômica indica o menor prazo possível para realizar o projeto frente a limitações quanto ao aporte de verba; baseia-se em um orçamento, por exemplo, mensal, resultante do cronograma físico levantado anteriormente na apreciação da exequibilidade física.

Tarefas/Recursos	Custo			
	Mês 1	Mês 2	Mês 3	Geral
Transportar Maquinário				
Caminhão	R$ 1.000,00			
Motorista	R$ 500,00			
Montar Conjunto 1				
Montador		R$ 400,00		
Grua		R$ 1.300,00		
Montar Conjunto 2				
Montador		R$ 400,00		
Grua		R$ 1.300,00		
Montar Conjunto 3				
Montador			R$ 400,00	
Grua			R$ 1.300,00	
Montar Conjunto 4				
Montador			R$ 400,00	
Grua			R$ 1.300,00	
Custo Total Projeto	R$ 1.500,00	R$ 3.400,00	R$ 3.400,00	R$ 8.300,00

Figura 8.4. - Exequibilidade Econômica.

HIPERLINK → no capítulo 2 Gerenciamento de Projetos e Informática – tópico Orçamento em Software de Gerenciamento de Projetos tratamos detalhadamente a questão do Orçamento Econômico X Orçamento Financeiro.

No caso da necessidade de uma tarefa ser postergada para atender requisitos de ordem econômica, deve-se estabelecer uma restrição de início na tarefa em questão.

Quanto aos fatos de natureza financeira, deve ficar claro que os *softwares* de gerenciamento de projetos não dispõem de uma forma direta de tratar um cronograma de desembolso, uma vez que eles foram concebidos para tratar o custo na forma do seu comprometimento e não do seu real pagamento. Queremos deixar claro aqui que de forma alguma isso é um demérito dos *softwares* de gerenciamento de projetos, isso é apenas a sua real natureza. Importante é destacar que ele procede a três questões fundamentais, de forma melhor que qualquer outra ferramenta, descritas a seguir.

1. Só existe o cronograma real de pagamentos por decorrência do cronograma de comprometimento. Claro que para atender à visão empresarial o cronograma de comprometimento deve ser transformado, por outras ferramentas, em outra competência da organização, em um efetivo cronograma de pagamentos, o Contas A Pagar.

2. Da mesma forma, o faturamento também deve ser analisado por outra gerência, mas com base no cronograma resultante do planejamento, uma vez que este aponta datas de entrega de produtos inerentes ao projeto, os quais iniciam toda uma rotina de recebimentos que devidamente tratados em outro ambiente representam o Contas A Receber.

3. O sucesso financeiro de um empreendimento não deve ser medido apenas pelo confronto entre contas a pagar e contas a receber, mas também por uma apurada análise de lucratividade baseada em apurações sobre o retorno de investimento.

Assim, pelo fato do *software* de gerenciamento de projetos gerar as bases para os cálculos financeiros, mas não processar as análises financeiras, é necessário haver uma forte interação entre as áreas de projeto e financeira.

Na fase de análise de viabilidade, após o trabalho da gerência de projetos para a criação de um cronograma viável e seu consequente desdobramento para apresentar o detalhamento para a análise econômica, os custos são levados à gerência financeira para serem confrontados com o valor a faturar do projeto e com os limites de rentabilidade desejados. Na condição de um parecer favorável da gerência financeira, o projeto passa para a fase de análise de exequibilidade. Caso contrário, tendo obtido um parecer desfavorável da gerência financeira, os elementos de convicção devem ser encaminhados à gerência de projetos, para que esta, possivelmente por reformas no escopo do projeto, tente reduzir o custo, novamente encaminhando os dados à gerência financeira até a permissão para o prosseguimento para a fase de análise de viabilidade ou da constatação da inviabilidade econômica do projeto, pois o projeto pode parecer viável tecnicamente e inviável economicamente.

Na fase de análise de exequibilidade, o orçamento mensal do projeto deve ser enviado à gerência financeira para que os dados sejam comparados com as expectativas de faturamento, combinando todos os elementos necessários a uma correta análise de retorno de investimento, de forma a oferecer condições de determinar se em uma última análise o cronograma exequível fisicamente aponta para um projeto rentável. Na condição de uma aprovação por parte da área financeira, a fase de planejamento é encerrada com a gerência de projetos determinando as metas do projeto e comunicando o plano aprovado a todas áreas envolvidas no projeto (publicação do projeto).

CONCLUSÃO

São os procedimentos de planejamento traçados em *software* de gerenciamento de projetos que representam a melhor informação a respeito do cronograma físico de um projeto. Só um *software* de gerenciamento de projetos tem a capacidade de apreciar a viabilidade e a exequibilidade de um projeto de forma totalmente técnica. Os dados para a análise econômico-financeira também têm sua origem nos dados de custos traçados pelos *softwares* de gerenciamento de projetos. Assim, existe uma metodologia essencial para a correta constituição dessas informações, que descrevemos a seguir.

Criando um projeto

Selecionando na faixa de opções a opção Arquivo → Novo, é criado um novo arquivo para abrigar os dados de um projeto. No painel que se mostra à direita da opção Novo devemos acionar Projeto em Branco. Em seguida abre-se a janela de diálogo Informações sobre o Projeto, acessível também pela faixa de opções Projeto → Informações do Projeto.

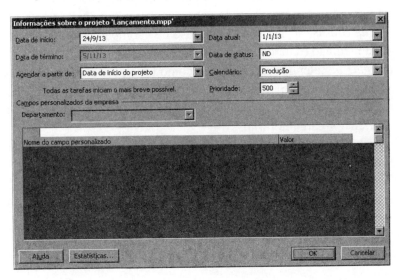

Figura 8.5. - *Janela de diálogo Informações sobre o projeto.*

Esta janela de diálogo é essencial à existência do projeto, pois define alguns parâmetros básicos, sem os quais todas as informações do projeto perdem o sentido. Abaixo são apresentados os campos de informação que definem tais parâmetros:
- **Data de Início**: data de início do projeto, quando começa a primeira tarefa ou marco; a possibilidade deste campo estar disponível para edição depende da opção escolhida no campo ***Agendar a partir de*** desta mesma janela de diálogo, que deverá ser ***Data de Início do Projeto***;

- **Data de término**: data de fim do projeto, quando termina a última tarefa ou marco; a possibilidade deste campo estar disponível para edição depende da opção escolhida no campo *Agendar a partir de* desta mesma janela de diálogo, que deverá ser *Data de término do Projeto* para que o mesmo fique disponível;
- **Agendar a partir de**: determina se o projeto será programado do início para o final, quando o campo *Data de término* será calculado pelo Project, ou do final para o início, quando o campo *Data de Início* será calculado pelo Project; atenção, no primeiro caso a *Restrição* padrão das tarefas será *O Mais Breve Possível*, no segundo caso será *O Mais Tarde Possível*;
- **Data Atual**: data corrente do sistema; campo essencial para a emissão de algumas consultas, assim como para o acompanhamento de projeto;
- **Data de Status**: só faz sentido na fase de acompanhamento; é a data da última medição (data do último *Time-Now*)
- **Calendário**: calendário que servirá como base para a contagem dos tempos do projeto como um todo; quando utilizamos mais de um calendário de recursos em um projeto, deve ser indicado neste campo aquele que possui maior carga horária.
- **Prioridade**: prioridade dada ao projeto, a ser considerada em operações de nivelamento (redistribuição) de recursos entre projetos; ao nivelar, o MS Project considera as prioridades do projeto antes das prioridades das tarefas; o padrão é 500 para os projetos e para as tarefas, digite ou selecione um número entre 0 e 1000, com o número mais alto indicando um projeto de prioridade mais alta - prioridade do projeto igual a 1000, indica que o projeto não sofrerá alterações em operações de nivelamento entre projetos.

NOTA → Na janela informações sobre o Projeto, da versão professional, existem "campos personalizados da empresa", observar no capítulo 22 orientações sobre essa particularidade.

A informação *Agendar a Partir de* não costuma ser relevante para a duração do projeto. Na maioria dos projetos o caminho crítico apresenta somatório de folgas igual a zero e, neste caso, um projeto encadeado a partir do início terá a mesma duração que teria se fosse encadeado a partir do término, pois o caminho crítico apresentará a mesma duração, encadeado a partir do início ou do término do projeto. De forma alguma este processo torna viável o que é inviável ou torna exequível o que é inexequível.

Mas o que tal procedimento tem de significativo? Observe os dois exemplos apresentados a seguir, ambos com as mesmas tarefas e a mesma duração total.

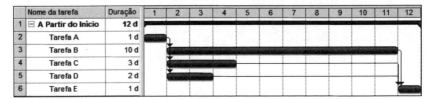

Figura 8.6. - Planejando para o mais cedo.

No projeto planejado para o mais cedo, as tarefas C e D têm folga. Assim, este primeiro exemplo apresenta menos risco de execução que o segundo, planejado para o mais tarde. No segundo exemplo, qualquer tarefa que atrasar inevitavelmente comprometerá o final do projeto.

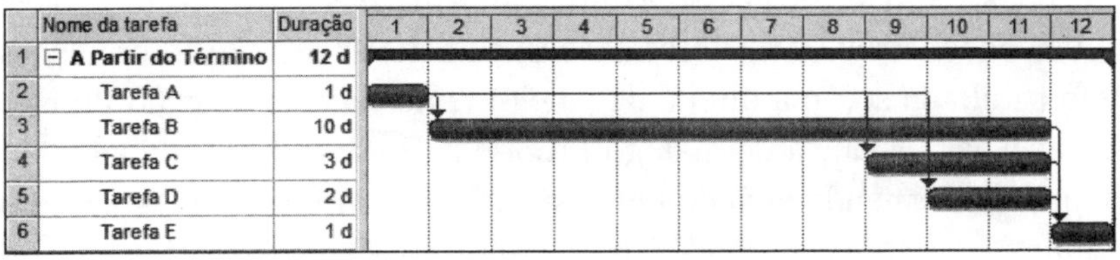

Figura 8.7. - Planejando para o mais tarde.

O segundo exemplo, diriam os puristas financeiros, tem melhor retorno de investimento, pois a aplicação de recursos para executar as mesmas tarefas é realizada mais ao término do projeto, se comparado com o primeiro caso. Temos de considerar que quebra de cronograma pode trazer prejuízos como multas, cliente insatisfeito, etc. Por isto, hoje em dia, existe uma tendência de escolher o primeiro modelo (agendado ou encadeado a partir do início).

- ***botão Estatísticas:*** dá acesso ao quadro resumo ***Estatísticas do Projeto***, apresentando as seguintes informações:

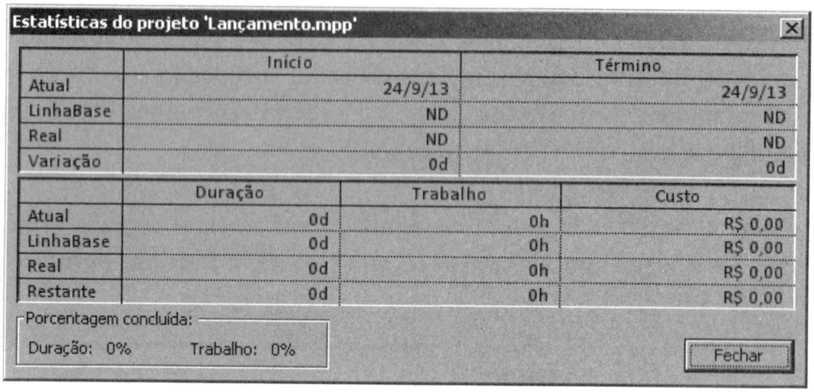

	Início	Término
Atual	24/9/13	24/9/13
LinhaBase	ND	ND
Real	ND	ND
Variação	0d	0d

	Duração	Trabalho	Custo
Atual	0d	0h	R$ 0,00
LinhaBase	0d	0h	R$ 0,00
Real	0d	0h	R$ 0,00
Restante	0d	0h	R$ 0,00

Figura *8.8. - Janela de diálogo* ***Estatísticas do projeto****.*

- Na primeira tabela são apresentadas datas de início e de término provável (Atual), meta (Linha de Base), real e a variação entre a meta e o provável;

- Na segunda tabela são apresentados os campos de duração, trabalho e custo, também sob o enfoque provável (Atual), meta (Linha de Base) e real, tendo no fim a linha de restante indicando a diferença entre o provável e o real.

Existe a possibilidade de acesso a outras informações genéricas de projeto na faixa de opções Arquivo → Informações, ao acionar o botão Informações do Projeto (título da seção à direita da janela) temos acesso à opção Propriedades Avançadas. A janela de diálogo Propriedades se divide em cinco fichas, cada uma apresentando um conjunto específico de informações, apresentadas a seguir.

Ficha *Geral*

Todos os campos apresentados nesta ficha são do tipo somente leitura, não permitindo, portanto, a alteração dos mesmos. As informações se referem ao arquivo gravado fisicamente em disco e só estão disponíveis após a primeira operação de gravação.

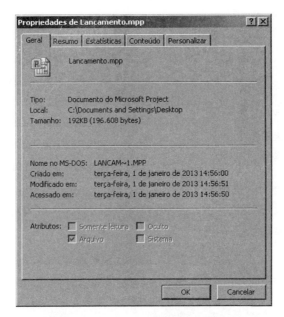

*Figura 8.9. - Janela de diálogo **Propriedades**, ficha **Geral**.*

Descrição dos campos:

Tipo: é o padrão do arquivo, como cadastrado no Windows;
Local: localização do arquivo no disco/rede;
Tamanho: tamanho do arquivo;
Nome no MS-DOS: nome do arquivo e extensão;
Criado em: data de criação do arquivo;
Modificado em: data da última modificação do arquivo;
Acessado em: data do último acesso feito ao arquivo;
Atributos: atributos designados ao arquivo, por padrão apenas Arquivo.

Ficha *Resumo*

Permite o cadastramento de informações complementares para documentação do projeto, sendo algumas destas informações utilizadas nos cabeçalhos dos relatórios padrão.

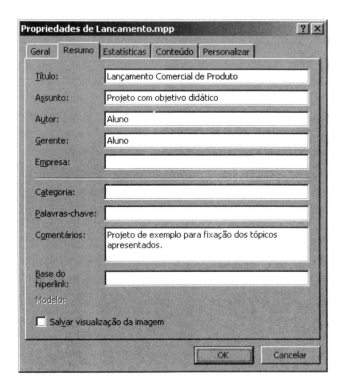

*Figura 8.10. - Janela de diálogo **Propriedades**, ficha **Resumo**.*

Descrição dos campos:
- **Título:** título do projeto, é utilizado na tarefa de resumo geral do projeto e também nos cabeçalhos dos relatórios;
- **Assunto:** objetivo resumido do projeto;
- **Autor:** nome da pessoa ou departamento responsável pelo delineamento e acompanhamento do projeto; este campo pode ser apresentado nas impressões; por padrão aparece o nome do usuário cadastrado;
- **Gerente:** gerente de planejamento ou gerente responsável pela execução do projeto; este campo pode ser apresentado nas impressões;
- **Empresa:** organização proprietária do *software*; este campo pode ser apresentado nas impressões; por padrão aparece o nome da empresa cadastrada;
- **Categoria:** permite agrupar projetos por categoria, facilitando o processo de busca;

- **Palavras-chave:** palavras-chave que servirão para posterior pesquisa entre vários projetos;
- **Comentários:** quaisquer informações adicionais que possam ser úteis;
- **Base do Hiperlink:** permite indicar um endereço Internet URL (http://www.aaa.com.br), um caminho em rede (\\server1\public\projects) ou um caminho em disco (C:\organização\ projetos) para direcionar informações do projeto;
- **Salvar visualização da imagem:** inclui no arquivo de projeto uma imagem para visualização na janela de diálogo *Abrir*.

Ficha *Estatísticas*

Todos os campos apresentados nesta ficha são do tipo somente leitura, não permitindo, portanto, a alteração dos mesmos. São apresentadas estatísticas de edição do projeto, algumas já vistas na ficha *Geral*.

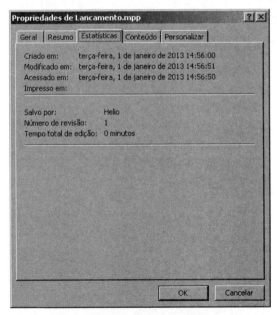

*Figura 8.11. - Janela de diálogo **Propriedades**, ficha **Estatísticas**.*

Descrição dos campos:
- *Criado em:* data de criação do projeto;
- *Modificado em:* data da última modificação do projeto;
- *Acessado em:* data do último acesso feito ao projeto;
- **Impresso em:** data da última impressão do projeto;
- *Gravado por:* nome do usuário autor da última operação de salvamento;
- *Número de revisão:* número da revisão, quantas vezes o projeto já foi gravado;
- *Tempo total de edição:* tempo total de acesso ao projeto.

Ficha *Conteúdo*

Todos os campos apresentados nesta ficha são do tipo somente leitura, não permitindo, portanto, a alteração dos mesmos. São apresentadas informações totalizadas do projeto: ***Início, Término, Duração, Trabalho, Custo, % Concluída*** (percentual de avanço físico) e *% **Trabalho concluído*** (percentagem do HH realizado).

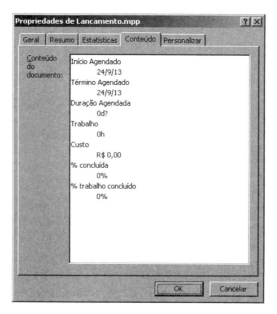

*Figura 8.12. - Janela de diálogo **Propriedades**, ficha **Conteúdo**.*

Ficha *Personalizar*

Nesta ficha é possível definir campos personalizados para armazenamento de informações diversas, as quais serão atualizadas pelo usuário ou pelo *software*, dependendo da opção feita para o campo *Vincular ao conteúdo*.

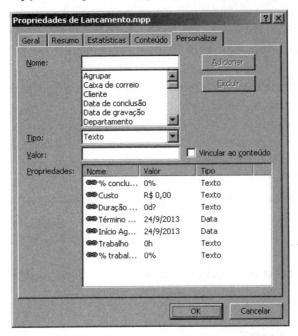

Figura 8.13. - Janela de diálogo Propriedades, ficha Personalizar.

PRÁTICA

Criar um projeto novo com as informações a seguir.
Data de início: 24/09/2013
Encadeamento: início para fim
Calendário: Produção
Título: Lançamento Comercial de Produto
Assunto: Projeto com objetivo didático
Gerente: nome do aluno
Comentário: Projeto de exemplo para fixação dos tópicos apresentados.
Salvar o projeto como: Lançamento.MPP

Cadastrando as tarefas

O processo de criação de tarefas se dá pela simples digitação dos seus nomes na coluna Nome da Tarefa do Gráfico de Gantt, o qual, se não estiver disponível, é acionado na faixa de opções Exibição → Gráfico de Gantt. Neste momento devem ser cadastrados não só os nomes das tarefas propriamente ditas, mas também os nomes das tarefas de resumo e dos marcos temporais, que num segundo momento serão definidos como tal.

 DICA → Se você não fez as configurações sugeridas no Capítulo 5, acione a faixa de opções Arquivo → Opções, selecione o item Cronograma e desative a opção Novas tarefas são controladas pelo esforço. Esta característica é discutida no Capítulo 9.

PRÁTICA

Cadastrar as tarefas no projeto Lançamento Comercial de Produto, criado no tópico anterior, conforme a tabela 8.1.

id	nome da tarefa
1	Lançamento Comercial de Produto
2	Rotinas da Administração
3	Comunicar Metas
4	Providenciar Registro
5	Contatar Veículos Propaganda
6	Comprar Material Propaganda
7	Discutir Vendas
8	Reavaliar Processos
9	Discutir Lançamento
10	Conferir Material Propaganda

11	Distribuir Material Propaganda
12	Veicular Comercial
13	Lançar Produto
14	Rotinas da Produção
15	Produzir Protótipo
16	Produzir Produto
17	Produzir Embalagem
18	Pronto p/ Embalar
19	Embalar
20	Carregar
21	Distribuir
22	Teste de Qualidade
23	Colher/Testar Amostra
24	Analisar Resultados
25	Redigir Relatório Técnico

Tabela 8.1. - *Exercício de criação de tarefas.*

Subordinando as tarefas

A subordinação das tarefas tem como objetivo criar uma estrutura hierárquica, permitindo a identificação de responsabilidades e a visualização de informações totalizadoras em diversos níveis, substituindo com grande vantagem o gráfico conhecido como Estrutura Analítica do Projeto (EAP), mencionado no *software* como WBS (Work Breakdown Structure) na faixa de opções **Projeto**, ou EDT (Estrutura de Divisão do Trabalho) em diversas janelas e na ajuda.

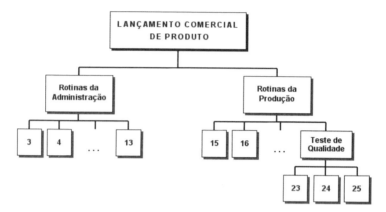

Figura 8.14. - EAP do projeto.

O processo de subordinação se dá pela combinação da ação de selecionar as tarefas a serem subordinadas na coluna **Nome da Tarefa** do Gráfico de Gantt com o acionamento na faixa de opções **Tarefa → grupo Cronograma → botão Recuar Tarefa**. Como resultado desta operação, teremos a indentação das tarefas selecionadas em relação à primeira tarefa acima da seleção, que passa a ser uma Tarefa de Resumo ou tarefa sumário.

Vale ressaltar que Tarefas de Resumo não podem ter vários de seus campos de informação editados (Duração, Início, Término, Custo), por se tratar de campos calculados que mostram totalizações das suas tarefas subordinadas.

 NOTA → A princípio os campos Duração, Início, Término, Custo, etc apresentam informações de totalização, calculadas pelo software.

Nesta versão 2010 foi lançado um novo conceito: Tarefas Resumidas Decrescentes. Agora é possível criar tarefas resumidas primeiro, elas podem ter datas desassociadas das datas das tarefas subordinadas, o mesmo acontecendo com a duração. Esta possibilidade é útil quando no início do planejamento as informações são de alto nível, focando apenas os resultados finais e marcos do projeto: neste cenário o projeto pode ser dividido em fases com base na linha de tempo geral e no orçamento, as datas de tarefas individuais não precisam estar exatamente alinhadas com as datas das fases de alto nível neste momento, alinhamento este que ocorrerá numa fase mais adiantada do planejamento.

PRÁTICA
No projeto Lançamento Comercial de Produto, determinar a ordem de subordinação das tarefas em relação às tarefas de resumo, como mostrado na tabela 8.2.

id	Nome da tarefa
1	**Lançamento Comercial de Produto**
2	**Rotinas da Administração**
3	Comunicar Metas
4	Providenciar Registro
5	Contatar Veículos Propaganda
6	Comprar Material Propaganda
7	Discutir Vendas
8	Reavaliar Processos
9	Discutir Lançamento
10	Conferir Material Propaganda
11	Distribuir Material Propaganda
12	Veicular Comercial
13	Lançar Produto
14	**Rotinas da Produção**
15	Produzir Protótipo
16	Produzir Produto
17	Produzir Embalagem
18	Pronto p/ Embalar
19	Embalar
20	Carregar
21	Distribuir
22	**Teste de Qualidade**
23	Colher/Testar Amostra
24	Analisar Resultados
25	Redigir Relatório Técnico

Tabela 8.2. - *Exercício de subordinação de tarefas.*

Indicando prazo final

É possível indicar um prazo final para tarefas ou para o projeto como um todo, de forma que durante o planejamento seja possível observar se a data final das tarefas ou do projeto atende aos requerimentos fundamentais. Com duplo clique sobre o nome da tarefa abre-se a janela de diálogo *Informações sobre a Tarefa*, onde se deve selecionar a ficha *Avançado* e no campo *Prazo final* será indicada a data que tem a finalidade de representar fortes limites.

Determinando durações das tarefas

A duração estimada das tarefas, originária de informações históricas de tarefas semelhantes ou de estimativa traçada por técnico especializado na tarefa, deve se basear no conceito de duração ideal, ou seja, deve ser considerada a alocação da quantidade ideal de recursos sem, neste momento, levarmos em consideração se esta quantidade de recursos estará disponível para o projeto ou não. A análise de exequibilidade é feita em passo adiante.

HIPERLINK → no capítulo 1 Entendendo Gerenciamento de Projetos – tópico Elementos Básicos do Gerenciamento de Projetos abordamos as técnicas mais usuais para determinar durações de tarefas.

O lançamento da duração provável das tarefas é feito na coluna *Duração* onde, por padrão, todas aparecerem inicialmente estimadas em **1dia?**. O sinal **?** significa que esta duração é uma avaliação preliminar e sem caráter definitivo, após a entrada de um valor qualquer para a duração o símbolo **?** desaparece.

Se a intenção for a de lançar uma duração, mas frisar que isto é uma avaliação preliminar, digite a duração estimada, seguida da unidade de tempo e do símbolo **?**,por exemplo, **4h?**. Toda tarefa com duração estimada tem esta situação explicitada na ficha *Geral* da janela de diálogo *Informações sobre a Tarefa*, a qual pode ser acessada por duplo clique na tarefa em questão, o campo

Estimada estará selecionado sempre que o símbolo ? estiver presente na coluna duração.

Note ainda que uma tarefa de resumo sempre apresentará duração estimada, caso uma de suas subordinadas possuir duração estimada.

A coluna ***Duração*** do Gráfico de Gantt tem por padrão a unidade ***d*** (***dias***), aceitando também as unidades ***m*** (***minutos***), ***h*** (***horas***), ***s*** (***semanas***), ***mês*** (***meses***), ***md*** (***minutos decorridos***), ***hd*** (***horas decorridas***), ***dd*** (***dias decorridos***), ***sd*** (***semanas decorridas***) e ***mêsd*** (***mês decorrido***). As unidades do tipo ***Decorrido*** determinam durações baseadas em calendários corridos de 24horas/dia e 7dias/semana, não levando em conta horário de expediente, repouso semanal, feriado ou qualquer outra determinação em contrário.

NOTA → A subordinação ou estruturação do plano foi procedida anteriormente, deixando assinalado por negrito as tarefas de resumo. Uma vez que representam um conjunto de tarefas, as tarefas de resumo têm sua duração calculada pelo software por processo de sumarização. Enquanto não forem estabelecidas precedências entre as tarefas, a duração de cada tarefa de resumo representará a duração da maior tarefa daquele conjunto, pois inicialmente todas as tarefas estão colocadas como simultâneas no cronograma. Depois de estabelecidas as precedências, a duração de cada tarefa de resumo passa a representar o intervalo de tempo decorrido entre o início da primeira tarefa e o término da última tarefa (cronologicamente) deste sumário.

O conceito de Tarefas Resumidas Decrescentes, novidade desta versão 2010, permite criar tarefas resumidas primeiro, com datas desassociadas das datas das tarefas subordinadas, o mesmo acontecendo com a duração. Esta possibilidade é útil quando no início do planejamento as informações são de alto nível, focando apenas os resultados finais e marcos do projeto: neste cenário o projeto pode ser dividido em fases com base na linha de tempo geral e no orçamento, as datas de tarefas individuais não precisam estar exatamente alinhadas com as datas das

138 | *Dominando Gerenciamento de Projetos com MS Project 2010*

fases de alto nível neste momento, alinhamento este que ocorrerá numa fase mais adiantada do planejamento.

PRÁTICA

No projeto Lançamento Comercial de Produto, determinar a duração presumida de cada tarefa detalhe, conforme a tabela 8.3.

id	nome da tarefa	duração	
1	**Lançamento Comercial de Produto**		
2	**Rotinas da Administração**		
3	Comunicar Metas	4	h
4	Providenciar Registro	4	d
5	Contatar Veículos Propaganda	3	d
6	Comprar Material Propaganda	3	d
7	Discutir Vendas	4	h
8	Reavaliar Processos	12	h
9	Discutir Lançamento	6	h
10	Conferir Material Propaganda	2	d
11	Distribuir Material Propaganda	3	d
12	Veicular Comercial	3	dd
13	Lançar Produto	2	d
14	**Rotinas da Produção**		
15	Produzir Protótipo	5	d
16	Produzir Produto	14	d
17	Produzir Embalagem	4	d
18	Pronto p/ Embalar	0	d
19	Embalar	6	d
20	Carregar	2	d
21	Distribuir	2	d
22	**Teste de Qualidade**		
23	Colher/Testar Amostra	6	h
24	Analisar Resultados	2	d
25	Redigir Relatório Técnico	2	d

Tabela 8.3. - *Exercício de definição de duração de tarefas.*

Definindo o tipo da tarefa

Conceitualmente existem dois tipos básicos de tarefas no que diz respeito ao comportamento de sua duração frente a variações na quantidade de recursos alocados, Dirigida por Esforço e Duração Fixa.

Tarefas do tipo Dirigida por Esforço são aquelas que de qualquer forma têm sua duração impactada pela alteração dos quantitativos dos recursos alocados, dividindo-se em dois subtipos distintos.

Unidades Fixas: é o tipo padrão. Quando a duração de uma tarefa é corrigida, a quantidade de cada recurso alocado (***Unidades***) não é alterada, sendo suas respectivas quantidades de horas de trabalho corrigidas proporcionalmente à variação da duração da tarefa. Quando a quantidade de horas de trabalho de um ou mais dos recursos alocados é corrigida a duração da tarefa sofre alteração proporcional. Em ambos os casos permanece sempre inalterada a quantidade de cada um dos recursos alocados, caso típico de tarefa que foi subestimada quando do planejamento original.

Trabalho Fixo: quando a duração de uma tarefa é corrigida a quantidade de horas de trabalho de cada recurso alocado (***Trabalho***) não é alterada, sendo suas respectivas quantidades de recursos alocados corrigidas proporcionalmente à variação da duração da tarefa. Quando a quantidade de um ou mais dos recursos alocados é corrigida a duração da tarefa sofre alteração proporcional. Em ambos os casos permanece sempre inalterada a quantidade de horas de trabalho de cada um dos recursos alocados, representa tipicamente a operação de acelerar (objetivo físico) ou retardar (objetivo financeiro) a execução de uma tarefa sem alterar o HH necessário à sua execução.

Tarefas do tipo Duração Fixa são aquelas cuja duração não é impactada por alterações no quadro de alocação de recursos.

Duração Fixa: a ***Duração*** da tarefa permanecerá sempre inalterada. Quando a quantidade de um ou mais dos recursos alocados é corrigida a quantidade de horas de trabalho do respectivo recurso é recalculada proporcionalmente, e quando a quantidade de horas de trabalho de um ou mais dos recursos alocados

140 | *Dominando Gerenciamento de Projetos com MS Project 2010*

é corrigida a quantidade do respectivo recurso é recalculada, caso típico de reuniões, tarefas de transporte e outras que tenham uma duração independente da quantidade de recursos alocados.

A definição do tipo de interação entre os campos *Unidades*, *Trabalho* e *Duração* é feita na janela de diálogo *Informações sobre a tarefa*, acionada por duplo clique sobre a tarefa a ser configurada, onde você deve indicar a opção desejada no campo *Tipo de Tarefa* da ficha *Avançado*.

Quando o tipo da tarefa é *Unidades Fixas* ou *Duração Fixa*, o MS Project oferece a possibilidade da tarefa ser controlada pelo empenho:

Controlada pelo Empenho: faz com que a alocação de um novo recurso a uma tarefa se some em esforço aos demais, reduzindo a duração da tarefa se ela for *Unidades Fixas* ou a quantidade de cada um dos recursos alocados e seu respectivo trabalho se ela for *Duração Fixa*. Caso típico de medida de contingência quando lançamos recursos não especializados para acelerar a execução de uma tarefa.

A definição do tipo de interação *Controlada pelo Empenho* é feita na janela de diálogo *Informações sobre a tarefa*, acionada por duplo clique sobre a tarefa desejada, onde você deve selecionar a opção *Controlada pelo Empenho* da ficha *Avançado*.

PRÁTICA

No projeto Lançamento Comercial de Produto, definir tipo *Duração Fixa* para as tarefas 3 Comunicar Metas, 7 Discutir Vendas e 9 Discutir Lançamento.

Determinando precedências de tarefas

A princípio, todas as tarefas e marcos temporais devem estar presentes na rede de precedência do projeto, que determina a ordem de execução do mesmo, indicando que o início ou término de determinada tarefa constitui pré-requisito essencial para o início ou término de outras tarefas.

HIPERLINK → no capítulo 1 Entendendo Gerenciamento de Projetos – tópico Elementos Básicos do Gerenciamento de Projetos abordamos detalhadamente os fatores que determinam relações de precedência, assim como os diferentes tipos de vínculos.

Tenha sempre em mente a seguinte frase, apresentada no tópico citado acima:

"Todas as tarefas componentes de um projeto devem, necessariamente, possuir predecessora(s) e sucessora(s), com exceção da primeira tarefa do projeto que só tem sucessora(s) e da última que só tem predecessora(s)".

O ambiente mais propício para a determinação das precedências é obtido pela divisão da tela em 2 painéis. Selecionando na faixa de opções Exibição a opção Detalhes, a tela se divide em dois painéis, sendo o painel superior de contexto geral e o painel inferior de detalhamento do item selecionado no painel superior - no painel inferior é mostrado por padrão o Formulário de Tarefas como complemento ao Gráfico de Gantt no painel superior.

O Formulário de Tarefas pode apresentar diferentes detalhamentos, o ideal para a operação de encadeamento de tarefas é o detalhamento Predecessoras e Sucessoras, obtido com a seleção na faixa de opções Formato → grupo Detalhes → opção Predecessoras e Sucessoras. Note que esta opção só fica disponível quando o painel inferior está ativo, o que conseguimos com um clique do mouse em qualquer ponto do referido painel.

Podemos afirmar que a determinação de precedência pela identificação das tarefas sucessoras tem o mesmo efeito final do que pela identificação das tarefas predecessoras, no entanto é considerado mais simples trabalhar com o estabelecimento das tarefas predecessoras, pois permite a utilização do raciocínio: "Que tarefas precisam ter iniciado/finalizado para poder iniciar/finalizar esta?".

DICA → Selecione as tarefas a serem encadeadas e acione na faixa de opções Tarefa → grupo Cronograma → botão Vincular Tarefas para determinar precedência com Vínculo = TI e Latência = 0.

À medida que são determinadas as precedências, os histogramas representativos das tarefas vão se ajustando na escala de tempo e são estabelecidas setas indicando a ordem de execução das tarefas. Arrastando o biombo existente entre a área do Gráfico de Gantt e as colunas, você pode visualizar os campos representativos de datas de início e término, percebendo como estas são calculadas apenas pela determinação das precedências, obedecendo ao horário de expediente estabelecido no calendário base do projeto.

NOTA → A princípio, as tarefas de resumo não devem ter relações de precedência, pois esta prática prejudica a identificação do caminho crítico do projeto e pode dificultar a visualização da ordem de execução das tarefas. Se for necessário estabelecer relações de precedência para tarefas de resumo, tenha em mente que o MS Project permite somente relações de precedência com vínculo Término/ Início ou Início/Início entre a tarefa de resumo e sua sucessora.

Compreendendo melhor latência e tempo decorrido

Latência (ou *lag*) é um intervalo de tempo fixo necessário entre 2 tarefas onde não ocorre nenhuma ação gerenciável por aquele que comanda o projeto.
Tal intervalo nos exemplos que apresentamos é o prazo transcorrido entre o início ou término de uma tarefa e o início ou término de sua sucessora, dependendo do tipo de vínculo estabelecido para a relação de precedência. Por exemplo: se o vínculo é do tipo TI (término/início), a latência ocorre entre o término da predecessora e o início da sucessora; já no caso de um vínculo do tipo II (início /início), a latência ocorre entre o início da predecessora e o início da sucessora.

Existem dois tipos básicos de *lags*:

- um provocado pela necessidade do aguardo de uma causa natural, como o período de cura (secagem) do concreto de uma laje, o intervalo entre a tarefa de concretagem da laje e sua tarefa sucessora, por exemplo, de movimentação sobre essa laje;

- e o outro tipo é provocado por um incidente de processo de negócios, ou seja, a necessidade de aguardar por um processo cuja administração de tempo corre à revelia da gerência do projeto; como exemplo, o intervalo entre a solicitação de um efeito legal/burocrático e a tarefa seguinte que necessita deste efeito legal burocrático.

Via de regra os *lags* estabelecidos por causa natural ocorrem em tempo corrido (representado no software como Hora Decorrida/HD, Dia Decorrido/DD, e assim por diante), como o citado exemplo da cura do concreto. Já no caso de *lags* causados por negócios ou similares, devemos identificar e esclarecer se o intervalo será contado em tempo útil ou corrido.

No exercício que apresentamos, entre as tarefas 6-Comprar Material Propaganda e 10-Conferir Material Propaganda existe um intervalo de 8 dias e neste caso foi caracterizado que o prazo é em tempo útil (8 d). Representa o prazo de entrega do material de propaganda que entende-se fixo e em dias úteis.

Já entre as tarefas 23-Colher/Testar Amostra e 24-Analisar Resultados existe um *lag* provocado por uma causa natural, o tempo de uma reação química. Tal intervalo, decorrente de uma causa natural, é em tempo corrido, 18 hd.

Vale a pena observar o impacto de um erro de entendimento. Supondo que a tarefa predecessora terminasse às 16:00 de uma segunda-feira: se tal intervalo fosse apontado como 18h e não 18hd, o início da tarefa sucessora seria programado para a primeira hora de expediente útil após o *lag*, às 9:00 hs da quinta-feira .

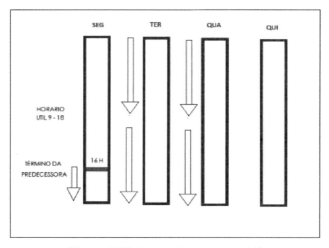

Figura 8.15. Latência em tempo útil.

No caso da aplicação correta do lag como 18hd, o sistema calcula 2 horas do restante do expediente da segunda-feira, 6 horas até a meia-noite e programa o início da sucessora para ocorrer às 10 horas da terça-feira, complementando as 18 horas corridas do lag.

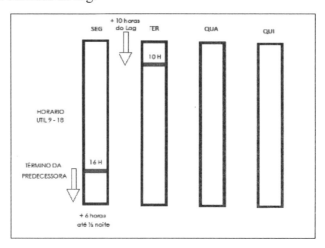

Figura 8.16. Latência em tempo decorrido.

Capítulo 8 - Criação de Projeto | **145**

PRÁTICA

No projeto Lançamento Comercial de Produto, estabelecer a ordem de precedência das tarefas, conforme a tabela 8.4.

id	nome da tarefa	id da prede-cessora	tipo	Latên-cia	
1	**Lançamento Comercial de Produto**				
2	**Rotinas da Administração**				
3	Comunicar Metas				
4	Providenciar Registro	3	TI	0	d
5	Contatar Veículos Propaganda	3	TI	0	d
6	Comprar Material Propaganda	3	TI	0	d
7	Discutir Vendas	5	TI	0	d
		6	TI	0	d
8	Reavaliar Processos	4	TI	0	d
		7	TI	0	d
		25	TI	0	d
9	Discutir Lançamento	8	TI	0	d
10	Conferir Material Propaganda	6	TI	8	d
11	Distribuir Material Propaganda	10	TI	0	d
12	Veicular Comercial	5	TI	0	d
13	Lançar Produto	9	TI	0	d
		11	TI	0	d
		12	TI	0	d
		21	TI	0	d
14	**Rotinas da Produção**				
15	Produzir Protótipo	3	TI	0	d
16	Produzir Produto	24	TI	0	d
17	Produzir Embalagem	16	II	0	d
18	Pronto p/ Embalar	16	TI	0	d
		17	TI	0	d
19	Embalar	18	TI	0	d
20	Carregar	19	TI	0	d
21	Distribuir	20	TI	0	d

22	Teste de Qualidade				
23	Colher/Testar Amostra	15	TI	0	d
24	Analisar Resultados	23	TI	18	hd
25	Redigir Relatório Técnico	24	TI	0	d

Tabela 8.4. Exercício de definição de precedências.

DICA → Arraste a barra dupla vertical que separa a área de planilha da área do Gantt (o biombo do Gantt) e observe que as datas, em que pese termos inserido algumas durações com unidade horas, não detalham os eventos de início e término precisando horas. Para isso, acione a faixa de opções Arquivo → Opções, selecione o item Geral e escolha no campo Formato de Data a primeira opção da lista: 28/01/09 12:33.

Indicando calendário de tarefas

Observe a tarefa Discutir Lançamento: trata-se de uma reunião e, no entanto, está começando em um dia e terminando no dia seguinte o que, convenhamos, é pouco típico de reuniões.

O MS Project 2010 oferece uma ótima alternativa para esta situação, permitindo a indicação de um calendário específico para uma tarefa, o qual será obedecido em detrimento dos calendários dos recursos que forem alocados na tarefa, fazendo com que os mesmos obedeçam ao horário de expediente indicado no calendário da tarefa e não ao indicado no respectivo calendário de recurso. Note que esta ferramenta deve ser utilizada apenas em casos específicos, quando os recursos alocados em uma tarefa estão sujeitos a trabalho fora do seu horário normal de expediente sem, no entanto, estarem sujeitos a contabilização deste tempo na forma de hora extra.

Para associar um calendário a uma tarefa você deve selecionar a tarefa com duplo clique, quando se abre a janela de diálogo **Informações sobre a Tarefa**, selecionar a ficha **Avançado** e indicar no campo **Calendário** o calendário que servirá de base de cálculos para a tarefa. Selecione também o campo *O agendamento ignora calendários do recurso*, de forma que o recurso alocado a esta tarefa seja forçado a trabalhar, caso necessário, em horas a mais que as permitidas pelo seu calendário típico.

Toda tarefa sujeita a calendário específico apresenta na coluna **Indicadores** um ícone representativo desta situação, e quando o cursor do *mouse* é posicionado sobre o ícone uma mensagem deixa explícita esta situação, indicando o nome do calendário e, quando for o caso, a situação de ignorar calendários de recursos.

PRÁTICA

No projeto Lançamento Comercial de Produto, associar à tarefa Discutir Lançamento o calendário Reuniões, fazendo com que os calendários de recursos sejam ignorados quando da operação de alocação de recursos.

Determinando restrições às tarefas

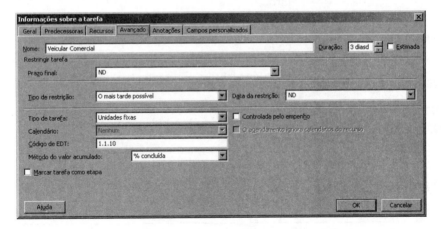

Figura 8.17.Restrição de tarefa.

Pode ser que o ajuste de alguma tarefa no tempo não ocorra tal qual desejado. Observe que a tarefa Veicular Comercial ocorre muito antes da tarefa Lançar

148 | *Dominando Gerenciamento de Projetos com MS Project 2010*

Produto, pois aquela é determinada como O Mais Breve Possível, isto é, ocorre tão logo concluída a tarefa anterior. Neste caso, não é o efeito desejado, pois o objetivo é fazer com que Veicular Comercial ocorra o mais próximo possível da data de lançamento sem, contudo, comprometê-la. Você tem que determinar uma Restrição diversa de O Mais Breve Possível, o padrão, para a tarefa Veicular Comercial, indo ao Gráfico de Gantt (Tarefa → Gráfico de Gantt) e, com o pressionamento do botão Informações da tarefa (faixa de opções Tarefa) ou com duplo clique no nome da tarefa, acessar a janela de diálogo Informações sobre a tarefa, onde, na ficha Avançado, existe o campo Tipo de Restrição para determinação de diferentes restrições.

A tabela abaixo apresenta todos os tipos de restrições possíveis e alguns comentários sobre cada uma delas.

restrição	emprego
Deve iniciar em	Data de início determinada – estática.
Deve terminar em	Data de término determinada – estática.
Não iniciar antes de	Data de início limitada – só desloca-se para mais tarde.
Não iniciar depois de	Data de início limitada – só desloca-se para mais cedo.
Não terminar antes de	Data de término limitada – só desloca-se para mais tarde.
Não terminar depois de	Data de término limitada – só desloca-se para mais cedo.
O mais breve possível	Acompanha a predecessora – padrão se o projeto foi agendado a partir da data de início.
O mais tarde possível	Acompanha a sucessora, com folga zero – padrão se o projeto foi agendado a partir da data de término.

Tabela 8.5. Os diferentes tipos de restrição.

Devemos evitar o máximo possível as restrições de data estática, Deve iniciar em e Deve terminar em, pois estas restrições amarram por demais o projeto, criando dificuldades para recálculo de datas e consequente incidência de erros de agendamento.

Caso ocorra a necessidade de uma tarefa ser postergada por limitações de ordem econômica, o mais indicado é abrirmos a janela Informações Sobre A Tarefa à ficha Avançado, para definir no campo Tipo de Restrição a opção Não iniciar antes de e no campo Data da Restrição a nova data mais cedo que tal tarefa poderá iniciar em face das limitações.

PRÁTICA

No projeto Lançamento Comercial de Produto, determinar *Restrição* O Mais Tarde Possível para a tarefa Veicular Comercial.

Resumo – Criação de projeto

O Que Fazer	Como Fazer
Criar novo arquivo de projeto	*Arquivo → Novo* Crie novo projeto fornecendo, na janela de diálogo *Informações sobre o projeto*, as informações básicas de projeto – *Data de Início, Agendar a partir de, Calendário*. O botão *Novo* da Barra de Ferramentas de Acesso Rápido também permite criar novos arquivos de projeto
Acessar as informações básicas de projeto	*Projeto → Propriedades → Informações do projeto* Informações básicas do projeto como data de início *(Data de Início)* e forma de programação *(Agendar a partir de)* podem ser alteradas a qualquer momento; alterações em calendário de projeto têm que estar em perfeita sintonia com as configurações de *Calendário* na janela de diálogo *Opções* para que o recálculo funcione a contento.

Criar tarefas	**Gráfico de Gantt** → **coluna** *Nome da Tarefa* Cadastre as tarefas componentes do projeto, inclusive tarefas de resumo e marcos temporais, por digitação na coluna da planilha.
Subordinar tarefas	**Tarefa** → *Cronograma* → *Recuar Tarefa* Faça a subordinação das tarefas, criando a estrutura hierárquica do projeto, ou EAP, selecionando as tarefas a serem subordinadas e, em seguida, acionando o comando de indentação.
Indicar prazo final	**Tarefa** → *Propriedades* → *Informações* Na ficha *Avançado*, campo *Prazo final* indique a data que tem a finalidade de representar um forte limite. Com duplo clique sobre o nome da tarefa também abrimos a janela de diálogo *Informações sobre a Tarefa.*
Determinar duração de tarefas	**Gráfico de Gantt** → **coluna** *Duração* Determine a duração provável de cada tarefa através de digitação na coluna *Duração*, lembrando que as unidades disponíveis são *Minutos, Horas, Dias, Semanas* ou *Meses*, podendo ser tempo *Decorrido* ou não.
Determinar duração estimada de tarefas	**Gráfico de Gantt** → **coluna** *Duração* Determine a duração estimada da tarefa através de digitação, na coluna *Duração,* da duração estimada, seguida da unidade de tempo e do símbolo **?**.
Determinar precedências de tarefas	**Gráfico de Gantt** → *Exibição* → **Modo Divisão** → *Detalhes* **Painel Inferior** → *Formato* → *Detalhes* → *Predecessoras e Sucessoras* Digite na coluna **ID da Predecessora** do *Formulário de Tarefas* (formulário que se encontra no painel inferior) o número identificador da atividade predecessora, se necessário especificando também *Tipo* (tipo de ligação ou vínculo) quando for diferente de *TI* [*FS*] e *Latência* quando for diferente de 0. O botão *Vincular tarefas* faixa de opções *Tarefa* → *Cronograma* também permite a determinação de precedências, quando se tratar de uma precedência simples entre duas tarefas do tipo *TI* e com *Latência* 0.

Indicar um calendário específico para uma Tarefa	**Tarefa → *Propriedades* → *Informações*** Na ficha *Avançado*, campo *Calendário* indique o calendário que servirá de base de cálculos para a tarefa, selecione também o campo *O agendamento ignora calendários do recurso*, de forma que o recurso obedeça exclusivamente ao calendário da tarefa. Com duplo clique sobre o nome da tarefa também abrimos a janela de diálogo *Informações sobre a Tarefa.*
Alterar a restrição de tarefas	**Tarefa à *Propriedades* à *Informações*** Na ficha *Avançado*, campo *Tipo de restrição*, indique a restrição desejada para a tarefa selecionada e, dependendo do tipo de restrição, indique também a data limite no campo *Data da restrição*. Com duplo clique sobre o nome da tarefa também abrimos a janela de diálogo *Informações sobre a Tarefa.*

9

VISUALIZAÇÃO DE PROJETO

O MS Project é um software extremamente rico e flexível no que diz respeito às possibilidades de configurações de seus gráficos, assim como às possibilidades de combinações de informações, tanto por meio da aplicação de diferentes modos de exibição quanto pela aplicação de detalhamentos com focos os mais variados. Esta é uma característica bastante significativa, visto que em um projeto a quantidade de informações disponíveis é muito grande e as possibilidades de combinações destes dados são exponencialmente maiores, exigindo muito da ferramenta para prover acesso a toda esta gama de informações.

Na faixa de opções Exibição, com o acionamento da pequena seta que acompanha os ícones dos grupos Modos de Exibição de Tarefa e Modos de Exibição de Recurso seguido da seleção da opção Mais modos de Exibição, temos acesso a uma janela com 28 diferentes opções de modos de exibição, alguns de visualização em modo exclusivo e a maioria permitindo combinação com outros modos. Cada uma destas possibilidades permite ao gerente de projetos o exame do projeto sob um diferente foco, destacando diferentes aspectos.

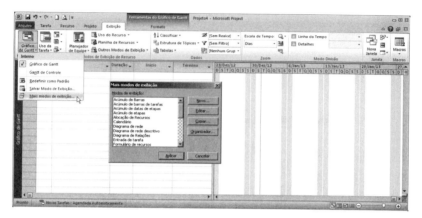

Figura 9.1. Diferentes modos de exibição.

Os modos de exibição se dividem em duas categorias no que diz respeito ao foco essencial, Tarefas e Recursos, e em três categorias no que diz respeito ao formato, Gráficos, Tabelas e Formulários.

Nos tópicos deste capítulo abordamos diversos aspectos da configuração do Gráfico de Gantt e do Diagrama de Rede e apresentamos as tabelas, tanto de tarefas quanto de recursos. No transcorrer dos demais capítulos apresentamos vários outros modos de exibição, abordados sob um enfoque prático, com aplicação em diferentes momentos da gerência de projetos.

 HIPERLINK → no capítulo 8 Criação de Projeto – tópico Determinando Precedências de Tarefas vemos a combinação de Gráfico de Gantt e Formulário de Tarefas com detalhamento Predecessoras e Sucessoras.

→ no capítulo 10 Alocação de Recursos – tópico Alocando Recursos às Tarefas vemos a combinação de Gráfico de Gantt e Formulário de Tarefas com detalhamento Trabalho de Recursos.

→ no capítulo 11 Resolução de Superalocações vemos o modo de exibição Uso dos Recursos combinado com o Gantt de Redistribuição, combinação que leva o nome de Alocação de Recursos.

→ no capítulo 18 Revisão de Metas – tópico Visualizando Metas Originais e Metas Revisadas vemos o modo de exibição Gantt com Várias Linhas de Base.

Personalizando o estilo do gráfico de gantt

A partir da faixa de opções Formato temos acesso a um conjunto de comandos para formatação do modo de exibição corrente, que têm o objetivo precípuo de permitir ao usuário a personalização de praticamente todos os elementos da interface, tanto textuais quanto gráficos, de forma que atenda às necessidades.

DICA → Nas versões anteriores do MS Project há, dentre as opções de formatação do Gráfico de Gantt, a possibilidade de acesso direto a uma ferramenta denominada *Assistente de Gráfico de Gantt*, que abre uma sequência de janelas de diálogo com o objetivo precípuo de permitir ao usuário, em modo assistido e interativo, a personalização dos elementos componentes do Gráfico de Gantt.

Para aqueles usuários já habituados ao uso deste assistente ou que desejem utilizar um assistente durante a formatação do Gráfico de Gantt, existe a possibilidade de personalizar uma Faixa de Opções incluindo um botão para acesso ao *Assistente de Gráfico de Gantt*:

- acesse a faixa de opções *Arquivo → Opções*;
- na janela *Opções do Project* selecione no menu à esquerda a opção *Personalizar Faixa de Opções*;
- na coluna *Escolher comandos em* selecione a opção *Todos os comandos* e, no quadro abaixo, a opção *Assistente de Gráfico de Gantt*;
- na coluna *Personalizar a Faixa de Opções* selecione a guia onde o botão deverá ser incluído e crie um grupo personalizado;
- acione o botão *Adicionar*.

No grupo Estilo de Gráfico de Gantt são disponibilizados 24 diferentes combinações de cores para as barras de resumo e de tarefas do cronograma.

As 3 opções apresentadas no grupo Mostrar/Ocultar são descritas a seguir:

- **Número da Estrutura de Tópicos**: exibe à esquerda dos nomes de tarefas a sua itemização, baseada na hierarquia de subordinação, se apresentando como uma boa opção, principalmente quando a indentação está inibida; vale ressaltar que esta itemização é recalculada automaticamente pelo aplicativo sempre que acontece inclusão ou exclusão de tarefas ou, ainda, alterações de níveis.

- **Tarefa de Resumo do Projeto**: quando esta opção é selecionada apresenta-se uma tarefa de resumo de todo o projeto, que terá como nome o título do projeto definido na janela de diálogo *Propriedades de Projeto* (acessada pelo caminho *Arquivo → Informações → Informações do Projeto → Propriedades Avançadas*) ou, na ausência deste, o nome do arquivo, não sendo permitido alterar as informações desta linha por se tratar de campos calculados.

- **Tarefas de Resumo**: quando esta opção é desmarcada as tarefas de resumo do projeto são ocultadas, sendo apresentadas apenas as tarefas e os marcos do projeto.

O grupo Estilos de Barra apresenta um conjunto de comandos bastante interessantes:

- **Adiamento**: ao clicar sobre este ícone abre-se um menu suspenso onde devemos selecionar Linha de Base, Linha de Base, 1, ..., Linha de Base 10; será desenhada uma linha à frente de cada barra de tarefa ou marco onde houver variação ao início positiva em relação à linha de base selecionada; este adiamento do início poderá representar um atraso efetivo, caso a tarefa tenha sido iniciada efetivamente, ou uma projeção de atraso caso a tarefa ainda não tenha sido iniciada.

- **Linha de Base**: ao clicar sobre este ícone abre-se um menu suspenso onde devemos selecionar Linha de Base, Linha de Base, 1, ..., Linha de Base 10; será desenhada uma barra para cada tarefa ou um ponto para cada representando a linha de base selecionada.

- **Tarefas Críticas**: quando selecionado mostra as barras das tarefas críticas destacadas em vermelho.

- **Margem de Atraso**: quando selecionado mostra uma linha após as barras de tarefas representando sua folga livre.

- **Tarefas Atrasadas**: quando selecionado mostra barras destacadas em preto para as tarefas cujo campo Status é igual a atrasado, ou seja, possuem não realização em dias anteriores à Data de Status do projeto ou, na ausência desta, à Data Atual.

- **Formatar**: este item é apresentado detalhadamente em tópicos específicos mais adiante, neste capítulo.

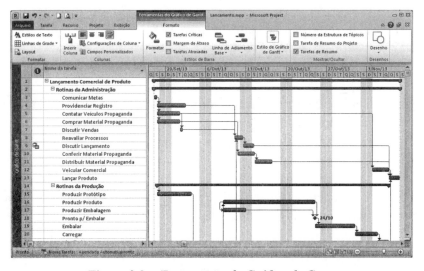

Figura 9.2. - Formatação do Gráfico de Gantt.

NOTA → As possibilidades de personalização são muitas e se aplicam exclusivamente ao projeto ativo. Devemos ter em mente que muitas pessoas poderão consultar as informações do projeto, portanto, devemos criar um padrão claro, conciso e cuja estética se integre à cultura da organização, preferencialmente oferecendo este padrão para adoção por toda a organização. Este tipo de atitude facilita enormemente a comunicação entre os envolvidos em projetos, evitando dúvidas e interpretações equivocadas dos elementos e símbolos apresentados, e faz com que todo e qualquer projeto, dos menores aos maiores, dos mais simples aos mais complexos, tomem uma forma familiar, o que deixa os envolvidos mais à vontade no seu trato e reduz o esforço despendido no seu entendimento. Outra questão importante a ser levantada quando da criação de um formato para uma ferramenta de apresentação de dados diz respeito à quantidade de diferentes informações que devem ser apresentadas simultaneamente. Se por um lado a apresentação simultânea de inúmeras informações diferentes pode parecer esclarecedora, por outro lado pode resultar em gráfico confuso, onde a atenção do leitor fica dispersa entre tantos dados, não se concentrando devidamente em nenhum deles. Na área da informação existe uma máxima que diz: "Se não quiseres informar nada, informe tudo, de uma única vez...".

Os grupos Colunas e Formatar serão apresentados detalhadamente em tópicos específicos mais adiante, neste capítulo.

PRÁTICA

No projeto Lançamento Comercial de Produto, formatar o Gráfico de Gantt de modo a apresentar a configuração a seguir.

Tarefa crítica: vermelho, degradê, sem ponteiros
Tarefa normal: azul, degradê, sem ponteiros
Tarefa de resumo: padrão, preto com ponteiros
Etapa: padrão, losango preto

Personalizando um tipo de barra

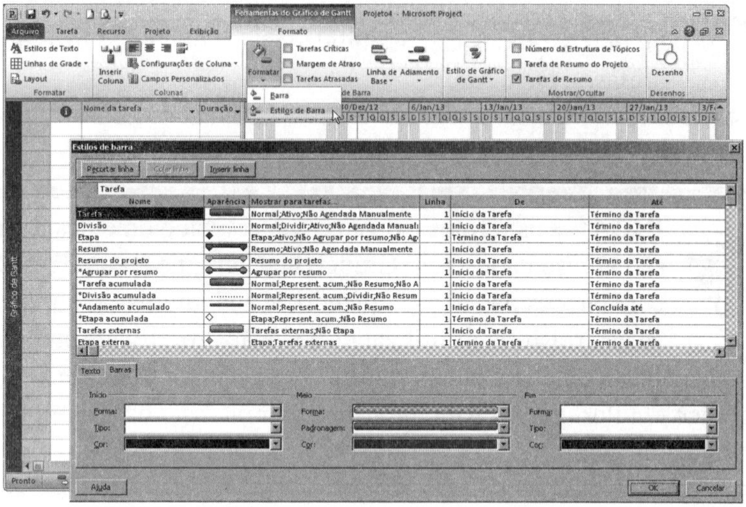

Figura 9.3. Formatação de estilos de barras, ficha Barras.

A partir da faixa de opções *Formato* → *grupo Estilos de Barras* → *botão Formatar*, temos acesso à opção *Estilos de Barra*, onde é possível configurar os parâmetros visuais de um tipo específico de elemento do Gráfico de Gantt. Por exemplo, para mudar a representação das barras de tarefas críticas, selecione na janela de diálogo Estilos de Barra, coluna Nome, a linha que representa as tarefas críticas e altere suas definições. Todas as tarefas críticas do gráfico passarão a apresentar a nova configuração.

Um elemento componente do Gráfico de Gantt é descrito pela combinação das colunas Mostrar para tarefas..., De e Até. Se um elemento se encaixar em mais de uma das descrições efetuadas, o MS Project tenta exibir a união das configurações, formatando o elemento conforme descrito de cima para baixo na janela de diálogo Estilos de Barra; por exemplo, em uma linha podemos configurar uma barra grossa e vermelha e em outra linha abaixo desta configuramos para o mesmo elemento uma barra fina e azul, o resultado será o elemento representado por uma barra vermelha grossa com uma barra fina azul dentro. Caso não seja possível a união, a primeira descrição, a que estiver acima na lista, terá prioridade.

160 | *Dominando Gerenciamento de Projetos com MS Project 2010*

 HIPERLINK → no capítulo 19 Tratamento Avançado de Tarefas – tópico Configurando o Gráfico de Gantt descrevemos em detalhe todas as possibilidades das colunas Mostrar para tarefas..., De e Até.

 DICA → os termos existentes na coluna Nome desta janela são apresentados pelo Gráfico de Gantt, na área referente às convenções das barras, quando de sua impressão ou visualização. Caso esteja utilizando a versão do software em Inglês, a tradução desta coluna é que permitirá a apresentação das convenções do gráfico em Português quando for imprimir ou visualizar a impressão do Gráfico de Gantt.

A janela de diálogo Estilos de Barra possui duas fichas, Barras e Texto.

- *Barras*: representada na figura anterior, trata da formatação das barras propriamente ditas e dos ponteiros de início e fim (Início e Fim – os destaques típicos dos extremos das barras de tarefas de resumo), Forma, Tipo/ Padronagem e Cor;

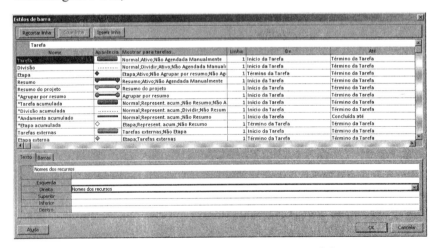

Figura 9.4. - Formatação de estilos de barras, ficha Texto.

- **Texto**: determina as legendas apresentadas à esquerda, direita, superior, inferior e dentro das barras do Gráfico de Gantt; a informação a ser mostrada deve ser selecionada a partir do botão caixa de lista à direita da linha de edição desta ficha.

 DICA → Duplo clique no Gráfico de Gantt também dá acesso à janela de diálogo Estilos de Barra.

PRÁTICA

No projeto Lançamento Comercial de Produto, formatar o Gráfico de Gantt de modo a apresentar a configuração a seguir.

Legenda de tarefa normal: nenhuma
Legenda de tarefa de resumo: à direita, Custo
Legenda de etapa: à direita, data de início
Tarefas de Resumo, Cor: cinza escuro

Personalizando uma barra específica

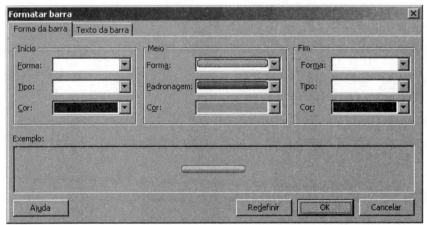

Figura 9.5. - Formatação de barra de tarefa, ficha Forma da barra.

As duas formas de formatação apresentadas anteriormente envolvem configurações genéricas do gráfico; a primeira contempla o gráfico como um todo e a segunda provoca a personalização de todos os elementos de uma mesma convenção (críticas, de resumo, etc). Para que apenas um elemento seja evidenciado por formatação diversa, o mesmo deve ser selecionado e, a partir da faixa de opções *Formato* → *grupo Estilos de Barras* → *botão Formatar*, acionamos a opção Barra, abre-se a janela de diálogo Formatar Barra composta pelas fichas *Forma da Barra e Texto da Barra* de operação idêntica às fichas vistas na seção anterior.

DICA → Duplo clique sobre o elemento gráfico no Gráfico de Gantt também aciona a janela de diálogo Formatar Barra.

NOTA → O usuário incauto pode recair em um erro por excesso: a quantidade de diferentes informações a ser apresentada simultaneamente não deve ser excessiva. Procure identificar o objetivo essencial da visualização dos dados neste instante do projeto e apresente um conjunto de informações direcionado, de forma a não dispersar a atenção do leitor das informações e, se necessário, complemente o gráfico com informações em outro documento, em outro formato.

PRÁTICA

No projeto Lançamento Comercial de Produto, formatar a barra da tarefa Veicular Comercial, de modo a se apresentar na cor amarela.

Formatando as fontes do texto

É possível formatar as configurações de fontes utilizadas pelo MS Project, por exemplo, para torná-las mais facilmente legíveis pelo aumento do seu tamanho ou para destacar um item específico ou uma categoria pela alteração do estilo e da cor do texto ou da cor e do padrão do plano de fundo.

O MS Project fornece dois níveis distintos para configuração de fontes, como veremos a seguir, um formata o texto selecionado e outro formata uma categoria de texto.

Formatando o texto selecionado

Em qualquer modo de exibição que utilize tabelas é possível formatar o texto de uma célula específica ou de um conjunto de células, de forma a diferenciar este texto selecionado dos demais.

Selecione a(s) célula(s) a ser(em) destacada(s) e acione faixa de opções *Tarefa* → *grupo Fonte*, onde é possível alterar diretamente a fonte utilizada, o estilo (negrito, itálico, sublinhado) e o tamanho de fonte, alterar a cor do texto ou ainda alterar a cor de preenchimento do plano de fundo. Acionando a pequena seta no canto inferior direito do grupo, à direita do rótulo Fonte, abre-se a janela de diálogo Fonte, onde é possível, além das configurações já citados, aplicar o estilo tachado e alterar o padrão de preenchimento do plano de fundo.

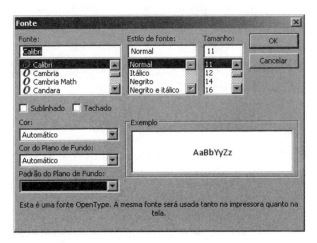

Figura 9.6. - *Janela de diálogo para formatar fonte de texto selecionado.*

NOTA → Não é aconselhável a utilização de diversas fontes diferentes em uma mesma apresentação, nem a utilização de uma grande quantidade de destaques. Isto pode prejudicar o entendimento ao invés de facilitar, o que entendemos que seria o objetivo original da formatação.

Costumamos ter como sendo de bom tom a utilização de uma ou no máximo duas fontes diferentes e, para criar as diferenciações necessárias, aplicamos os estilos de fonte disponíveis, Normal, Itálico, Negrito, Negrito Itálico, alteramos tamanho da fonte ou ainda alteramos a cor do texto ou a formatação do plano de fundo, utilizando muita cautela nestas últimas opções para não exagerar.

O ideal é a criação de um padrão a ser utilizado por toda a organização, o que facilita imensamente o entendimento de todos os envolvidos.

 DICA → Selecione a(s) célula(s) a ser(em) destacada(s) e acione o botão reverso do mouse, no painel suspenso que se abre é possível alterar a fonte utilizada, o estilo (negrito e itálico) e o tamanho de fonte, alterar a cor do texto ou ainda alterar a cor de preenchimento do plano de fundo.

Formatando categorias de texto

Podemos formatar de uma só vez e de modo uniforme a fonte utilizada em todos os elementos que compõem uma determinada categoria. Temos categorias direcionadas para tarefas, como Tarefas Críticas, Tarefas Não Críticas e Tarefas de Resumo, categorias direcionadas para recursos, como Recursos Alocados e Recursos Superalocados, e categorias direcionadas para a estrutura do modo de exibição, como Títulos de Linhas e Colunas, Texto Inferior da Barra, etc.

Se posicione no modo de exibição que deseja formatar e acione a faixa de opções **Formato** → **grupo Formatar** → **opção Estilos de Texto**. Abre-se a janela de diálogo **Estilos de texto**, onde você deve em primeiro lugar selecionar a categoria a ser formatada pela seleção na caixa de lista denominada **Alterar item**. A partir da seleção do item é possível alterar a fonte utilizada, o estilo e o tamanho de fonte, aplicar/retirar sublinhado e tachado, alterar a cor do texto ou ainda alterar a cor e o padrão de preenchimento do plano de fundo.

 DICA → A formatação de estilos de texto se aplica somente ao modo de exibição atual, portanto, cuidado para não formatar uma mesma categoria diferentemente em dois modos de exibição distintos, o que pode causar confusão na interpretação das informações.

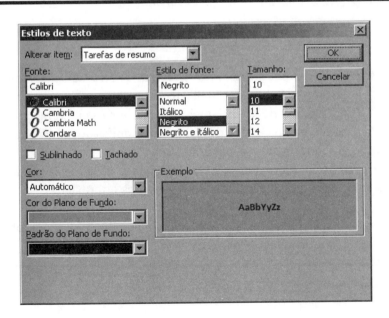

Figura 9.7. - Janela de diálogo para formatar categoria de texto.

PRÁTICA

No projeto Lançamento Comercial de Produto, alterar o tamanho da fonte das tarefas de resumo do Gráfico de Gantt para 10 pts e a cor do plano de fundo destas mesmas tarefas para Prata.

Alterando elementos do layout do gráfico de Gantt

Como elementos do layout devemos entender: desenho das linhas representativas de precedência, formato de datas quando estas são mostradas junto às barras e outros elementos do Gráfico de Gantt, a altura das barras e outros elementos do Gráfico de Gantt e algumas outras características de exibição.

Estando posicionado no modo de exibição desejado, acione a faixa de opções **Formato → grupo Formatar → opção Layout**. Abre-se a janela de diálogo Layout, que descrevemos a seguir.

 DICA → A formatação de layout se aplica somente ao modo do Gráfico de Gantt atual, ou seja, uma configuração feita para o modo Gráfico de Gantt não se aplica ao modo Gantt de Controle ou outro qualquer, portanto, cuidado para não formatar uma mesma categoria diferentemente em dois modos de exibição distintos, o que pode causar confusão na interpretação das informações.

Os modos de exibição Calendário e Diagrama de Rede possuem formatação de layout distintos.

Capítulo 9 - Visualização de Projeto | 167

Figura 9.8. - Janela de diálogo para formatar o layout do Gantt.

- **grupo Vínculos:** a seleção da primeira opção faz com que as linhas representativas de precedência não sejam mostradas, esta é uma excelente opção para projetos de porte médio a grande, onde o desenho das linhas de precedência pode provocar um grande emaranhado, dificultando a visualização das barras de tarefas e outros elementos do Gantt; a seleção da segunda opção especifica o desenho de linhas de precedência em forma de S invertido, o que por um lado favorece, pois faz com que as setas sejam posicionadas exatamente à frente ou atrás das barras, mas por outro lado pode prejudicar a visualização, pelo excesso de ângulos que se impõe; a seleção da terceira opção especifica o desenho de linhas de precedência em forma de L invertido, o que por um lado favorece, pois a menor quantidade de ângulos melhora a visualização, porém o posicionamento das setas pode deixar a desejar;

- **Formato de data:** a seleção de uma das opções disponíveis na caixa de lista define o formato das datas que apareçam junto às barras de tarefas ou outros elementos do Gráfico de Gantt;

- **Altura da barra:** a seleção de uma das opções disponíveis na caixa de lista define a altura das barras e outros elementos do Gantt, utilizando a unidade pontos;

- **Sempre acumular Barras de Gantt:** quando selecionado faz com que todas as barras de tarefas e representações de marcos sejam desenhados sobrepostos às respectivas barras de tarefa de resumo; esta configuração aplicada a todas as barras de tarefas do projeto geralmente causa um efeito muito ruim pelo excesso de projeções nas barras resumo, você pode aplicá-la a uma tarefa ou um conjunto específico utilizando a janela de diálogo Informações sobre a tarefa;

- **Ocultar barras de acúmulo quando o resumo expandir:** disponível apenas quando a opção Sempre acumular Barras de Gantt estiver selecionada, faz com que a sobreposição de barras não aconteça quando o nível de detalhamento está expandido, com as tarefas sendo visualizadas;

HIPERLINK → Consulte o capítulo 19 Tratamento Avançado de Tarefas – tópico Configurando o Gráfico de Gantt para mais detalhes sobre como rolar barras de tarefas sobre suas tarefas de resumo.

- *Arredondar barras para dias inteiros*: quando formatado em escalas de tempo com camada inferior em Dias, faz com que as barras de tarefas sejam desenhadas ocupando toda a unidade de tempo, se desmarcada faz com que a posição de início e término das barras reflita efetivamente o horário de início e de término do dia útil; caso o projeto utilize muitas tarefas onde o agendamento no nível de horas seja significativo, dê preferência ao uso deste item desmarcado por impor maior exatidão ao gráfico;

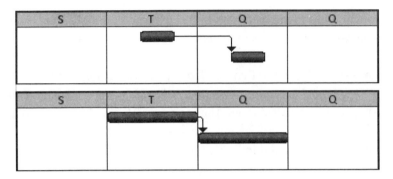

Figura 9.9. - *Gráfico superior mostra barras sem arredondamento e o inferior mostra barras arredondadas, em ambos os casos a duração é 1d.*

- ***Mostrar divisões de barra:*** quando selecionado mostra com desenho descontinuado as barras de tarefas divididas, se desmarcado mostra as tarefas divididas com barras ininterruptas;

- ***Mostrar desenhos***: quando selecionado exibe desenhos criados e anexados ao Gantt, se desmarcado não mostra tais desenhos.

PRÁTICA

No projeto Lançamento Comercial de Produto, ajustar o layout do Gantt de modo que as barras não sejam arredondadas nem sofram divisão.

A opção de arredondamento provoca impacto imediato no exemplo, a opção de não mostrar divisões de barra somente mostrará efeito no exercício de controle de projeto.

Alterando linhas de grade do gráfico de gantt

O Gráfico de Gantt e a planilha que o acompanha têm uma série de limites, na forma de linhas e colunas, denominados Linhas de Grade, representando algumas datas significativas do projeto (data de início, data de término, data atual, data de status), paginação da impressão, limites da escala de tempo, etc.

A princípio, apenas algumas destas linhas de grade estão visíveis, sendo possível formatá-las tornando-as visíveis e com diferentes aparências.

Estando posicionado no Gráfico de Gantt desejado, acione a faixa de opções **Formato → grupo Formatar → botão Linhas de grade → opção Linhas de grade.** Abre-se a janela de diálogo Linhas de grade, que descrevemos a seguir.

Estando posicionado no modo de exibição desejado, acione. Abre-se a janela de diálogo Layout, que descrevemos a seguir.

 DICA → A formatação de linhas de grade se aplica somente ao modo do Gráfico de Gantt atual, ou seja, uma configuração feita para o modo Gráfico de Gantt não se aplica ao modo Gantt de Controle ou outro qualquer, portanto, cuidado para não formatar uma mesma categoria diferentemente em dois modos de exibição distintos, o que pode causar confusão na interpretação das informações.

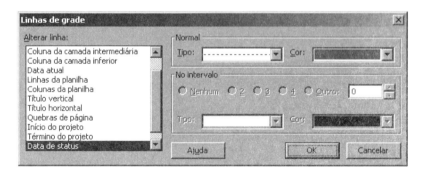

Figura 9.10. - Janela de diálogo para formatação de linhas de grade.

- **caixa de lista Alterar linha:** selecione o elemento, linha ou coluna, a ser configurado;

- **grupo Normal:** pela seleção das opções disponíveis nas caixas de lista Tipo e Cor, defina a formatação desejada;

- **grupo No Intervalo:** disponível apenas para as opções Linhas de Gantt, Linhas da Planilha e Colunas da Planilha, permite a configuração de linhas a intervalos regulares, por exemplo, a cada 4 linhas ou a cada 4 colunas, o que pode ser uma boa opção para facilitar a associação dos dados sem sobrecarregar o gráfico; defina a formatação desejada pela seleção das respectivas opções nas caixas de lista Tipo e Cor,

PRÁTICA

No projeto Lançamento Comercial de Produto, adicionar linhas tracejadas no Gráfico de Gantt em um intervalo regular de 4 linhas.

Ajustando a escala de tempo

O MS Project apresenta como padrão no Gráfico de Gantt uma escala de tempo composta por dois níveis, sendo o nível superior representado na unidade de tempo Semana e o nível inferior na unidade de tempo Dia. Para alguns projetos, esta pode não ser a escala de tempo ideal, sendo possível a sua alteração.

Estando posicionado no Gráfico de Gantt desejado, acione a faixa de opções Exibição, no grupo Zoom acione a caixa de lista abaixo do rótulo Escala de Tempo e selecione a opção Escala de Tempo. Abre-se a janela de diálogo Escala de Tempo, que permite o ajuste das graduações de tempo dos dois níveis originais e ainda a exclusão de um dos níveis ou inclusão de um nível extra, se adequando perfeitamente a qualquer necessidade de visualização. As três camadas de graduação de tempo possuem os mesmos campos de configuração, apresentados a seguir:

Figura 9.11. - Janela de diálogo para formatação da escala de tempo.

- **Unidades:** determina a unidade de tempo padrão (ano, mês, semana, etc) a ser mostrada na camada;
- **Cabeçalho:** determina a forma de apresentação da unidade de tempo;
- **Usar ano Fiscal:** quando selecionado relaciona a escala de tempo com a opção de ano fiscal determinada a partir da opção **Ferramentas → Opções** do menu principal, ficha Calendário;
- **Contagem:** indica a quantidade de unidades que compõem cada divisão da escala; se escolhermos semanas em unidades e colocarmos duas em contagem, cada unidade dessa escala representará duas semanas;
- **Alinhar:** determina o modo de alinhamento do cabeçalho;
- **Separadores verticais:** quando selecionado apresenta, no cabeçalho, linhas verticais de separação das unidades de tempo;
- **Mostrar:** as opções desta caixa de lista determinam quantas camadas de graduações de tempo serão mostradas no Gráfico de Gantt;
- **Tamanho:** determina a largura das colunas;
- **Separador de escala:** quando selecionado apresenta, no cabeçalho, linhas horizontais de separação das camadas de graduação de tempo.

Capítulo 9 - Visualização de Projeto | 173

 DICA → Duplo clique sobre o cabeçalho do Gráfico de Gantt também aciona a janela de diálogo Escala de Tempo.

Existem ainda outros processos mais diretos no grupo Zoom da faixa de opções Exibição:
- **opção Escala de Tempo:** apresenta várias unidades de tempo predefinidas (horas, dias do trimestre, dias, semanas, etc) que são diretamente aplicadas na escala de tempo inferior, provocando ajustes na(s) escala(s) de tempo superior(es).
- **botão Zoom:** permite ampliar ou reduzir a escala de tempo segundo níveis predefinidos, ou, pelo acionamento da opção Zoom, que abre uma janela de diálogo que permite ampliar ou reduzir para diferentes unidades de tempo, inclusive o projeto inteiro pela opção Projeto Inteiro.
- **botão Projeto Inteiro:** aplica um nível de zoom que permita visualizar o projeto inteiro no espaço de tela disponível.
- **botão Tarefas Selecionadas:** aplica um nível de zoom que permita visualizar a(s) tarefa(s) selecionada(s) no espaço de tela disponível.

 NOTA → Nesta versão do Project 2010 existe, ainda, o Controle Deslizante De Zoom, que permite aplicar zoom no Gráfico de Gantt, no diagrama de rede, nas exibições de calendário e em todas as exibições de gráficos, usando um controle deslizante de zoom na barra de status.

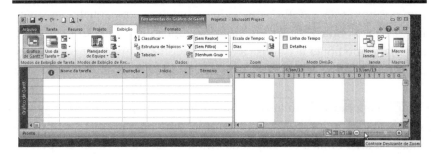

Figura 9.12. - Controle deslizante de zoom na barra de status.

PRÁTICA

No projeto Lançamento Comercial de Produto, aplicar uma escala de tempo que apresente na Camada Intermediária os meses e na Camada Inferior as semanas.

Trabalhando com o diagrama de rede

Selecionando a faixa de opções *Exibição → grupo Modos de Exibição de Tarefa → botão Diagrama de rede → opção Diagrama de rede* você tem acesso a um ambiente gráfico que em tese é uma Rede PERT. Como apresentado no Capítulo 01 - Tópico Técnicas de Gerenciamento de Projetos - Rede PERT, neste gráfico as tarefas são representadas por formas geométricas, geralmente retângulos, as quais são interligadas por setas representando as relações de precedência.

 HIPERLINK → no capítulo 1 Entendendo Gerenciamento de Projetos – tópico Técnicas de Gerenciamento de Projetos são abordadas as características e uso de PERT.

A aparência imediata apresentada tem as caixas grandes demais, dificultando uma primeira compreensão do arranjo geral, quando a melhor iniciativa é reduzir a sua visão, de forma que seja possível visualizar uma maior área do gráfico; isto é feito posicionando o cursor do mouse em qualquer área do gráfico fora dos boxes das tarefas e clicando no botão reverso, quando aparece um menu suspenso onde deve ser selecionada a opção Recolher Caixas. Voltando a clicar o mesmo botão do mouse a opção Recolher Caixas faz o gráfico retornar ao status anterior, quando os boxes das tarefas apresentam maior tamanho.

Cuidado na operação do mouse sobre este ambiente, pois é possível que aconteçam resultados indesejados. Por exemplo, uma operação de clicar e arrastar o mouse na área branca do diagrama cria uma tarefa nova, uma operação de clicar e arrastar o mouse partindo de dentro de uma tarefa (caixa) para dentro de outra tarefa (caixa) cria uma relação de precedência entre as tarefas, uma operação de clicar e arrastar o mouse partindo de dentro de uma tarefa (caixa) para uma área branca do diagrama cria uma tarefa nova com relação de precedência com a tarefa onde a operação foi iniciada. Por isso defendemos aqui que este é um ambiente tipicamente de output, porque a operação desse ambiente como interface de input é interativa demais.

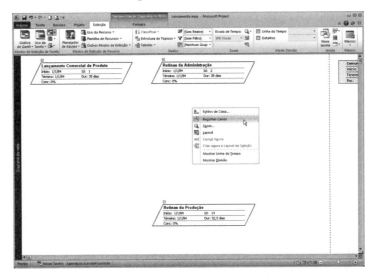

Figura 9.13. - Diagrama de rede com opções do botão reverso do mouse.

Para melhor organizar a diagramação de qualquer rede de precedências devemos seguir a técnica de construção de Rede PERT, principalmente no tocante a:

- Dar uma real ideia do sequenciamento das tarefas, apresentando os percursos de execução do projeto.
- Evitar ao máximo o cruzamento de linhas.
- Não permitir setas orientando em sentido de percurso contrário ao da maioria dos links.

De qualquer forma, se o projeto foi elaborado tendo como base o Gráfico de Gantt e foi seguida passo a passo a metodologia orientada anteriormente, o Diagrama de Rede deve naturalmente contemplar as tarefas em um bom arranjo, ficando só a considerar se as caixas de tarefas se encontram no tamanho e formato desejados.

Por padrão as caixas em forma de paralelogramo representam tarefas de resumo, as caixas em forma de retângulo representam tarefas e as caixas em forma de hexágono representam marcos. Caixas vermelhas são críticas e caixas azuis são não críticas.

> **DICA** → É possível a aplicação de filtros, descritos no Capítulo 14 Utilização De Filtros, e a utilização de grupos, descritos no Capítulo 19 Tratamento Avançado De Tarefas – tópico Agrupando tarefas. O uso de filtros e agrupamentos pode facilitar o entendimento do projeto, direcionando melhor o foco das atenções.

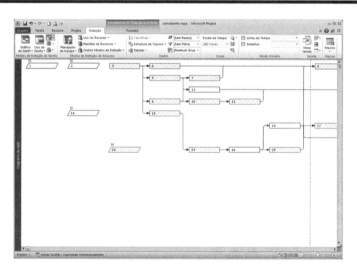

Figura 9.14. - Diagrama de Rede com campos ocultos.

Caso seja necessário alterar as caixas no que diz respeito ao formato, tamanho e/ou informações apresentadas, de forma a melhorar a leitura e análise do projeto, você deve selecionar a faixa de opções **Formato → grupo Formatar → opção Estilos de Caixa**, quando se abre a janela que permite esta formatação, onde temos:

Capítulo 9 - Visualização de Projeto | 177

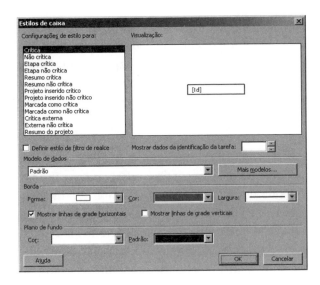

Figura 9.15.- Janela de diálogo para configuração de caixas do Diagrama de Rede.

- **Configurações de estilo para:** apresenta na lista de opções todos os elementos representados no diagrama, para os quais poderá ser alterado o formato (estilo) da caixa;

- **Visualização:** mostra o preview do item selecionado na lista Configurações de estilo para, sob efeito das configurações apresentadas nos diversos campos da janela;
- **Definir estilo de filtro de realce:** a seleção desta opção apresenta o formato a ser aplicado quando da aplicação de um filtro de realce e permite a formatação deste formato;
- **Mostrar dados da identificação da tarefa:** permite a seleção de uma tarefa do projeto para ser representada na janela de preview, dando uma noção mais realista da configuração que está sendo definida;
- **grupo Modelo de Dados:** entenda por modelo de dados um conjunto de informações, agrupadas em uma caixa, com uma determinada formatação para apresentação das informações; a seleção de um item na lista Modelo de dados permite a aplicação de um modelo já existente; a criação de um novo modelo ou a edição de um modelo existente são possíveis pelo acionamento do botão Mais Modelos;

- **grupo Borda:** os campos deste grupo permitem a configuração dos diferentes elementos componentes da borda da caixa, com dez diferentes modelos de caixa, várias cores e quatro espessuras de traço;
- **grupo Plano de Fundo:** os campos deste grupo permitem a configuração da cor e do padrão de preenchimento a serem aplicados ao plano de fundo da caixa.

No grupo Modelo de Dados descrito acima foi citado o botão Mais Modelos, o qual abre uma caixa de diálogo, onde é possível criar um novo modelo em branco, criar cópia de um modelo existente, editar um modelo existente, importar um modelo existente em outro projeto ou excluir um modelo existente, sendo cada uma das operações executada pelo acionamento do respectivo botão. Note ainda que na janela há um preview do item selecionado e este preview pode mostrar dados reais, caso seja indicada uma tarefa no campo Mostrar dados da identificação da tarefa.

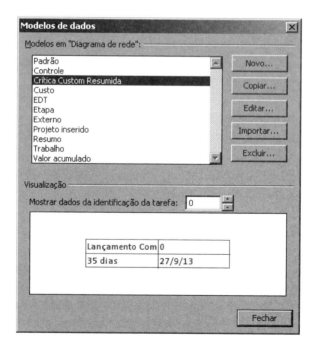

Figura 9.16. - Janela de diálogo para criação/edição das caixas do Diagrama de Rede.

O acionamento dos botões Novo, Copiar ou Editar na janela de diálogo Modelos de dados leva à janela de diálogo Definição de modelo de dados onde temos os seguintes campos:

Figura 9.17. - Definição de Modelo de Dados

- **Nome do modelo:** define o nome do modelo, o qual será apresentado na caixa de lista Modelos em Diagrama de Rede da janela de diálogo Modelos de dados e na caixa de lista Modelo de dados da janela de diálogo Estilos de caixa;
- **Mostrar dados da identificação da tarefa:** permite a seleção de uma tarefa do projeto para ser representada na janela de preview, dando uma noção mais realista da configuração que está sendo definida;
- **botão Layout da célula:** entendendo por célula o conjunto de informações a ser mostrado dentro de uma caixa, este botão abre uma janela de diálogo que permite definir quantidade de linhas e de colunas como se a caixa fosse uma tabela, largura das células que deverá ser a mesma para todas as células e indicada em percentual, além da possibilidade de mesclar células vazias;

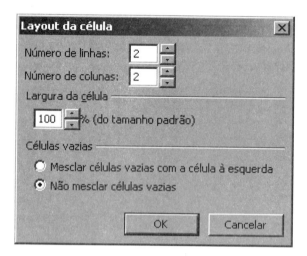

Figura 9.18. - Definição das células componentes do Modelo de Dados.

- **tabela Escolher célula(s):** aqui célula é cada elemento de informação que vai compor o modelo de dados; ao selecionar uma célula na tabela, mostra-se um botão caixa de lista onde deve ser selecionada a informação a ser apresentada na célula;
- **botão Fonte:** abre janela de diálogo para formatação da fonte a ser aplicada na célula selecionada;
- **Limitar texto da célula a:** permite que a informação a ser apresentada ocupe de uma a três linhas, evitando que informações com maior comprimento, geralmente do tipo texto, sejam truncadas por não caberem em uma linha;
- **Alinhamento horizontal:** configura o alinhamento horizontal da informação dentro da célula;
- **Mostrar rótulo da célula:** indica um texto identificador da célula, a ser mostrado à esquerda da informação;
- **Alinhamento vertical:** configura o alinhamento vertical da informação dentro da célula;
- **Formato de data:** configura o formato de datas, disponível apenas para células com dados do tipo data.

Capítulo 9 - Visualização de Projeto | **181**

 NOTA → Sempre que o assunto é formatação, sugerimos um estudo prévio para definição de um padrão a ser adotado pela organização; a padronização sempre facilita o perfeito entendimento entre todas as partes envolvidas.

As opções descritas até aqui tratam da formatação das caixas componentes do diagrama, porém pode ser necessário ajustar o formato de apresentação do layout no que diz respeito ao posicionamento automático ou manual das caixas, fluxo de apresentação das caixas, estilo das linhas de vínculo e outros detalhes. A formatação do layout é conseguida pela seleção da faixa de opções ***Formato* → *grupo Formatar* → *Layout***, quando a janela ***Layout*** descrita a seguir é aberta.

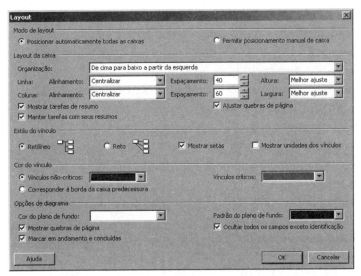

Figura 9.19. *- Formatação de layout do Diagrama de Rede.*

- ***grupo Modo de layout***: quando a opção Posicionar automaticamente todas as caixas está selecionada, que é o padrão, não é possível reposicionar manualmente uma caixa; muitas vezes o reposicionamento manual de caixas se faz necessário para uma melhor visualização do diagrama, e para que isto seja possível você deve selecionar a opção Permitir posicionamento manual de caixa;

- **Organização:** você deve indicar aqui a sequência de apresentação das caixas, tomando cuidado com as opções por dia, por semana e por mês, que podem criar diagramas confusos e em não conformidade com as normas de construção de Rede PERT;
- **sequência Linha:** os campos Alinhamento, Espaçamento e Altura definem o posicionamento das caixas dentro de cada "linha" do diagrama;
- **sequência Coluna:** os campos Alinhamento, Espaçamento e Largura definem o posicionamento das caixas dentro de cada "coluna" do diagrama;
- **Mostrar tarefas de resumo:** exibe ou não as tarefas de resumo do projeto;
- **Manter tarefas com seus resumos:** disponível apenas quando a opção Mostrar tarefas de resumo está selecionada, faz com que as caixas sejam sempre agrupadas seguindo suas tarefas de resumo, em detrimento até da ordem de suas predecessoras e sucessoras;
- **Ajustar quebras de páginas:** move automaticamente as caixas que ficarem posicionadas sobre uma quebra de página, não permitindo que as mesmas sejam cortadas;
- **grupo Estilo do vínculo:** as opções Retilíneo ou Reto definem se as linhas de precedência serão desenhadas com ângulos retos ou com linhas retas; a opção Mostrar setas permite exibir setas no final de cada linha de dependência, apontando da tarefa predecessora para a sucessora; a opção Mostrar unidades dos vínculos permite exibir rótulos indicando o tipo de vínculo entre as tarefas (TI, II, TT, IT), mostrando inclusive a ocorrência de lag;
- **grupo Cor do vínculo:** define as cores a serem aplicadas às linhas e setas representativas de vínculos;
- **Cor do plano de fundo:** define a cor a ser aplicada a todo o plano de fundo do diagrama, não está incluído aqui o plano de fundo das caixas;
- **Padrão do plano de fundo:** define o padrão a ser aplicado a todo o plano de fundo do diagrama, não está incluído aqui o plano de fundo das caixas;
- **Mostrar quebras de página:** quando selecionado apresenta uma linha tracejada representando a quebra de página, facilitando assim a visualização da impressão do diagrama;
- **Marcar em andamento e concluídas:** quando selecionado, apresenta as tarefas em andamento marcadas com uma única linha diagonal atravessando a caixa, e as tarefas concluídas marcadas com duas linhas diagonais atravessando a caixa em forma de X;

- **Ocultar todos os campos exceto identificação:** similar à opção Ocultar campos do botão reverso do mouse, discutida no início deste tópico, permite reduzir o tamanho das caixas ocultando informações e, consequentemente, reduzindo a visão, de forma que seja possível visualizar uma maior área do gráfico.

DICA → O MS Project fornece duas variações do modo de exibição Diagrama de Rede, acessíveis a partir da faixa de opções *Exibição* → *grupo Modos de Exibição de Recursos* → *botão Outros Modos de Exibição* → *opção Mais Modos de Exibição: o **Diagrama de rede descritivo*** mostra algumas informações adicionais, como indicação de tarefas críticas e não críticas e % concluído; o ***Diagrama de relações*** mostra a tarefa selecionada associada a sua(s) predecessora(s) e sucessora(s).

PRÁTICA

No projeto Lançamento Comercial de Produto, criar um modelo de dados novo para o Diagrama de Rede.

Nome   : Crítica Custom Resumida
Layout   : 2 linhas
                   2 colunas
                   100% de largura
                   Não mesclar células vazias
Células   : Nome
                   ID
                   Duração
                   Início

Aplicar o modelo de dados Crítica Custom Resumida nas tarefas do caminho crítico.

Aplicando tabelas

A visão de planilhas no MS Project é semelhante a planilhas tradicionais com os campos distribuídos por linhas e colunas, no entanto, sem condições de realizarem diretamente cálculos definidos pelo usuário como o Excel pode executar, sendo necessário a criação de Campos Calculados para tal.

 HIPERLINK → no capítulo *21 Campos Personalizados* esta possibilidade é abordada em detalhe.

Uma planilha pode apresentar informações enfocando recursos por meio da faixa de opções *Exibição → grupo Modos de Exibição de Recursos → opção Planilha de Recursos* ou opção Uso do Recurso ou enfocando tarefas por meio por meio da faixa de opções *Exibição → grupo Modos de Exibição de Tarefa → botão Gráfico de Gantt → opção Mais Modos de Exibição → Planilha de Tarefas*, sendo esta também acessível pelo deslocamento do biombo que separa o Gráfico de Gantt das colunas de informação à esquerda ou da opção da faixa de opções *Exibição → grupo Modos de Exibição de Tarefa → botão Uso da tarefa*.

Tabelas são diferentes abordagens de uma Planilha, de forma análoga a diferentes detalhes para um Formulário, estando disponíveis a partir da faixa de opções Exibição → grupo Dados → botão Tabelas.

O uso de tabelas é extremamente útil, visto se tratar de um layout de apresentação bastante simples e difundido, sendo que a alternância entre diferentes tabelas, cada uma apresentando um conjunto específico de informações, permite o direcionamento da atenção a diferentes focos.

As tabelas aplicáveis a tarefas são descritas a seguir.

Capítulo 9 - Visualização de Projeto | **185**

Tabela	Campo/coluna	Descrição
Entrada	*Indicadores*	Exibe indicadores gráficos que apontam informações diversas sobre a tarefa, calculado;
	Nome da tarefa	Nome da tarefa, digitado;
	Duração	Duração provável, digitado/calculado;
	Início	Data de início provável, digitado/calculado;
	Término	Data de final provável, digitado/calculado;
	Predecessoras	Tarefas predecessoras, digitado;
	Nomes dos Recursos	Nome dos recursos alocados à tarefa, digitado.
Atraso	*Atraso da redistribuição*	*Delay* imposto à tarefa por operação de nivelamento/redistribuição de recursos, calculado;
	Duração	Duração provável, digitado/calculado;
	Início	Data de início provável, digitado/calculado;
	Término	Data de final provável, digitado/calculado;
	Sucessoras	Tarefas sucessoras, digitado;
	Nomes dos recursos	Nome dos recursos alocados à tarefa, digitado.
Controle	*Iníc. Real*	Data de início real, digitado/calculado no controle;
	Térm. Real	Data de término real, digitado/calculado no controle;
	%Concl.	Percentual real baseado na duração da tarefa, digitado/calculado no controle;
	%Física Concluída	Percentual físico real, digitado no controle, pode ser utilizado nos cálculos do Método de Valor Acumulado;

	Dur. Real	Duração real digitado/calculado no controle;
	Dur. Rest.	Duração restante, diferença entre duração meta e duração real, calculado no controle;
	Custo Real	Custo real calculado no controle;
	Trab. Real	Trabalho real, total de horas digitado/calculado no controle.
Cronograma	**Início**	Data de início provável, digitado/calculado;
	Término	Data de término provável, digitado/calculado;
	Início Atrasado	Data de início mais tarde possível, calculado;
	Término Atrasado	Data de término mais tarde possível, calculado;
	Margem de Atraso Permitida	Folga livre, calculado;
	Margem de Atraso total	Folga total, calculado.
Custo	**Custo Fixo**	Custo fixo associado à tarefa, lançado diretamente nesta coluna;
	Acumulação de Custo Fixo	Forma de apropriação do custo fixo, quando há o comprometimento desse custo em relação à tarefa: *Início* (comprometido ao início); *Rateado* (comprometido proporcionalmente à duração da tarefa); *Fim* (comprometido apenas na conclusão da tarefa);
	Custo Total	Soma de custo fixo e custo provável de recursos, calculado;
	Linha de Base	Custo meta, digitado/calculado;
	Variação	Diferença entre o custo total e o custo meta, calculado;

	Real	Custo real calculado no controle;
	Restante	Custo remanescente, diferença entre custo real e custo meta, calculado.
Datas de Restrição	**Duração**	Duração provável, digitado/calculado;
	Tipo de Restrição	Tipo de restrição de data aplicado à tarefa, digitado/calculado;
	Data da Restrição	Data limite da restrição, não se aplica a todos os tipos de restrição, digitado/calculado;
Exportar		Apresenta uma ampla gama de campos de tarefa, incluindo campos personalizados tipo Texto, Duração, Sinalizador, número, Início e Término.
Hiperlink	**Hiperlink**	Referência de um Site relacionado à tarefa, pode ser um URL ou apenas um identificador como o nome do Site, digitado;
	Endereço	Obrigatoriamente um URL ou UNC, digitado;
	Subendereço	Subpágina, sub especificação de caminho para o endereço indicado, digitado.
Indicadores de Cronograma do Valor Acumulado	**Valor Planejado - VP (COTA)**	O Valor Planejado representa o custo orçado do trabalho planejado, definido quando da elaboração do orçamento e do cronograma , calculado;
	Valor Acumulado - VA (COTR)	O Valor Acumulado representa o custo orçado do trabalho realizado, o valor que deveria ser gasto considerando o trabalho realizado até o momento e o custo meta, calculado;

	VA	É a diferença entre o custo previsto para atingir o nível atual de realização (Valor Agregado) e o custo meta orçado originalmente (Valor Planejado), calculado;
	%VA	Mostra a razão entre VA e VP (COTA) expressa como porcentagem, calculado;
	IDA	Aponta o nível de eficiência dos prazos do projeto, é calculado pela divisão do custo previsto para atingir o nível atual de realização (Valor Agregado) pelo custo meta orçado originalmente (Valor Planejado), calculado;
Indicadores de Custo de Valor Acumulado	*Valor Planejado - VP (COTA)*	O Valor Planejado representa o custo orçado do trabalho planejado, definido quando da elaboração do orçamento e do cronograma, calculado;
	Valor Acumulado - VA (COTR)	O Valor Acumulado representa o custo orçado do trabalho realizado, o valor que deveria ser gasto considerando o trabalho realizado até o momento e o custo meta, calculado;
	VC	Diferença entre o custo previsto para atingir o nível atual de realização (Valor Agregado) e o custo efetivamente realizado (Custo Real), calculado;
	%VC	Mostra a razão entre VC e o COTR expressa como percentual, indica a variação entre o custo planejado e o custo real para o nível de conclusão atingido até a data de status ou a data presente, calculado;
	IDC	Calculado pela divisão do custo previsto para atingir o nível atual de realização (Valor Agregado) pelo custo efetivamente realizado (Custo Real), calculado;
	OAT	É o orçamento total do projeto, define o custo meta (baseline) do projeto, calculado;

	EAT	É a estimativa de custo total do projeto com base no desempenho medido até a data atual, calculado;
	VAT	Mostra a diferença entre OAT (custo de linha de base) e EAT, calculado;
	IDAC	Razão entre o trabalho restante (o trabalho ainda a ser realizado) e o custo restante (o saldo disponível), mostra se a verba disponível será suficiente para levar o projeto a termo, tendo como base a data de status do projeto, calculado.
Linha de Base	*Duração da Linha de Base*	Duração meta da tarefa, digitado/calculado;
	Início da Linha de Base	Data de início meta, digitado/calculado;
	Término da Linha de Base	Data de término meta, digitado/calculado;
	Trabalho da linha de base	Quantidade de trabalho meta, digitado/calculado;
	Custo da linha de base	Custo meta, digitado/calculado;
Resumo	*Duração*	Duração provável, digitado/calculado;
	Início	Data de início provável, digitado/calculado;
	Término	Data de término provável, digitado/calculado;
	% Concl.	Percentual cronológico realizado, digitado/calculado no controle;
	Custo	Custo provável, calculado;
	Trabalho	Trabalho provável, total de horas dos recursos alocados, digitado/calculado.

Tabela de Acúmulo	**Modo da tarefa**	Indica se a tarefa é agendada manualmente ou automaticamente, digitado;
	Duração	Duração provável, digitado/calculado;
	Texto Acima	Marcador lógico (sim/não), digitado;
	Início	Data de início provável, digitado/calculado;
	Término	Data de final provável, digitado/calculado;
	Predecessoras	Tarefas predecessoras, digitado;
	Nomes dos Recursos	Nome dos recursos alocados à tarefa, digitado.
Trabalho	**Trabalho**	Trabalho provável, total de horas dos recursos alocados, digitado/calculado;
	Linha de base	Trabalho meta, total de horas dos recursos alocados, digitado/calculado;
	Variação	Variação, diferença entre trabalho provável e trabalho meta, calculado;
	Real	Trabalho real, total de horas digitado/calculado no controle;
	Restante	Trabalho remanescente, diferença entre trabalho real e trabalho meta, calculado;
	% trab. concl.	Percentual de horas de trabalho que até o presente momento do controle foram consumidas, em relação à quantidade de horas de trabalho estabelecidas como meta.
Uso	**Trabalho**	Quantidade de HH total da tarefa (soma as atribuições)
	Duração	Duração provável, digitado/calculado;
	Início	Data de início provável, digitado/calculado;
	Término	Data de término provável, digitado/calculado;

Capítulo 9 - Visualização de Projeto | **191**

Valor Acumulado	Valor Planejado - VP (COTA)	O Valor Planejado representa o custo orçado do trabalho planejado, definido quando da elaboração do orçamento e do cronograma, calculado;
	Valor Acumulado - VA (COTR)	O Valor Acumulado representa o custo orçado do trabalho realizado, o valor que deveria ser gasto considerando o trabalho realizado até o momento e o custo meta, calculado;
	CR (CRTR)	É o valor efetivamente gasto para custear o trabalho realizado, calculado;
	VA	É a diferença entre o custo previsto para atingir o nível atual de realização (Valor Agregado) e o custo meta orçado originalmente (Valor Planejado), calculado;
	VC	Diferença entre o custo previsto para atingir o nível atual de realização (Valor Agregado) e o custo efetivamente realizado (Custo Real), calculado;
	EAT	É a estimativa de custo total do projeto com base no desempenho medido até a data atual, calculado;
	OAT	É o orçamento total do projeto, define o custo meta (baseline) do projeto, calculado;
	VAT	Mostra a diferença entre OAT (custo de linha de base) e EAT, calculado.
Variação	Início	Data de início provável, digitado/calculado;
	Término	Data de término provável, digitado/calculado;
	Início da linha de base	Data de início meta, digitado/calculado;

Término da linha de base	Data de término meta, digitado/calculado;	
Var. do início	Variação do início, diferença entre início provável *e* início meta;	
Var. do término	Variação do término, diferença entre término provável e término meta.	

Tabela - 9.1. - Tabelas de tarefas.

As principais tabelas aplicáveis a recursos são descritas a seguir.

tabela	campo/coluna	Descrição
Entrada	**Indicadores**	Exibe indicadores gráficos que apontam informações diversas sobre o recurso, calculado;
	Nome do Recurso	Nome do recurso, digitado;
	Tipo	Trabalho identifica recursos mão-de-obra ou máquinas-equipamentos, Material identifica recursos material consumível, Custo identifica recursos sob regime de custo fixo (p/ex. empreiteiros), selecionado;
	Unidado do material	unidade de medida válida somente para recursos do tipo material, p/ex. cx, ton, lt, digitado;
	Iniciais	Iniciais do nome, digitado;
	Grupo	Grupo funcional, digitado;
	Unid.máximas	Quantidade total do recurso, aplicável apenas a recursos do tipo Trabalho, digitado;

	Taxa padrão	Custo de recurso por unidade de uso, não se aplica a recurso do tipo Custo, digitado;
	Taxa h. extra	Custo de hora extra para recursos tipo trabalho, digitado;
	Custo/uso	Custo de mobilização do recurso, não se aplica a recurso do tipo Custo, digitado;
	Acumular	Forma de apropriação do custo, selecionado;
	Calendário Base	Calendário que representa a jornada de trabalho do recurso, aplicável apenas a recursos do tipo Trabalho, selecionado;
	Código	Campo livre, digitado.
Custo	**Custo**	Custo provável, calculado;
	Custo da linha de base	Custo meta, definido no planejamento, calculado;
	Variação	Variação, diferença entre custo provável e custo meta;
	Custo real	Custo real, calculado no controle;
	Restante	Custo remanescente, diferença entre custo meta e custo real.
Entrada – recursos do trabalho	**Tipo**	Trabalho identifica recursos mão-de-obra ou máquinas-equipamentos, Material identifica recursos material consumível, Custo identifica recursos sob regime de custo fixo (p/ex. empreiteiros), selecionado;
	Iniciais	Iniciais do nome, digitado;

Grupo	Grupo funcional, digitado;	
Unid.máximas	Quantidade total do recurso, aplicável apenas a recursos do tipo Trabalho, digitado;	
Taxa padrão	Custo de recurso por unidade de uso, não se aplica a recurso do tipo Custo, digitado;	
Taxa h. extra	Custo de hora extra para recursos tipo trabalho, digitado;	
Custo/uso	Custo de mobilização do recurso, não se aplica a recurso do tipo Custo, digitado;	
Acumular	Forma de apropriação do custo, selecionado;	
Calendário Base	Calendário que representa a jornada de trabalho do recurso, aplicável apenas a recursos do tipo Trabalho, selecionado;	
Código	Campo livre, digitado.	
Entrada – recursos materiais	**Tipo**	Trabalho identifica recursos mão de obra ou máquinas-equipamentos, Material identifica recursos material consumível, Custo identifica recursos sob regime de custo fixo (p/ex. empreiteiros), selecionado;
	Unidade do material	unidade de medida válida somente para recursos do tipo material, p/ex. cx, ton, lt, digitado;
	Iniciais	Iniciais do nome, digitado;
	Grupo	Grupo funcional, digitado;
	Taxa padrão	Custo de recurso por unidade de uso, não se aplica a recurso do tipo Custo, digitado;

Capítulo 9 - Visualização de Projeto | **195**

	Custo/uso	Custo de mobilização do recurso, não se aplica a recurso do tipo Custo, digitado;
	Acumular	Forma de apropriação do custo, selecionado;
	Código	Campo livre, digitado.
Exportar		Apresenta uma ampla gama de campos de recurso, incluindo campos personalizados tipo Texto.
Hiperlink	*Hiperlink*	Referência de um Site relacionado ao recurso, pode ser um URL ou apenas um identificador, como o nome do Site, digitado;
	Endereço	Obrigatoriamente um URL ou UNC, digitado;
	Subendereço	Subpágina, sub especificação de caminho para aquele endereço, digitado.
Resumo	*Grupo*	Grupo funcional, digitado;
	Unid.máximas	Total de unidades do recurso, digitado;
	Pico	Maior quantidade utilizada simultaneamente, calculado;
	Taxa Padrão	Custo de recurso por unidade de uso, digitado;
	Taxa h. extra	Custo de hora extra para recursos tipo trabalho, digitado;
	Custo	Custo provável, calculado;
	Trabalho	Trabalho provável, total de horas alocadas do recurso, calculado.

Trabalho	%. Concl.	Percentual de trabalho real até o instante do controle, em razão da estimativa meta da quantidade de horas a executar, calculado;
	Trabalho	Trabalho provável, total de horas alocadas do recurso, calculado;
	Hora extra	Trabalho provável, total de horas extras alocadas do recurso, calculado;
	Linha de base	Trabalho meta, total de horas alocadas do recurso, digitado/calculado;
	Variação	Variação, diferença entre trabalho provável e trabalho meta, calculado;
	Real	Quantidade real de horas de trabalho, calculado;
	Restante	Trabalho remanescente, diferença entre trabalho meta e trabalho real.
Uso	*Trabalho*	Trabalho provável, total de horas alocadas do recurso.
Valor Acumulado	*Valor Planejado - VP (COTA)*	O Valor Planejado representa o custo orçado do trabalho planejado, definido quando da elaboração do orçamento e do cronograma, calculado;
	Valor Acumulado - VA (COTR)	O Valor Acumulado representa o custo orçado do trabalho realizado, o valor que deveria ser gasto considerando o trabalho realizado até o momento e o custo meta, calculado;
	CR (CRTR)	É o valor efetivamente gasto para custear o trabalho realizado, calculado;

VA	É a diferença entre o custo previsto para atingir o nível atual de realização (Valor Agregado) e o custo meta orçado originalmente (Valor Planejado), calculado;
VC	Diferença entre o custo previsto para atingir o nível atual de realização (Valor Agregado) e o custo efetivamente realizado (Custo Real), calculado;
EAT	É a estimativa de custo total do projeto com base no desempenho medido até a data atual, calculado;
OAT	É o orçamento total do projeto, define o custo meta (baseline) do projeto, calculado;
VAT	Mostra a diferença entre OAT (custo de linha de base) e EAT, calculado.

Tabela - 9.2. - Tabelas de recursos.

Personalizando Tabelas

É possível incluir colunas em qualquer uma das tabelas. Nesta versão do Project 2010 a inserção de colunas foi simplificada, bastando clicar no cabeçalho Adicionar Nova Coluna na extremidade direita da parte de planilha de uma exibição e digitar ou selecionar na caixa de listagem que se apresenta o nome do campo desejado. Se, ao invés de selecionar um campo no cabeçalho da coluna mais à direita da planilha (Adicionar Nova Coluna), você digitar dados diretamente em uma de suas células, após o acionamento do ENTER a coluna é criada automaticamente com um campo personalizado com o tipo adequado para a informação lançada (texto, número, data, etc). Após a inserção de uma nova coluna, uma operação de arrastar e soltar a partir do cabeçalho desta coluna pode reposicioná-la em qualquer ponto da tabela.

Ainda no pacote de simplificação da personalização de tabelas oferecido pela versão 2010 do Project, temos:

- **Substituir uma coluna por outra:** com duplo clique no cabeçalho da coluna abre-se uma caixa de listagem onde deve ser selecionado o novo campo a ser apresentado; a substituição também pode ser feita pela seleção da faixa de opções *Formato → grupo Colunas → botão Configurações de Coluna → opção Configurações de Campo*, quando a janela *Configurações de Campo* é aberta possibilitando a alteração do campo *Nome do Campo;*
- **Inserir uma coluna no meio da tabela:** com o acionamento do botão reverso do mouse no cabeçalho de uma coluna abre-se um menu suspenso, onde o acionamento da opção *Inserir Coluna* cria uma nova coluna à direita da selecionada, já abrindo a caixa de listagem onde é selecionado o campo a ser apresentado; a inserção também pode ser feita pela seleção da faixa de opções *Formato → grupo Colunas → botão Inserir Coluna,* quando é criada uma nova coluna → direita da selecionada, com operação similar à descrita anteriormente;
- **Excluir uma coluna:** com o acionamento do botão reverso do mouse no cabeçalho da coluna a ser retirada, abre-se um menu suspenso, onde o acionamento da opção Ocultar Coluna exclui a coluna da tabela; note que esta operação não exclui as informações do projeto, apenas as retira da tabela corrente; a exclusão também pode ser feita pela seleção da faixa de opções *Formato → grupo Colunas → botão Configurações de Coluna → opção Ocultar Coluna;*
- **Alterar o cabeçalho de uma coluna:** duplo clique no cabeçalho da coluna coloca o campo do cabeçalho em modo de edição, com o cursor em forma de haste piscante, bastando digitar o nome desejado; a alteração também pode ser feita pela seleção da faixa de opções *Formato → grupo Colunas → botão Configurações de Coluna → opção Configurações de Campo,* quando a janela Configurações de Campo é aberta possibilitando a alteração do campo Título;
- **Classificar / Agrupar / Filtrar por coluna:** acionando a seta da caixa de combinação do cabeçalho da coluna abre-se um menu suspenso, onde é possível classificar, agrupar e filtrar a tabela com base nas informações da coluna; as possibilidades de agrupamento e filtro adéquam-se às características da informação da coluna; estas opções também encontram-se

disponíveis na faixa de opções *Exibição* → *grupo Dados*, onde encontramos uma maior variedade de possibilidades;

- **Formatar Fonte / Plano de fundo de uma coluna:** com o acionamento do botão reverso do mouse no cabeçalho da coluna abre-se um painel suspenso, onde é possível alterar a fonte utilizada, o tamanho e o estilo (negrito e itálico) de fonte, o alinhamento e a cor do texto dos dados, a cor de preenchimento do plano de fundo das células, ou, ainda, fazer o melhor ajuste da largura da coluna;

Quando uma ou mais colunas possui informações mais extensas podemos alterar a altura da linha, de forma a permitir quebras de linha e a consequente exposição da informação em uma largura de coluna menor. Para alterar a altura de uma linha, posicione o cursor do mouse na coluna congelada à esquerda da tabela e no limite inferior da linha a ser alterada, quando o cursor do mouse mudar para o formato característico de par de setas verticais, execute a operação de clica-e-arrasta, ajustando a altura da linha conforme desejado, sempre em incrementos inteiros, ou seja, a altura de uma linha deve ser de 1 vez, 2 vezes, 3 vezes. O ajuste também pode ser feito pela seleção da faixa de opções *Formato* → *grupo Colunas* → *botão Disposição do Texto,* quando as células da coluna selecionada que apresentarem texto truncado têm a altura ajustada de forma a expor a informação completa.

A partir da faixa de opções *Exibição* → *grupo Dados* → *botão Tabelas* → *opção Mais Tabelas*, temos acesso à janela de diálogo Mais tabelas, onde pelo acionamento do botão Nova você pode criar tabelas personalizadas, tanto para tarefas quanto para recursos, pelo botão Editar você pode alterar uma tabela existente e pelo botão Copiar você pode criar uma cópia de uma tabela para, então, editá-la.

NOTA → Evite alterar as ferramentas padrão do software, criando, sempre que desejar alterar uma tabela original, uma cópia da tabela desejada e fazendo as alterações na cópia. Esta sugestão se deve ao fato de não existir um comando Redefinir, tão comum em vários aplicativos, para as tabelas do MS Project, e isto faz com que a operação de retorno às características originais seja mais trabalhosa, ou pela redefinição manual de cada elemento ou, se der sorte e o Global.MPT não foi alterado, por operação de cópia do Global para o arquivo corrente na janela Organizador, a mão inversa do que é mostrado no tópico Disponibilizando Tabelas Para Outros Projetos deste capítulo.

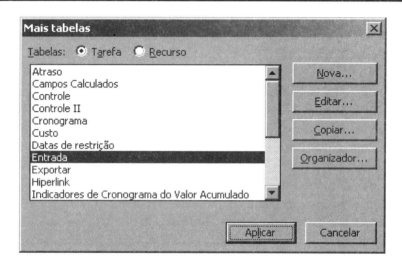

Figura 9.20. - Janela de diálogo para criação/edição de tabelas.

Com o acionamento do botão **Nova** da janela de diálogo **Mais Tabelas**, abre-se a janela de diálogo **Definição de tabela** em, que permite a criação de tabelas agrupando as informações da forma desejada pelo usuário. Os nomes das tabelas criadas poderão estar presentes na faixa de opções **Exibição** → **grupo Dados** → **botão Tabelas** por meio do acionamento do campo **Mostrar no Menu.**

A escolha dos campos componentes da tabela se faz pelo posicionamento na coluna Nome do campo, seguido do acionamento do botão da caixa de lista que aparece no campo, sendo o alinhamento dos dados, largura da coluna, título da coluna e alinhamento do título da coluna definidos nas colunas Alinhar dados, Largura, Título e Alinhar Título, respectivamente.

A coluna Quebra de Cabeçalho define se títulos longos devem ocupar mais de uma linha, o default, ou se for indicado Não os nomes longos aparecem truncados.

A coluna Disposição do Texto define se textos de dados longos devem ocupar mais de uma linha, se for indicado Sim, ou se os nomes longos aparecerão truncados, o default.

No rodapé da janela você encontra os campos Formato de Data que permite determinar o formato de data a ser aplicado nos campos de tipo data, Altura da Linha para configurar a altura das linhas e Bloquear a Primeira Coluna para congelar a primeira coluna da tabela, geralmente o Id, o Nome da tarefa ou o Nome do recurso, facilitando a identificação das informações quando a tela é rolada para o lado.

A opção Ajustar automaticamente as alturas de linha do cabeçalho permite o auto-ajuste da altura da linha de cabeçalho, de forma a acomodar a quebra de linha em cabeçalhos com mais de uma linha, o padrão, ou se for desmarcado mostra apenas a primeira linha; é possível o ajuste por operação de clica-e--arrasta após a aplicação da tabela.

 DICA → Quando a primeira coluna de uma tabela é o nome da tarefa você deve evitar o seu congelamento pela seleção da opção Bloquear a primeira coluna, pois perde-se a visualização da indentação que caracteriza a estrutura hierarquizada.

A opção Mostrar interface de 'Adicionar Nova Coluna' inclui à direita da tabela a nova interface do Project 2010 que facilita a inclusão de novas colunas..

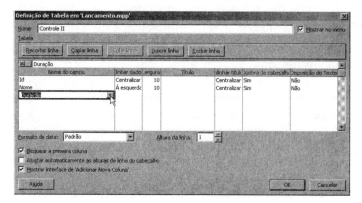

Figura 9.21. - *Janela de diálogo para edição de tabelas.*

Disponibilizando tabelas para outros projetos

Tabelas são objetos de apoio a projeto, como os calendários (períodos úteis) e outras ferramentas do MS Project, portanto, para serem utilizadas em outros projetos que não aquele onde foram criadas é necessário copiá-las para o arquivo Global.MPT pelo acionamento do botão Organizador da janela de diálogo Mais tabelas ou pela faixa de opções Arquivo, onde acionamos o botão Organizador. Para apagar ou renomear uma tabela você deve também acessar a janela de diálogo Organizador, para aí efetuar a operação desejada. A operação de disponibilização de tabelas deve ser feita na ficha Tabelas.

 HIPERLINK → consulte o capítulo 7 Criação do Pool de Recursos – tópico Disponibilizando Calendários Para Outros Projetos para obter mais informações sobre o comando Organizador.

PRÁTICA

No projeto Lançamento Comercial de Produto, criar uma tabela de nome Controle II, presente no submenu Tabela, com formato de data DD/MM/AA HH:MM, altura de linha 1 e primeira coluna congelada. A largura das colunas ficará com o valor padrão, pois quando a tabela estiver ativa, dando duplo clique no cabeçalho das colunas, você pode usar o comando Melhor ajuste, determinando este parâmetro de forma interativa e mais produtiva.

Os campos são os discriminados na tabela 9.3.

nome do campo	alinhar dados	Título
Id	Centralizar	
Nome	À Esquerda	Tarefa
Duração	À Direita	Duração prov.
Início	À Direita	Início prov.
Término	À Direita	Fim prov.

Duração da Linha de Base	À Direita	Duração meta
Início da Linha de Base	À Direita	Início meta
Término da Linha de Base	À Direita	Fim meta
Duração Real	À Direita	
Início Real	À Direita	
Término Real	À Direita	Fim real
% Concluída	À Direita	% Físico real
% Trabalho Concluído	À Direita	% Trabalho real
Variação do Término	À Direita	
Variação de Custo	À Direita	

Tabela 9.3. - Exercício de criação de tabela.

Resumo – Visualização de projeto

O Que Fazer	Como Fazer
Personalizar o Gráfico de Gantt	*Formato → Estilo de Gráfico de Gantt* *Formato → Mostrar / Ocultar* *Formato → Estilos de Barra* Personalize o Gráfico de Gantt, de forma a melhor atender às necessidades específicas do projeto, fornecendo, em cada grupo da faixa de opções *Formato* as configurações desejadas para cada elemento do gráfico.
Personalizar um tipo específico de elemento do Gráfico de Gantt	*Formato → grupo Estilos de Barras → botão Formatar → Estilos de Barras* Na metade superior da janela de diálogo *Estilos de Barra* selecione o tipo de elemento a ser configurado e, na metade inferior, configure a forma de apresentação na ficha *Barras* ou o texto associado ao elemento na ficha *Texto*. Duplo clique no *Gráfico de Gantt* também dá acesso à janela de diálogo *Estilos de Barra*.

Personalizar uma barra específica do Gráfico de Gantt	*Formato* → grupo *Estilos de Barras* → botão *Formatar* → *Barras* Selecione na coluna *Nome da Tarefa* do Gráfico de Gantt o elemento a ser configurado e, na janela de diálogo *Formatar Barra*, configure a forma de apresentação do elemento na ficha *Forma da barra* ou o texto associado ao mesmo na ficha *Texto da barra*. Duplo clique no elemento gráfico a ser configurado também dá acesso à janela de diálogo *Formatar Barra*.
Formatar texto	*Tarefa* → grupo *Fonte* *Formato* → grupo *Formatar* → opção *Estilos de Texto* Para formatar um texto ou conjunto de células, selecione a(s) célula(s) a ser(em) destacada(s) e acione faixa de opções *Tarefa* → grupo *Fonte*. Para formatar uma categoria de texto acione a faixa de opções *Formato* → grupo *Formatar* → opção *Estilos de Texto*, na janela *Estilos de texto* e selecione a categoria a ser formatada na caixa de lista *Alterar item*; é possível alterar a fonte utilizada, o estilo e o tamanho de fonte, aplicar/retirar sublinhado e tachado, alterar a cor do texto ou ainda alterar a cor e o padrão de preenchimento do plano de fundo. Acionar o botão reverso do mouse sobre uma seleção de células abre um painel suspenso que permite formatar fonte, cor do texto e do plano de fundo.
Formatar layout do Gráfico de Gantt	*Formato* → grupo *Formatar* → opção *Layout* Na janela *Layout* altere o estilo das linhas de precedência, formato das datas mostradas dentro do Gráfico de Gantt, a altura das barras e outros elementos do gráfico, além de algumas outras características de exibição.

Formatar linhas de grade do Gráfico de Gantt	***Formato*** → grupo ***Formatar*** → botão ***Linhas de grade*** → ***Linhas de grade*** Na janela ***Linhas de grade*** configure as bordas de linhas e colunas que representam datas significativas do projeto (início, término, data atual, data de *status*), paginação da impressão, limites da escala de tempo, etc.
Alterar a escala de tempo do Gráfico de Gantt	menu ***Formatar*** → ***Escala de Tempo*** Para configurar uma escala de tempo mais adequada à visualização do projeto, ajuste na janela de diálogo ***Escala de Tempo*** a unidade de tempo desejada para cada escala, podendo ainda determinar múltiplos das escalas escolhidas. Duplo clique no cabeçalho do Gráfico de Gantt também dá acesso à janela de diálogo ***Escala de Tempo***.
Visualizar o Diagrama de Rede	***Exibição*** → grupo ***Modos de Exibição de Tarefa*** → botão ***Diagrama de rede*** → opção ***Diagrama de rede*** Neste ambiente procure no menu de contexto do botão auxiliar do *mouse* a opção ***Recolher Caixas***, que permitirá uma visualização mais abrangente.
Editar o Diagrama de Rede	***Exibição*** → grupo ***Modos de Exibição de Tarefa*** → botão ***Diagrama de rede*** → opção ***Diagrama de rede*** ***Formato*** → grupo ***Formatar*** → opção ***Estilos de Caixa*** Para ajustar a aparência das caixas de tarefa, indique na janela ***Estilos de Caixa*** a formatação mais adequada às suas necessidades. Experimente no botão ***Mais modelos*** criar um modelo de dados específico. ***Formato*** → grupo ***Formatar*** → ***Layout*** Para o acerto do *layout* que sempre se faz necessário, indique na janela ***Layout*** a formatação mais adequada às suas necessidades.

Alternar visualizações tipo tabela	**Exibição** → grupo **Dados** → botão **Tabelas** O menu suspenso mostra as principais tabelas, estando a tabela ativa tickada; se a opção desejada não aparecer neste conjunto de opções, selecione a opção **Mais Tabelas.** Lembre-se que uma **Tabela** é um grupamento de informações em formato matricial de grande importância na visualização de informações.
Incluir/excluir colunas em uma tabela	**tabela ativa** → coluna **Adicionar Nova Coluna** Na extremidade direita da parte de planilha de qualquer exibição, digite ou selecione na caixa de listagem o nome do campo desejado; se digitar dados diretamente em uma das células, após o acionamento do ENTER a coluna é criada automaticamente com um campo personalizado com o tipo adequado para a informação lançada; após inserir uma coluna, arrastar e soltar a partir do cabeçalho vai reposicioná-la em qualquer ponto da tabela **Formato** → grupo **Colunas** → botão **Configurações de Coluna** → opção **Ocultar Coluna** Este comando oculta a coluna ativa, sem, no entanto, excluir do projeto as informações. O acionamento do botão direito do *mouse* no cabeçalho de coluna seguido da opção **Ocultar coluna** também permite excluir colunas.
Alterar uma coluna existente	**Formato** → grupo **Colunas** → botão **Configurações de Coluna** → opção **Configurações de Campo** A janela de diálogo **Configurações de Campo** permite mudar a informação mostrada na coluna (campo **Nome do campo**), mudar o título (campo **Título**), alterar o alinhamento do título (campo **Alinhar título**), alterar o alinhamento dos dados (campo **Alinhar dados**) ou ainda redefinir a largura da coluna de forma manual (campo **Largura**) ou automática (botão **Melhor Ajuste**). Com **duplo clique na linha vertical de separação de cabeçalhos** de colunas também se aplica o comando **Melhor Ajuste.**

Criar uma tabela nova	**_Exibição_** → grupo **_Dados_** → botão **_Tabelas_** → opção **_Mais Tabelas_** A janela de diálogo **_Mais Tabelas_** possui o botão **_Nova_** para criação de tabelas a partir do zero e o botão **_Copiar_** para criação de tabela a partir de um modelo preexistente. Os botões citados levam à janela de diálogo **_Definição de Tabela em_**, onde se define o nome da tabela (campo **_Nome_**), a disponibilização no menu principal (opção **_Mostrar no menu_**), a estrutura da tabela (colunas **_Nome do Campo, Alinhar dados, Largura, Título, Alinhar Título, Quebra de cabeçalho, Formato de data_**), a altura das linhas e o congelamento da primeira coluna.
Excluir uma tabela	**_Exibição_** → grupo **_Dados_** → botão **_Tabelas_** → opção **_Mais Tabelas_** Acione o botão **_Organizador_** na janela de diálogo **_Mais Tabelas_**; na janela de diálogo **_Organizador_** selecione a tabela a ser excluída e acione o botão **_Excluir._**
Disponibilizar uma tabela para outros projetos	**_Exibição_** → grupo **_Dados_** → botão **_Tabelas_** → opção **_Mais Tabelas_** Tabelas são objetos de apoio a projeto e, por isto, as novas tabelas devem ser copiadas para o arquivo Global.MPT, caso queiramos utilizá-las em outros projetos. O botão **_Organizador_** na janela de diálogo **_Mais Tabelas_** permite esta operação.

10

ALOCAÇÃO DE RECURSOS

Tarefas por si só não produzem nada, sequer geram custo para o projeto. Após definir as tarefas que deverão ser executadas para atingir o objetivo definido para o projeto, você deve indicar quais recursos são necessários à execução de cada uma destas tarefas. Recursos são todos os elementos físicos necessários à realização das tarefas componentes de um projeto.

Tarefas representam ações, procedimentos a serem cumpridos para atingir o objetivo do projeto e, para que sejam realizadas, é necessária a utilização de recursos. Para gerenciar projetos, assim como para executá-los, é necessário o cumprimento de diversos procedimentos, os quais utilizam recursos.

Neste capítulo você aprenderá a associar o projeto a um arquivo *pool* de recursos criado anteriormente e a alocar recursos a tarefas.

HIPERLINK → Aprenda mais sobre recursos no capítulo **1 Entendendo Gerenciamento de Projetos** – tópico **Recursos**.

Associando o projeto a um pool de recursos

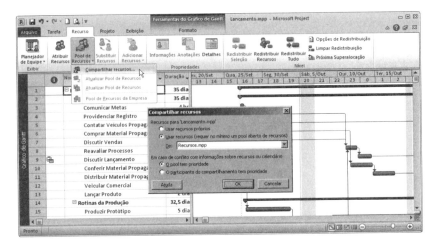

*Figura 10.1. - Associação entre projeto e **pool** de recursos.*

Para que um projeto compartilhe os recursos cadastrados em um *pool* de recursos, citado no *software* como Conjunto de Recursos em alguns pontos e como Pool de Recursos em outros, é necessário estabelecer uma ligação entre os dois arquivos. Estando os dois arquivos (de projeto e de recursos) abertos, ative o projeto efetivo, selecione na faixa de opções **Recurso → grupo Atribuições → botão Pool de Recursos → opção Compartilhar Recursos**, escolha na janela que se abre a opção **Usar Recursos (requer no mínimo um pool aberto de recursos)** e, no campo **De**, o nome do arquivo que servirá como **Pool de Recursos**.

 HIPERLINK → se você ainda não criou o *pool* de recursos, consulte o capítulo **7 Criação do Pool de Recursos**.

As opções **O Pool Tem Prioridade** e **O Participante do Compartilhamento tem Prioridade** determinam, no caso de haver redundância entre recursos cadastrados no projeto e no *pool*, qual arquivo será prioritário.

A partir deste instante, esses dois arquivos trabalharão em conjunto, o que significa que toda vez que o arquivo de projeto for aberto sem que o arquivo de recursos esteja também aberto, o Project mostrará uma janela de diálogo onde duas opções estão disponíveis.

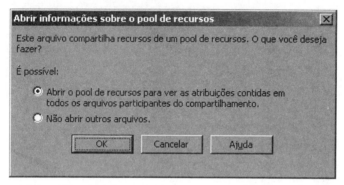

*Figura 10.2. - Abrindo o projeto já associado ao **pool**, sem o **pool** aberto.*

Na verdade, as duas opções são ruins, pois a primeira abre o arquivo de recursos no modo somente leitura e a segunda não abre o arquivo de recursos, mas somente o de projeto. Quando o projeto vai sendo aprimorado durante a sua fase de planejamento, muitas vezes se faz necessário alterar a quantidade disponível de recursos, para que seja garantida a exequibilidade deste projeto, ou ainda alterar custos de recursos para que seja garantida a sua viabilidade e, quando em fase de acompanhamento, medidas de contingência podem apontar, por exemplo, para a solução de disponibilização de mais recursos. Todas estas alterações devem ser feitas diretamente no arquivo de recursos ou, quando efetuadas no arquivo de projeto, devem ser refletidas no arquivo de recursos para que tenham efeito permanente.

Assim, para abrir um arquivo de projeto que esteja associado a um arquivo *pool* de recursos com condições de alteração de informações nos dois arquivos, é aconselhável que seja selecionada a opção ***Não abrir outros arquivos*** na janela de diálogo de abertura do arquivo de projeto e, em seguida, que seja aberto manualmente o arquivo *pool* de recursos, quando o Project mostrará uma janela de diálogo com três opções, onde deve ser selecionada a segunda opção. Ao final da operação teremos dois arquivos abertos, ambos em modo de leitura/gravação.

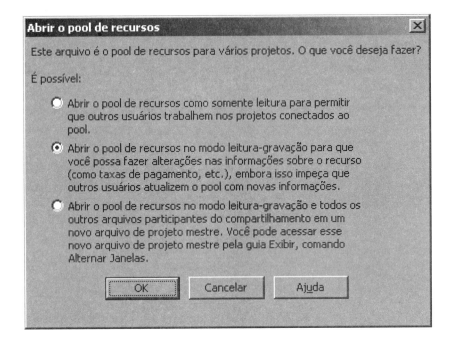

*Figura 10.3. - Abrindo o **pool** já associado ao projeto.*

Quando trabalhamos com o arquivo conjunto de recursos no formato somente leitura, é interessante que periodicamente sejam atualizadas as informações no projeto sobre o conjunto de recursos, visto que o conjunto de recursos pode ter sofrido alterações por outro usuário, de outro projeto. Para isto selecione na faixa de opções **Recurso → grupo Atribuições → botão Pool de recursos → opção** *Aualizar Pool de Recursos (1º de cima p/ baixo)*. As alterações no projeto não serão visíveis, a não ser que você compare campos antes e depois de renovar os dados.

Para que, no sentido contrário, o conjunto de recursos seja atualizado frente às informações do projeto, selecione na faixa de opções **Recurso → grupo Atribuições → botão Pool de recursos → opção** *Atualizar Pool de Recursos (2º de cima p/ baixo)*. Quando o conjunto de recursos está aberto para leitura/gravação, o arquivo de conjunto de recursos contém automaticamente as informações mais atualizadas e tanto o comando ***Atualizar Pool de Recursos*** quanto o ***Renovar Pool de Recursos*** estão desativados.

NOTA → Como pudemos perceber, aqui temos um bug de tradução, pois o software apresenta 2 opções *Atualizar Pool de Recursos*, com ícones e funções diferentes. A primeira funciona como o antigo *Renovar Pool de Recursos* de versões anteriores e a segunda é realmente o *Atualizar Pool de Recursos*.

Quando trabalhamos com o arquivo conjunto de recursos aberto para leitura/gravação, o mesmo apresenta automaticamente as informações mais atualizadas e os dois comandos *Atualizar Pool de Recursos* apresentam-se desativados.

PRÁTICA

Fazer a associação do arquivo de projeto Lançamento.MPP com o *pool* de recursos Recursos.MPP.

Alocando recursos a tarefas

Neste procedimento de alocação de recursos a tarefas, são definidos todos os recursos necessários à execução de cada tarefa componente do projeto. A alocação de recursos não apenas torna mais efetiva a gerência dos projetos no que diz respeito a prazos, agendamentos e custos, mas, principalmente, se apresenta como essencial ao processo de estudo de exequibilidade do projeto, sendo este o único caminho possível para um gerente de projetos assumir de forma responsável e consequente a definição de metas tanto de prazo quanto de custo.

 HIPERLINK → consulte o capítulo **1 Entendendo Gerenciamento de Projetos** – tópico **Recursos** e tópico **Custos** e capítulo **2 Gerenciamento de Projetos e Informática** – tópico **Viabilidade e Exequibilidade** para entender detalhadamente a importância e abrangência do uso de recursos em projetos.

DICA → Se você não fez as configurações sugeridas no Capítulo 5, acione faixa de opções *Arquivo* → *Opções*, selecione o item *Cronograma* e no campo *Mostrar unidades de atribuição como* mude *Porcentagem* para *Decimal*.

Utilizando o formulário de tarefas

Há vários ambientes que permitem alocar recursos a tarefas, sendo o mais completo e abrangente aquele composto pelo Gráfico de Gantt no painel superior, complementado pelo *Formulário de Tarefas* no painel inferior, com detalhamentos *Cronograma* e *Trabalho* alternados, pois neste ambiente você pode alocar o recurso através da caixa de lista que se apresenta em cada campo da coluna *Nome do recurso*, que exibe todos os recursos cadastrados no conjunto de recursos, além de permitir a alocação de recursos em determinados períodos da tarefa pela manipulação dos campos *Trabalho* e *Atraso* do detalhamento *Cronograma de Recursos*. Para determinar a quantidade de recursos a ser alocada, você deve alternar o detalhamento para *Trabalho do Recurso* e lançar na coluna *Unidades* a quantidade desejada.

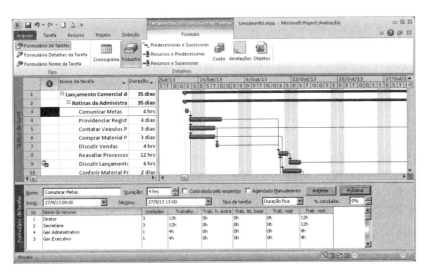

Figuras 10.4. - Ambiente completo para alocação de recursos.

Para montar este ambiente você deve, a partir do Gráfico de Gantt, selecionar na faixa de opções *Exibição* → **grupo *Modo Divisão*** → **opção *Detalhes***, quando é colocada por padrão no painel inferior a visualização *Formulário de Tarefas*. Para alternar diferentes detalhamentos você deve ativar o painel inferior através de um clique em qualquer ponto de sua área, selecionar a faixa de opções *Formato* e escolher no grupo *Detalhes* a opção desejada.

DICA → se você clicar com o botão reverso do *mouse* em qualquer ponto do painel inferior, abre-se um menu suspenso com as mesmas opções de detalhamento da faixa de opções *Formato* → **grupo *Detalhes***.

Se a quantidade de unidades do recurso alocado à tarefa for igual a 1 (um), não há necessidade de informá-la na coluna *Unidades*, pois este é o valor padrão; no caso do total de horas de emprego do recurso ser o resultado da quantidade de horas da tarefa multiplicado pela quantidade de unidades, também não há necessidade de informar este valor na coluna *Trabalho*, pois este é o cálculo padrão.

Para lançar o custo de um recurso do tipo *Custo*, ative o *Formulário de Tarefas*, selecione na faixa de opções *Formato* → **grupo *Detalhes*** → **botão *Custo*** e informe na coluna *Custo* o valor do recurso na tarefa.

Por padrão todos os recursos entram em atividade na tarefa desde o instante inicial da mesma. Para informar que um determinado recurso inicia seu trabalho algum tempo após o início da tarefa, ative o *Formulário de Tarefas*, selecione na faixa de opções *Formato* → **grupo *Detalhes*** → **botão *Cronograma*** e informe na coluna *Atraso* o tempo decorrido entre o início da tarefa e o início do trabalho do recurso na tarefa.

Para alocar um recurso *part-time* em uma tarefa, aloque uma quantidade decimal de unidades proporcional ao período de expediente a trabalhar, por exemplo, para alocar um recurso durante toda a duração da tarefa com dedicação de meio-expediente por dia aloque 0,5 unidades, para alocar um recurso durante

2 horas por dia aloque 0,25 unidades (levando em conta um expediente de 8h/dia).

A figura a seguir mostra diversas possibilidades de alocação de recursos em uma Tarefa X com duração de 5 dias, início em uma 2ª feira, expediente de 8h/dia. O Gráfico de Gantt de Recursos mostra o período de alocação do recurso dentro da tarefa e os valores sublinhados são padrão, não havendo necessidade de digitá-los.

Tarefa X	← 5 Dias →					Unidades	Trabalho	Atraso
	1º	2º	3º	4º	5º			
Recurso A						1	40 H	0
Recurso B						3	120 H	0
Recurso C						2	48 H	0
Recurso D						2	48 H	8 H
Recurso E						3	24 H	24 H

Figura 10.5. - Entendendo a alocação de recursos.

Utilizando a janela atribuir recursos

Como foi exposto anteriormente, há vários ambientes que permitem alocar recursos a tarefas. A faixa de opções *Recurso → grupo Atribuições → botão Atribuir Recursos* abre uma janela de diálogo que permite a alocação de recursos na(s) tarefa(s) selecionada(s). A operação nesta janela se mostra limitada, quando comparada ao método exposto anteriormente, pois somente permite a alocação de recursos durante toda a duração da tarefa, porém a janela *Atribuir recursos* apresenta algumas funcionalidades interessantes, apresentadas a seguir.

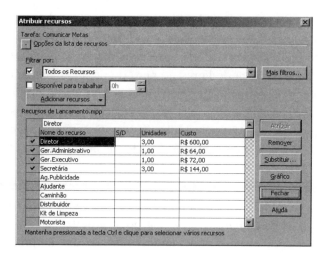

Figura 10.6. - Janela de diálogo Atribuir recursos.

- **botão *Opções da lista de recursos:*** quando pressionado mostra ou esconde, dependendo da situação atual, os componentes dos três itens descritos a seguir;

- **grupo *Filtrar por:*** quando a caixa de seleção à esquerda está selecionada, permite a aplicação de filtros para facilitar a visualização dos recursos, sendo o filtro a ser aplicado selecionado na caixa de lista que mostra por padrão a opção *Todos os recursos* ou pelo acionamento do botão *Mais filtros*, que dá acesso a uma janela de diálogo que, além de apresentar todos os filtros existentes, permite a criação de novos filtros e a alteração de filtros existentes; independentemente da aplicação de filtros, os recursos já alocados na tarefa sempre são mostrados; a aplicação de filtros de recursos se mostra como uma ótima funcionalidade quando a lista de recursos é muito extensa, permitindo, por exemplo, a visualização apenas dos recursos do tipo Trabalho ou de um determinado Grupo;

 HIPERLINK → leia no capítulo **14 Utilização de Filtros** mais detalhes sobre a operação da janela de diálogo *Mais filtros*.

- **grupo *Disponível para trabalhar:*** esta opção, quando a caixa de seleção à esquerda está selecionada, funciona como um filtro, fazendo com que a lista de recursos se limite aos recursos disponíveis para trabalhar uma quantidade específica de horas no período de abrangência da(s) tarefa(s) selecionada(s), digitada ou selecionada no controle giratório à direita; quando as duas caixas de seleção estão selecionadas são mostrados apenas os recursos que satisfaçam a ambas as condições; independentemente da aplicação de filtros, os recursos já alocados na tarefa sempre são mostrados;

NOTA → Atenção com a aplicação da opção *Disponível para trabalhar*, pois ela pode produzir alguns resultados curiosos, que podem induzir a erros de interpretação. Mostramos a seguir dois exemplos de situações que podem induzir a erro de interpretação.

Situação A - duas tarefas simultâneas, uma com duração de 1 dia e 1 unidade do recurso X alocado, outra com duração de 2 dias na qual pretendemos alocar 1 unidade do recurso X.

Se indicarmos disponibilidade para trabalho de 16h, pretendendo alocar o recurso durante toda a duração da tarefa, o recurso X não aparece na lista. Ok, está correto.
Se indicarmos disponibilidade para trabalho de 8h, pretendendo alocar o recurso apenas durante seu período de disponibilidade, o recurso X aparece na lista. Esta situação pode levar o usuário a acreditar que o recurso será alocado para apenas 8h de trabalho e no período em que está disponível, mas esta interpretação não é correta, visto que ele será alocado integralmente na tarefa, nos 2 dias, com 16h de trabalho alocado, gerando conflito de recursos no primeiro dia.

Situação B - três tarefas, as duas primeiras simultâneas e a terceira sucessora destas duas, todas com duração de 1 dia, a primeira com 1 unidade do recurso X alocado e pretendemos alocar 1 unidade do recurso X em cada uma das outras duas tarefas, para isto selecionamos simultaneamente as duas tarefas a sofrerem a alocação.

Se indicarmos disponibilidade para trabalho de 16h, o somatório do trabalho a ser realizado nas duas tarefas selecionadas, o recurso X não aparece na lista. Ok, está correto.

Se indicarmos disponibilidade para trabalho de 8h, a quantidade de trabalho pretendida em cada tarefa, o recurso X aparece na lista. Esta situação pode levar o usuário a acreditar que o recurso está disponível ou que será alocado apenas no período em que está disponível, mas ambas as interpretações não são corretas, visto que ele será alocado integralmente nas duas tarefas, gerando conflito de recursos no primeiro dia.

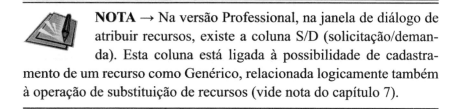

NOTA → Na versão Professional, na janela de diálogo de atribuir recursos, existe a coluna S/D (solicitação/demanda). Esta coluna está ligada à possibilidade de cadastramento de um recurso como Genérico, relacionada logicamente também à operação de substituição de recursos (vide nota do capítulo 7).

- **botão *Adicionar recursos:*** exibe uma lista de origens que, dependendo do ambiente e da edição do MS Project utilizados, dá acesso ao Diretório Ativo (Active Directory – recurso de rede do Windows), ao Catálogo de Endereços do aplicativo de *e-mail* (se for compatível com MAPI) e ao MS Project Server, de onde é possível adicionar novos recursos à lista;

- **coluna *Nome do recurso:*** exibe uma lista contendo todos os recursos identificados no projeto ou componentes do *pool* de recursos; esta lista pode estar sob efeito de filtros, comentados acima, quando mostra apenas os recursos já alocados na(s) tarefa(s) selecionada(s) e aqueles que satisfaçam ao(s) critério(s) do(s) filtro(s) aplicado(s);

- **coluna *Unidades:*** nesta coluna é lançada a quantidade de unidades do respectivo recurso a ser alocado; se o recurso for do tipo Trabalho, será calculada uma quantidade de trabalho na tarefa proporcional à duração da tarefa e ao expediente de trabalho definido no calendário do recurso;

se o recurso for do tipo Material, será mostrado como unidade aquilo que estiver definido na coluna *Unidade do Material* da *Planilha de Recursos*; se o recurso for do tipo custo, não será permitido o lançamento de informações nesta coluna.

- **coluna *Custo:*** nesta coluna é lançado o custo dos recursos do tipo *Custo*; se o recurso for do tipo Trabalho ou Material, não será permitido o lançamento de informações nesta coluna.

DICA → se a coluna *Unidades* estiver apresentando medidas percentuais, acione a faixa de opções *Arquivo* → *Opções*, selecione o item *Cronograma* e no campo *Mostrar unidades de atribuição como* mude *Porcentagem* para *Decimal*.

- **botão *Atribuir:*** efetiva a alocação do(s) recurso(s) selecionado(s) e coloca uma marca de seleção na coluna mais à esquerda, indicando a alocação na(s) tarefa(s) selecionada(s);

- **botão *Remover:*** remove a alocação do(s) recurso(s) selecionado(s) e retira a marca de seleção na coluna mais à esquerda, indicando a remoção da(s) tarefa(s) selecionada(s);

- **botão *Substituir:*** substitui o recurso selecionado por outro, que deve ser indicado na janela *Substituir recurso*, que se abre ao ser acionado o botão; a operação da janela *Substituir recurso* é similar à operação da janela *Atribuir recurso*, onde você deve selecionar o(s) recurso(s) a ser(em) alocado(s) e indicar a quantidade de unidades desejada se o recurso for do tipo *Trabalho* ou *Material*, ou o custo se for do tipo *Custo*;

- **botão *Gráfico:*** monta o *Gráfico de Recursos* no painel inferior da tela, apresentando os recursos alocados na tarefa selecionada no painel superior; para alternar de um recurso para outro, utilizmos a barra de rolagem horizontal do painel inferior esquerdo.

Capítulo 10 - Alocação de Recursos | 221

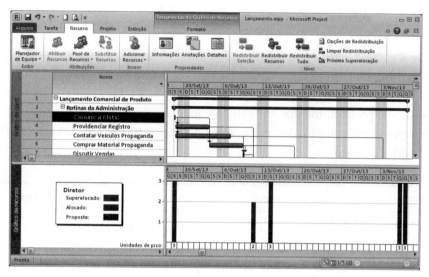

***Figura 10.7.** - Gráficos de atribuição de recursos.*

 NOTA → Um recurso do tipo Material pode ter duas formas distintas de apropriação.

Quantidade fixa, quando a quantidade do recurso não varia com a variação da duração da tarefa, por exemplo, em uma tarefa Fazer Parede a quantidade do recurso Cimento será 100 kg, independentemente da tarefa durar 2 ou 3 dias. Para este tipo de alocação indicamos na coluna ***Unidades*** a quantidade a ser utilizada durante toda a tarefa, no exemplo citado seria 100.

Quantidade variável, quando a quantidade do recurso varia com a variação da duração da tarefa, por exemplo, em uma tarefa Escavar Buraco a quantidade do recurso Combustível a ser utilizada pela retro-escavadeira, medida em litros/hora, varia frente a alterações na duração da tarefa. Para este tipo de alocação indicamos na coluna ***Unidades*** a quantidade do consumo na unidade de tempo, por exemplo 5/h. A unidade de tempo pode ser minuto, hora, dia, semana, mês.

PRÁTICA

Fazer a alocação dos recursos de cada tarefa do projeto Lançamento Comercial de Produto com base na tabela 10.1.

Atenção no preenchimento: nos campos onde esta indicado * não insira qualquer tipo de informação, deixe que o sistema os complete com dados padrões (default).

Tarefa	nome do recurso	unidades	trabalho	atraso	custo
Comunicar Metas	Diretor	3	*	*	*
	Secretária	3	*	*	*
	Ger. Administrativo	*	*	*	*
	Ger. Executivo	*	*	*	*
Providenciar Registro	Secretária	*	*	*	*
	Ger. Administrativo	*	*	*	*
Contatar Veículos Propaganda	Secretária	*	*	*	*
Comprar Material Propaganda	Secretária	*	8h	8h	*
	Ger. Administrativo	*	*	*	*
Discutir Vendas	Secretária	*	*	*	*
	Distribuidor	100	*	*	*
	Vendedor	12	*	*	*
Reavaliar Processos	Diretor	2	*	*	*
	Secretária	2	*	*	*
	Ger. Executivo	*	4h	*	*

Capítulo 10 - Alocação de Recursos | 223

Discutir Lançamento	Diretor	3	*	*	*
	Secretária	3	*	*	*
	Ger. Executivo	*	*	*	*
	Ag. Publicidade	*	*	*	*
Conferir Material Propaganda	Secretária	*	*	*	*
Distribuir Material	Motorista	12	*	*	*
Propaganda	Caminhão	12	*	*	*
Veicular Comercial	Ag. Publicidade	*	*	*	120.000
Lançar Produto	Diretor	3	*	*	*
	Secretária	3	*	*	*
	Ag. Publicidade	*	*	*	27.500
Produzir Protótipo	Ger. Executivo	*	*	*	*
	Produção	25	*	*	*
Produzir Produto	Produção	80	*	*	*
Produzir Embalagem	Produção	40	*	*	*
Embalar	Ger. Executivo	*	*	*	*
	Produção	25	*	*	*
Carregar	Caminhão	12	*	*	*
	Motorista	12	*	*	*
	Ajudante	12	*	*	*
Distribuir	Caminhão	12	*	*	*
	Motorista	12	*	*	*
	Ajudante	12	*	*	*
	Vendedor	12	*	*	*
Colher/Testar Amostra	Ger. Executivo	*	*	*	*
	Químico	3	*	*	*
	Reagente	6	*	*	*

	Kit de Limpeza	*	*	*	*
Analisar Resultados	Químico	3	*	*	*
Redigir Relatório Técnico	Ger. Executivo	*	*	*	*
	Químico	3	*	*	*

Tabela 10.1. - *Exercício de alocação de recursos.*

Resumo – Alocação de recursos

O Que Fazer	Como Fazer
Associar um arquivo de projeto a um *pool* de recursos	*Recurso → grupo Atribuições → botão Pool de Recursos → opção Compartilhar Recursos* Para compartilhar recursos cadastrados em um ***Pool de Recursos*** por vários projetos, escolha na janela de diálogo a poção ***Usar Recursos De*** indicando o nome do arquivo Pool de Recursos. Não esqueça que ambos os arquivos devem estar abertos, e a operação deve ser baseada no projeto que vai alocar os recursos, estando, portanto, ativo este arquivo.
Alocar recursos a Tarefas	*Gráfico de Gantt → Exibição → grupo Modo Divisão → opção Detalhes* **painel inferior → *Formato → Detalhes → Trabalho*** Identifique tarefa a tarefa todos os recursos necessários à sua execução, indicando com a ajuda do botão da caixa de lista da coluna ***Nome do recurso***, o nome do recurso e em seguida a quantidade alocada na coluna ***Unidades*** e, quando o recurso não for alocado em toda a extensão da tarefa, a quantidade de trabalho a ser despendida na coluna ***Trabalho***. **painel inferior → *Formato → Detalhes → Cronograma*** Utilize este detalhamento para indicar ***Atraso***, tempo decorrido entre o início da tarefa e o início efetivo do trabalho do recurso, na alocação do recurso.

Calcular trabalho na alocação de recursos	**Gráfico de Gantt** → **Exibição** à grupo **Modo Divisão** → opção **Detalhes** **painel inferior** → **Formato** à **Detalhes** → **Trabalho** A quantidade de trabalho a ser despendido por um recurso em uma tarefa obedece à fórmula Unidades x Dedicação do Recurso, onde Unidades é a quantidade alocada do recurso e Dedicação do Recurso é a duração do trabalho do recurso na tarefa em horas – se você tiver em mente a duração do trabalho do recurso em dias, multiplique-a pela quantidade de horas por dia em que o recurso trabalha.

11

RESOLUÇÃO DE SUPERALOCAÇÕES

Recursos geram custo. Aí está o "X" da questão: pelo fato de gerarem custo os recursos são sempre limitados, sua disponibilização é sempre a mais otimizada possível, a ociosidade é combatida à exaustão. Para atingir o ponto de excelência na disponibilização dos recursos, devemos compartilhá-los, na medida do possível, entre as diversas tarefas do projeto e até entre diferentes projetos, sendo este compartilhamento o principal responsável pelos conflitos de recursos.

Existem diversas soluções possíveis para resolver a indisponibilidade de um recurso, que vão desde o aumento da oferta de recursos até a reprogramação de tarefas, dentre outras. O primeiro passo é identificar o conflito e sua origem, levantando não apenas características do recurso em conta, mas também das tarefas geradoras do conflito, geralmente mais de uma, para, a partir destes dados, procurar a melhor solução possível.

Neste capítulo você verá uma metodologia para o tratamento de conflitos de recursos que não tem o software como prioridade, a prioridade é o problema e sua respectiva solução, a melhor solução possível a cada caso. A solução apresentada pelo MS Project é limitada, portanto, devemos reunir uma série de informações para tentar uma solução administrativa. Quando a solução administrativa não for aplicável, utilizamos a operação de nivelamento do MS Project.

 HIPERLINK → Aprenda mais sobre conflitos de recursos no capítulo 1 Entendendo Gerenciamento de Projetos – tópico Conflito de Recursos.

Identificando superalocação de recursos

"Conflito de Recursos é a situação causada pela necessidade momentânea de alocar uma quantidade de recursos não disponível."

A tradução do MS Project transformou a expressão Overalocated Resources, que era comumente conhecida no Brasil como Recursos em Conflito ou Recursos Sobrealocados, em Recursos Superalocados e nas diversas expressões derivadas, como Superalocação de Recursos e Tarefas Superalocadas.

Um recurso está em conflito, ou superalocado, quando não possui quantidade disponível suficiente para atender à(s) tarefa(s) que lhe é(são) designada(s). Para uma apreciação consistente dos conflitos, ou superalocações, e sua consequente solução, é importante que o gerente do projeto tenha algumas informações para analisar.

Recursos em superalocação	:nome do recurso que se encontra superalocado;
	:momento da superalocação.
Tarefas em superalocação	:nome das tarefas geradoras da superalocação;
	:quantidade de folga livre;
	:quantidade de folga total;
	:dirigida por recurso ou de duração fixa;
	:quantidade de recursos alocados.

No Gráfico de Gantt identificamos a existência de conflitos de recursos pelo aparecimento de um ícone na coluna Indicadores representando um boneco vermelho. Ao posicionar o cursos do mouse sobre o ícone, lemos a mensagem "Esta tarefa tem recursos atribuídos que estão superalocados...".

O melhor ambiente para identificar o instante do projeto onde acontece a superalocação é conseguido pela aplicação de um modo de exibição que combina dois painéis, denominado Alocação de Recursos. Acione a faixa de opções *Exibição → grupo Modos de Exibição de Tarefa → caixa de combinação Gráfico de Gantt → opção Mais Modos de Exibição*, na janela de diálogo que se abre selecione na lista a opção *Alocação de Recursos* e acione o botão *Aplicar*. No painel superior, o modo de exibição Uso dos Recursos mostra à esquerda os nomes dos recursos em superalocação destacados em vermelho, e à direita mostra uma escala de tempo com a quantidade de trabalho do recurso na unidade de tempo, sendo o momento do conflito destacado com a quantidade de trabalho em vermelho. No painel inferior o modo de exibição Gantt de Redistribuição mostra em um Gráfico de Gantt apenas as tarefas que alocam o recurso selecionado no painel superior, mostrando também, quando for o caso, uma linha fina após a barra da tarefa representando sua folga livre e outra linha fina antes da barra de tarefa que tenha sofrido adiamento por ação de nivelamento.

DICA → Para facilitar a visualização no modo de exibição *Uso dos Recursos*, acione a faixa de opções *Exibição → grupo Dados → caixa de combinação Filtro* e selecione a opção Recursos superalocados; aplicando este filtro serão mostrados apenas os recursos em superalocação. No capítulo 14 - Utilização de Filtros apresentamos em detalhes a aplicação de filtros.

Para complementar a informação no *Gantt de Redistribuição*, acione a faixa de opções *Exibição → grupo Dados → caixa de combinação Tabelas* e selecione a opção Cronograma; aplicando esta tabela serão quantificadas folga livre na coluna *Margem de atraso permitida* e folga total na coluna *Margem de atraso total*. No capítulo 9 - Visualização de Projeto apresentamos em detalhes a utilização de tabelas.

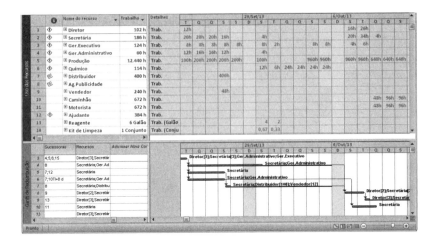

Figura 11.1. - *Modo de exibição Alocação de recurso.*

Alternando o modo de exibição aplicado no painel inferior de **Gantt de Redistribuição** para Formulário de Recursos, a partir faixa de opções **Exibição** → grupo **Modo Divisão** → *caixa de combinação Modos de Exibição de Detalhes* → *opção Mais modos de exibição*, você tem acesso a informações detalhadas do recurso selecionado no painel superior e do agendamento deste recurso em cada tarefa.

Se você não estiver visualizando, no **Formulário de Recursos**, a quantidade alocada do recurso em cada tarefa, coluna **Unidades**, será necessário alterar o detalhamento para **Trabalho**: ative o painel inferior e acione a faixa de opções *Formato* → grupo *Detalhes* → botão *Trabalho*.

 DICA → O acionamento do botão reverso do mouse na área de trabalho do painel inferior abre um menu suspenso que permite alternar o detalhamento do Formulário de Recursos.

Capítulo 11 - Resolução de Superalocações | 231

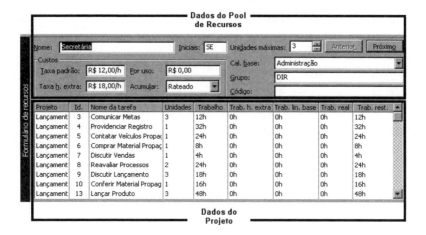

***Figura 11.2.** - Modo de exibição Formulário de recursos.*

Os campos de informação que compõem a área de cabeçalho do Formulário de Recursos apresentam os dados previamente cadastrados no pool de recursos; assim, qualquer alteração nos dados desta área do formulário implica em alteração direta e incondicional de dados no pool de recursos, requerendo muito cuidado.

A tabela que se apresenta na área de detalhamento mostra os dados de alocação do recurso no projeto, sendo possível corrigir ou ajustar os dados do projeto por operação direta nesta área.

É com a interpretação desta visão combinada que dispomos de meios para proceder à correção ou ajuste dos dados, de forma a solucionar os conflitos de recursos.

DICA → Caso haja dificuldade na identificação do momento do conflito, na interpretação da quantidade de trabalho geradora do conflito ou ainda na identificação das tarefas geradoras do conflito, você deve diminuir gradativamente a unidade de tempo da escala, de forma a aumentar o detalhamento das informações. Acione a faixa de opções ***Exibição*** →

grupo Zoom → caixa de combinação Escala de tempo → opção Escala de tempo e diminua gradativamente a *Unidade na ficha Camada Inferior.*

PRÁTICA

No projeto Lançamento Comercial de Produto, identificar os recursos em superalocação; para cada recurso em superalocação, as tarefas geradoras da superalocação; para cada tarefa a folga livre, folga total, tipo de duração e quantidade alocada.

Solucionando superalocações administrativamente

A operação do software com o objetivo de solucionar o problema de conflito de recursos, conhecida comumente como Nivelamento de Recursos, processa basicamente postergando tarefas, de tal forma que a demanda do projeto seja a cada instante menor ou igual à disponibilidade do recurso. Na maioria dos projetos, principalmente nos de porte médio e grande, é imponderável o quanto tal operação pode dilatar o prazo final.

Existem procedimentos administrativos para a solução de superalocações, que normalmente competem ao gerente de projeto, os quais podem evitar adiamentos nos prazos do projeto, quase inevitáveis no processo de nivelamento por software, devendo este ser utilizado apenas em último caso, quando os meios administrativos tiverem se esgotado. Os procedimentos de nivelamento administrativo são basicamente quatro: verificação da correção dos dados utilizados, contratação ou remanejamento de recursos, alteração da quantidade alocada do recurso e estímulo ao aumento de produtividade.

Antes de proceder a qualquer outra iniciativa sobre a superalocação de recursos, confira se as informações a respeito da disponibilidade do recurso (Unidades máximas) e a necessidade do recurso por tarefa (Unidades) foram informadas de forma correta. Duplo clique sobre o nome do recurso no painel

Capítulo 11 - Resolução de Superalocações | **233**

superior abre a janela de diálogo Informações sobre o recurso, e sobre o nome da tarefa no painel inferior abre a janela de diálogo Informações sobre a tarefa, permitindo acesso a estas e outras informações de importância relevante.

Analise se para a execução do projeto haverá contratação, aquisição ou remanejamento de recursos, de forma a contornar as superalocações. Se isto for possível, altere desde já Unidades máximas, refletindo esta alteração.

Veja nas tarefas geradoras de superalocação que sejam dirigidas por esforço e que tenham folga livre ou total se é possível, com a redução da quantidade de recursos (Unidades) e o proporcional aumento na duração da tarefa, resolver as superalocações sem causar atrasos indesejáveis ao projeto.

Através de diferentes meios você pode procurar estimular o aumento de produtividade, de forma a conseguir produzir com menor dispêndio de horas de trabalho um determinado produto ou serviço e desta forma diminuir a quantidade de recursos alocados ou a duração de tarefas.

forma de resolução	aplicável a tarefas	exemplo
Corrigir erro de digitação	Qualquer tipo	No *pool* de recursos foi digitado 1 ao invés de 12 no campo **Unidades Máximas** de um determinado recurso e diversas tarefas do projeto demandam uma quantidade deste recurso maior do que a aparentemente disponível.
Contratar ou Adquirir	Qualquer tipo	A quantidade de um recurso no *pool* de recursos é de 2 unidades e no projeto ficou clara a necessidade do emprego de um mínimo de 3 unidades em cada tarefa.

Distribuir o trabalho	Dirigidas por esforço	A quantidade de um recurso no *pool* de recursos é de 10 unidades e o mesmo se encontra alocado em duas tarefas simultâneas ao início com respectivamente 8 unidades e 4 unidades. Se uma das duas tarefas apresentar folga, pode ser possível reduzir a quantidade alocada do recurso sem impactar o prazo final do projeto.
Reduzir alocação	Duração fixa	A quantidade de um recurso no *pool* de recursos é de 3 unidades e o mesmo se encontra alocado em duas tarefas simultâneas ao início, sendo uma de duração fixa com 3 unidades alocadas e outra com 1 unidade alocada. A alternativa é diminuir a quantidade alocada na tarefa de duração fixa, solicitando aos recursos remanescentes o aumento de produtividade.

Tabela - 11.1. - *Nivelamento administrativo.*

Com exceção do item Corrigir erro de digitação, as demais formas de resolução de conflitos devem ter sua aplicabilidade deliberada frente às circunstâncias específicas do projeto. Em tese, todas elas são solução, mas devem ser consideradas caso a caso. Por exemplo, sempre contratar ou adquirir resolve problemas de conflito de recursos, mas você tem que considerar se essa é realmente uma solução aplicável frente ao cenário do projeto.

Caso ainda persistam superalocações de recursos depois de observados estes passos, a alternativa restante é o nivelamento por software.

PRÁTICA

No projeto Lançamento Comercial de Produto, utilizar para o recurso Ajudante a correção de Unidades Máximas de 1 para 12, para o recurso Químico a alternativa de contratação, para o recurso Produção a alternativa de diminuir a quantidade alocada à tarefa Produzir Embalagem para 20 unidades e para o recurso Secretária a possibilidade de aumento de produtividade, diminuindo a quantidade alocada à tarefa Discutir Lançamento para 2 unidades.

Neste exercício vamos nos valer de cada um dos recursos em conflito para apresentar uma das formas de solução.

recurso	questão	solução
Ajudante	Corrigir erro de digitação - No *pool* de recursos foi informada a disponibilidade de 1 unidade quando na verdade deveriam ser 12.	Altere para 12 o conteúdo do campo ***Unidades Máximas*** no formulário de recurso.
Químico	Contratar ou Adquirir - Ficou caracterizada a necessidade de 3 químicos no projeto, havendo necessidade de contratação de mais 1.	Altere para 3 o conteúdo do campo ***Unidades Máximas*** no formulário de recurso.
Produção	Distribuir o trabalho - Existe uma sobrelocação de 20 unidades frente ao cadastro no *pool* de recursos e uma das tarefas geradoras do conflito tem folga, devendo ter diminuída sua quantidade alocada.	Na tarefa Produzir Embalagem reduza a quantidade de recursos alocados para 20 unidades.
Secretária	Reduzir alocação - Existem 3 secretárias no *pool* de recursos, havendo necessidade de diminuir a alocação na tarefa com maior quantidade alocada, que é de duração fixa.	Reduza a alocação do recurso Secretária, de 3 para 2 na tarefa Discutir Lançamento.

Tabela 11.2. *- Exercício de nivelamento administrativo.*

NOTA → Observe que a tarefa Produzir Embalagem teve sua duração aumentada, uma vez que foi reduzida a quantidade do recurso em uma tarefa de tipo Unidades Fixas, que é dirigida por esforço. Já na tarefa

Discutir Lançamento não houve aumento da duração, pois essa tarefa foi caracterizada como tarefa de Duração Fixa – a redução foi feita na quantidade de trabalho.

Determinando prioridades

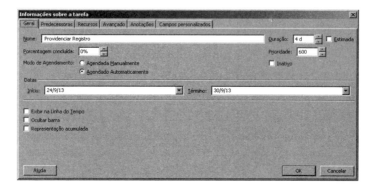

Figura 11.3. - Janela de diálogo para alterar prioridades.

No processo de nivelamento por software uma ou mais tarefas sofrerão adiamento no seu início ou interrupção na sua execução, de forma a acabar com a simultaneidade que provocou a superalocação. Por padrão, é usado o critério de maior folga total para definir que tarefa alterar.

Caso o critério de folga não seja o desejado, por existirem tarefas que devam ser priorizadas no projeto apesar de possuírem fatos técnicos que comprovem serem mais propícias ao ajustamento, você deve determinar prioridade de nivelamento para as tarefas. Com duplo clique sobre a tarefa a ser alterada ou, com a tarefa selecionada, selecionando a faixa de *opções Tarefa → grupo Propriedades → botão Informações*, abra a janela de diálogo *Informações sobre a tarefa*, a ficha Geral dá acesso ao campo Prioridade onde é definido o nível de priorização desejado para a tarefa selecionada nas operações de nivelamento. A maior prioridade é *1000* e congela a tarefa para efeitos de nivelamento, devendo ser usada quando você não desejar que em caso de empate o software desloque aquela tarefa em específico. Na prática, também serve para congelamentos em nivelamentos envolvendo mais de um projeto simultâneo.

Tendo estabelecido prioridade a alguma tarefa, é necessário fazer com que o nivelamento obedeça a este fator, definindo na janela de diálogo Redistribuição de Recursos, antes do nivelamento, o campo Ordem de Redistribuição para Prioridade, Padrão.

PRÁTICA

No projeto Lançamento Comercial de Produto, determinar prioridade 600 para a tarefa Providenciar Registro.

Procedendo ao nivelamento por software

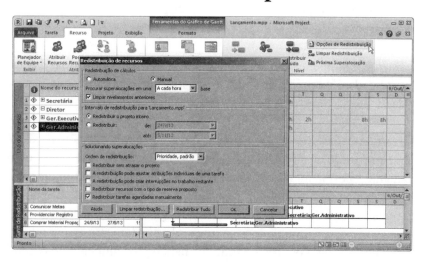

Figura 11.4. - Nivelamento de recursos por software.

"Nivelamento é a solução de superalocações de recursos através do reposicionamento das atividades geradoras da superalocação."

O nivelamento implica necessariamente no retardamento de uma ou mais das tarefas geradoras da superalocação para fazer frente à falta de recursos. Esta operação de forma alguma altera a alocação dos recursos em tarefas, não muda em nenhuma hipótese a quantidade de recursos alocados em uma tarefa em prol de outra, ela apenas posterga determinadas tarefas, de forma tal que o cronograma resultante apresente uma demanda de recursos compatível com as quantidades máximas de cada recurso, garantindo o atendimento à demanda do projeto e sua consequente exequibilidade.

Infelizmente, a tradução para o Português chamou tal operação de Redistribuição de Recursos, o que pode sugerir um comportamento diverso da realidade dessa operação.

A operação de nivelamento (Redistribuição de Recursos) é um algoritmo fantástico do software, capaz de resolver problemas de alocação de recursos (superalocações), inclusive entre diferentes projetos, para o que é necessário basear os projetos em um arquivo Pool de Recursos que identifique os diversos recursos que a organização tem à sua disposição e os compartilhe entre aqueles projetos.

Basicamente, em operações de nivelamento o que determina qual das tarefas será postergada é o critério de folga total, podendo usar também o critério de prioridade.

Na faixa de opções *Recurso* → *grupo Nível* → *botão Opções de Redistribuição* se procede ao nivelamento geral de todos os recursos. Se durante o nivelamento ocorrer mensagem de erro, teremos as opções Ignorar que ignora o problema que originou a mensagem e dá continuidade à operação de nivelamento normalmente, Ignorar tudo que ignora o problema que originou a mensagem e dá continuidade à operação de nivelamento ignorando outros erros que possam vir a ocorrer e Parar que para o procedimento no ponto onde se encontra, sendo necessário acionar o botão Limpar redistribuição da janela de diálogo Redistribuir recursos para reverter a situação ao ponto inicial. É impossível determinar qual a melhor escolha, pois cada caso é um caso, mas a princípio Parar é a melhor opção.

DICA → Na faixa de opções *Recurso* → *grupo Nível,* o botão *Opções de Redistribuição* permite a você conferir as configurações da redistribuição antes de realizar a operação.

Ainda na faixa de opções *Recurso* → *grupo Nível* os botões *Redistribuir Seleção, Redistribuir Recursos e Redistribuir Tudo* realizam a operação de redistribuição de um ou mais recursos selecionados, de um recurso específico ou de todos, sem permitir a conferência das configurações definidas para a redistribuição, o que pode influenciar decisivamente no resultado final da operação.

Na janela de diálogo Redistribuir Recursos existem as seguintes possibilidades:

- **Redistribuição de Cálculos Automática:** sempre que se configurar uma superalocação de recursos a operação de nivelamento é disparada automaticamente, sem qualquer aviso ao usuário, sendo totalmente desaconselhável na fase de planejamento; o seu emprego na fase de acompanhamento deve ser apreciado caso a caso, dependendo das particularidades de gestão daquele projeto em específico;

- **Redistribuição de Cálculos Manual:** executa o nivelamento quando do pressionamento do botão Redistribuir Tudo; é a opção recomendada por permitir o controle sobre o momento mais adequado para proceder à operação;

- **Procurar Superalocações em uma Base:** determina o bloco de tempo que servirá de base para os cálculos de sobrealocação efetuados pelo software, podendo ser a cada minuto, a cada hora, diariamente, semanalmente ou mensalmente; p.ex. admitindo que um recurso tenha um expediente diário de trabalho de 8 horas, caso ele seja alocado em duas tarefas simultâneas, ambas com 4 horas de duração, uma operação de nivelamento com base Dia a dia não enxergará esta superalocação e, portanto, não fará o nivelamento, apenas uma operação de nivelamento com base A cada hora ou A cada minuto será capaz de resolver esta superalocação;

- **Limpar Nivelamentos Anteriores:** zera o valor atribuído ao campo Atraso da Redistribuição. Atraso da Redistribuição é um intervalo de tempo (gap), inserido antes do início da tarefa para postergá-la e assim permitir ao recurso em conflito disponibilidade para executar uma outra tarefa que se revele mais tempestiva aos cálculos de tempos do projeto.

- **Intervalo de redistribuição para:** determina se o nivelamento corrigirá superalocações de todos os recursos do projeto pela seleção da opção Redistribuir o projeto inteiro ou apenas aqueles dentro de um período especificado nos campos Redistribuir de e até;

- **Ordem de redistribuição:** ordem de priorização de tarefas para efeito de redistribuição, apresentando as seguintes opções:

    Padrão: ordem de priorização padrão, adia primeiro as tarefas com maior folga total, levando em conta também as datas de início e as restrições para determinar se as tarefas devem ser redistribuídas e como redistribuí-las;

    No da Tarefa: o Id da tarefa determina a prioridade de nivelamento, não sendo uma opção aconselhável, pois o sequenciamento das tarefas, e por conseguinte seu Id, deve servir a outras finalidades, como à criação de uma estrutura hierárquica (EAP) lógica e clara;

    Prioridade, Padrão: atrasa primeiro as tarefas com menor prioridade; em caso de empate na prioridade usa os critérios da opção padrão;

 HIPERLINK → As opções de prioridade são discutidas anteriormente neste capítulo – tópico Determinando Prioridades.

- **Redistribuir sem atrasar o projeto**: só faz nivelamento quando houver folga suficiente para absorver o retardamento imposto, sem postergar a data de final do projeto, o que pode impedir o nivelamento; o nivelamento padrão por critério de folga, com esse campo desmarcado, atrasa o projeto somente quando necessário, sempre o mínimo possível, sendo o mais recomendado;

- **A redistribuição pode ajustar atribuições individuais de uma tarefa**: permite que diferentes recursos trabalhem sem formar necessariamente um conjunto dentro de uma tarefa, isto é, existe a alocação normal na tarefa com os recursos trabalhando sem Atraso; se esta opção estiver marcada e os recursos entrarem em superalocação com tarefa de maior prioridade, o nivelamento se dará criando diferentes Atrasos para os recursos, independentes um do outro; p.ex. admitindo um projeto alocando quatro recursos chamados R1, R2, R3 e R4, dos quais exista apenas uma unidade de cada, e que nesse projeto existam duas tarefas simultâneas denominadas Tarefa A e Tarefa B, sendo a primeira de maior prioridade, gerando superalocações nos recursos R2 e R3, conforme mostrado pelo Gantt de Recursos a seguir.

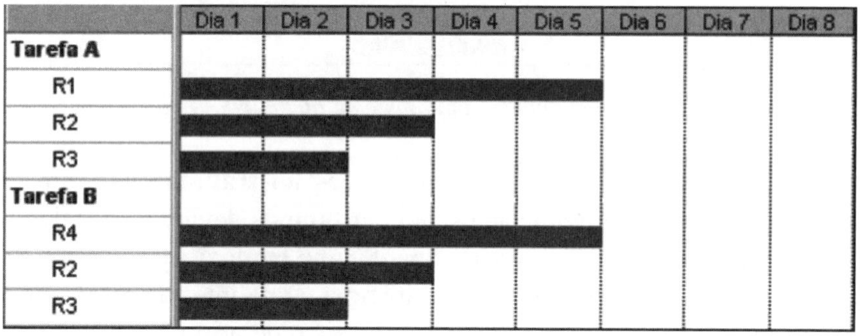

	Dia 1	Dia 2	Dia 3	Dia 4	Dia 5	Dia 6	Dia 7	Dia 8
Tarefa A								
R1								
R2								
R3								
Tarefa B								
R4								
R2								
R3								

Figura 11.5. - *Alocação de recursos.*

Nivelamento Sem Opção Selecionada: toda a tarefa é postergada, trabalho em equipe.

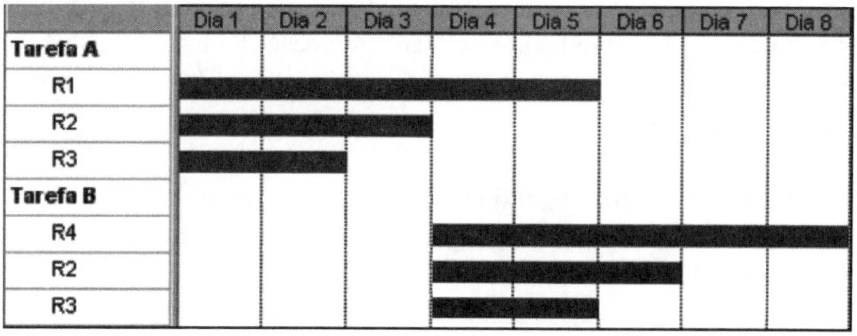

	Dia 1	Dia 2	Dia 3	Dia 4	Dia 5	Dia 6	Dia 7	Dia 8
Tarefa A								
R1								
R2								
R3								
Tarefa B								
R4								
R2								
R3								

Figura 11.6. - *Nivelamento sem ajuste de atribuições individuais.*

Nivelamento Com Opção Selecionada: tarefa sofre aumento de duração, trabalho independente.

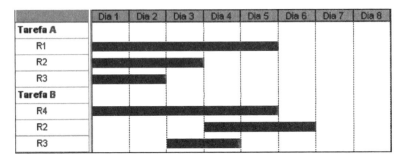

Figura 11.7. - Nivelamento com ajuste de atribuições individuais.

- **A redistribuição pode criar interrupções no trabalho restante**: permite que uma tarefa já iniciada seja interrompida devido à ação de nivelamento, para que o recurso participe de uma tarefa de maior prioridade, retornando ao final desta e dando reinício à tarefa interrompida; somente funciona caso o critério de nivelamento seja o de prioridades e não o padrão, que é por folga.

- **Redistribuir recursos com o tipo de reserva proposto**: inclui no nivelamento tanto as tarefas cujos recursos já foram confirmados, quanto aquelas com alocações propostas e não confirmadas. Por padrão, esta caixa de seleção está desmarcada, indicando que os recursos propostos e não confirmados não serão levados em consideração durante a redistribuição; esta opção só se aplica ao Project Professional trabalhando em conjunto com o Project Server.

- **Redistribuir tarefas agendadas manualmente:** permite ao software postergar tanto as tarefas configuradas como Agendamento Automático quanto aquelas configuradas como Agendar Manualmente.

PRÁTICA

No projeto Lançamento Comercial de Produto, fazer o nivelamento manual do projeto, permitindo que extrapole as folgas, nivelamentos seguintes completos e considerando prioridades.

Após o nivelamento, observe que a tarefa Discutir Lançamento continua com o alerta de Superalocação e, na planilha de recursos, Diretor, Secretária e Ger Executivo estão vermelhos indicando superalocação.

A tarefa Discutir Lançamento está configurada para utilizar o calendário Reuniões e com a opção O agendamento ignora calendários do recurso marcada.

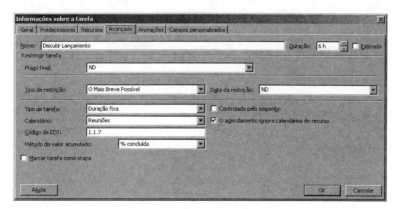

Figura 11.8. - Informações da tarefa Discutir Lançamento.

Esta configuração permite que a tarefa se estenda até as 20 horas, pois o calendário Reuniões tem período útil até 22 horas. Com isso excede em 2 horas do horário dos recursos Diretor, Secretária e Ger Executivo. Estes recursos estão configurados com os calendários Administração (Diretor e Secretária) e o calendário Produção (Ger Executivo), ambos os calendários tem período útil até as 18 horas. Este cenário provoca no MS Project 2010 - em versões anteriores isto não acontecia - uma superalocação que na verdade não existe.

Para resolver este problema, colocamos este horário excedente como hora extra. Acione a faixa de opções *Exibição → grupo Modos de Exibição de Tarefa → botão Gráfico de Gantt*, marque agora *Exibição → grupo Modo de Divisão → opção Detalhes*. No painel inferior escolha a exibição Trabalho, clicando com o botão direito do mouse na área vazia à direita.

Na coluna Trab. h. extra coloque o total de horas extras para cada recurso alocado na tarefa. Para o recurso Diretor, que tem 3 unidades alocadas, coloque (3un x 2h) 6 horas. Para o recurso Secretária, com 2 unidades alocadas, coloque (2un x 2h) 4 horas. Para o recurso Gerente Executivo coloque 2 horas, pois há apenas 1 unidade alocada.

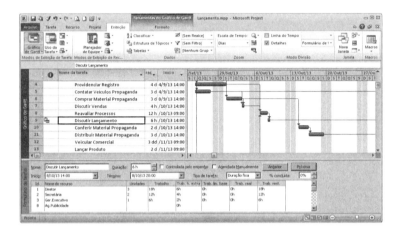

Figura 11.9. - Lançando hora extra para corrigir superalocação fictícia.

Vale ressaltar que na fase de Planejamento não se utiliza horas extras, que é um recurso para resolver atrasos ocorridos na fase de Controle. O que apresentamos aqui é um artifício para contornar o que entendemos como uma não conformidade do MS Project versão 2010.

Resumo – resolução de superalocações

O Que Fazer	Como Fazer
Visualizar recursos em superalocação	Exibição → grupo *Modos de Exibição de Recurso* → caixa de combinação *Uso do Recurso* → opção *Uso dos Recursos* Exibição → grupo *Dados* → caixa de combinação *Filtro* → opção *Recursos Superalocados* Com a aplicação do filtro *Recursos superalocados* serão mostrados apenas os recursos que se encontram em superalocação, com o nome em vermelho.

Capítulo 11 - Resolução de Superalocações | **245**

Identificar o momento de uma superalocação	***Uso dos Recursos*** **→ barra de rolagem horizontal** Pela navegação com a barra de rolagem horizontal procure por um período apresentando a quantidade de trabalho do recurso na cor vermelha. Caso não encontre, diminua a escala de tempo (p.ex. de semana para dia ou de dia para hora) até conseguir identificar o momento do superalocação.
Identificar tarefas geradoras de uma superalocação	***Exibição*** **→ grupo** ***Modos de Exibição de Tarefa*** **→ caixa de combinação** ***Gráfico de Gantt*** **→ opção** ***Mais Modos de Exibição*** **→** ***Alocação de Recursos*** Esta visualização mostra no painel superior o modo de exibição ***Uso dos Recursos*** e no painel inferior um Gráfico de Gantt com as tarefas alocadoras do recurso selecionado no painel superior, bastando verificar a(s) tarefa(s) em execução no momento da superalocação de um recurso para identificar qual(is) tarefa(s) está(ão) gerando a superalocação. No Gráfico de Gantt identificamos tarefas geradoras de conflitos pelo aparecimento de um ícone na coluna ***Indicadores*** representando um boneco vermelho.
Solucionar superalocações administrativamente	**painel inferior →** ***Exibição*** **→ grupo** ***Modo Divisão*** **→ caixa de combinação** ***Modos de Exibição de Detalhes*** **→ opção** ***Mais modos de exibição Formulário de Recursos*** Alterando na faixa de opções ***Formato*** à **grupo** ***Detalhes*** as opções ***Trabalho*** e ***Cronograma*** temos acesso a informações como ***Unidades Máximas***, ***Unidades***, ***Trabalho*** e ***Atraso***, as quais poderão ser revistas frente a novas perspectivas ou simplesmente para correção de dados digitados erroneamente.
Determinar prioridade de nivelamento a tarefas	***Tarefa*** **→ grupo** ***Propriedades*** **→ botão** ***Informações*** Na ficha ***Geral***, campo ***Prioridade***, indique a prioridade de nivelamento desejada para a tarefa selecionada, evitando usar ***prioridade 1000***, pois este nível deve ser resguardado para casos específicos. Lembre-se de direcionar a ordem de nivelamento no momento de executá-lo.

Nivelar recursos em super-ralocação	**Recurso** → grupo *Nível* → botão **Opções de Redistribuição** Faça o nivelamento pelo pressionamento do botão **Redistribuir Tudo**, lembrando que a opção de nivelamento automático é altamente desaconselhável, e que a ordem de redistribuição deve ser **Prioridade, Padrão** se foi determinada prioridade de nivelamento para alguma tarefa.

12

DETERMINAÇÃO DE METAS

Meta é o compromisso assumido junto ao cliente, o contrato assinado, o objetivo a ser atingido representado por números.

A última atividade da gerência de projetos na fase de planejamento de um projeto é a operação de determinação de metas do projeto, quando todo o planejamento está aprovado e o projeto pronto para entrar em execução. O procedimento de determinação de metas em si é bastante simples: ao acionarmos o respectivo comando, o software cria cópia de todas as informações referentes a prazo, trabalho e custo e deposita esta cópia nos seus respectivos campos meta. Isto significa que no primeiro momento da fase de acompanhamento do projeto, as informações do tipo Meta são idênticas às informações do tipo Provável e esta relação de igualdade só se desfaz quando são lançados dados de acompanhamento que divirjam daqueles planejados originalmente.
Neste capítulo você aprenderá a determinar as metas de um projeto e a formatar o Gráfico de Gantt de modo que apresente estas metas.

HIPERLINK → Aprenda mais sobre o conceito de Meta no capítulo 1 Entendendo Gerenciamento de Projetos – tópico O Mecanismo Provável, Meta e Real.

Determinando as metas do projeto

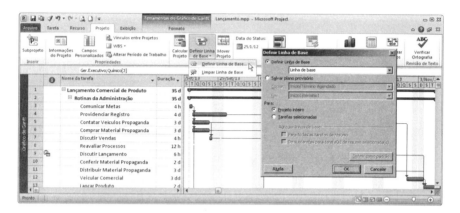

Figura 12.1. - *Determinação de metas.*

A determinação de metas pode ser descrita como a fixação de todas as informações prováveis ao final do planejamento, sendo um conceito muito difundido quando trabalhado empiricamente, se apresentando na forma de um contrato que sela entre duas ou mais partes responsabilidades e penas sobre escopo, prazos e custos que deverão ser cumpridos no transcorrer da produção do bem ou serviço que está sendo contratado.

Quando é encerrada a fase de planejamento, com o projeto se apresentando exequível e viável, são determinadas as metas do projeto que vão permitir, durante o controle da execução, comparações entre o executado, o planejado originalmente e as projeções do planejado causadas pelo recálculo das informações prováveis sempre que uma informação do tipo real digitada for diferente da sua respectiva meta.

O MS Project, versão em Português, trata meta como Linha de Base e a operação de determinação de metas do projeto, como Definir Linha de Base. Gera as informações apresentadas na tabela 12.1.

origem	informação
Tarefa	Duração
	Data de Início
	Data de Término
	Trabalho
	Trabalho Dividido em Fases
	Custo
	Custo Dividido em Fases
Recurso	Trabalho
	Trabalho Dividido em Fases
Atribuição	Data de Início
	Data de Término
	Trabalho
	Trabalho Dividido em Fases
	Custo
	Custo Dividido em Fases

Tabela 12.1. - Informações do tipo meta (linha de base).

Com o acionamento da faixa de opções Projeto → grupo Cronograma → caixa de combinação Definir Linha de Base → opção Definir Linha de Base, abre-se a janela de diálogo Definir Linha de Base, apresentando as seguintes opções:

- **Definir Linha de Base:** provoca a operação de determinação de metas propriamente dita, depositando nos campos tipo Linha de Base cópias das respectivas informações do tipo Provável;
- **Salvar plano provisório:** permite a criação de cópias de informações do tipo Provável ou do tipo Linha de Base, devendo ser utilizada quando houver necessidade de determinar novas metas para um projeto sem, contudo, perder as metas originais que poderão servir para comparações futuras entre o planejado originalmente e o executado;
- **Para Projeto Inteiro:** padrão tanto para Salvar linha de base quanto para Salvar plano provisório, processa todas as tarefas do projeto;
- **Tarefas selecionadas:** aplicável tanto a Salvar linha de base quanto a Salvar plano provisório, processa apenas o conjunto de tarefas selecionado;
- **grupo Agregar linhas de base:** disponível apenas quando Tarefas selecionadas está marcada, determina se e como o método de recálculo será projetado nas linhas de resumo, se ambas as opções estiverem desmarcadas não altera linhas de resumo acima das tarefas selecionadas;

- Para todas as tarefas de resumo: as alterações nas tarefas selecionadas se refletem em todas as tarefas de resumo acima das tarefas selecionadas;
- De subtarefas para tarefa(s) de resumo selecionada(s): as alterações nas subtarefas imediatas se refletem apenas na tarefa de resumo selecionada.

 NOTA → Se você já determinou as metas do projeto e se viu diante da necessidade de incluir uma tarefa não prevista inicialmente ou de fazer uma alteração significativa em uma tarefa e deseja incluir esta inclusão ou alteração nas metas do projeto, faça a correção, selecione a tarefa corrigida e repita a operação Definir linha de base selecionando a opção Tarefas selecionadas e as duas opções subordinadas a ela, conforme descrito acima. O MS Project abrirá uma janela de mensagem informando que as metas do projeto já foram determinadas, acione o botão SIM.

Você pode utilizar uma tabela com as colunas Linha de Base e copiar as informações para estas colunas, mas não deve fazer isto. O MS Project salva uma série de informações como mostrado na tabela 12.1 fazendo, inclusive, cálculos sobre estas informações, cálculos estes que poderão ficar errados ou incompletos.

PRÁTICA

Determinar as metas do projeto Lançamento Comercial de Produto.

Visualizando gráfico de gantt com meta

É possível representar a Linha de base no Gráfico de Gantt acionando a faixa de opções Formato → grupo Estilos de Barra → caixa de combinação Linha de Base → opção Linha de base. Passamos a enxergar duas barras para cada tarefa, sendo a de cor cinza representativa das metas do projeto e a de cor azul representativa dos prováveis. A tonalidade azul clara da barra provável, na fase de acompanhamento, será gradativamente substituída por uma tonalidade mais escura de azul, que representa a evolução real das tarefas.

Capítulo 12 - Determinação de Metas | 251

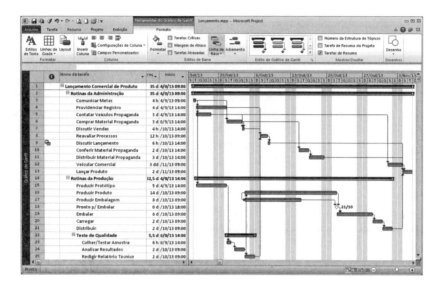

Figura 12.2. - Gráfico de Gantt com linha de base.

PRÁTICA

Aplicar o formato Linha de Base no Diagrama de Gantt do projeto Lançamento Comercial de Produto.

Resumo – determinação de metas

O Que Fazer	Como Fazer
Determinar metas de um projeto	*Projeto* → grupo *Cronograma* → caixa de combinação *Definir Linha de Base* → opção *Definir Linha de Base* Determine as metas do projeto ao final do planejamento, lembrando-se que estas metas representam o compromisso assumido junto ao cliente e, como tal, servirão de balizamento para o acompanhamento do projeto. Na janela de diálogo **Definir Linha de Base** confirme se a opção **Definir Linha de Base** está selecionada antes de pressionar o botão **Ok**.

Mostrar as metas no Gráfico de Gantt	***Formato*** → **grupo** ***Estilos de Barra*** → **caixa de combinação** ***Linha de Base*** → **opção** ***Linha de base*** Esta configuração faz com que o Gráfico de Gantt mostre duas barras sobrepostas para cada tarefa, sendo a barra de cor cinza representativa da meta e a barra de cor azul representativa da provável. Quando do lançamento de dados reais de acompanhamento, a barra provável será gradativamente substituída por outra de cor azul escuro, representando o real. Num primeiro momento as barras de meta e provável são idênticas, pois a operação de determinação de metas provoca uma cópia das prováveis.

IV

CONTROLE

13

CONTROLE

O Controle ou Acompanhamento é uma fase distinta, com início imediatamente após o início da execução de um projeto, e que perdura até o término deste projeto.

Por uma visão simplista, mas extremamente objetiva, podemos dizer que durante esta fase:

- Medimos os prazos e custos reais.
- Comparamos com os prazos e custos estabelecidos como meta.
- Identificamos distorções.
- Deliberamos sobre medidas corretivas a adotar.

O objetivo essencial do controle é fazer com que, ao terminar, o projeto fique o mais próximo possível dos prazos e custos determinados como metas.

A descrição acima é perfeita! Em tese é isso que deve ser feito durante o processo de Controle, pois aqui você só tem um objetivo gerencial: fazer com que o projeto, ao seu término, fique o mais próximo possível dos compromissos assumidos, seja na forma de responsabilidades contratuais ou não.

Metodologia da operação em software

Para alcançar o objetivo da operação de controle, trabalhando com um software de gerenciamento de projetos, você deve proceder basicamente através de sete passos, conforme descrição a seguir.

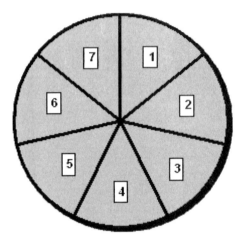

Figura 13.1. O procedimento de controle.

1. **Medição:** em uma determinada data, denominada Data de Medição ou Data de Status, são medidas no local da realização grandezas como custos realizados, percentuais de realização física e tempo dispendido.

2. **Lançamento dos dados:** os dados gerados no procedimento de medição são lançados no projeto.

3. **Reagendamento do projeto:** todo o trabalho que deveria estar concluído e não o foi, por pertencer a tarefa não iniciada ou em vias de execução, é reprogramado para iniciar a partir da data da medição.

4. **Identificação das distorções**: são comparadas as perspectivas de execução do projeto contra as estabelecidas como meta (linha de base no MS Project), para identificar onde a realização ou a perspectiva de execução se encontra prejudicada em relação às metas.

5. **Avaliação das distorções:** uma vez identificadas distorções, devem ser avaliadas quais delas representam efetiva necessidade de intervenção por parte do gerente do projeto e que meios a organização permite que o gerente use para administrar prazos e custos.

6. **Medidas corretivas:** sobre as distorções significativas a gerência do projeto delibera, a partir dos recursos que dispõe, que medidas de contingência deve adotar para reduzir durações ou custos de tarefas, de forma a corrigir distorções na data de término ou no custo total do projeto.

7. **Comunicação do plano corrigido:** o novo plano documentando as intervenções necessárias é levado aos responsáveis pela execução das tarefas, pois uma série de contingências podem ter alterado significativamente o plano original.

Este ciclo completo deve se repetir tantas vezes quantas necessárias para que a gerência de projetos tenha condições de intervir de forma oportuna na administração do projeto.

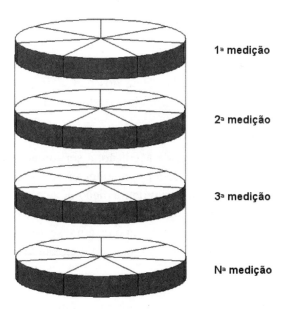

Figura 13.2. - O ciclo do controle.

O intervalo entre as medições deve ser no mínimo igual ao tempo necessário para uma operação de um ciclo completo, caso contrário, a gerência do projeto estará atropelando o seu próprio ciclo, uma vez que poderá estar analisando dados que têm interferência com análises de outro ciclo.

Se bem que formalmente é desejável em uma primeira análise a determinação de intervalos pré-estabelecidos entre as medições, não é de forma alguma obrigatório que esses intervalos obedeçam a uma mesma periodicidade. É comum que ao início de um projeto este intervalo seja mais longo e ao final do projeto o menor possível, desde que não contrarie o estabelecido no parágrafo anterior.

Os tópicos apresentados a seguir detalham os sete passos do controle e durante seu desenvolvimento, como em um projeto real, serão simuladas situações adversas onde a execução de algumas tarefas não estará de acordo com as metas, para que possamos teorizar e apresentar recursos operacionais para identificação e resolução das distorções.

Medindo o Real

Entendemos aqui a medição como o estabelecimento de uma ação administrativa que envolve não apenas a coleta dos dados propriamente dita, mas também uma atuação de caráter reguladora desta coleta de dados.

O início de um ciclo de controle se dá com a gerência de projetos determinando a Data de Status, ou Data de Medição, a ser tomada por base no procedimento e comunicando esta data aos agentes encarregados pela medição. A data estabelecida para a realização da medição deve ser lançada no campo Data de Status da janela de diálogo acessada pela faixa de opções Projeto → Informações do Projeto. Esta data reporta que, em tese, todas as tarefas planejadas para o período deveriam ter seu andamento executado até pelo menos a data reportada.

Para que a Data de Status seja visualizada no Gráfico de Gantt é necessário proceder à formatação de uma linha de grade que a represente. Acione a faixa de opções Formato → botão Linhas de grade → opção Linhas de grade, selecione na caixa de lista Alterar linha a opção Data de status e no grupo Normal defina Tipo e Cor para a linha.

Figura 13.3. - Formatação da linha de Data de Status.

 HIPERLINK → Consulte o capítulo 9 Visualização de Projeto – tópico Alterando Linhas de Grade do Gráfico de Gantt para mais detalhes sobre como formatar linhas de grade.

PRÁTICA

No projeto Lançamento Comercial de Produto, informar como Data de Status 01/10/13 13:00 (dois de outubro de 2013 às 13 horas) e comandar a exibição de uma linha de grade no Gráfico de Gantt representando esta data com uma linha contínua de cor vermelha.

Lançando o Real

O objetivo nesse instante é atualizar o projeto com dados referentes ao avanço físico e/ou à quantidade de recursos utilizada e/ou aos custos incorridos, de forma a representar aquilo que foi efetivamente realizado até a data de medição determinada.

O lançamento das informações reais de um projeto pode se dar pela faixa de opções Tarefa → grupo Cronograma → botão Atualizar como agendado → opção Atualizar tarefas, pela faixa de opções Projeto → grupo Status → botão Atualizar projeto ou ainda pela digitação de dados na tabela Controle ou outra tabela criada pelo usuário, associada ao Formulário de Tarefa no painel inferior. Os dois primeiros métodos se prestam a rotinas de controle com menor nível de detalhe, sendo a última opção indicada para controles com qualquer nível de detalhamento.

É possível monitorar no MS Project várias informações.

Início Real: representa a data de início efetivo da tarefa. Note que aquelas tarefas que apresentam início previsto para o período e que por algum motivo não começaram devem permanecer com o campo Início Real em branco para mais tarde, mas ainda dentro deste ciclo de controle, serem reprogramadas de forma a refletir a efetiva perspectiva de realização do projeto.

NOTA → Observe que ao ser digitado o Início Real de uma tarefa, tal informação é repassada para suas respectivas tarefas de resumo direta e indiretas. Quando a primeira tarefa de um conjunto contido em uma tarefa de resumo tem início, podemos afirmar que o conjunto como um todo teve início, logo, por analogia, a data de início real de um projeto é representada pela data de início real da primeira tarefa executada.

Término Real: representa a data de término efetivo da tarefa. Note que aquelas tarefas que apresentam término previsto para o período, e que por algum motivo não terminaram, devem permanecer com o campo Término Real em branco para mais tarde, mas ainda dentro deste ciclo de controle, serem reprogramadas de forma a refletir a efetiva perspectiva de realização do projeto.

Duração Real: indica a duração efetiva de uma tarefa, duração esta que pode ser total ou parcial. Se você lançar em Duração Real um valor maior que zero e o campo Início Real estiver vazio, este é preenchido com a informação contida em Início e se o campo Duração Real for definido com um valor igual ao de Duração, o campo Término Real é preenchido com a informação contida em Término.

Duração Restante: representa uma estimativa do tempo ainda necessário para levar a cabo a tarefa, esta informação não é considerada como sendo do tipo Real, mas do tipo Provável. Este campo pode ser digitado ou calculado:

- se você lançar um valor no campo Duração Real o MS Project aplica a fórmula Duração Restante = Duração – Duração Real;

- se você lançar um valor no campo % Concluída o MS Project aplica a fórmula Duração Restante = Duração – (Duração * % Concluída);

- se você lançar um valor no campo Duração Restante o MS Project calcula uma nova porcentagem de conclusão e uma nova duração provável;

- se você aumentar ou diminuir a Duração Restante, o MS Project altera a duração provável para que corresponda à soma de Duração Restante com Duração Real, mantendo a Duração Real inalterada.

% Concluída: indica o percentual concluído da duração da tarefa. Pode indicar o avanço físico de tarefas já iniciadas e ainda não concluídas, sendo utilizado pela operação de reprogramação de trabalho não realizado para estimar o quanto das tarefas deve ser reagendado a partir da data de medição e para a avaliação das perspectivas futuras de execução. Este campo pode ser digitado ou calculado:

- se você lançar Duração Real, Duração Restante ou Trabalho Real, o MS Project aplica a fórmula % Concluída = (Duração Real / Duração) * 100;

- se você lançar em % Concluída um valor maior que zero e o campo Início Real estiver vazio este é preenchido com a informação contida em Início;

- se o campo % Concluída for definido como 100, o campo Término Real é preenchido com a informação contida em Término;

se você lançar % Concluída o MS Project calcula automaticamente a Duração Real Parcial e a Duração Restante.

 NOTA → Se lançarmos uma **% Concluída** maior que 0 e menor que 100 o campo **% Trabalho Concluído** será preenchido com valor igual a **% Concluída** ou permanecerá com 0%, dependendo da configuração do campo **Atualizar status da tarefa atualiza status do recurso** da ficha Cronograma da janela Opções do Project. O lançamento de uma **% Concluída** menor que 100 traz à tona o cálculo de um campo de significativa importância neste contexto: **Duração Restante**. Na verdade, o MS Project se utiliza de equações simples para este cálculo:

% Concluída = Duração Real / Duração * 100

Duração Provável = Duração Real + Duração Restante

Dependendo dos meios disponíveis para o lançamento deste andamento incompleto, pode ser melhor lançar Duração Real e deixar que o software calcule **% Concluída** e **Duração Restante**, ou lançar **Duração Real** e **Duração Restante**.

Trabalho Real: representa a quantidade de trabalho investido pelos recursos na realização da tarefa. Este campo pode ser digitado ou calculado:

- se você lançar % Concluída, % Trabalho Concluído ou Duração Real o MS Project pode calcular proporcionalmente o Trabalho Real, dependendo da configuração do campo Atualizar status da tarefa atualiza status do recurso da ficha Cronograma da janela Opções do Project.

Trabalho Restante: representa o trabalho necessário para que os recursos alocados concluam a tarefa. Este campo pode ser digitado ou calculado, funcionando de forma análoga a Duração Restante:

Capítulo 13 - Controle | 263

- se você lançar um valor no campo Trabalho Real o MS Project aplica a fórmula Trabalho Restante = Trabalho – Trabalho Real;

- se você lançar um valor no campo Trabalho Restante o MS Project calcula uma nova porcentagem de conclusão e uma nova duração provável;

- se você aumentar ou diminuir o Trabalho Restante, o MS Project altera a duração provável para que corresponda à soma de Trabalho Restante com Trabalho Real, mantendo o Trabalho Real inalterado.

% Trabalho Concluído: indica o percentual concluído do trabalho previsto para a tarefa. Este campo pode ser digitado ou calculado, funcionando de forma análoga a % Concluída:

- se você lançar Trabalho Real para a tarefa, o MS Project aplica a fórmula % Trabalho Concluído = (Trabalho Real / Trabalho) * 100;

- se você lançar % Concluída o MS Project calcula automaticamente o Trabalho Real e o Trabalho Restante.

Custo Real: mostra os custos contraídos referentes à utilização dos recursos em uma tarefa. Este campo pode ser digitado ou calculado:

- se você lançar um valor no campo Término Real, Duração Real, % Concluída, Trabalho Real ou % Trabalho Concluído o MS Project aplica a fórmula Custo Real = (Trabalho Real * Taxa Padrão) + (Trabalho Real de Horas Extras * Taxa de Horas Extras) + Custos por Uso do Recurso + Custo Fixo da Tarefa;
- se você quiser lançar diretamente o valor de Custo Real, acione a faixa de opções Arquivo à opção Opções, selecione a ficha Cronograma e desmarque a caixa de seleção Custos reais são sempre calculados pelo Project.

Custo Restante: representa o saldo positivo ou negativo de uma tarefa, valor pendente a ser realizado para levar a termo a tarefa. Este campo é calculado pela fórmula Custo Restante = (Trabalho Restante * Taxa Padrão) + Custo de Horas Extras Restante.

Dominando Gerenciamento de Projetos com MS Project 2010

Observe que os campos funcionam de forma sincronizada, fazendo com que o lançamento de uma informação provoque o cálculo e lançamento automático de outras informações, portanto, se uma tarefa foi iniciada conforme o que foi programado, você pode lançar apenas sua data de Término Real, o que vai provocar o preenchimento automático do campo Início Real com uma cópia do campo Início Provável, do campo Duração Real com o tempo decorrido entre o Início Real e o Término Real, do campo % Concluída com 100% e do campo % Trabalho Concluído com 100%.

Quando uma tarefa foi realizada exatamente como estava estimado por suas datas prováveis, basta lançar no campo % Concluída o valor 100; isto faz com que o campo Início Real seja preenchido com uma cópia do campo Início Provável, o campo Término Real seja preenchido com uma cópia do campo Término Provável, o campo Duração Real com o tempo decorrido entre o Início Real e o Término Real e o campo % Trabalho Concluído com 100%.

PRÁTICA

Utilizando a tabela Controle II, lançar os dados no projeto Lançamento Comercial de Produto, conforme indicado na tabela 13.1.

Informar na coluna Início real a data de início das tarefas iniciadas neste ciclo de medição.

id da tarefa	nome da tarefa	início real
3	Comunicar Metas	24/09/2013 9:00
4	Providenciar Registro	24/09/2013 14:00
5	Contatar Veículos de Propaganda	24/09/2013 14:00
15	Produzir Protótipo	24/09/2013 14:00

Tabela 13.1. - Exercício de lançamento de início real.

Informar na coluna Fim real a data de término das tarefas concluídas neste ciclo de medição, conforme indicado na tabela 13.2.

id da tarefa	nome da tarefa	fim real
3	Comunicar Metas	24/09/2013 13:00
15	Produzir Protótipo	01/10/2013 13:00

Tabela 13.2. - Exercício de lançamento de término real.

Informar na coluna % Físico real o percentual das tarefas em andamento que não foram concluídas neste ciclo de medição, conforme indicado na tabela 13.3.

id da tarefa	nome da tarefa	% físico real	% trabalho real
4	Providenciar Registro	30%	30%
5	Contatar Veículos de Propaganda	75%	75%

Tabela 13.3. - Exercício de lançamento de % de evolução.

Realinhando o projeto

Após o lançamento dos dados de realização do projeto, algumas tarefas podem apresentar desvios tais como: início previsto no período não realizado, término previsto no período não realizado ou percentual de execução aquém do previsto. Quando utilizamos um Gráfico de Gantt com a linha de status representada, é simples identificar as tarefas que incorrem nesta situação, conforme podemos notar na figura 13.4, visto que teoricamente todas as tarefas deveriam estar com suas barras de execução se estendendo até a linha de status.

266 | *Dominando Gerenciamento de Projetos com MS Project 2010*

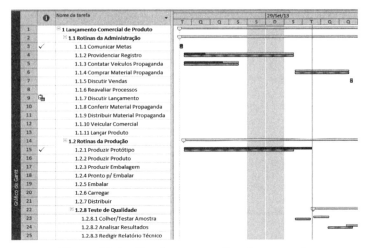

Figura 13.4. - Tarefas com realização atrasada.

 DICA → você pode aplicar Linhas de Andamento para visualizar mais facilmente o atraso de tarefas em relação à linha de status. Com o Gantt ativo acione a faixa de opções Formato → grupo Formatar → botão Linhas de grade → opção Linhas de Andamento, na janela de diálogo que se abre selecione as opções Linha de andamento atual → Exibir e Na data de status do projeto.

Note que você pode exibir linhas de andamento em intervalos regulares selecionando a opção Exibir linhas de andamento em intervalos recorrentes e indicando o intervalo desejado ou em datas específicas selecionando a opção Linhas de andamento selecionadas → Exibir e digitando a(s) data(s) desejada(s).

O MS Project oferece uma ferramenta específica para reagendamento de trabalho não realizado, que projeta para além da data de status o início de tarefas que deveriam ter iniciado e não o fizeram e todo o trabalho restante de tarefas em andamento, alinhando o projeto à data de status. A faixa de opções Projeto → grupo Status → botão Atualizar projeto abre uma janela de diálogo, onde é possível comandar o realinhamento do projeto pelos seguintes campos:

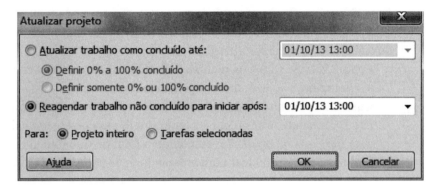

Figura 13.5. *- Janela para reagendamento de tarefas.*

- Reagendar trabalho não concluído para iniciar após: a seleção deste item ativa o procedimento de realinhamento do projeto, tendo como data limite aquela indicada na caixa de lista que complementa o campo e que mostra por padrão a Data de Status informada ou, na ausência desta, a Data Atual;

- Para Projeto inteiro/Tarefas selecionadas: determina o escopo de abrangência do comando.

O resultado final da operação de reagendamento depende da situação de cada tarefa e de configurações do software, conforme descrito a seguir.

Caso 1: se a tarefa já deveria ter iniciado e ainda não o fez, seu Início Provável será reagendado para a data indicada na operação, pela imposição de uma restrição do tipo Não iniciar antes de.

Caso 2: para tarefas que já iniciaram, mas apresentam um % de avanço físico real menor que o projetado, o resultado do reagendamento pode ter dois resultados distintos, dependendo da configuração do campo Dividir as tarefas em andamento, na ficha Cronograma da janela Opções do Project.

Caso 2.1: Quando o campo está selecionado, a tarefa será interrompida imediatamente após a % Concluída, sendo reiniciada após a data indicada para a operação, mantendo a duração restante original; note que na realidade a tarefa sofrerá uma interrupção, o que faz com que sua Duração Provável não seja alterada.

Caso 2.2: Quando o campo Dividir as tarefas em andamento está desmarcado há duas possibilidades, dependendo do status de início do trabalho dos recursos alocados.

Caso 2.2.1: Se todos os recursos alocados na tarefa já iniciaram seu trabalho, não acontece reagendamento algum.

Caso 2.2.2: Se há recursos alocados na tarefa cujo trabalho ainda não foi iniciado, estes recursos terão seu início postergado para a data indicada na operação, mantendo o total de trabalho agendado, o que pode provocar aumento na duração provável da tarefa.

PRÁTICA

Fazer o reagendamento do projeto Lançamento Comercial de Produto para a data de status definida anteriormente (01/10/13 13:00).

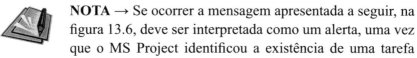

NOTA → Se ocorrer a mensagem apresentada a seguir, na figura 13.6, deve ser interpretada como um alerta, uma vez que o MS Project identificou a existência de uma tarefa com restrição diferente de O Mais Breve Possível. Observe que o reagendamento de todas as tarefas ocorreu e a mensagem deve ser interpretada mais como um alerta do que um erro efetivo.

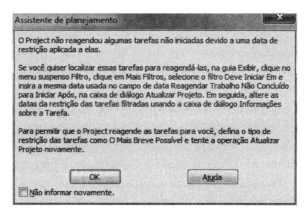

Figura 13.6. Erro de agendamento causado por restrição diferente de O Mais Breve Possível.

Tal alerta merece maiores considerações quando após sua exibição aparecer a janela de diálogo apresentada na figura 13.7.

Esta mensagem informa de uma ação grave quando não existem condições lógicas de que um reagendamento possa produzir resultado consistente, quer seja pela geração de folgas negativas entre predecessoras e sucessoras com restrições obrigatórias ou qualquer outra necessidade da mudança no cronograma de tarefa com uma restrição obrigatória.

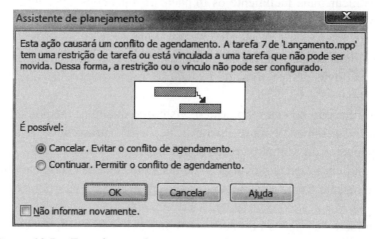

Figura 13.7. - Erro de agendamento causado por tentativa de violação de restrição.

Identificando as distorções

Após atualizar o projeto com as informações referentes ao realizado e reagendar o trabalho previsto para o período e não realizado, devemos observar se e quanto o andamento reportado do projeto apresentou distorções em relação às metas estabelecidas quando salvamos as linhas de base, e, principalmente, se provocou projeções de impactos futuros pelo recálculo das informações do tipo provável das tarefas sucessoras diretas e indiretas e do projeto como um todo, projeção de atraso e/ou projeção de sobrecusto.

Note que a diferença entre uma informação do tipo real e sua respectiva meta representa atraso efetivo, adiantamento efetivo, sobrecusto efetivo ou economia efetiva, algo que já aconteceu e, portanto, é irreversível. A diferença entre uma informação futura do tipo provável, que foi recalculada devido aos lançamentos da operação de controle, e sua respectiva meta representa projeção de atraso, projeção de adiantamento, projeção de sobrecusto ou projeção de economia, como ainda não se realizou, esta projeção é reversível.

Para identificar mais facilmente os impactos e suas consequências, é necessário um formato de Gráfico de Gantt que combine três necessidades básicas:

A identificação das diferenças entre o realizado e as metas e das distorções entre as novas perspectivas de realização, o provável recalculado, frente às metas.

A identificação do caminho crítico, visto que qualquer medida de contingência a ser tomada para recuperar projeções de atraso deve ter as tarefas componentes do caminho crítico como alvo.

A quantificação exata da variação de dias que cada tarefa do caminho crítico apresenta frente à sua meta.

Acione a faixa de opções Formato → grupo Estilos de barra, selecione a opção Tarefas Críticas e no botão Linha de Base a opção Linha de base (último salvamento em ...).

A aplicação da informação descritiva de variação ao término é feita pela faixa de opções Formato → grupo Estilos de barra → botão Formatar → opção Estilos de barra. Abre-se uma janela de diálogo onde selecionamos na tabela que se apresenta na parte superior o elemento desejado, por exemplo Tarefa crítica, e na ficha Texto que se apresenta na parte inferior indicamos a informação desejada, por exemplo no campo Direita a informação Variação do Término. Após as formatações sugeridas, o Gráfico de Gantt não apenas destaca as distorções no andamento do projeto, metas são representadas pelas barras em cinza, como também identifica o caminho crítico, tarefas críticas são representadas pelas barras em vermelho e as não críticas pelas barras em azul, e quantifica para as tarefas críticas, que são o foco de qualquer ajuste de cronograma, a variação em dias úteis frente à linha de base.

É importante notar que para efeito da evolução cronológica do projeto, de modo geral, apenas as distorções que provoquem impacto na data de término do projeto são realmente significativas.

PRÁTICA

Aplicar as formatações sugeridas no Gráfico de Gantt do projeto Lançamento Comercial de Produto.
Observe todas as distorções que se apresentam e a variação da data de término do projeto.

Avaliando as distorções

Tendo identificado todas as distorções provocadas pela execução do projeto frente às metas estabelecidas na fase de planejamento, linhas de base, podemos notar que algumas destas distorções não provocam impacto significativo no projeto como um todo, outras impactam o projeto, inclusive causando alteração em sua data de término.

Na análise de distorções de prazos, a princípio apenas os impactos que se reflitam na data de término do projeto são passíveis de medidas corretivas, a exceção fica por conta de impactos em tarefas ou marcos que, independentemente de seu reflexo na data de término do projeto, se apresentem como datas marcantes, definidas como pontos de controle significativos.

Assim, nesse ponto do ciclo de controle, são identificadas e quantificadas as projeções de distorção que devem ser revertidas, sendo este procedimento regido pelo conhecimento que o gerente de projeto tem do cenário específico do projeto e pelas regras de cada organização para avaliar o que é realmente significativo para uma intervenção por ação gerencial.

PRÁTICA

Identificar no Gráfico de Gantt formatado no tópico anterior as projeções de impacto passíveis de medidas corretivas e as grandezas a serem revertidas.

Tomando medidas corretivas

Com o projeto atualizado quanto ao realizado e quanto às projeções do planejado, com o cenário futuro bem definido e os problemas delineados de forma concreta, pela comparação das informações atualizadas com as metas assumidas, é possível ao gerente do projeto tomar medidas corretivas com toda a segurança necessária.

Medidas corretivas, também denominadas medidas de contingência, são ações de replanejamento que visam neutralizar projeções de impacto causadas pela realização de tarefas em discordância com o planejado. Estas ações são originalmente indesejadas, mas impostas por uma situação emergencial, cujo objetivo fundamental é manter a execução do projeto o mais próximo possível das metas assumidas no que diz respeito a prazos e custos.

Uma medida corretiva pode visar prazos ou custos. Quando o impacto a ser neutralizado se refere a prazos, projeção de atraso em pontos de controle ou no projeto como um todo, a medida corretiva deve provocar a redução da duração de uma ou mais tarefas ou ser aplicada em uma ou mais relações de precedência de forma a possibilitar o adiantamento do início de uma ou mais tarefas (conhecido como fast tracking). Para reverter impactos na data de término do projeto o foco deve recair sobre o caminho crítico do projeto, por ser este o fator determinante da duração do projeto, para reverter impactos em pontos de controle o foco deve recair nas suas respectivas tarefas predecessoras diretas e indiretas, e para ambos os casos, a medida corretiva de redução de duração deve ser tomada preferencialmente sobre as tarefas de maior duração, pois absorvem com menor impacto as alterações impostas.

As medidas corretivas de redução de duração se apresentam basicamente sob cinco formas.

> **Alocação de maior quantidade de recursos em tarefas dirigidas por esforço:** tendo por objetivo diminuir a duração de uma tarefa, traz a vantagem de poder reduzir consideravelmente esta duração e a desvantagem de sujeitar o projeto a conflitos de recursos.

Alocação de horas extras de recursos: assim como a medida anterior, tem por objetivo diminuir a duração de uma tarefa, com a vantagem de tal redução não sujeitar o projeto a conflitos de recursos e as desvantagens de ser limitada quanto à redução de prazos e de aumentar o custo do projeto; a quantidade de horas extras a alocar é calculada multiplicando a quantidade de horas de atraso pela quantidade de recursos alocada à tarefa que se deseja encurtar.

Substituição de recursos alocados por similares de menor custo: o objetivo desta medida é a redução de custos, sendo sua desvantagem o fato de trazer consigo, na grande maioria dos casos, a queda da qualidade do produto final.

Alteração de métodos executivos: podendo visar tanto a redução de prazos quanto a redução de custos, apresenta a desvantagem de geralmente requerer grandes alterações no planejamento, com o projeto em fase de controle e a queda da qualidade do produto final em certos casos.

Incentivo ao aumento de produtividade: podendo visar tanto a redução de prazos quanto a redução de custos, traz as vantagens de não sujeitar o projeto a conflitos de recursos e de geralmente provocar redução de custos, como desvantagem o fato de não ser simples de ser implementada, pois envolve incentivos compensatórios.

PRÁTICA

No cenário-exemplo que estamos trabalhando, vamos optar pela resolução da projeção de atraso no cronograma do projeto pela aplicação de horas extras. Calcular a quantidade de horas a serem recuperadas no projeto e lançar na maior tarefa crítica do projeto horas extras suficientes para anular o atraso projetado.

Para a alocação de horas extras disponibilize no painel inferior o formato de detalhe denominado Trabalho.

NOTA → O campo Variação do Custo informa tanto distorções da relação Provável X Linha de Base quanto distorções da relação Real X Linha de Base. Para tarefas não iniciadas, como a tarefa 16 Produzir Produto, a distorção de custo observada é oriunda da alocação de horas extras, as quais ainda não foram realizadas, logo seu custo provável está maior que o custo meta. Para tarefas já concluídas, como a tarefa 15 Produzir Protótipo, podemos observar uma variação de custo pelo fato de ter demorado mais que o previsto, logo seu custo real foi maior que o custo meta.

Publicando o plano

Após cumprir todos os procedimentos do controle, o projeto passa a apresentar uma grande quantidade de informações novas e/ou alteradas, frente ao que existia antes de ser iniciado o primeiro procedimento do ciclo, sendo fundamental a devida documentação de todas as atualizações do projeto e o repasse destas informações a todos os envolvidos no projeto, a publicação do projeto. A publicação pode visar diferentes destinatários e apresentar diferentes informações, com objetivos específicos. Por exemplo, o realizado e as expectativas corrigidas de execução podem ser encaminhadas ao cliente do projeto, ao patrocinador e aos níveis gerenciais mais altos da organização executora, para que os mesmos tomem ciência do que foi realizado e dos impactos gerados pela execução; o plano corrigido com as tarefas não iniciadas e as tarefas em andamento pode ser enviado para os executores, para que tomem ciência das novas expectativas e agendamentos, tornando as medidas eficazes.

PRÁTICA

No projeto Lançamento Comercial de Produto, associar à tarefa 16 Produzir Produto a seguinte anotação:

Foram autorizadas 640 horas extras nessa tarefa, de forma a recuperar uma projeção de atraso de 1 dias, caracterizada na medição com data de status 01/10/13 13:00.

Criar uma tabela para ser enviada aos participantes do projeto, denominada Plano Revisado com os campos apresentados na tabela 13.4.

nome do campo	alinhar dados	título
Id	Centralizar	
Nome	À Esquerda	Tarefa
Início	À Direita	Início prov.
Término	À Direita	Fim prov.
Duração	À Direita	Duração prov.
Duração da linha de base	À Direita	Duração Meta
Trabalho	À Direita	Trabalho prov.
Trabalho de horas extras	À Direita	Trab. h extra
Anotações	À Esquerda	
Custo	À Direita	Custo prov.
Custo da Linha de base	À Direita	Custo meta

Tabela 13.4. - Exercício de criação de tabela.

Compreendendo custos

Por padrão, o custo real das tarefas é calculado pelo MS Project à medida que seu respectivo trabalho real é lançado ou calculado, durante o andamento da tarefa, tendo como base o método de acumulação definido. A fórmula utilizada para o cálculo é: Custo Real = (Trabalho Real * Taxa Padrão) + (Trabalho Real de Horas Extras * Taxa de Horas Extras) + Custo por Uso do Recurso + Custo Fixo da Tarefa.

Tomando como exemplo a tarefa Comunicar Metas do projeto Lançamento Comercial de Produto, que está concluída e apresenta um custo real de R$ 880,00, a tabela 13.5 mostra os detalhes do cálculo deste valor.

| projeto: Lançamento Comercial de Produto | | | | | | | duração meta: 4h | |
| tarefa: Comunicar Metas | | | | | | | duração real: 4h | |

recurso	Unidades	trabalho real	trabalho h.extra	taxa padrão	taxa h.extra	custo por uso	custo fixo da tarefa	custo total
Diretoria	3un	12h	0h	R$ 50,00/h	R$ 0,00/h	R$ 0,00	R$ 0,00	R$ 600,00
Secretaria	3un	12h	0h	R$ 12,00/h	R$ 18,00/h	R$ 0,00	R$ 0,00	R$ 144,00
Ger. Administrativo	1un	4h	0h	R$ 16,00/h	R$ 24,00/h	R$ 0,00	R$ 0,00	R$ 64,00
Ger. Executivo	1un	4h	0h	R$ 18,00/h	R$ 27,00/h	R$ 0,00	R$ 0,00	R$ 72,00
Total								R$ 880,00

Tabela 13.5. - Composição do cálculo de custo.

Os valores de trabalho real da tabela exemplo foram calculados pelo MS Project após a conclusão da tarefa. Dividindo a janela e aplicando o detalhamento Trabalho, você pode notar que as tarefas Providenciar Registro e Contatar Veículos Propaganda do mesmo projeto Lançamento Comercial de Produto se encontram já em andamento, mas com o trabalho real zerado e, consequentemente, com seu custo real também zerado. Isto ocorre porque o projeto está com a opção Atualizar status da tarefa atualiza status do recurso desmarcada, no capítulo 6 – Configurações Iniciais acionamos a faixa de opções Arquivo → Opções e desmarcamos este item que se encontra na ficha Cronograma.

HIPERLINK → para mais informações sobre o efeito desta configuração nos cálculos do MS Project consulte o tópico Lançando o Real neste mesmo capítulo e o capítulo 17 Configuração do Ambiente – tópico Alterando os Parâmetros de Operação – ficha Cronograma.

Para que o custo real de tarefas em andamento seja calculado com a opção Atualizar status da tarefa atualiza status do recurso desmarcada, é necessário informar o trabalho real ou provocar o cálculo deste trabalho pelo MS Project.

Para informar o Trabalho Real, divida a tela, aplique o detalhamento Trabalho e digite na coluna Trabalho Real a quantidade efetiva de horas de trabalho de cada recurso alocado desde o início da tarefa até a data de status.

Para provocar o cálculo do Trabalho Real, é necessário informar o % Trabalho Concluído da tarefa, que se reflete proporcionalmente no trabalho real de cada um dos recursos alocados. Utilize uma tabela, por exemplo, a tabela Controle ou a tabela Controle II, criada no capítulo 9 Visualização de Projeto – tópico Personalizando Tabelas.

O custo real calculado pelo MS Project sempre terá como base de cálculo os valores unitários de custo e o trabalho real informados, conforme indicado na fórmula apresentada no início deste tópico. Caso o valor calculado como custo real de uma tarefa não reflita a realidade, existem duas alternativas para proceder à correção, possibilitando atualizações de custos mais precisas.

Deixar o software calcular os custos durante a evolução da tarefa e após o término da mesma lançar as correções devidas.

Alterar a configuração original de cálculo, acionando a faixa de opções Arquivo → Opções → Cronograma → Opções de cálculo deste projeto, onde deve ser desmarcada a opção Custos reais são sempre calculados pelo Project, e digitar os custos reais de cada recurso alocado nas tarefas ainda durante o seu andamento.

Por padrão, a opção Custos reais são sempre calculados pelo Project fica selecionada. Se você optar por desmarcar esta opção e lançar os custos reais o MS Project deixa de calcular estes valores, no entanto, continuará a calcular os valores dos custos restantes. Se a opção Custos reais são sempre calculados pelo Project estiver desmarcada e vier a ser selecionada, todos os custos reais lançados no projeto por digitação serão eliminados e o MS Project recalculará todos os custos reais de todas as tarefas segundo sua fórmula padrão.

Outra possibilidade que também pode se mostrar útil é o lançamento de custos reais divididos em fases. Utilizando o modo de exibição Uso do Recurso ou Uso da Tarefa, lance na unidade de tempo desejada, hora, dia, semana, mês, o custo real do recurso. Esta forma de lançamento obedece às mesmas regras expostas anteriormente no que diz respeito à configuração de Custos reais são sempre calculados pelo Project: se estiver marcada a digitação de custo real somente poderá ocorrer após o término da tarefa, se estiver desmarcada a digitação de custo real poderá acontecer mesmo durante o andamento da tarefa.

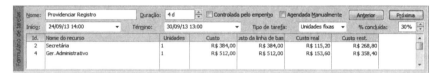

Figura 13.8. - Formulário de tarefas com detalhamento de custos.

PRÁTICA

Na tarefa Providenciar Registro lançar Trabalho Real de Secretária = 24h e de Ger.Administrativo = 20h.

Observar o cálculo de custo real para a tarefa.

Resumo – Controle

O Que Fazer	Como Fazer
Definir data de *status*	***Projeto → Informações sobre o projeto*** A data estabelecida para a realização da medição deve ser lançada no campo **Data de Status** da janela de diálogo.
Mostrar data de *status* no Gráfico de Gantt	***Formato → grupo Formatar → botão Linhas de grade → opção Linhas de Andamento*** Selecione na ficha **Datas e intervalos** a opção **Sempre exibir a linha de andamento atual** e a opção **Na data de status do projeto**.

Lançar real via janela de diálogo	***Tarefa → grupo Cronograma → botão Atualizar como agendado → opção Atualizar tarefas*** Utilize esta janela para um controle físico mais detalhado, podendo ser lançado percentual físico real, duração real, duração restante, início real e final real.
Lançar real via tabela	***Exibição → Dados → Tabelas → Controle*** Caso a intenção seja fazer o controle físico tendo em paralelo um controle financeiro, utilize esta opção, pois é possível lançar nesta tabela custo real e trabalho real. Para uma operação de controle mais dinâmica, crie uma tabela combinando colunas para visualizar provável, meta e real em paralelo.
Reprogramar tarefas	***Projeto → grupo Status → botão Atualizar projeto*** A opção ***Reagendar trabalho não concluído para iniciar após*** desta janela de diálogo permite reprogramar todo o trabalho ainda não realizado para uma nova data, indicada pelo usuário. A configuração ***Dividir as tarefas em andamento*** acessada pela faixa de opções ***Arquivo → Opções → ficha Cronograma*** determina se tarefas já iniciadas serão reprogramadas por interrupção ou por aumento de duração..
Avaliar distorções	***Exibição → Dados → Tabelas → Variação*** Utilizando tabelas quantifique os impactos sofridos pelo projeto. Por exemplo, na tabela ***Variação*** consulte a coluna ***Variação do término*** para quantificar o impacto de prazo no projeto como um todo e na tabela ***Custo*** consulte a coluna ***Variação*** para quantificar o impacto nos custos do projeto. Se desejar, crie uma tabela específica para análise de variações contendo as colunas devidas.

Tomar medidas corretivas	Medidas corretivas se apresentam basicamente sob cinco formas: **Alocação de maior quantidade de recursos em tarefas dirigidas por esforço:** no painel inferior, detalhamento Trabalho do recurso, aumente a quantidade de recursos alocados na coluna *Unidades*; **Alocação de horas extras de recursos:** no painel inferior, detalhamento *Trabalho do recurso*, lance a quantidade de horas extras na coluna *Trab.h.extra*; a quantidade de horas extras a alocar é calculada multiplicando a quantidade de horas de atraso pela quantidade de recursos alocada à tarefa que se deseja encurtar; **Substituição de recursos alocados por similares de menor custo:** no painel inferior substitua o recurso desejado na coluna *Nome do recurso*; **Alteração de métodos executivos:** utilizando o Gráfico de Gantt refaça o planejamento de tarefas e no painel inferior o planejamento de recursos; **Incentivo ao aumento de produtividade:** no painel inferior, detalhamento *Trabalho do recurso*, diminua a quantidade de trabalho na coluna *Trabalho*.
Lançar custo real	*Arquivo → Opções → Cronograma* Desmarque a opção *Custos reais são sempre calculados pelo Project* na ficha *Cronograma* e digite os custos reais de cada recurso alocado nas tarefas ainda durante o seu andamento. Se preferir trabalhar com o MS Project calculando os custos, aguarde o término da tarefa e lace então a correção desejada do custo real.

14

UTILIZAÇÃO DE FILTROS

Projetos facilmente excedem 200 tarefas, não sendo difícil passar da casa das 1.000 tarefas. A visualização e análise das informações ficam tão mais difíceis quanto mais tarefas compõem o projeto, pois não podemos esquecer que uma tarefa pode ser crítica ou não, pode estar atrasada, adiantada ou no prazo, pode alocar este ou aquele recurso, pode estar em execução, não ter iniciado ou já ter terminado...

Para facilitar a visualização e análise das informações de um projeto existem os filtros, tanto de tarefas quanto de recursos. Os filtros permitem focar as atenções em conjuntos específicos de tarefas ou de recursos, conjuntos que atendam a determinados critérios, definidos pelo usuário quando da aplicação do filtro.

Neste capítulo são apresentados todos os filtros do MS Project, tanto de tarefas quanto de recursos, e você ainda aprenderá a criar filtros segundo critérios específicos, determinados por você.

Aplicando filtros

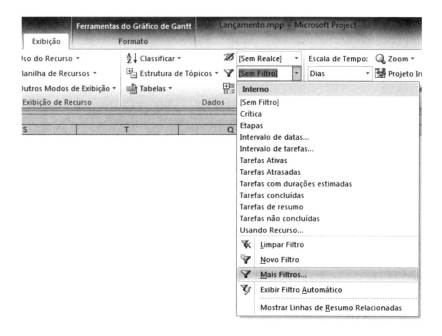

Figura 14.1. - Janela de diálogo para aplicação de filtros.

Os filtros têm como objetivo restringir a apresentação de dados, de forma que as informações mostradas tenham uma determinada propriedade em comum, se aplicando tanto a tarefas quanto a recursos. Para aplicar um filtro basta acionar a faixa de opções **Exibição** → **grupo Dados** → **caixa de combinação Filtro** e escolher o filtro desejado.

Note que a lista de opções que se abre na caixa de combinação **Filtro** mostra aquele que seria o conjunto de filtros mais importantes. A opção **Mais Filtros** abre uma janela de diálogo que apresenta o conjunto completo de filtros do Project, tanto de tarefas quanto de recursos, apresentados a seguir nas tabelas 14.1 e 14.2.

Capítulo 14 - Utilização de Filtros | **283**

filtros de tarefa	descrição
Todas as tarefas	Mostra, indistintamente, todas as tarefas do projeto;
Campos vinculados	Indica as tarefas às quais foram vinculadas informações de outros programas, como Word ou Excel, pelo regime de vínculo dinâmico (DDE), em um ou mais campos;
Confirmado	Atributo dependente de mecanismo de comunicação via e-mail, intranet ou internet, utilizado pelo ambiente EPM, indica tarefas para as quais todos os recursos alocados e comunicados aceitaram ou não responderam a mensagem de atribuição; uma tarefa não está confirmada se um ou mais recursos responderem negativamente à mensagem de atribuição;
Criadas após	Indica as tarefas que foram criadas no projeto na data ou a partir de uma determinada data, especificada pelo usuário;
Crítica	Mostra todas as tarefas críticas do projeto, estando ou não estas tarefas no caminho crítico;
Custo acima do orçado	Mostra apenas as tarefas que apresentam o custo provável maior que o custo da linha de base;
Custo maior que	Mostra apenas as tarefas cujo custo provável seja maior que o valor informado pelo usuário na janela de diálogo que se abre;
Deve iniciar em	Indica as tarefas que devem iniciar até uma data indicada pelo usuário e que ainda não iniciaram;
Deve iniciar/terminar em	Exibe as tarefas que não iniciaram ou terminaram no intervalo de tempo informado pelo usuário nas duas janelas de diálogo que se abrem, permitindo identificar as tarefas que não estão seguindo o agendamento planejado;
Etapas	Mostra apenas os marcos doprojeto, tarefas com *Duração* = 0;

Grupo de recursos	Exibe todas as tarefas onde estejam alocados um ou mais recursos pertencentes ao grupo informado pelo usuário na janela de diálogo que se abre;
Intervalo de datas	Mostra as tarefas em execução no intervalo de tempo informado pelo usuário nas duas janelas de diálogo que se abrem; note que uma tarefa que inicie antes do intervalo de tempo fornecido e termine dentro ou após o intervalo é mostrada, assim como aquela que termine após o intervalo mas inicia antes ou dentro do interva-lo, assim como aquela que inicia e termina dentro do intervalo de tempo;
Intervalo de tarefas	Indica tarefas cujo *Id* pertença ao intervalo informado pelo usuário;
Progresso das tarefas adiadas	Mostra as tarefas que apresentam projeção de atraso em relação às datas de término meta, seu término pro-vável *(Término)* é posterior ao término meta *(Término da Linha de Base)*, independentemente de estarem concluídas ou não;
Tarefas adiadas	Mostra as tarefas e marcos após a data de *status* que apresentam projeção de atraso em relação às datas de linha de base;
Tarefas agendadas manu-almente	Mostra as tarefas definidas para **Agendamento Manual**;
Tarefas ativas	Mostra apenas as tarefas definidas como **Ativas**, ocul-tando aquelas que foram canceladas mas permanecem disponíveis para fins de relatórios ou históricos
Tarefas adiadas	Mostra as tarefas e marcos com início anterior à data de *status* que ainda não foram concluídas e apresentam projeção de atraso em relação à Linha de Base;
Tarefas atrasadas / orçamento estourado atribuídas a	Tarefas que alocam um recurso especificado pelo usu-ário e que apresentam orçamento estourado em relação ao *Custo da Linha de Base* ou projeção de atraso em relação à data de *Término da Linha de Base*;

Tarefas com anexos	Mostra tarefas com anotação no campo *Anotações* ou com um objeto Windows incorporado pelo método *Inserir objeto* (OLE);
Tarefas com datas fixas	Exibe todas as tarefas com *Restrição* diferente de *O Mais Breve Possível* ou já iniciadas;
Tarefas com datas limites	Mostra apenas as tarefas com datas finais atribuídas como *Prazo Final*;
Tarefas com durações estimadas	Mostra apenas as tarefas onde a duração ainda não foi definida ou onde o usuário achou por bem avaliar essas durações como simples estimativas;
Tarefas com um calendário de tarefa atribuído	Indica as tarefas que tenham um calendário específico atribuído;
Tarefas concluídas	Exibe apenas as tarefas prontas, encerradas (*% Concluído* = 100 %);
Tarefas de resumo	Mostra todas as tarefas de resumo, em todos os níveis;
Tarefas do 1º nível	Mostra todas as tarefas do primeiro nível de indentação (nível hierárquico), sejam elas tarefas de resumo ou não;
Tarefas em andamento	Exibe as tarefas já iniciadas e ainda não concluídas (0 < *% Concluído* < 100 %);
Tarefas não concluídas	Exibe as tarefas não encerradas, inclusive as não iniciadas (*% Concluído* < 100 %);
Tarefas não iniciadas	Exibe as tarefas não iniciadas (*Início Real* = NA);
Tarefas sem datas	Mostra as tarefas agendadas manualmente que ainda não tiveram data de início e/ou término definida;
Tarefas/atribuições com horas extras	Indica as tarefas onde é estimado ou foi executado serviço em regime de hora extra;
Trabalho acima do orçado	Exibe apenas as tarefas com trabalho provável maior que o determinado como meta, a situação atual da tarefa requer mais HH que o estabelecido como meta; note que este filtro não se aplica a recursos do tipo *Material*;

Utilizando recurso	Tarefas alocando um determinado recurso informado pelo usuário.
Utilização do recurso dentro do período (*)	Seleciona as tarefas executadas por um determinado recurso e executadas dentro de uma faixa de datas; o recurso, a data de início do período e a data de término do período são informadas pelo usuário;

Tabela 14.1. - *Filtros de tarefas.*

filtros de recurso	Descrição
Todos os recursos	Mostra todos os recursos, sem filtro;
Atribuições adiadas (*)	Mostra os recursos alocados em tarefas que ainda não foram concluídas e apresentam projeção de atraso em relação às datas de término meta, seu término provável (*Término*) é posterior ao término meta (*Término da Linha de Base*);
Atribuições em andamento (*)	Filtro aplicável apenas ao modo de exibição *Uso do Recurso*, mostra para cada recurso as tarefas já iniciadas e não concluídas;
Atribuições não iniciadas (*)	Mostra as tarefas com recursos alocados onde não haja início real;
Campos vinculados	Indica os recursos aos quais foram vinculadas informações de outros programas, como Word ou Excel, pelo regime de vínculo dinâmico (DDE), em um ou mais campos;
Criadas após	Apesar do artigo feminino e da mensagem na janela de diálogo que se abre, referindo-se a tarefas, mostra os recursos criados após uma data informada pelo usuário;
Custo com orçamento estourado	Mostra apenas os recursos com alocação apresentando o custo provável maior que o custo meta (*Custo da Linha de Base*);

Custo maior que	Exibe os recursos cuja alocação apresenta custo provável maior que o valor informado pelo usuário na janela de diálogo que se abre;
Deve iniciar em	Indica os recursos alocados que devem iniciar o trabalho até uma data indicada pelo usuário e que ainda não iniciaram;
Deve iniciar/terminar em	Exibe os recursos alocados no intervalo de tempo informado pelo usuário nas duas janelas de diálogo que se abrem que não iniciaram ou terminaram seu trabalho, permitindo identificar os recursos que não estão seguindo o agendamento planejado;
Grupo	Exibe apenas os recursos componentes do grupo informado pelo usuário na janela de diálogo que se abre;
Intervalo de datas	Mostra os recursos alocados no intervalo de tempo informado pelo usuário nas duas janelas de diálogo que se abrem; note que uma alocação que inicie antes do intervalo de tempo fornecido e termine dentro ou após o intervalo é mostrada, assim como aquela que termine após o intervalo, mas inicia antes ou dentro do intervalo, assim como aquela que inicia e termina dentro do intervalo de tempo;
Intervalo de recursos	Indica os recursos cujo *Id* pertence ao intervalo informado pelo usuário nas janelas de diálogo que se abrem;
Progresso das tarefas adiadas	Mostra os recursos que apresentam projeção de atraso em relação às datas de término meta, seu término provável, independentemente de estarem concluídas ou não. *(Término)* é posterior ao término meta *(Término da Linha de Base)*;
Recursos – Custo	Mostra os recursos cujo conteúdo do campo *Tipo* seja *Custo1*;
Recursos – Material	Mostra os recursos cujo conteúdo do campo *Tipo* seja *Material*;
Recursos – Trabalho	Mostra os recursos cujo conteúdo do campo *Tipo* seja *Trabalho*;

Recursos com anexos	Mostra recursos com anotação no campo *Anotações* ou com um objeto Windows incorporado pelo método *Inserir objeto* (OLE);
Recursos de Orçamento	Mostra apenas os recursos orçamentários, atribuíveis à tarefa de resumo do projeto, com opção *Orçamento* selecionada;
Recursos sem Orçamento	Mostra os recursos não orçamentários, atribuíveis a tarefas, com opção *Orçamento* desmarcada;
Recursos superalocados	Recursos em conflito, sobrealocados; a quantidade do recurso em determinado momento não é suficiente para atender à demanda;
Recursos/atribuições com horas extras (*)	Indica os recursos para os quais é estimado ou foi executado serviço em regime de hora extra;
Trabalho com orçamento estourado	Exibe apenas os recursos com trabalho provável maior que o determinado como meta, a situação atual da tarefa requer mais HH que o estabelecido como meta; note que este filtro não se aplica a recursos do tipo *Material*;
Trabalho concluído (*)	Mostra os recursos que terminaram todas as tarefas a eles estabelecidas;
Trabalho não concluído (*)	Recursos com o trabalho agendado inferior ao trabalho da linha de base, *% Trabalho Concluído* menor que 100.

Tabela 14.2.- Filtros de recursos.

Os filtros destacados com (*) são filtros que fazem sentido quando podemos observar as atribuições, isto é, os desdobramentos das alocações de recursos nas tarefas. Assim, a compreensão desses filtros fica mais bem esclarecida quando podemos vê-los pelos modos de exibição *Uso do Recurso* ou *Uso da Tarefa*.

PRÁTICA

Aplicar no projeto Lançamento Comercial de Produto filtros que atendam às seguintes questões:

Quais os recursos que fazem parte do grupo Dir?
Que tarefas utilizam recursos do grupo Dir?
Quais são as tarefas críticas do projeto?
Existe alguma tarefa atrasada?

Personalizando Filtros

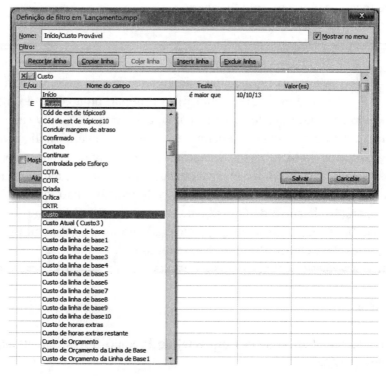

Figura 14.2. - *Janela de diálogo para edição de filtros.*

A partir da faixa de opções *Exibição* → grupo *Dados* → caixa de combinação *Filtro* → opção *Mais Filtros*, abre-se a janela de diálogo *Definição de Filtro*, onde o acionamento do botão *Novo* possibilita a criação de filtros através das seguintes informações (colunas):

- *E/Ou*: operador booleano para criação de filtro composto;
- *Nome do campo*: nome do campo base para o mecanismo de seleção;
- *Teste*: a regra de comparação que caracteriza o processo de seleção;
- *Valor*: o valor a ser comparado, podendo ser outro campo ou ainda um texto entre aspas, seguido de ponto de interrogação, o que cria uma janela de diálogo para a criação de filtros interativos.

Um filtro criado em um projeto é salvo junto com o projeto, podendo ser reutilizado toda vez que o mesmo for aberto.

 NOTA → Conforme já foi colocado anteriormente, evite alterar as ferramentas padrão do *software*, criando, sempre que desejar alterar um filtro original, uma cópia do filtro desejado e fazendo as alterações na cópia. Esta sugestão se deve ao fato de não existir um comando Redefinir, tão comum am vários aplicativos, para os filtros do MS Project, e isto faz com que a operação de retorno às características originais seja mais trabalhosa, ou pela redefinição manual de cada elemento ou, se der sorte e o Global.MPT não foi alterado, por operação de cópia do Global para o arquivo corrente na janela *Organizador*, a mão inversa do que é mostrado no tópico Disponibilizando Filtros Para Outros Projetos deste capítulo.

PRÁTICA

Criar no projeto Lançamento Comercial de Produto filtros que atendam às seguintes questões:

Nome: Início/Custo Prov; Critério: início provável maior que 10/10/13 e custo provável maior que R$ 1000,00;

Nome: Início/Custo Prov 2; Critério: início provável interativo e custo provável interativo;
Nome: Recurso C; Critério: nomes de recursos começando com "C";
Nome: Calendário Diverso; Critério: campo Ignorar Calendário de Recurso igual a sim.

Disponibilizando filtros para outros projetos

Filtros são considerados objetos de apoio a projeto e, portanto, quando são criados pertencem tão somente ao projeto corrente, ao arquivo onde foram criados. Para que um filtro criado em um projeto fique disponível para outros projetos é necessário copiá-lo para o arquivo GLOBAL.MPT, que é um arquivo básico do MS Project lido no instante do *start-up* do *software*.

Um dos caminhos para fazer a disponibilização de um filtro é na faixa de opções *Arquivo*, onde acionamos o botão *Organizador*, que leva à janela de diálogo de mesmo nome, constituída por um sistema de fichas, existindo em todas as fichas dois quadros: o da esquerda mostra os objetos já existentes no GLOBAL.MPT e o da direita mostra os que foram criados no arquivo corrente. Quando um ou vários objetos se encontram marcados é possível copiá-los (botão Copiar), excluí-los (botão Excluir) ou renomeá-los (botão Renomear). A operação de disponibilização de calendários deve ser feita na ficha Calendários.

O caminho para fazer a disponibilização de um filtro é através do acionamento do botão *Organizador* da janela de diálogo *Mais Filtros* ou pela faixa de opções *Arquivo*, onde acionamos o botão *Organizador*, que leva à janela de diálogo de mesmo nome, constituída por um sistema de fichas, existindo em todas as fichas dois quadros onde o da esquerda mostra os objetos já existentes no GLOBAL.MPT e o da direita mostra os que foram criados no projeto corrente. Quando um ou vários objetos se encontram marcados é possível copiá-los, apagá-los ou renomeá-los. A operação de disponibilização de filtros deve ser feita na ficha *Filtros*.

HIPERLINK → consulte o capítulo 7 **Criação do *Pool* de Recursos** – tópico **Disponibilizando Calendários Para Outros Projetos** para obter mais informações sobre o comando *Organizador*.

Resumo – Utilização de filtros

O Que Fazer	Como Fazer
Aplicar um filtro	*Exibição* → grupo *Dados* → caixa de combinação *Filtro* Se o filtro desejado estiver no submenu apresentado basta clicá-lo, caso contrário, escolha a opção **Mais Filtros** e selecione o filtro na janela de diálogo que se apresenta. A opção **Exibir Filtro Automático** mostra no cabeçalho de cada coluna da tabela corrente um botão caixa de lista que permite o trabalho interativo com filtros parametrizados.
Criar um filtro	*Exibição* → grupo *Dados* → caixa de combinação *Filtro* → *Mais Filtros* Na janela de diálogo **Mais Filtros** acione o botão **Novo** e defina na janela de diálogo seguinte, **Definição de Filtro**, o nome do filtro a ser criado, a visualização no submenu de filtros, a informação a ser filtrada, o critério do teste, o valor a ser testado, o operador lógico no caso de filtros compostos e a visualização das tarefas de resumo. É possível criar um filtro parametrizado colocando na coluna *Valor(es)* um texto entre aspas seguido do sinal de interrogação.

Capítulo 14 - Utilização de Filtros | 293

Alterar um filtro	*Exibição* → grupo *Dados* → caixa de combinação **Filtro** → *Mais Filtros* Na janela de diálogo *Mais filtros* selecione o filtro a ser alterado, acione o botão *Editar* e altere na janela de diálogo seguinte, **Definição de filtro em**, o(s) parâmetro(s) desejado(s). Lembre-se que não devemos alterar elementos padrão do *software*, para isto, crie uma cópia do filtro padrão (botão *Copiar*) fazendo nesta cópia as alterações desejadas.
Excluir um filtro	*Exibição* → grupo *Dados* → caixa de combinação **Filtro** → *Mais Filtros* Acione o botão *Organizador* na janela de diálogo *Mais Filtros*; na janela de diálogo *Organizador* selecione o filtro a ser excluído e acione o botão *Excluir*.
Disponibilizar um filtro para outros projetos	*Exibição* → grupo *Dados* → caixa de combinação **Filtro** → *Mais Filtros* Filtros são objetos de apoio a projeto e, por isto, os novos filtros devem ser copiados para o arquivo Global. MPT caso queiramos utilizá-los em outros projetos. O botão *Organizador* na janela de diálogo *Mais filtros* permite esta operação.

15

IMPRESSÃO

Dentre as diversas responsabilidades inerentes à gerência de projetos está a da Comunicação. A Gerência de projetos deve se comunicar com todas as partes envolvidas no projeto, ou *stakeholders*, de forma a mantê-los informados daquilo que ocorre no desenvolvimento do projeto, tanto na fase de planejamento quanto na fase de acompanhamento. As informações são muitas, as mudanças frequentes e a necessidade de comunicação se faz cada vez mais presente.

Mesmo após o advento do correio eletrônico, a impressão de relatórios e gráficos continua se mostrando como o meio mais utilizado para a comunicação, até porque muitas vezes estes relatórios e gráficos são gerados, aproveitando-se da capacidade de formatação embutida nos *softwares*, e anexados às mensagens eletrônicas.

Neste capítulo você aprenderá a imprimir qualquer modo de exibição que esteja na tela, com exceção de **Formulário de Tarefa** e de **Formulário de Recurso**, para os quais não é permitido a impressão. Aprenderá também os detalhes de configuração de página, fundamentais principalmente para a impressão do Gráfico de Gantt e do Diagrama de Rede, devido ao grande tamanho que geralmente estes gráficos tomam.

Imprimindo o projeto

Em tese, qualquer modo de exibição, com exceção de *Formulário de Tarefa* e de *Formulário de Recurso*, pode ser imediatamente impresso pelo acionamento da faixa de opções *Arquivo* → opção *Imprimir*, que abre o ambiente de impressão dando acesso ao botão de impressão, à definição de impressora, configuração de impressão e configuração de página, além de uma visão tática do objeto a ser impresso, apresentando na parte inferior direita botões para mover página para a esquerda, para a direita, para cima e para baixo, além de zoom, uma página e múltiplas páginas.

Configurando a página

O link *Configuração de Página* leva à janela de diálogo *Configurar Página*, que se divide em 6 fichas.

FICHA *PÁGINA*

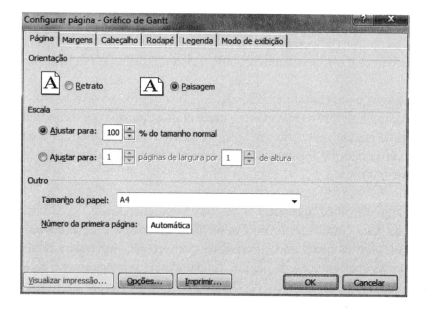

Figura 15.1.- Configuração de página, orientação e tamanho da impressão.

Configura posição e tamanho do objeto impresso pelos seguintes campos:

- **Orientação Retrato**: a impressão é feita no sentido vertical em relação ao tracionamento do papel;
- **Orientação Paisagem**: a impressão é feita no sentido horizontal em relação ao tracionamento do papel;
- **Escala**: as opções de escala permitem dirigir o tamanho da impressão, definindo uma porcentagem do tamanho atual (primeiro campo *Ajustar para*) ou provocando um redimensionamento da impressão (segundo campo *Ajustar para*), de forma a caber em uma determinada quantidade de páginas;
- **Outro**: as opções de outro servem para configurar o tamanho do papel e a numeração da primeira página impressa.

FICHA *MARGENS*

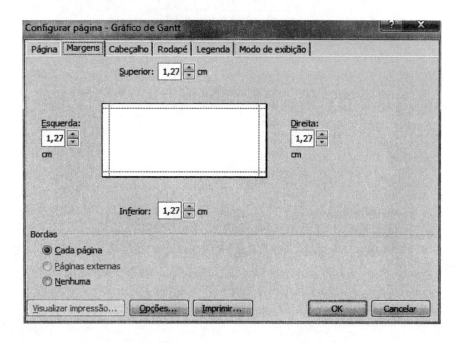

Figura 15.2. - Configuração de página, definição de margens.

Determina as margens da página com os seguintes campos:

- **Superior**: distância da borda superior do papel à área limítrofe superior de impressão;
- **Inferior**: distância da borda inferior do papel à área limítrofe inferior de impressão;
- **Esquerda**: distância da borda esquerda do papel à área limítrofe esquerda de impressão;
- **Direita**: distância da borda direita do papel à área limítrofe direita de impressão;
- **Bordas**: coloca bordas ao redor de todas as páginas, apenas nas páginas externas, ou em nenhuma página.

FICHA *CABEÇALHO*

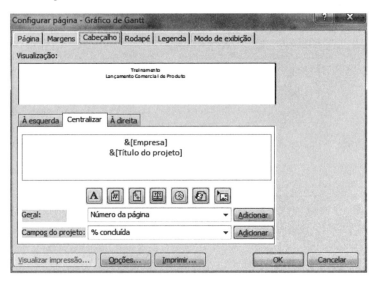

Figura 15.3. - Configuração de página, definição de cabeçalho de página.

Trata dos títulos superiores das páginas, com os seguintes campos:

- *À Esquerda*: subficha para lançamento das informações a serem posicionadas à esquerda do cabeçalho;

- **Centralizar**: subficha para lançamento das informações a serem posicionadas no centro do cabeçalho;
- **À Direita**: subficha para lançamento das informações a serem posicionadas à direita do cabeçalho;
- **conjunto de botões**: da esquerda para a direita temos formatação de fontes, número de página, total de páginas, data corrente, hora corrente, nome do arquivo de projeto e inserir figura;
- **caixa de lista *Geral***: mostra variáveis representando informações a serem impressas, como, por exemplo, *Número da página*, *Nome do gerente*, *Nome do modo de exibição*, ligado a propriedades do projeto *(Nome do gerente)* ou características de Impressão *(Número da página)*; a escolha de uma destas opções deve ser seguida do acionamento do botão *Adicionar*;
- **caixa de lista *Campos do projeto***: mostra variáveis representando informações a serem impressas relativas ao projeto como um todo, como *Custo Real* e *% Concluída*; a escolha de uma destas opções deve ser seguida do acionamento do botão *Adicionar*.

FICHA *RODAPÉ*

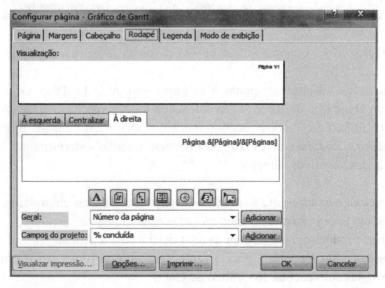

Figura 15.4. - *Configuração de página, definição de rodapé de página.*

Trata a parte inferior das páginas, utilizando mecânica idêntica à utilizada na ficha *Cabeçalho* tratada no item anterior.

FICHA *LEGENDA*

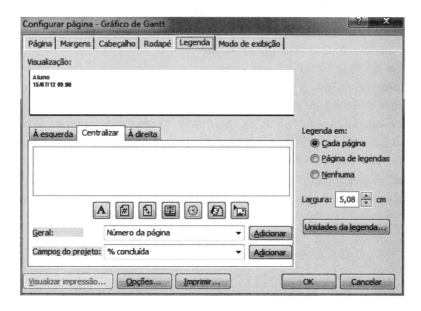

Figura 15.5. - Configuração de página, definição de legenda de página.

Esta ficha está disponível apenas para impressão de Calendário, Gráfico de Gantt ou Diagrama de Rede. Trata a legenda à esquerda da área de convenções do Gráfico de Gantt, utilizando mecânica idêntica à utilizada nas fichas *Cabeçalho* e *Rodapé* e as *Caixas de Listagem* tratadas anteriormente, com a inclusão dos seguintes campos:

- *Legenda em*: apresenta a área de convenções das barras em todas as páginas, em uma página específica ou em nenhuma página;
- *Largura*: determina a largura da área destinada à legenda;
- *Unidades da legenda*: altera a fonte, tamanho da fonte, cor e estilo do texto das convenções do Gráfico de Gantt.

FICHA *MODO DE EXIBIÇÃO*

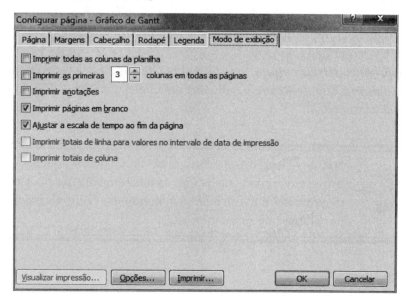

Figura 15.6. - Configuração de página, generalidades.

Trata de generalidades do objeto a ser impresso, com os seguintes campos:

- **Imprimir todas as colunas da planilha**: determina a impressão de todas as colunas da tabela corrente, ao invés de imprimir apenas as colunas informativas visualizadas na tela de trabalho;
- **Imprimir as primeiras N colunas em todas as páginas**: quantas colunas serão impressas em todas as páginas, à esquerda da área do Gráfico de Gantt, quando este ocupar mais de uma página de largura;
- **Imprimir Anotações**: comanda a impressão das anotações associadas às tarefas, na última página impressa;
- **Imprimir páginas em branco**: determina a impressão de páginas sem conteúdo informativo, para composição de impressão ocupando várias páginas;
- **Ajustar a escala de tempo ao fim da página**: teoricamente ajusta o tamanho do objeto impresso, de forma a ocupar completamente a última página de largura;

- **Imprimir totais de linha para valores no intervalo de data da impressão**: aplicável somente aos modos de exibição **Uso da Tarefa** e **Uso do Recurso**, adiciona uma coluna à direita da impressão, apresentando totais de linhas do período impresso;
- **Imprimir totais de coluna**: aplicável somente aos modos de exibição **Uso da Tarefa** e **Uso do Recurso**, adiciona uma linha com totais de colunas ao final da impressão.

 DICA → serão impressas junto ao Gantt as colunas que estiverem sendo visualizadas na tela sem corte na sua largura, portanto, movimentando o biombo do Gantt você define as colunas que serão impressas.

PRÁTICA

Imprimir o Gráfico de Gantt do projeto Lançamento Comercial de Produto com as seguintes configurações:
margens: 2cm
cabeçalho: data de início e fim do projeto à esquerda, companhia, título do projeto e gerente ao centro, inscrição "pág." seguida do n°· da página à direita
rodapé: inscrição "impressão" seguida da data de impressão à direita
legenda: largura 0

Resumo – Impressão

O Que Fazer	Como Fazer
Imprimir um modo de exibição	*Arquivo → Imprimir* Determine no ambiente aberto pela opção **Imprimir** a impressora a ser utilizada, as páginas a serem impressas, a quantidade de cópias e o período a ser impresso. Lembre-se que qualquer modo de exibição pode ser impresso, com exceção de **Formulário de Tarefa** e **Formulário de Recurso**.

Capítulo 15 - Impressão | **303**

Visualizar uma impressão	***Arquivo → Imprimir*** A pré-visualização de uma impressão permite verificar na tela, com detalhes, o resultado impresso, dando chance para a correção de falhas antes de a impressora ser acionada.
Configurar tamanho e posição da página a ser impressa	***Arquivo → Imprimir → link Configuração de Página → ficha Página*** Na janela de diálogo *Configurar Página*, selecione a alça de ficha *Página* e determine a posição da página impressa no grupo *Orientação*, a quantidade de páginas utilizada no grupo *Escala* e o tamanho da página impressa pelo botão *Imprimir*, seguido do botão *Propriedades* na janela de diálogo *Imprimir* que se abre.
Configurar margens da página a ser impressa	***Arquivo → Imprimir → link Configuração de Página → ficha Margens*** Na janela de diálogo *Configurar Página* selecione a alça de ficha *Margens* e determine o tamanho das margens superior, inferior, à esquerda e à direita, além do desenho de borda ao redor da página.
Configurar cabeçalho da página a ser impressa	***Arquivo → Imprimir → link Configuração de Página → ficha Cabeçalho*** Na janela de diálogo *Configurar Página* selecione a alça de ficha *Cabeçalho* e determine o texto a ser impresso à direita, ao centro e à esquerda do cabeçalho. Lembre-se que o cabeçalho pode ter várias linhas, podendo ainda apresentar informações do projeto pelo pressionamento dos botões abaixo das fichas ou pela seleção dos campos desejados na caixa de lista abaixo dos botões, seguido do botão *Adicionar*.

Configurar rodapé da página a ser impressa	*Arquivo → Imprimir →* link *Configuração de Página →* ficha *Rodapé* Na janela de diálogo *Configurar Página* selecione a alça de ficha *Rodapé* e determine o texto a ser impresso à direita, ao centro e à esquerda do rodapé. Lembre-se que o rodapé pode ter várias linhas, podendo ainda apresentar informações do projeto pelo pressionamento dos botões abaixo das fichas ou pela seleção dos campos desejados na *caixa de lista* abaixo dos botões, seguido do botão *Adicionar*.
Configurar legenda da página a ser impressa	*Arquivo → Imprimir →* link *Configuração de Página →* ficha *Legenda* Na janela de diálogo *Configurar Página* selecione a alça de ficha *Legenda* e determine o texto a ser impresso à direita, ao centro e à esquerda do rodapé, além da posição da legenda e do tamanho da legenda. Lembre-se que a legenda pode ter várias linhas, podendo ainda apresentar informações do projeto pelo pressionamento dos botões abaixo das fichas ou pela seleção dos campos desejados na caixa de lista abaixo dos botões, seguido do botão *Adicionar;* lembre--se também que muitas vezes as áreas do centro e da direita já estão ocupadas por convenções, como as do Gráfico de Gantt.
Configurar generalidades de impressão	*Arquivo → Imprimir →* link *Configuração de Página →* ficha *Exibir* Na janela de diálogo *Configurar Página* selecione a alça de ficha *Modo de Exibição* e configure generalidades como imprimir todas as colunas da planilha (opção *Imprimir todas as colunas da planilha*), imprimir colunas em todas as páginas, ajustar a escala de tempo ao final da página.

16

EMISSÃO DE RELATÓRIOS

Para atender devidamente à responsabilidade de comunicação com todas as partes envolvidas no projeto, ou stakeholders, que recai sobre a gerência de projetos, o MS Project disponibiliza um conjunto de relatórios pré-configurados bastante interessante e abrangente, contemplando tanto tarefas quanto recursos. Se os relatórios pré-configurados não atenderem a alguma necessidade específica do projeto ou da organização, você poderá criar relatórios personalizados que atendam a esta necessidade.

Neste capítulo são apresentados todos os relatórios do MS Project, tanto de tarefas quanto de recursos, e você aprenderá ainda a criar relatórios específicos, que atendam perfeitamente suas necessidades.

Gerando Relatórios

Além das diversas vistas baseadas em diferentes modos de exibição, tabelas, formulários e gráficos, o MS Project oferece a opção de consultar informações impressas pela geração de relatórios através do comando Projeto à Relatórios do menu principal, que dá acesso ao grupo Relatórios. A janela Relatórios apresenta seis ícones representativos dos grupos que dividem os relatórios por categorias: visão geral do projeto, programação de tarefas, informações de custos, programação de recursos, informações cruzadas de tarefas com recursos e todas as anteriores acrescidas de mais algumas e à possibilidade de customização. Duplo clique sobre um daqueles ícones abre a janela de diálogo correspondente ao grupo selecionado, permitindo, assim, a escolha do relatório desejado.

Figura 16.1 Projeto - Relatórios

Figura 16.2 Relatórios

A tabela 16.1 mostra todos os relatórios padrão classificados por grupo e comentados.

Grupo	Relatório	Finalidade
Visão geral	Resumo do projeto	Síntese do projeto; dados de contexto geral apontando provável, meta, real e variação de data de início, final, duração, etc;
	Tarefas de nível superior	Somente as tarefas do primeiro nível de indentação, as de maior hierarquia na EAP, sejam elas tarefas de resumo, marcos ou tarefas;

Capítulo 16 - Emissão de Relatórios | **307**

	Tarefas críticas	Todas as tarefas críticas, pertencentes ou não ao caminho crítico;
	Etapas	Todas as tarefas assinaladas como marcos temporais, com duração = 0;
	Dias úteis	Calendários envolvidos no projeto, com horários de expediente, feriados e expedientes especiais de cada um.
Atividades Atuais	Tarefas não iniciadas	Tarefas ainda não iniciadas, apontando duração, início, término, predecessores, recursos e notas;
	Tarefas com início breve	Tarefas que ocorrem dentro de um período solicitado, apontando duração, início, término, predecessores, recursos e notas;
	Tarefas em andamento	Tarefas em andamento mês a mês, apontando duração, início, término, predecessores, recursos e notas;
	Tarefas concluídas	Tarefas concluídas mês a mês, apontando duração, início, término, predecessores, recursos e notas;
	Tarefas que já deveriam ter iniciado	Tarefas que deveriam ter iniciado até uma data solicitada, apontando duração, início, término, predecessores, recursos e notas;
	Tarefas adiadas	Tarefas com cronograma provável atrasado em relação à meta, apontando duração, início, término, início meta, término meta, variação ao início e variação ao final;
Custos	Fluxo de caixa	Fluxo de caixa semanal por regime de competência (orçamento econômico), apontando semanalmente custo por tarefa;
	Orçamento	Orçamento por regime de competência, apontando para cada tarefa custo fixo, custo total, forma de apropriação, custo meta, variação entre total e meta, custo real e custo remanescente;

	Tarefas com orçamento estourado	Tarefas com custo real acima do custo meta, apontando para cada tarefa custo fixo, custo total, forma de apropriação, custo meta, variação entre total e meta, custo real e custo remanescente;
	Recursos com orçamento estourado	Recursos com custo real acima do custo meta, apontando custo provável, custo meta, variação entre total e meta, custo real e custo remanescente;
	Valor acumulado	Cruzamento de custos do tipo real e meta;
Atribuições	Quem Faz o Que	Alocação de recursos mostrando a programação de suas tarefas, com unidades, trabalho, atraso, início e término de cada uma delas;
	Quem Faz o Que e Quando	Alocação diária dos recursos, mostrando seu comprometimento de trabalho no período;
	Lista de tarefas pendentes	Alocação semanal de um recurso solicitado, com duração, início, término, predecessores e nomes dos recursos alocados das tarefas a serem realizadas;
	Recursos superalocados	Recursos em conflito mostrando a programação de suas tarefas.
Carga de Trabalho	Uso da tarefa	Para cada tarefa mostra os recursos alocados com seu comprometimento por semana;
	Uso do recurso	Para cada recurso mostra as tarefas alocadas com seu comprometimento por semana.
Personalizados	Todos os relatórios e a opção de customização.	

Tabela - 16.1 Relatórios

Criando Relatórios

O comando **Projeto** → **Relatórios** → **Personalizados** do menu principal, abre uma janela Relatórios, selecione Personalizados, que abre outra janela Relatórios personalizados, que permite criar relatórios a partir do botão Novo ou copiar e alterar um relatório a partir do botão Editar.

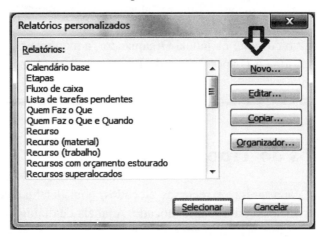

Figura 16.3 Relatórios personalizados

Existem quatro tipos distintos de relatórios, conforme descritos a seguir.

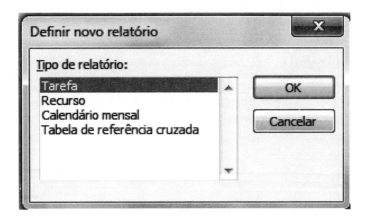

Figura 16.4 Novo relatório

NOTA → Evite alterar as ferramentas padrão do software, criando, sempre que desejar alterar um relatório original, uma cópia do relatório desejado e fazendo as alterações na cópia. Esta sugestão se deve ao fato de não existir um comando Redefinir, tão comum em vários aplicativos, para os relatórios do MS Project, e isto faz com que a operação de retorno às características originais seja mais trabalhosa, ou pela redefinição manual de cada elemento ou, se der sorte e o Global.MPT não foi alterado, por operação de cópia do Global para o arquivo corrente na janela Organizador, a mão inversa do que é mostrado no tópico Disponibilizando Relatórios Para Outros Projetos deste capítulo.

Relatórios do Tipo Tarefa

Mostram para cada tarefa os recursos alocados, com detalhamento de programação e/ou custos e/ou trabalho alocado. A janela de diálogo Relatório da tarefa mostra os campos comentados abaixo.

FICHA DEFINIÇÃO.

Figura 16.5 Criação de relatório do tipo tarefa, ficha Definição.

- **Nome:** nome do relatório;
- **Período/Contagem:** periodicidade da apresentação dos dados;
- **Tabela:** tabela origem das informações, podendo ser uma das predefinidas pelo software ou qualquer outra criada pelo usuário;
- **Filtro:** aplica filtro de seleção mostrando tarefas que atendam a uma condição, utilizando filtros padrão ou definidos pelo usuário;
- **Realçar:** mostra as tarefas que atendem ao filtro, sobre fundo cinza;
- **Mostrar tarefas de resumo:** mostra as respectivas tarefas de resumo;
- **Faixas cinzas:** mostra faixa de separação de tarefas cinza.

FICHA DETALHES.

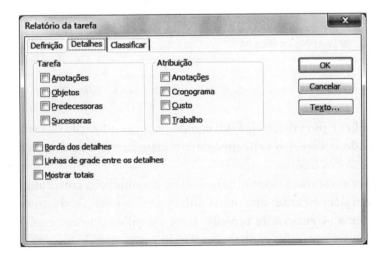

Figura 16.6 - Criação de relatório do tipo tarefa, ficha Detalhes.

- **grupo Tarefa:** define as informações de tarefa que serão mostradas;
- **grupo Atribuição:** define as informações de recurso que serão mostradas;
- **Borda dos detalhes:** mostra borda ao redor das informações de recursos;
- **Linhas de grade entre os detalhes:** mostra uma linha divisória separando cada tarefa;
- **Mostrar totais:** mostra campos totalizadores.

FICHA CLASSIFICAR.

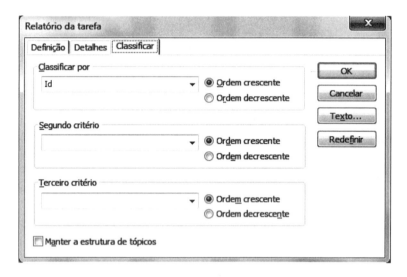

Figura 16.7 - *Criação de relatório do tipo tarefa, ficha Classificar.*

- **Classificar por:** determina um campo para classificação das tarefas;
- **Segundo e Terceiro critérios:** determinam campos auxiliares para classificação das tarefas;
- **Ordem crescente:** determina ordem de classificação crescente;
- **Ordem decrescente:** determina ordem de classificação decrescente;
- **Manter a estrutura de tópicos:** faz a classificação dentre as tarefas subordinadas às tarefas resumo, mantendo a estrutura de tópicos.

Relatórios do Tipo Recurso

Mostram para cada recurso as tarefas alocadas, com detalhamento de programação e/ou custos e/ou trabalho alocado. A janela de diálogo Relatório do recurso mostra os campos comentados a seguir:

FICHA DEFINIÇÃO.

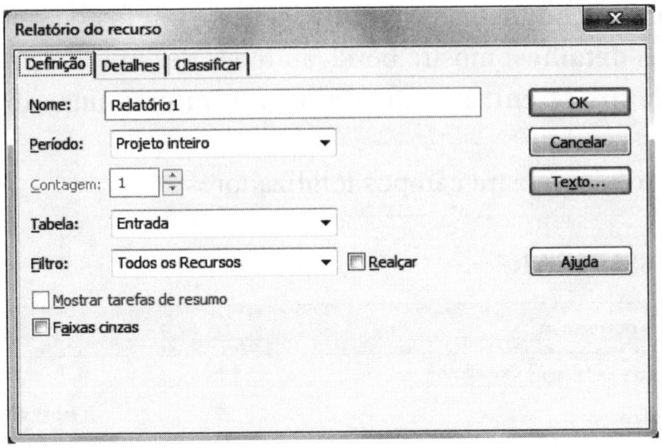

Figura 16.8 - Criação de relatório do tipo recurso, ficha Definição.

- **Nome:** nome do relatório;
- **Período/Contagem:** periodicidade da apresentação dos dados;
- **Tabela:** tabela origem das informações, podendo ser uma das predefinidas pelo software ou qualquer outra criada pelo usuário;
- **Filtro:** aplica filtro de seleção mostrando recursos que atendam à condição, utilizando filtros padrão ou definidos pelo usuário;
- **Realçar:** mostra os recursos que atendem ao filtro sobre fundo cinza;
- **Faixas cinzas:** mostra faixa de separação de recursos cinza.

FICHA DETALHES.

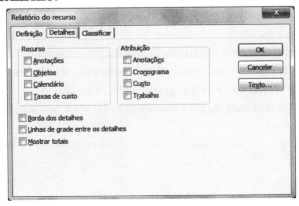

Figura 16.9 - Criação de relatório do tipo recurso, ficha Detalhes.

- **grupo Recurso:** define as informações de recurso que serão mostradas;
- **grupo Atribuição:** define as informações de tarefa que serão mostradas;
- **Borda dos detalhes:** mostra borda ao redor das informações de recursos;
- **Linhas de grade entre os detalhes:** mostra uma linha divisória a cada recurso;
- **Mostrar totais:** mostra campos totalizadores.

FICHA CLASSIFICAR.

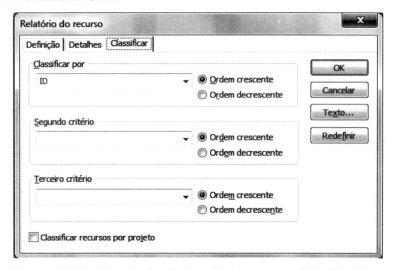

Figura 16.10 - Criação de relatório do tipo recurso, ficha Classificar.

- **Classificar por:** determina um campo para classificação dos recursos;
- **Segundo e Terceiro critérios:** determinam campos auxiliares para classificação das tarefas;
- **Crescente:** determina ordem de classificação crescente;
- **Decrescente:** determina ordem de classificação decrescente;
- **Classificar recursos por projeto:** quando aplicado a pool de recursos, classifica os recursos dentro dos respectivos projetos onde estão alocados.

Relatórios do Tipo Calendário Mensal

Mostram barras representativas das tarefas posicionadas no calendário escolhido. A janela de diálogo Definição de Relatório do Calendário Mensal mostra os seguintes campos:

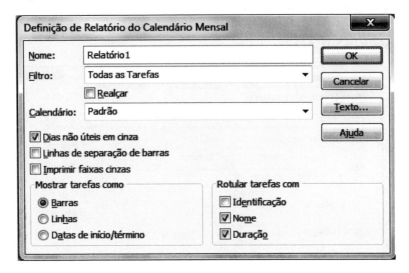

Figura 16.11 - Criação de relatório do tipo Calendário mensal.

- **Nome:** nome do relatório;
- **Filtro:** aplica filtro de seleção mostrando tarefas que atendam à condição, utilizando filtros padrão ou definidos pelo usuário;
- **Realçar:** mostra os recursos que atendam ao filtro sobre fundo cinza;
- **Calendário:** define o calendário base para o relatório;
- **Dias não úteis em cinza:** mostra dias de folga em cinza;
- **Linhas de separação de barras:** define linha de interrupção das barras com continuação na semana seguinte como sólida ou tracejada;
- **Imprimir faixas cinzas:** mostra uma faixa cinza separando datas quando as tarefas não couberem em um quadro, e por isto, forem impressas em páginas separadas;
- **Mostrar tarefas como:** define a forma de representação das tarefas;
- **Rotular tarefas com:** define a informação a ser mostrada.

Relatórios do Tipo Tabela de Referência Cruzada

Apresentam a evolução periódica de fatos tipo custos, trabalho e disponibilidade, sob uma visão de referência cruzada. A janela Relatório de tabela de referência cruzada mostra os campos comentados abaixo.

FICHA DEFINIÇÃO.

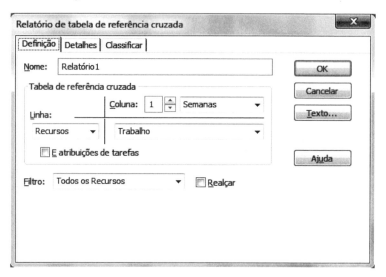

Figura 16.12 - *Criação de relatório do tipo referência cruzada, ficha Definição.*

- Nome: nome do relatório;
- Coluna: periodicidade da apresentação dos dados;
- Linha: define o direcionamento do relatório para tarefa ou recurso;
- Interseção linha/coluna: define conteúdo informativo a ser apresentado no relatório;
- E atribuições de tarefas: mostra detalhamento de recursos para relatórios de tarefas e de tarefas para relatórios de recursos;
- Filtro: aplica filtro de seleção mostrando tarefas/recursos que atendam à condição, utilizando filtros padrão ou definidos pelo usuário;
- Realçar: mostra tarefas/recursos que atendem ao filtro sobre fundo cinza;

FICHA DETALHES.

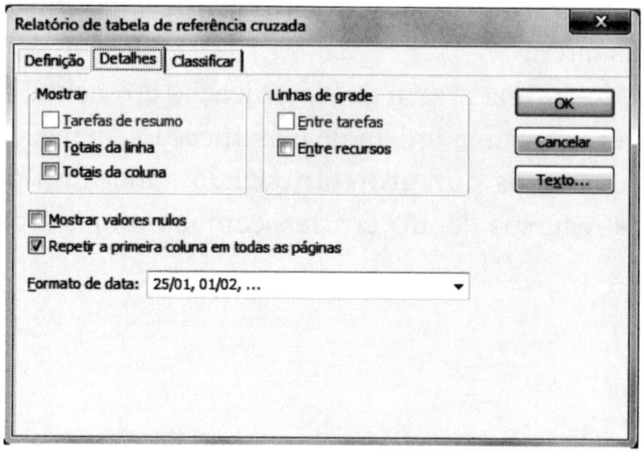

Figura 16.13- Criação de relatório do tipo referência cruzada, ficha Detalhes.

- **Mostrar:** permite mostrar as tarefas de resumo, totalizações por linha e totalizações por coluna;
- **Linhas de grade:** mostra linhas separadoras entre tarefas e recursos;
- **Mostrar valores nulos:** preenche com zero os campos numéricos não informados;
- **Repetir a primeira coluna em todas as páginas:** repete a primeira coluna em todas as páginas;
- **Formato de data:** determina o formato das datas mostradas.

FICHA CLASSIFICAR.

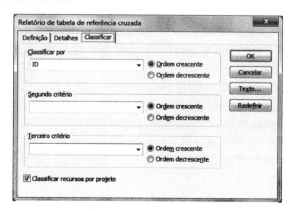

Figura 16.14 - Criação de relatório do tipo referência cruzada, ficha Classificar.

- **Classificar por:** determina um campo para classificação dos recursos;
- **Segundo e Terceiro critérios:** determinam campos auxiliares para classificação das tarefas;
- **Crescente:** determina ordem de classificação crescente;
- **Decrescente:** determina ordem de classificação decrescente;
- **Classificar recursos por projeto:** quando aplicado a pool de recursos, classifica os recursos dentro dos respecitivos projetos onde estão alocados.

PRÁTICA

Utilizando o projeto Lançamento Comercial de Produto:
Criar um relatório de fluxo de caixa mensal.
Criar um relatório de disponibilidade semanal de recursos.
Criar um relatório agenda de todos os recursos.
Disponibilizando Relatórios para Outros Projetos

Relatórios são considerados objetos de apoio a projeto e, portanto, quando são criados pertencem tão somente ao projeto corrente, ao arquivo onde foram criados. Para que um relatório criado em um projeto fique disponível para outros projetos é necessário copiá-lo para o arquivo GLOBAL.MPT, que é um arquivo básico do MS Project lido no instante do start-up do software.

O caminho para fazer a disponibilização de um relatório é através do acionamento do botão Organizador da janela de diálogo Relatórios Personalizados ou pela opção Arquivo à Informações do menu principal. Ao ser pressionado, o botão Organizador leva à janela de diálogo de mesmo nome constituída por um sistema de fichas, existindo em todas as fichas dois quadros, onde o da esquerda mostra os objetos já existentes no GLOBAL.MPT e o da direita mostra os que foram criados no projeto corrente. Quando um ou vários objetos encontram-se marcados é possível copiá-los, apagá-los ou renomeá-los. A operação de disponibilização de relatórios deve ser feita na ficha Relatórios.

HIPERLINK → consulte o capítulo 7 Criação do Pool de Recursos – tópico Disponibilizando Calendários Para Outros Projetos para obter mais informações sobre o comando Organizador.

Resumo – Emissão de Relatórios

O Que Fazer	Como Fazer
Gerar relatórios	**menu** *Projeto* → *Relatórios* Na janela de diálogo *Relatórios* selecione o grupo desejado e, na janela que se segue, indique o relatório desejado. A seleção de um relatório gera automaticamente a pré-visualização do mesmo, podendo-se a partir daí imprimi-lo ou não.
Criar um relatório	**menu** *Projetos* → *Relatórios* → *Personalizados* Na janela de diálogo *Relatórios personalizados* acione o botão *Novo* e, na janela *Definir Novo Relatório*, indique o tipo de relatório que será criado (tarefa, recurso, calendário, periódico). Na janela de diálogo que se segue defina os parâmetros básicos do relatório, que se for do tipo tarefa, recurso ou tabela de referência cruzada, apresentará três fichas: *Definição*, *Detalhes* e *Classificar*.
Alterar um relatório	**menu** *Projetos* → *Relatórios* → *Personalizados* Na janela de diálogo *Relatórios personalizados* selecione o relatório a ser alterado, acione o botão *Editar* e altere na janela de diálogo seguinte o(s) parâmetro(s) desejado(s). Lembre-se que não devemos alterar elementos padrão do *software*, para isto crie uma cópia do relatório padrão, fazendo aí as alterações desejadas.
Excluir um relatório	**menu** *Projetos* → *Relatórios* → *Personalizados* Acione o botão *Organizador* na janela de diálogo *Relatórios personalizados*; na janela de diálogo *Organizador,* selecione o relatório a ser excluído e acione o botão *Excluir*.

Disponibilizar um relatório para outros projetos	**menu _Projetos_ → _Relatórios_ → _Personalizados_** Relatórios são objetos de apoio a projeto e, por isto, os novos relatórios devem ser copiados para o arquivo Global.MPT caso queiramos utilizá-los em outros projetos. O botão _Organizador_ na janela de diálogo _Relatórios personalizados_ permite esta operação.

17

CONFIGURAÇÃO DO AMBIENTE

Como foi exposto anteriormente, o MS Project traz um conjunto grande de possibilidades de configurações, que permitem adequar o *software* às mais diferentes necessidades organizacionais e operacionais. Estas configurações permitem atender perfeitamente bem a metodologias distintas da aplicação em gerência de projetos, como, por exemplo, se o usuário pretende trabalhar com *pool* de recursos, pode configurar o aplicativo para tirar melhor proveito deste método. As configurações personalizadas permitem também adequar o *software* a características pessoais do usuário, como, por exemplo, se o usuário não se sente seguro o suficiente frente a diferentes etapas do ciclo de vida do projeto pode configurar um assistente que vai guiá-lo na sequência de seus passos.

Neste capítulo apresentamos todas as possibilidades de configuração do MS Project; mas lembre-se sempre que, em termos gerais, a configuração conforme nós orientamos no capítulo 6 é muito boa para a maioria dos trabalhos e só deve ser alterada somente quando ficar muito nítido quais aspectos desta configuração padrão não estão atendendo às necessidades do seu trabalho e ao mesmo tempo atento à possíveis efeitos colaterais resultantes da alteração de um destes parâmetros.

Figura 17.1 - Menu Opções

Acessando o menu de opções

A opção *Arquivo → Opções* do menu principal dá acesso à janela de diálogo *Opções do Project que serve como um Menu o* qual apresenta a estrutura de janelas possibilitam a alteração de diversos parâmetros de configuração do MS Project, de forma a melhor atender a características específicas de operação do *software*.

OPÇÕES DO PROJECT - GERAL

Figura 17.2 - Opções do Project - Geral.

Apresenta parâmetros de escopo geral, que valem para todos os arquivos abertos ou não, e de escopo local, que valem apenas para o arquivo ativo no momento da configuração, determinando basicamente o quê e como mostrar, sendo alguns parâmetros essenciais à boa visualização das informações:

OPÇÕES DA INTERFACE DO USUÁRIO.

- **Esquema de cores:** altera o tema visual do Project para três esquemas de cores entre as opções *Azul, Prateado e Preto.*
- **Estilo de dica de tela:** as dicas de tela são pequenas janelas que exibem um texto descritivo quando você posiciona o ponteiro sobre o comando ou controle e as dicas de tela avançadas são janelas maiores que exibem um texto mais descritivo do que a dica de tela e podem conter link para o tópico de ajuda. Tem as opções:
- **Mostrar descrições de recursos em Dicas de tela:** ativa as dicas de tela e as dicas de tela avançadas. (Padrão).
- **Não mostrar descrições de recursos em dicas de tela:** desativa as dicas de tela avançadas. Ainda é possível ver as dicas de tela.
- **Não mostrar Dicas de Tela:** desativa as dicas de tela e as dicas de tela avançadas.

MODO DE EXIBIÇÃO DO PROJECT.

Modo de exibição padrão: especifica o modo de exibição na inicialização do Project, no geral o padrão é a melhor opção, por ser o *Gráfico de Gantt* o principal elemento de trabalho do MS Project. As outras opções são: Acúmulo de Barras, Acúmulo de Datas de Etapas, Acúmulo de Etapas, Alocação de Recursos, Calendário, Diagrama de rede, Diagrama de Rede Descritivo, Diagrama de Relações, Entrada de tarefas, Formulário de recursos, Formulário de tarefas, Formulário Detalhes da tarefa, Formulário Nome da tarefa, Formulário Nome do recurso, Gantt com Linha do Tempo, Gantt com Várias Linhas do Tempo, Gantt de Controle, Gantt de Redistribuição, Gantt Detalhado, Gantt Metas Originais, Gráfico de recursos, Linha do Tempo, Planejador de Equipe, Planilha de recursos, Planilha de Tarefas, Uso da tarefa e Uso do Recursos.

- **Formato de data**: escopo geral, formato de exibição de datas, o que não obriga a digitação no formato apresentado, por exemplo, datas exibidas no formato extenso – 31 de dezembro de 2013 – podem ser digitadas no formato curto – 31/12/13.
- **Personalizar a cópia do Microsoft Office.**
- **Nome de usuário**: nome do usuário do Windows. Serve para gravar o nome no campo Autor do projeto.
- **Iniciais:** primeira letra do nome do usuário do Windows. Serve para associar as iniciais do autor aos comentários adicionados.

OPÇÕES DO PROJECT – EXIBIR

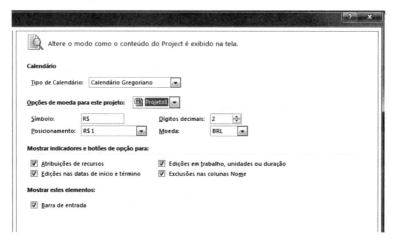

Figura 17.3 - Opções do Project - Exibir

CALENDÁRIO.

- **Tipo de calendário:** especifica o tipo de calendário que o projeto deve usar. Por padrão, é o **Calendário Gregoriano** de 12 meses que começa em 1º de janeiro. As outras opções são: Calendário islâmico e Calendário Tailandês Budista.

- **Opções de moeda para este projeto:** projeto1(projeto ativo). Estas opções são locais e se aplicam apenas ao projeto ativo.

Capítulo 17 - Configuração do Ambiente | **325**

- **Símbolo**: especifica o símbolo monetário a ser apresentado junto às informações referentes aos custos do projeto; o MS Project permite a alteração local deste item ao alterar **Moeda.**, a configuração padrão é R$. Tome cuidado ao alterar símbolos de moeda em projetos que já tenham informações de custo, pois a alteração do símbolo não converte o valor da moeda.

- **Dígitos decimais**: determina o número de casas decimais a serem apresentadas nas informações referentes aos custos do projeto, a configuração padrão é 2.

- **Posicionamento**: determina a posição do símbolo monetário em relação ao valor, a configuração padrão é o símbolo de moeda à esquerda e junto ao valor.

- **Moeda:** especifica o tipo de moeda usada, por exemplo, BRL para moeda brasileira, atualmente o Real. Ao escolher o tipo da moeda, os campos Símbolo e Posicionamento são alterados para essa moeda.

- **Mostrar indicadores e botões de opção para:** define opções para exibir indicadores de comentários e menus popup quando certas alterações são feitas em atribuições, trabalho, duração, datas de início e assim por diante. Quando você faz certas alterações no projeto, pode exibir comentários sobre o impacto de sua alteração e fornecer opções em um menu popup que o ajude a esclarecer o que está realmente tentando realizar.

- **Atribuição de recursos.** Especifica que o triângulo de comentários deve aparecer no canto de um campo se você atribuir recursos adicionais a uma tarefa que já tem recursos atribuídos. Ele pode aparecer no campo Nome do Recurso ou Nome da Tarefa, dependendo de onde você tiver feito a alteração. Em seguida, você pode clicar no indicador de informações para exibir o menu popup que fornece opções sobre a atribuição. Desmarque essa caixa de seleção se nunca quiser ver opções de comentários quando atribuir recursos adicionais. Por padrão, essa caixa de seleção é marcada.

- **Edições em trabalho, unidades ou duração.** Especifica que o triângulo de comentários deve aparecer no canto do campo Duração ou Nome da

Tarefa se você alterar o trabalho, as unidades ou a duração de uma tarefa. Em seguida, você pode clicar no indicador de informações para exibir o menu popup que fornece opções relacionadas à alteração. Desmarque essa caixa de seleção se nunca quiser ver opções de comentários ao alterar o trabalho, as unidades ou a duração. Por padrão, essa caixa de seleção é marcada.

- *Edições nas datas de início e término.* Especifica que o triângulo de comentários deve aparecer em um canto de um campo Nome da Tarefa se você alterar a data de início e término da tarefa. Em seguida, você pode clicar no indicador de informações para exibir o menu popup que fornece opções sobre a alteração da data. Desmarque essa caixa de seleção se nunca quiser ver opções de comentários ao alterar uma data de início ou término. Por padrão, essa caixa de seleção é marcada.

- *Exclusões nas colunas Nome.* Especifica que o indicador de exclusões deve aparecer no campo Indicadores se você excluir texto no campo Nome da Tarefa ou Nome do Recurso. Em seguida, você pode clicar no indicador de exclusão para exibir o menu popup que fornece opções para excluir o nome da tarefa ou a tarefa inteira. Desmarque essa caixa de seleção se nunca quiser ver o indicador de exclusões ao excluir o texto no campo Nome da Tarefa ou Nome do Recurso. Por padrão, essa caixa de seleção é marcada.

Mostrar estes elementos:

- *Barra de entrada*: apresenta a barra de edição junto às barras de ferramentas, permitindo o lançamento, alteração e exclusão de informações, principalmente as apresentadas em planilhas e tabelas, de forma mais segura, esta opção vem marcada por padrão;

Capítulo 17 - Configuração do Ambiente | 327

OPÇÕES DO PROJECT - CRONOGRAMA

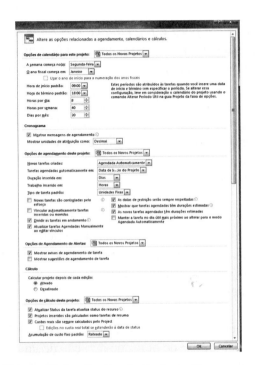

Figura 17.4 - *Opções do Project - Cronograma*

- **Opções de calendário para este projeto:** estabelece onde as alterações procedidas nesta sessão (Calendários) irão ocorrer: ***Todos os Novos Projetos*** ou ***Projeto1*** (projeto aberto). Configura parâmetros de calendário que afetam diretamente cálculos envolvendo duração de tarefas e alocação de recursos.

- **A semana começa no(a):** indica o dia de início da semana para o desenho da escala de tempo do Gráfico de Gantt e do calendário da janela de diálogo **Alterar período útil**, o padrão varia conforme as opções das Configurações Regionais do Windows no momento da instalação do MS Project.

- **O ano fiscal começa em:** indica o mês de início do ano fiscal, fazendo o Project ajustar as datas ao ano fiscal indicado. Se for indicado como início do ano fiscal o mês de julho (2013), o mês de fevereiro de 2014 será mostrado na escala de tempo sob o ano de 2013, o padrão é *Janeiro*.

- *Usar o ano de início para a numeração dos anos fiscais:* Marque esta caixa de seleção, se desejar rotular o ano fiscal usando o ano civil em que ele começa (em vez do ano calendário em que termina).

- *Hora de início padrão:* horário para início de tarefas, utilizado quando da criação de novas tarefas sem indicação de horário; não se esqueça de adequar o calendário quando fizer alterações neste item, o padrão varia conforme as opções das Configurações Regionais do Windows no momento da instalação do MS Project.

- *Hora de término padrão:* horário para término de tarefas, utilizado quando da criação de novas tarefas sem indicação de horário; não se esqueça de adequar o calendário quando fizer alterações neste item, o padrão varia conforme as opções das Configurações Regionais do Windows no momento da instalação do MS Project.

- *Horas por dia:* quantidade de horas da jornada de trabalho diária utilizada para calcular a quantidade de horas de duração de uma tarefa quando esta é lançada em Dias; não se esqueça de adequar o calendário quando fizer alterações neste item, o padrão é 8,00.

- *Horas por semana:* quantidade de horas da jornada de trabalho semanal utilizada para calcular a quantidade de horas de duração de uma tarefa quando esta é lançada em Semanas; não se esqueça de adequar o calendário quando fizer alterações neste item, o padrão é 40,00.

- *Dias por mês:* quantidade de dias a ser atribuída a uma tarefa quando sua duração é lançada na unidade Meses, para posterior conversão para horas utilizando a configuração do campo Horas por dia; o padrão é 20.

Cronograma.

- *Mostrar mensagens de agendamento*: quando selecionado possibilita a apresentação de mensagens de erro apontando inconsistências de datas

Capítulo 17 - Configuração do Ambiente | **329**

provenientes do uso de restrições, de precedência ou ainda da alocação de recursos com calendários específicos, esta opção vem marcada por padrão e é aconselhável que não seja desabilitada.

* ***Mostrar unidades de atribuição como***: determina a unidade a ser utilizada quando da alocação de recursos a tarefas, sendo a opção ***Decimal*** mais indicada para uso geral e a opção ***Porcentagem*** indicada apenas para a situação de um recurso não estar disponível integralmente para o projeto e não estar sendo utilizado no compartilhamento por *Pool* de Recursos.

* ***Opções de agendamento deste projeto:*** estabelece onde as alterações procedidas nesta sessão irão ocorrer: ***Todos os Novos Projetos*** ou ***Projeto1*** (projeto aberto). Configura parâmetros de programação de tarefas e recursos nos quais se baseiam os cálculos de encadeamento de tarefas, de duração provável e real de tarefas, de alocação de recursos e definição de tarefas críticas; alguns destes parâmetros são de escopo geral, valendo para todos os arquivos abertos ou não, e outros de escopo local, valendo apenas para o arquivo ativo no momento da configuração.

* ***Novas tarefas criadas:*** escolha ***Agendada Manualmente*** ou ***Agendada Automaticamente***, conforme a sua necessidade. Nas versões anteriores do MS Project, as tarefas possuíam apenas o modo de agendamento automático. No Project 2010, as tarefas também podem ser **agendadas manualmente**. Este modo serve para criar tarefas que você sabe que deverão fazer parte do seu cronograma, mas que talvez você ainda não tenha informações suficientes sobre duração e data de início. Quando uma tarefa é criada no modo de agendamento manual, o Project 2010 não preenche os colunas Duração, Início e Término automaticamente, e aceita valores na coluna Duração, Início e Término fora do formato horas ou semanas ou dias ou meses e DD/MM/AAAA. Aceita dados em formato texto do tipo "1 semana após a assinatura do contrato", "Prevista para 3 dias", "15 de junho", onde a barra no gráfico de Gantt não aparece. Quando uma tarefa em modo agendamento manual recebe dados de duração no formato horas ou semanas ou dias ou meses e datas de Início e Término no formato DD/MM/AAAA, a barra no gráfico de Gantt aparece em estilo diferente das tarefas agendadas automaticamente. As tarefas podem ser convertidas de um modo para o outro, diretamente na coluna ***Modo da Tarefa***.

Figura 17.5 - Agendamento manual e automático

- **Tarefas agendadas automaticamente em:** determina a partir de que data as tarefas agendadas automaticamente iniciam: **Data de Início do Projeto** ou **Data Atual**.

- **Duração inserida em**: determina a unidade de tempo padrão para a duração das tarefas, podendo ser Minutos, Horas, Dias, Semanas ou Meses, o padrão é **Dias**.

- **Trabalho inserido em**: determina a unidade padrão para a quantidade de tempo de alocação de um recurso, podendo ser Minutos, Horas, Dias, Semanas ou Meses, o padrão é **Horas**.

- **Tipo de tarefa padrão**: determina se uma tarefa nova será, por padrão, do tipo **Duração Fixa**, **Trabalho fixo** ou **Unidades fixas**, o padrão é **Unidades fixas**.

- **Novas tarefas são controladas pelo esforço**: determina se uma nova tarefa será por padrão do tipo **Controlada pelo Esforço**, esta opção vem marcada por padrão e sugerimos que a mesma seja **desmarcada**.

 HIPERLINK → no capítulo **8 Criação de Projeto** – tópico **Definindo o Tipo da Tarefa** descrevemos em detalhe os diferentes tipos de tarefas.

- **Vincular automaticamente tarefas inseridas ou movidas**: permite a atualização do encadeamento de tarefas (relação de precedência) após operações de cópia, recorte, exclusão ou inserção, esta opção vem marcada por padrão, sendo extremamente desaconselhável desmarcá-la.

Capítulo 17 - Configuração do Ambiente | **331**

- ***Dividir as tarefas em andamento***: permite que uma tarefa, na fase de acompanhamento, seja interrompida para posterior reinício, esta opção vem marcada por padrão, sendo desaconselhável desmarcá-la.

- ***Atualizar tarefas Agendadas Manualmente ao editar vínculos***: marcando esta opção, permite que uma tarefa agendada manualmente vinculada a outra tarefa, mantenha a relação de precedência ao serem movidas. Entretanto, você pode configurar o Project 2010 para que uma tarefa agendada manualmente não se mova ao ser vinculada a outra tarefa, desmarcando esta opção.

- ***As datas de restrição serão sempre respeitadas***: a seleção desta opção faz com que o MS Project emita mensagens de erro quando uma alteração de programação afeta uma tarefa sob efeito de restrição, causando folga negativa; a não seleção desta opção permite a reprogramação de tarefas sob efeito de restrição, sobrepondo um sinal de exclamação no ícone de restrição na coluna ***Indicadores***, esta opção vem marcada por padrão.

- ***Mostrar que tarefas agendadas têm durações estimadas***: a seleção desta opção faz com que o MS Project mantenha um sinal de interrogação (?) ao lado da duração de tarefas que tenham duração estimada, esta opção vem marcada por padrão.

- ***As novas tarefas agendadas têm durações estimadas***: a seleção desta opção faz com que o MS Project aloque duração estimada para novas tarefas; para que uma duração de tarefa deixe de ser estimada, basta editar tal duração ou acionar a opção de menu ***Tarefa → Informações*** (grupo Propriedades), na janela de diálogo ***Informações sobre a tarefa → Geral***, desmarcar a caixa de seleção ***Estimada***, esta opção vem marcada por padrão;

- ***Manter a tarefa no dia útil mais próximo ao alterar para o modo Agendada Automaticamente***: desmarcado é o padrão.

- ***Opções de Agendamento de Alertas:*** estabelece onde as alterações procedidas nesta sessão irão ocorrer: ***Todos os Novos Projetos*** ou ***Projeto1*** (projeto aberto).

332 | *Dominando Gerenciamento de Projetos com MS Project 2010*

- **Mostrar avisos de agendamento de tarefa:** a seleção desta opção faz com que o MS Project mostre todos os avisos de conflito de agendamento de tarefas.

- **Mostrar sugestões de agendamento de tarefa:** a seleção desta opção faz com que o MS Project mostre sugestões para conflitos de agendamento de tarefas.

- **Cálculo.** Possibilita alterar parâmetros de cálculo do projeto ou ainda acionar estes cálculos, que dizem respeito ao encadeamento de tarefas, conversão de unidades de duração, alocação de recursos, etc.

- **Calcular projeto depois de cada edição:** a opção **Ativado** (padrão) recalcula o projeto automaticamente após alteração de dados. A opção **Desativado** impede o recálculo automático, só sendo possível ao acionar o botão **Calcular Projeto** do grupo **Cronograma** do menu **Projeto.**

- **Opções de cálculo deste projeto:** estabelece onde as alterações procedidas nesta sessão irão ocorrer: **Todos os Novos Projetos** ou **Projeto1** (projeto aberto).

- **Atualizar Status da tarefa atualiza o status do recurso:** quando selecionado faz com que o percentual físico real (% Concluído) seja sempre igual ao percentual de trabalho real (% Trabalho Concluído), esta opção vem marcada por padrão, sendo desaconselhável permanecer marcado, pois esta situação de igualdade entre evolução física e utilização de recursos não acontece com constância na prática.

- **Projetos inseridos são calculados como tarefas de resumo:** faz com que os projetos inseridos sejam tratados como tarefas de resumo no projeto mestre, ao invés de serem tratados como um projeto separado para os cálculos de agenda; se o projeto inserido contiver tarefas críticas para a sua própria data de término da agenda, mas não estiver no caminho crítico no projeto mestre, essas tarefas não serão críticas para o projeto mestre; com essa caixa de seleção marcada, o Microsoft Project poderá calcular um caminho crítico no projeto mestre; marcado por padrão.

- **Custos reais são sempre calculados pelo Project**: quando selecionado o *Custo Real* é calculado sobre a utilização dos recursos alocados mais custo fixo, só permitindo a digitação de custos reais após a tarefa atingir 100% de conclusão; marcado por padrão.

- **Edições no custo total se estenderão à data de status:** disponível apenas quando o item anterior está desmarcado; quando selecionado distribui o *Custo Real* uniformemente pela escala de tempo até a *Data de Status* ou até a *Data Atual* na ausência daquela; quando desmarcado distribui o Custo Real pela escala de tempo até o fim da *Duração Real* da tarefa.

- **Acumulação de custos fixo padrão:** define a forma padrão de apropriação de custos fixos de tarefas novas como **Rateado**, o padrão, para ser contabilizado de forma proporcional à evolução física da tarefa, *Início* para ser contabilizado integralmente ao início da tarefa ou *Fim* para ser contabilizado integralmente ao final da tarefa.

OPÇÕES DO PROJECT - REVISÃO

Figura 17.6 - *Opções do Project - Revisão*

- **Opções de AutoCorreção.** É possível usar o recurso AutoCorreção para corrigir palavras digitadas incorretamente ou com erros de ortografia, assim como inserir símbolos e outras partes de texto. O recurso AutoCorreção está definido por padrão com uma lista de erros de ortografia e símbolos que ocorrem normalmente, mas é possível modificar a lista usada pelo recurso AutoCorreção.

- **Alterar como o Project corrige e formata textos enquanto você digita.** Clicando no botão **Opções de AutoCorreção,** abre a janela de diálogo **AutoCorreção: Português (Brasil)** conforme abaixo:

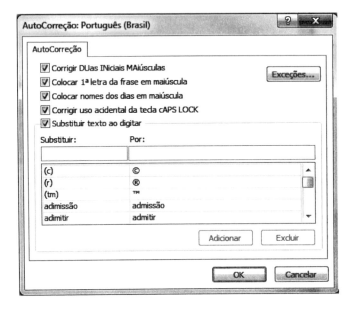

Figura 17.7 - Opções de Autocorreção

Ao corrigir a ortografia nos programas do Microsoft Office.

- **Ignorar palavras em MAIÚSCULAS**: quando selecionado não permite correção em palavras grafadas em letras maiúsculas; marcado por padrão.

- **Ignorar palavras que contêm números**: quando selecionado não permite correção em palavras que incluam números; marcado por padrão.

- **Ignorar endereços de arquivo e Internet**: quando selecionado não permite correção em endereços de arquivo ou de links de internet; marcado por padrão.

- **Sinalizar palavras repetidas**: Alerta para ignorar palavras repetidas. Por exemplo, se você selecionar essa opção, o verificador ortográfico sinalizará bipe bipe como erro; marcado como padrão.

- **Sugerir com base no dicionário principal**: Sugere palavras somente do dicionário principal incorporado ao verificador ortográfico. Se você selecionar essa opção, as palavras de dicionários personalizados não serão incluídas na lista de palavras sugeridas quando você verificar a ortografia de um documento; desmarcado como padrão.

OPÇÕES DO PROJECT – SALVAR

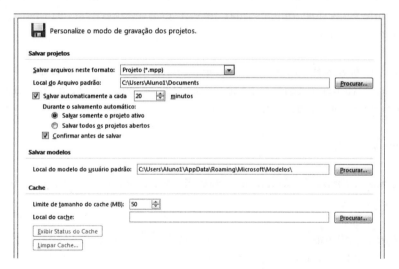

Figura 17.8 - Opções do Project - Salvar

- **Salvar projetos.** Determina os métodos de operação padrão das ferramentas de salvamento de arquivos, alguns destes parâmetros são de escopo geral, valendo para todos os arquivos abertos ou não, e outros de escopo local, valendo apenas para o arquivo ativo no momento da configuração.

- **Salvar arquivos neste formato**: salva os arquivos nos formatos: **Microsoft Project 2000 - 2003 (*.mpp)**, **Microsoft Project 2007 (*.mpp)**, **Projeto (*.mpp)** (Project 2010) e **Modelo do Project (*.mpt)**. Apenas nestas versões.

- **Local do Arquivo padrão:** escopo geral, especifica o local padrão para cada um dos diferentes tipos de arquivos MS Project não modelo (MPT).

- **Salvar automaticamente a cada N minutos**: escopo geral, ao marcar a caixa de seleção deste item, você pode indicar a periodicidade, em minutos, para que o Project execute operações de autosalvamento; desmarcada por padrão;

- **Durante o salvamento automático:** permite escolher **Salvar somente projeto ativo** ou **Salvar todos os projetos abertos.** Escopo geral, ao marcar a caixa de seleção de autosalvamento descrita acima, você deve indicar dentre estas duas opções qual deverá ser a abrangência das operações de autosalvamento.

- **Confirmar antes de salvar**: escopo geral, ao marcar a caixa de seleção de autosalvamento descrita acima, você deve especificar se o Project deverá solicitar confirmação antes de salvar uma cópia de *backup* do projeto.

Salvar modelos.

- **Local do modelo do usuário padrão:** permite alterar a pasta onde ficam os modelos.

- **Cache:** o Project usa um cache local para permitir que você trabalhe com os projetos como se eles estivessem armazenados localmente, tornando as operações de Salvar e Abrir muito mais rápidas do que nas versões anteriores. Você pode ajustar o tamanho e o local do cache, bem como selecionar projetos específicos para remover do cache.

- **Limite de tamanho do cache (MB)**: digite a quantidade máxima de memória, em megabytes, que você deseja que o cache ocupe no disco rígido. 50MB é o padrão.

- **Local do cache**: Por padrão, o cache local é criado no perfil do usuário atualmente conectado no Windows, e somente esse usuário pode acessá-lo. Caso queira alterar este local utilize esta opção.

- **Exibir Status do Cache**: permite a exibição das suas atividades recentes de cache.

- **Limpar Cache**: permite remover projetos do cache. Pode ser útil para reduzir o número de projetos vistos na caixa de diálogo Abrir ou reduzir a quantidade de memória usada quando você se aproxima do limite de tamanho do cache.

OPÇÕES DO PROJECT – AVANÇADO

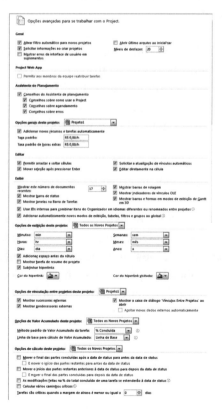

Figura 17.9 - *Opções do Project - Avançado*

- **Geral.** Apresenta parâmetros variados, de escopo geral, que valem para todos os arquivos abertos ou não, e de escopo local, que valem apenas para o arquivo ativo no momento da configuração, determinando generalidades de operação do software, alguns dos quais muito interessantes no que diz respeito à operação mais produtiva.

- **Ativar filtro automático para novos projetos**: escopo geral, aciona a opção de autofiltro quando da criação de um projeto, esta opção vem marcada por padrão;

- **Abrir último arquivo ao inicializar**: escopo geral, quando da inicialização do *software* abre o último projeto utilizado; é uma boa opção para aqueles que trabalham concentrados em um projeto por vez, esta opção vem desmarcada por padrão;

- **Solicitar informações ao criar projetos**: escopo geral, apresenta a janela de diálogo **Informações sobre o projeto** quando é acionado por menu ou botão o comando *Novo*, para criação de um novo projeto; é uma boa opção para evitar que se esqueça de cadastrar informações essenciais ao projeto, esta opção vem marcada por padrão.

- **Níveis de desfazer**: permite configurar quantos níveis de desfazer o usuário deseja ter a sua disposição no software.

- **Mostrar erros da interface de usuário em suplementos**: Por padrão opção desmarcada. Se um suplemento tenta manipular a interface do usuário (UI) e falhar, nenhuma mensagem de erro é exibida. No entanto, você pode configurar o aplicativo para exibir mensagens de erros relacionados com a interface do usuário, marcando esta opção.

Project Web App.

Permitir aos membros da equipe reatribuir tarefas.

Assistente de Planejamento.

- **Conselhos do Assistente de planejamento:** escopo geral, aciona ou inibe o assistente do MS Project, que tem o objetivo de acompanhar a operação do software orientando o usuário em operações imprecisas ou simplificáveis, esta opção vem marcada por padrão.

- **Conselhos sobre como usar o Project:** escopo geral, emite orientações, às vezes de utilização ou entendimento duvidosos, no sentido de utilizar o software de forma mais produtiva, esta opção vem marcada por padrão.

- **Conselhos sobre agendamento:** escopo geral, monitora as operações de planejamento dando orientações quando ocorrem imprecisões nos cálculos de agendamento de tarefas ou recursos, esta opção vem marcada por padrão.

- **Conselhos sobre erros:** escopo geral, orientações para esclarecimento de erros genéricos, esta opção vem marcada por padrão.

- **Opções gerais deste projeto:** estabelece onde as alterações procedidas nesta sessão irão ocorrer: **Todos os Novos Projetos** ou **Projeto1** (projeto aberto).

- **Adicionar novos recursos e tarefas automaticamente**: se selecionado adiciona automaticamente um novo recurso ao *pool* de recursos interno ou externo quando da sua alocação a uma tarefa, e assume valores padrão para todos os itens do recurso; caso contrário, abre uma janela de diálogo para confirmação da inclusão e outra para cadastramento detalhado do recurso, sendo esta segunda possibilidade muito mais interessante do que a primeira, mesmo com a desvantagem de só surtir efeito quando a operação de alocação é feita pelo **Formulário de Tarefa**, esta opção vem marcada por padrão.

340 | *Dominando Gerenciamento de Projetos com MS Project 2010*

- *Taxa padrão*: define um custo padrão para hora normal de uso de recursos; não faz muito sentido, pois dificilmente os recursos possuem igual valor.

- *Taxa padrão de horas extras*: idêntico ao item acima, para custo de hora extra.

Editar.

- *Permitir arrastar e soltar células*: quando selecionado permite a operação de arrastar e soltar com o *mouse*, otimizando a sequência de comandos *Tarefa → Recortar + Tarefa → Colar*, esta opção vem marcada por padrão.

- *Solicitar a atualização de vínculos automáticos*: selecionado faz com que se abra uma janela de diálogo para confirmação da atualização de campos com vínculos dinâmicos (DDE, OLE), quando da abertura do arquivo cliente, esta opção vem marcada por padrão.

- *Mover seleção após pressionar Enter:* quando selecionado faz com que a célula abaixo da corrente se torne ativa após o pressionamento da tecla <ENTER>, esta opção vem marcada por padrão.

- *Editar diretamente na célula*: permite editar uma informação diretamente na célula, quando esta opção está desmarcada o conteúdo de uma célula somente pode ser editado pela *Barra de edição*, esta opção vem marcada por padrão.

Exibir.

- *Mostrar este número de documentos recentes*: permite alterar a quantidade dos últimos arquivos abertos para permitir o rápido acesso aos arquivos. Por padrão, esse recurso fica ativado, mas é possível desativá-lo, reativá-lo, limpar ou ajustar o número de arquivos exibidos.

- *Mostrar barras de rolagem*: mostra as barras de rolagem vertical e horizontal, facilitando sobremaneira a navegação nas visualizações, esta opção vem marcada por padrão.

Capítulo 17 - Configuração do Ambiente | **341**

- **Mostrar indicadores de vínculos OLE**: coloca um indicador de ligação dinâmica, com a forma de um triângulo cinza, no canto inferior direito da célula cliente de um vínculo OLE, facilitando sua identificação, esta opção vem marcada por padrão.

- **Mostrar barra de status**: mostra a barra de *status* no rodapé da janela, com todas as informações padronizadas dos aplicativos Windows, esta opção vem marcada por padrão.

- **Mostrar janelas na Barra de Tarefas:** quando selecionado faz com que o MS Project adicione um botão na barra de tarefas do MS Windows para cada arquivo de projeto aberto, caso contrário, um único botão representará o aplicativo e todos os arquivos abertos, esta opção vem marcada por padrão.

- **Mostrar barras e formas em modos de exibição de Gantt em 3D:** permite alterar o formato de barras e formas para exibição em *2D* ou *3D*. Para 3D a opção deverá estar selecionada (padrão).

- **Usar IDs internas para combinar itens do Organizador em idiomas diferentes ou renomeados entre Projetos:** permite fazer a correspondência dos elementos do projeto no Organizador, usando a identificação interna de cada elemento. Ao marcar essa caixa de seleção, você ignora os nomes de elementos físico, uma vez que eles podem ser diferentes dependendo dos projetos, esta opção vem marcada por padrão.

- **Adicionar automaticamente novos modos de exibição, tabelas, filtros e grupos no global:** permite adicionar itens ao modelo de projeto global automaticamente para que fiquem disponíveis para uso em todos os seus projetos, em vez de apenas no projeto em que foram criados.

- **Opções de exibição deste projeto:** estabelece onde as alterações procedidas nesta sessão irão ocorrer: *Todos os Novos Projetos* ou *Projeto1* (projeto aberto).

- **Minutos:** permite escolher a forma de apresentação de durações em minutos, entre as opções **m, min** (padrão) **ou minuto.**

- **Horas:** permite escolher a forma de apresentação de durações em horas, entre as opções **h, hr** (padrão) **e hora.**

- **Dias:** permite escolher a forma de apresentação de durações em dias, entre as opções **d, di e dia** (padrão).

- **Semanas:** permite escolher a forma de apresentação de durações em semanas, entre as opções **s, sem** (padrão) **e semana.**

- **Meses:** permite escolher a forma de apresentação de durações em meses, entre as opções **me e mês** (padrão).

- **Anos:** permite escolher a forma de apresentação de durações em anos, entre as opções **a** (padrão) **e ano.**

- **Adicionar espaço antes do rótulo:** permite adicionar um espaço em branco entre o valor e o rótulo escolhido nas opções anteriores de minutos, horas, dias, semanas, meses e anos; esta opção vem marcada por padrão.

- **Mostrar tarefa de resumo do projeto:** possibilita esconder as tarefas de resumo no Gráfico de Gantt, não sendo esta uma boa ideia pela importância das informações totalizadas e pelas facilidades proporcionadas pelas tarefas de resumo na operação dos projetos, esta opção vem desmarcada por padrão.

- **Sublinhar hiperlinks:** permite sublinhar os hiperlinks; esta opção vem marcada por padrão.

- **Cor do hiperlink:** permite escolher a cor do hiperlink que ainda não foi visitado; a cor azul vem escolhida como padrão.

- **Cor do hiperlink visitado:** permite escolher a cor do hiperlink já visitado; a cor vermelha escura vem escolhida como padrão.

Capítulo 17 - Configuração do Ambiente | 343

- **Opções de vinculação entre projetos deste projeto:** opções de escopo local, permitem escolher em qual projeto as alterações procedidas nesta sessão irão ocorrer.

- **Mostrar sucessoras externas:** mostra tarefas sucessoras externas, pertencentes a outro arquivo de projeto, esta opção vem marcada por padrão.

- **Mostrar predecessoras externas:** mostra tarefas predecessoras externas, pertencentes a outro arquivo de projeto, esta opção vem marcada por padrão.

- **Mostrar a caixa de diálogo 'Vínculos Entre Projetos' ao abrir:** mostra a janela de diálogo Vínculos Entre Projetos quando o arquivo é aberto, apontando os vínculos externos e indicando se houve alguma alteração na tarefa externa, esta opção vem marcada por padrão.

- **Aceitar novos dados externos automaticamente:** disponível apenas quando a opção anterior não está selecionada, permite a atualização automática dos vínculos externos; esta opção vem desmarcada por padrão.

- **Opções de Valor Acumulado deste projeto:** estabelece onde as alterações procedidas nesta sessão irão ocorrer: **Todos os Novos Projetos** ou **Projeto1** (projeto aberto).

- **Método padrão de Valor Acumulado da tarefa:** estabelece se a **% Concluída** (padrão) ou a **% Física Concluída** deve ser usada para a análise do valor acumulado no projeto ou todos os projetos, dependendo da escolha do item "Opções de Valor Acumulado deste projeto".

- **Linha de base para cálculo de Valor Acumulado:** estabelece quais das linhas de base disponíveis devem ser usadas para fazer comparações de valores acumulados no projeto ou todos os projetos, dependendo da escolha do item "Opções de Valor Acumulado deste projeto".

- **Opções de cálculo deste projeto:** estabelece onde as alterações procedidas nesta sessão irão ocorrer: **Todos os Novos Projetos** ou **Projeto1** (projeto aberto).

- ***Mover o final de partes concluídas após a data de status para antes da data de status***: esta opção determina como o Início Real das tarefas é calculado pelo MS Project quando do lançamento de % Concluído, de Trabalho Real ou de Duração Real + Duração Restante; quando desmarcado, o Início Real calculado ignora a Data de *Status* e obedece a precedências, restrições e data de início provável; quando marcado, o Início Real é calculado por Data de *Status* – Duração Real, ignorando precedências e restrições e podendo criar interrupções nas tarefas e conflitos de agendamento, este último por não obedecer às relações de precedência impostas; esta opção vem desmarcada por padrão.

- ***E mover o início das partes restantes para antes da data de status***: disponível apenas quando a opção anterior está marcada, esta opção determina como o início provável do trabalho restante é calculado pelo MS Project, somente apresentando efeitos significativos quando, em situações de exceção, uma restrição ao início não foi obedecida.

- ***Mover o início das partes restantes anteriores à data de status para depois da data de status***: esta opção determina como o início do trabalho restante de tarefas com atraso é calculado pelo MS Project quando do lançamento de *% Concluído*, de *Trabalho Real* ou de *Duração Real + Duração Restante*; quando desmarcado, o início do trabalho restante ignora a *Data de Status* e permanece anterior a esta; quando marcado, o início do trabalho restante se posiciona na *Data de Status* criando interrupções nas tarefas; esta opção vem desmarcada por padrão.

- ***E mover o final de partes concluídas para depois da data de status***: disponível apenas quando a opção anterior está marcada, esta opção determina como o *Início Real* é calculado pelo MS Project; quando desmarcado, o *Início Real* calculado ignora a *Data de Status* e obedece a precedências, restrições e data de início provável; quando marcado, o *Início Real* é calculado por *Data de Status – Duração Real*, ignorando precedências e restrições.

- ***As modificações feitas na % do total concluído de uma tarefa se estenderão à data de status***: define a forma de distribuição incremental da %

Concluída da tarefa pela escala de tempo; quando marcado distribui a *% Concluída* informada até a *Data de Status* ou *Data Atual* se aquela não tiver sido informada, esta opção pode gerar dúvidas de interpretação, pois a barra de evolução da tarefa no Gráfico de Gantt poderá ficar diferente da informação contida em Uso da Tarefa ou Uso do Recurso; quando desmarcado distribui a *% Concluída* informada até o *Término real* da tarefa; desmarcado por padrão.

- **Calcular vários caminhos críticos:** Calcular e mostrar um caminho crítico para cada rede independente de tarefas dentro do projeto. Quando marcada, as datas de término atrasado das tarefas sem sucessora ou restrições serão definidas como as datas de término antecipado, tornando essas tarefas críticas.

- **Tarefas são críticas quando a margem de atraso é menor ou igual a N dias**: determina a quantidade máxima de dias de folga para uma tarefa ser considerada crítica; este parâmetro é de fundamental importância para o processo pelo qual o MS Project determina o caminho crítico do projeto;

PRÁTICA

Utilizando o projeto Lançamento Comercial de Produto, configurar o ambiente de forma a atender às propostas a seguir.

Formato de data: dd/mm/aa hh:mm
Símbolo de moeda: R$
Visualizar a itemização da estrutura
Mostrar automaticamente a janela 'Informações sobre o projeto' quando da criação de novos projetos
Cadastrar o nome do aluno como usuário oficial
Assistente de erros desativado

Personalizando Uma FAIXA DE OPÇÕES

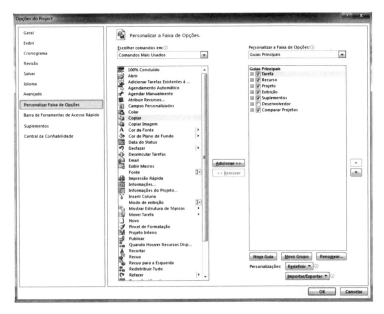

Figura 17.10 - Personalização da Faixa de Opções.

A *Faixa de Opções*, anteriormente chamada de **Barra de Ferramentas** nas versões anteriores do Project, é um elemento de apoio importante ao manuseio do *software*, sendo possível personalizá-la para que apresente botões de acesso aos comandos mais utilizados em situações específicas. A opção *Arquivo* → *Opções* → *Personalizar Faixa de Opções* do menu principal dá acesso à janela de diálogo *Personalizar a Faixa de Opções*, onde você pode alterar uma faixa existente e, através do botão *Redefinir*, excluir todas as personalizações e redefinir as configurações padrão deste programa. Escolha entre redefinir apenas a guia da Faixa de Opções selecionada ou todas as personalizações da Faixa de Opções e da Barra de Ferramentas de Acesso Rápido.

A alteração de uma faixa de opções se dá pela seleção, na lista de opções *Escolher comandos em:* da janela de diálogo *Personalizar a Faixa de Opções*, da categoria de comandos desejada e, em seguida, pela operação de clicar sobre o botão desejado, clicar sobre a guia destino na lista *Personalizar a Faixa de Opções* e clicar no botão *Adicionar*.

DICA → o clique do botão auxiliar do *mouse* sobre uma faixa de opções abre um menu de contexto que também dá acesso à janela de diálogo *Personalizar a Faixa de Opções*.

Criando Uma FAIXA DE OPÇÕES

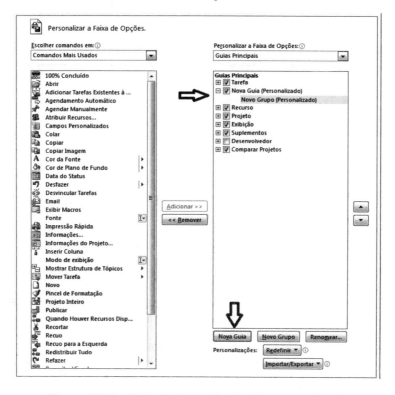

Figura 17.11 - Criando Faixa de Opções personalizada.

Para criar uma faixa de opções nova basta acionar o botão ***Nova Guia,*** que se encontra na janela de diálogo *Personalizar a Faixa de Opções* em ***Guias Principais*** e o nome da nova faixa, clicando em ***Nova Guia (Personalizado)*** e depois clicando no botão ***Renomear.*** Na janela de diálogo Renomear, digite o nome da nova guia em ***Nome para exibição.*** Faça o mesmo processo clicando em ***Nova Grupo (Personalizado)***, para renomear o Grupo.

PRÁTICA

Utilizando o projeto Lançamento Comercial de Produto, criar uma faixa de opções denominada Formulários, grupo Formulários. Insira a caixa de opções Gráfico de Gantt e a caixa de opções Tabelas. Onde poderemos acionar as tabelas Entrada, Custos, Trabalho, Cronograma e Valor acumulado.

Resumo – Configuração do Ambiente

O Que Fazer	Como Fazer
Configurar opções gerais	**menu *Arquivo → Opções → Geral*** Determine nesta opção configurações de opções gerais de trabalho com o Project.
Configurar opções de visualização	**menu *Arquivo → Opções → Exibir*** Determine nesta opção as configurações desejadas para o modo como o conteúdo do Project é exibido na tela, atentando para o fato de que o grupo ***Opções de moeda para este projeto*** se aplica apenas ao projeto corrente.
Configurar opções de agendamento, calendários e cálculos.	**menu *Arquivo → Opções → Cronograma*** Determine nesta opção as configurações desejadas relacionadas a agendamento, calendários e cálculos.
Configurar opções de correção ortográfica	**menu *Arquivo → Opções → Revisão*** Determine nesta opção configurações de como o Project corrigirá e formatará o texto. Os campos de informação a serem checados pela correção ortográfica, assim como quando sugerir a correção e com que dicionário trabalhar.
Configurar opções de salvamento de arquivos	**menu *Arquivo → Opções → Salvar*** Determine nesta ficha as configurações desejadas para as operações de salvamento de arquivos.
Configurar opções de idioma	**menu *Arquivo → Opções → Idioma*** Determine nesta opção as configurações de preferências de idioma do Office.

Configurar opções avançadas	**menu** *Arquivo* → *Opções* → *Avançado* Determine nesta opção as configurações avançadas para se trabalhar com o Project, no tocante a informações gerais, Project Web App, assistente de planejamento, exibição, vinculação entre projetos, valor acumulado e cálculo, atentando para o fato de que o grupo *Opções de vinculação entre projetos deste projeto* se aplica apenas ao projeto corrente.
Criar uma faixa de opções	**menu** *Arquivo* → *Opções* → *Personalizar Faixa de Opções* Na janela de diálogo *Personalizar a Faixa de Opções* em *Guias Principais,* acione o botão *Nova Guia* e altere o nome na janela de diálogo *Renomear* acionando o botão *Renomear*. Em seguida clique em *Novo Grupo (Personalizado)* e altere o nome do grupo na janela de diálogo *Renomear* acionando o botão *Renomear*. Com a nova guia e grupo criados, Adicione comandos da lista *Todos os Comandos,* clicando no botão *Adicionar.*
Redefinir a Faixa de Opções para o padrão do software.	**menu** *Arquivo* → *Opções* → *Personalizar Faixa de Opções* Acionando o botão *Redefinir*, permite excluir todas as personalizações e redefinir as configurações padrão deste programa. Escolha entre redefinir apenas a guia da Faixa de Opções selecionada ou todas as personalizações da Faixa de Opções e da Barra de Ferramentas de Acesso Rápido.

18

REVISÃO DE METAS

Um *software* de gerenciamento de projetos voltado para a realidade não deve se limitar a operar em condições ideais, sendo necessário que apresente soluções para tratamento de situações de exceção.

Quando tratamos anteriormente de metas de projeto, defendemos a ideia que as metas devem representar o compromisso assumido junto ao cliente, o contrato assinado. Mas na prática do dia-a-dia sabemos que podem ocorrer graves adversidades no transcorrer de projetos, tão graves que tornem as metas definidas originalmente inalcançáveis, apresentando-se ao gerente do projeto a necessidade de determinar novas metas para o projeto. Esta possibilidade se mostra extremamente útil quando um projeto apresentar metas inalcançáveis devido a grandes atrasos, situação que pode gerar desestímulo às equipes envolvidas, ou sofrer alterações contratuais significativas durante sua execução, levando-o a apresentar informações distorcidas.

Neste capítulo você aprenderá a determinar novas metas para um projeto, a resguardar as metas originais para efeito de documentação e a formatar o Gráfico de Gantt, de modo que apresente as diferentes metas definidas para o projeto.

Revendo metas

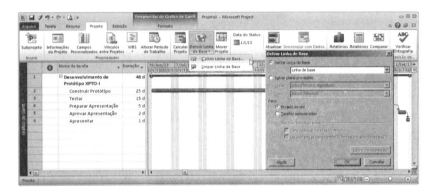

Figura 18.1. - Janela de diálogo para definir metas.

A faixa de opções **Projeto** → **grupo Cronograma** → **botão Definir Linha de Base** → opção **Definir Linha de Base** oferece a possibilidade de determinar novas metas para um projeto já em execução sem perder as metas originais.

Quando são determinadas as metas de um projeto o *software* preenche os campos do tipo Linha de Base, com cópias das informações existentes nos respectivos campos do tipo provável. Por exemplo, o campo *Início da linha de base* de cada tarefa recebe uma cópia do conteúdo do seu respectivo campo *Início*, o campo *Término da linha de base* de cada tarefa recebe uma cópia do conteúdo do seu respectivo campo *Término* e assim por diante.

De forma análoga à operação padrão de determinação de metas, *Definir Linha de Base*, se a operação for a de *Definir Linha de Base 1*, por exemplo, o que ocorre é que são geradas cópias de *Início* de cada tarefa para seu respectivo *Início da linha de base 1*, de *Término* de cada tarefa para seu respectivo *Término da linha de base 1*, de *Trabalho* de cada tarefa para seu respectivo *Trabalho da linha de base 1*, de *Custo* de cada tarefa para seu respectivo *Custo da linha de base 1* e assim sucessivamente para todos os campos envolvidos na operação.

O MS Project 2010 permite que você tenha documentado até 11 revisões de metas, pois dispõe de 11 diferentes linhas de base, a linha de base propriamente dita e as linhas de base 1 a 10.

O procedimento de definir linha de base 1 a 10 permite guardar uma série de registros históricos sobre os elementos balizadores dos seus compromissos, suas metas.

 NOTA → Apesar do MS Project guardar 10 linhas de base auxiliares, seus cálculos de variação têm apenas a linha de base original como referência. O campo *Variação do Término* reporta a diferença em dias úteis entre o campo *Término* e o campo *Término da Linha de Base*, o mesmo acontecendo com os campos *Variação Inicial*, *Variação da Duração*, *Variação de Custo* e *Variação do Trabalho*.

Os campos da janela de diálogo *Definir linha de base* que permitem a operação *Salvar plano provisório* são os seguintes:

- *Definir linha de base*: provoca a operação de salvamento de linha de base propriamente dita, depositando nos campos tipo Linha de Base cópias das respectivas informações do tipo Provável;

- *Salvar plano provisório*: executa operação de cópia de informações, permitindo selecionar os campos de origem e de destino pelas opções *Copiar* e *Em*;

- *Copiar*: opção disponível apenas quando a caixa de seleção *Salvar plano provisório* está marcada, determina que informações deverão ser resguardadas, a origem;

- *Em*: opção disponível apenas quando a caixa de seleção *Salvar plano provisório* está marcada, determina em que campos as informações serão depositadas, o destino.

DICA → A operação *Salvar plano provisório* direcionada para *Início1/Término1* a *Início10/Término10* permite resguardar informações de simulação de até dez diferentes cenários aplicados a um mesmo projeto, sem a preocupação do usuário com a integridade dos dados a cada nova digitação ou com o gerenciamento de diversos arquivos simultâneos do mesmo projeto.

Quando uma Linha de base é estabelecida o MS Project informa no campo **Definir linha de base** a data desta operação, se referindo sempre à última operação executada. Se mesmo assim você mandar sobrescrevê-la será exibida uma mensagem de alerta pedindo sua confirmação.

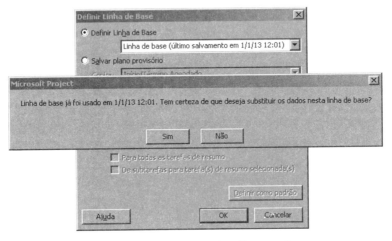

Figura 18.2. - Informações sobre último salvamento.

O método **Definir linha de base** não permite a cópia de dados da Linha de Base corrente para outra Linha de Base, o que serviria para resguardar os dados originais, os quais após o estabelecimento de uma nova meta teriam significativo histórico documental. Para resguardar os dados originais em outras linhas de base antes do estabelecimento de uma nova Linha de Base e a consequente sobreposição de dados na Linha de Base, a melhor opção é o emprego do método **Salvar plano provisório,** pois tal método permite a seleção dos campos de destino das cópias e dos campos de origem.

O método *Salvar plano provisório* deve ter, preferencialmente, como destino as opções **Linha de Base1** a **Linha de Base10**, pois desta forma todas as informações da linha de base origem serão resguardadas. Quando a opção de destino recai sobre um dos itens **Início1/Término1** a **Início10/Término10**, apenas as informações de início e término de tarefas são resguardadas.

	para Linha de Base N	**para Início N / Término N**
Tarefa	Duração Data de Início Data de Término Trabalho Trabalho Dividido em Fases Custo Custo Dividido em Fases	Data de Início Data de Término
Recurso	Trabalho Trabalho Dividido em Fases	
Atribuição	Data de Início Data de Término Trabalho Trabalho Dividido em Fases Custo Custo Dividido em Fases	

Tabela 18.1. - Informações salvas pela operação Salvar Plano Provisório.

DICA → A opção *Projeto* → grupo *Cronograma* → botão *Definir Linha de Base* → opção *Limpar linha de base* permite desfazer metas estabelecidas do projeto todo ou das tarefas selecionadas, possibilitando limpar os campos de linha de base ou quaisquer daqueles que você tenha usado para salvar plano provisório, como *Início1/Término1*.

PRÁTICA

1 – Criar um projeto novo denominado ProtótipoXPTOI.MPP, conforme apresentado na tabela 18.2.

id	nome da tarefa	duração	id da predecessora	vínculo	latência
1	**Desenvolvimento de Protótipo XPTO-I**				
2	Construir Protótipo	25 d			
3	Testar	15 d	2	TI	0
4	Preparar Apresentação	5 d	3	TI	0
5	Aprovar Apresentação	2 d	4	TI	0
6	Apresentar	1 d	5	TI	0

Tabela 18.2. - Exercício de criação de projeto.

2 – Cadastrar o recurso Técnico com taxa padrão R$ 10,00 e alocar 1 unidade em cada tarefa.

3 – Determinar metas para o projeto.

4 – Lançar na tarefa Construir Protótipo uma duração real de 45 d.

5 – Perceber a situação do projeto e determinar novas metas, resguardando as metas originais como Linha de Base 1 para posterior análise.

Visualizando metas originais e metas revisadas

No item anterior foi visto que as metas originais do projeto podem ser resguardadas quando de uma nova operação de determinação de metas, mas, onde estão as informações originais? Para que as informações resguardadas sejam visualizadas é necessário criar uma tabela contendo os campos que receberam estas informações, pelo acionamento da faixa de opções *Exibição* → grupo *Dados* → botão *Tabelas* → opção *Mais Tabelas*.

Esta nova tabela pode ser aplicada com o modo de exibição *Gantt com várias linhas de base*, que mostra barras representativas de Linha de base, Linha de base 1 e Linha de base 2. Selecione a faixa de opções *Exibição* → grupo *Modos de Exibição de Tarefa* → botão *Gráfico de Gantt* → opção *Mais Modos de Exibição*, na janela de diálogo que se abre selecione a opção *Gantt com várias linhas de base* e acione o botão *Aplicar*.

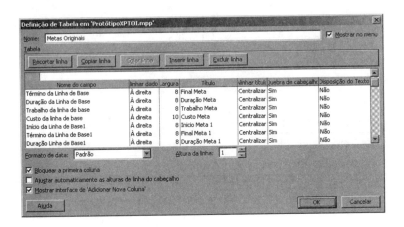

Figura 18.3. - Tabela para visualização de metas originais.

PRÁTICA

Criar a tabela apresentada na tabela 18.3 no projeto **Desenvolvimento de Protótipo XPTO-I** com o nome de Metas Originais e aplicá-la ao modo de exibição Gantt com várias linhas de base, para visualizar as metas originais e as atuais do projeto.

nome do campo	alinhar dados	título
ID	Centralizar	
Nome	À Esquerda	Tarefa
Início	À Direita	Início Prov.
Término	À Direita	Final Prov.
Duração	À Direita	Duração Prov.
Trabalho	À Direita	Trabalho Prov.
Custo	À Direita	Custo Prov.
Início da linha de base	À Direita	Inicio Meta
Término da linha de base	À Direita	Final Meta
Duração da linha de base	À Direita	Duração Meta
Trabalho da linha de base	À Direita	Trabalho Meta
Custo da linha de base	À Direita	Custo Meta
Início da linha de base 1	À Direita	Inicio Meta 1
Término da linha de base 1	À Direita	Final Meta 1
Duração da linha de base 1	À Direita	Duração Meta 1
Trabalho da linha de base 1	À Direita	Trabalho Meta 1
Custo da linha de base 1	À Direita	Custo Meta 1

Tabela 18.2. - Exercício de criação de tabela.

DICA → Campos como *Início1* a *Início 10*, *Término1* a *Término 10*, *Custo1* a *Custo10*, *Data1* a *Data10*, *Duração1* a *Duração10*, *Sinalizador1* a *Sinalizador20*, *Número1* a *Número20* e *Texto1* a *Texto30,* são denominados *Campos Personalizados* e estão disponíveis ao usuário para o uso mais conveniente, respeitando o tipo de dado de cada campo – data, moeda, duração, lógico, número e texto, respectivamente. No capítulo 22 Campos Calculados estes campos são aplicados em exemplos práticos.

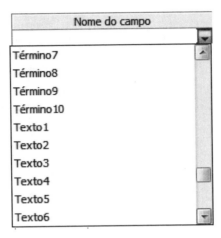

Figura 18.4. - *Campos de usuário.*

Resumo – Alteração de metas estabelecidas

O Que Fazer	Como Fazer
Resguardar linha de base a ser sobrescrita	***Projeto*** → grupo ***Cronograma*** → botão ***Definir Linha de Base*** → opção ***Definir Linha de Base*** Na janela de diálogo ***Definir linha de base*** selecione a opção ***Salvar plano provisório***, selecione na caixa de lista ***Copiar*** a opção ***Linha de base*** e na caixa de lista ***Em,*** selecione a opção ***Linha de base 1*** ou outra linha de base que melhor lhe convier. Lembre-se que apenas a Linha de Base padrão serve de referência para os campos do tipo variação.

Determinar novas metas para um projeto	*Projeto* → grupo *Cronograma* → botão *Definir Linha de Base* → opção *Definir Linha de Base* Na janela de diálogo *Definir linha de base* selecione na caixa de lista *Definir linha de base* a opção *Linha de base (último salvamento em...)*, acione o botão *Ok* e confirme a operação na janela de mensagem que se abre. Lembre-se que a linha de base original será sobrescrita, devendo ser resguardada para efeito de documentação antes desta operação.
Visualizar as metas anteriores do projeto	*Exibição* → grupo *Dados* → botão *Tabelas* → opção *Mais Tabelas* Na janela de diálogo *Mais Tabelas* acione o botão *Nova,* de forma a criar uma tabela que deverá conter colunas mostrando os campos de informação *Linha de Base N*, dependendo de quantos níveis de metas queiramos visualizar.

19

TRATAMENTO AVANÇADO DE TAREFAS

Tarefas compõem a unidade da estrutura do projeto, representam cada procedimento, cada passo a ser dado para a plena realização do objetivo a ser atingido. Portanto, o número de tarefas que compõem um projeto costuma ser grande, e o trabalho para criar e gerenciar estas tarefas é proporcionalmente grande.

O MS Project dispõe de algumas ferramentas bastante úteis, que visam facilitar o trabalho com as tarefas, por exemplo, otimizando a criação de tarefas de repetição periódica, permitindo a configuração de modos de exibição de forma a focar determinados aspectos específicos, possibilitando classificação e agrupamento de tarefas segundo critérios específicos, etc.

São estas possibilidades de otimização do trabalho com tarefas o foco deste capítulo.

Trabalhando com tarefas recorrentes

Criando Tarefas Recorrentes

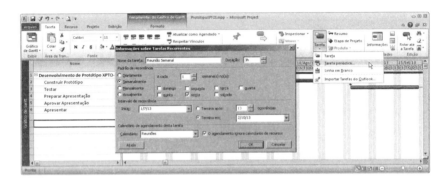

Figura 19.1. - Janela para criação de Tarefas Recorrentes.

Muitas vezes se apresenta, durante o planejamento de um projeto, a necessidade de cadastramento de tarefas de idêntico teor, que se repetem dentro de uma determinada periodicidade, por exemplo, a manutenção preventiva de máquinas e equipamentos, a reunião semanal de avaliação ou a medição mensal. Estas tarefas são denominadas, pelo software, Tarefas Periódicas ou Tarefas Recorrentes e, ao invés de determinar uma a uma todas as diferentes ocorrências destas tarefas, você pode utilizar um mecanismo assistido para fazer o lançamento de todas essas ocorrências numa única operação, podendo qualquer uma delas ser submetida a precedência, alteração ou até exclusão sem prejuízo do conjunto.

A faixa de opções Tarefa à grupo Inserir à botão Tarefa à opção Tarefa Periódica dá acesso à janela de diálogo Informações sobre Tarefas Recorrentes que, pelo preenchimento de seus campos, cria uma tarefa recorrente com N ocorrências:

- **Nome da tarefa:** o nome da tarefa;
- **Duração:** duração estimada de cada uma das ocorrências da tarefa;

Capítulo 19 - Tratamento Avançado de Tarefas | 363

***Figura 19.2.** - Opções para periodicidade diária.*

- **Padrão de recorrência Diariamente** – determina a frequência de repetição das ocorrências como diária;

  - **Todo 1... 12:** determina a periodicidade específica com as opções todo dia, dias alternados, de 3 em 3 dias, até de 12 em 12 dias;

  - **Dia:** programa ocorrências para dias úteis e não úteis; quando esta opção é selecionada uma janela de diálogo questiona se as N ocorrências em dias não úteis devem ser reprogramadas para o 1º dia útil subsequente — fazendo com que sejam realizadas neste caso mais de uma tarefa no mesmo dia — ou se as tarefas em dias não úteis não serão executadas;

  - **Dia útil:** programa tarefas apenas para dias úteis, ignorando as ocorrências em dias não úteis;

***Figura 19.3.** - Opções de periodicidade semanal.*

- **Padrão de recorrência Semanalmente:** frequência semanal, uma janela de diálogo questiona, após a configuração feita, se as N ocorrências em dias não úteis devem ser reprogramadas para o 1º dia útil subsequente — fazendo com que a periodicidade seja quebrada pelo acúmulo de ocorrências — ou se as tarefas em dias não úteis não serão executadas;

- **A cada 1 ... 12 semana(s):** determina a periodicidade específica com as opções toda semana, semanas alternadas, de 3 em 3 semanas, até de 12 em 12 semanas;

- **domingo, segunda, terça, quarta, quinta, sexta, sábado:** determina um dia específico da semana para a tarefa ocorrer;

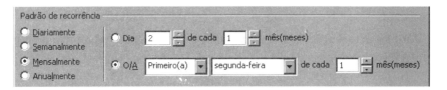

Figura 19.4. - Opções de periodicidade mensal.

- **Padrão de recorrência Mensalmente:** frequência mensal, uma janela de diálogo questiona, após a configuração feita, se as N ocorrências em dias não úteis devem ser reprogramadas para o 1º dia útil subsequente — fazendo com que a periodicidade seja quebrada pelo acúmulo de ocorrências — ou se as tarefas em dias não úteis não serão executadas;

- **Dia 1 ... 31 de cada 1 ... 12 mês (meses):** indica um determinado dia do mês para as ocorrências, assim como a periodicidade específica, com as opções todo mês, meses alternados, 3 em 3 meses, até 12 em 12 meses;

- **O/A Primeiro(a)... Último(a) segunda-feira... domingo de cada 1 ... 12 mês (meses):** especifica um determinado dia de semana para as ocorrências, assim como a periodicidade específica com as opções todo mês, meses alternados, de 3 em 3 meses, até de 12 em 12 meses;

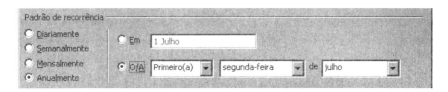

Figura 19.5. - Opções para periodicidade anual.

Capítulo 19 - Tratamento Avançado de Tarefas | **365**

- **Padrão de recorrência Anualmente:** frequência anual, uma janela de diálogo questiona, após a configuração feita, se as N ocorrências em dias não úteis devem ser reprogramadas para o 1º dia útil subsequente — fazendo com que a periodicidade seja quebrada pelo acúmulo de ocorrências — ou se as tarefas em dias não úteis não serão executadas;

- **Em dia mês:** determina um determinado dia de um determinado mês para as ocorrências;

- **O/A Primeiro(a)... Último(a) segunda-feira... domingo de janeiro... dezembro:** especifica um determinado dia da semana de um determinado mês para as ocorrências;

- **grupo Intervalo de recorrência:** possibilita determinar o escopo de abrangência das tarefas;
- **Início:** indica a data de início das ocorrências; o default é a data de início do projeto;
- **Termina após n ocorrências:** estabelece o limite em quantidade de ocorrências; por default indica a quantidade total de ocorrências previstas para a configuração indicada pelo usuário;
- **Termina em:** indica a data de término das ocorrências; o default é a data de término do projeto;

- **grupo Calendário de agendamento desta tarefa:** faz com que a tarefa obedeça a um calendário de programação específico; utilizado quando se torna necessário a programação de uma tarefa recorrente em um horário determinado, com a utilização de um calendário definindo o horário desejado para a tarefa, a mesma sempre obedecerá a este calendário; como exemplo podemos imaginar uma tarefa recorrente de limpeza do escritório, que deve ocorrer diariamente das 19:00 hs às 23:00 hs, esta tarefa deve ser associada a um calendário com este expediente designado e, desta forma, acontecerá sempre no horário desejado; equivale à operação similar de determinar calendários específicos para tarefas, só que ao determinar isso na janela Informações sobre Tarefas Recorrentes é poupado o trabalho de informar a cada repetição da tarefa.

366 | *Dominando Gerenciamento de Projetos com MS Project 2010*

 HIPERLINK → no capítulo 8 Criação de Projeto – tópico Indicando Calendário de Tarefas você encontrará mais informações sobre a aplicação de calendários de tarefas.

- **opção Calendário:** determina um calendário específico para programação das ocorrências;
- **opção O agendamento ignora calendários de recursos:** força a programação a ignorar calendários de recursos alocados; quando as ocorrências obedecem a um calendário que não tem um período de interseção com o calendário de recurso e esta opção não está marcada, acontece um erro de programação e somos obrigados a alterar um dos dois calendários ou alocar horas-extras para os recursos.

Manipulando tarefas recorrentes

Quando é criada uma tarefa recorrente, esta se apresenta no Gráfico de Gantt de forma semelhante a uma tarefa de resumo englobando todas as ocorrências. A princípio, as ocorrências não são visualizadas de forma unitária, o que ocorre ao ser efetuado duplo clique sobre o Id da tarefa de resumo, operação que serve tanto para abrir quanto para fechar a visualização das ocorrências. Com as ocorrências abertas se torna mais seguro efetuar operações de precedência, alteração, exclusão ou alocação de recursos nas mesmas, o que não é necessário para as operações sobre o conjunto.

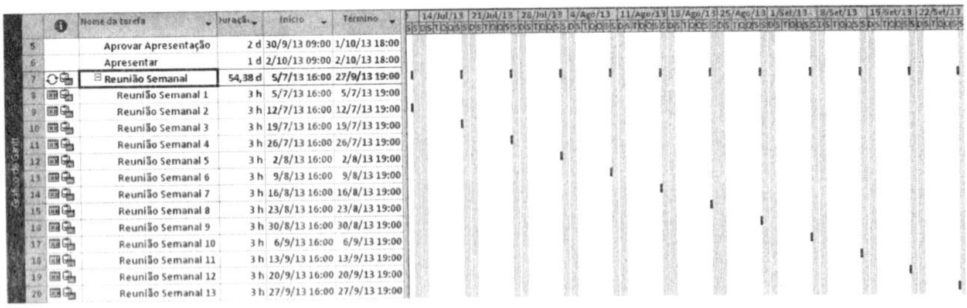

Figura 19.6. - Gráfico de Gantt de Tarefas recorrentes.

PRÁTICA

Abrir o arquivo de projeto PrototipoXPTOI.MPP, criado no capítulo 18.
Aplicar o modo de exibição Gráfico de Gantt.
Inserir uma tarefa de reunião semanal, ocorrendo às 6as feiras, com duração de 3 horas a partir das 16:00 h.
Inserir uma tarefa de visita mensal, nas primeiras 2as feiras a partir do 2º mês, com duração de 6 horas.
Repare no ícone que se apresenta na coluna Indicadores da tabela, indicando a tarefa recorrente.

Configurando o gráfico de Gantt

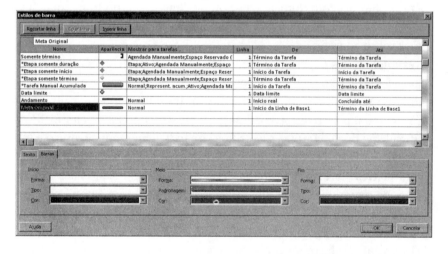

Figura 19.7. -Inclusão de barras de informação no Gráfico de Gantt.

O Gráfico de Gantt é a principal ferramenta de visualização de projetos do MS Project e, por isto, merece uma atenção especial do software e do usuário no que diz respeito às possibilidades de configuração gráfica, podendo representar as mais variadas informações.

A faixa de opções Formato → grupo Estilos de Barras → botão Formatar → opção Estilos de Barra dá acesso à janela de diálogo Estilos de barra, onde,

368 | *Dominando Gerenciamento de Projetos com MS Project 2010*

pela edição das colunas Nome, Aparência, Mostrar para tarefas, Linha, De e Até, você pode criar elementos gráficos representativos das mais diversas informações. Abaixo estão descritos a operação e principais enfoques destas colunas:

- **Nome:** por operação de digitação é determinado o nome do elemento gráfico;
- **Aparência:** mostra um preview da configuração feita nos campos da ficha Barra, onde é determinada a forma como o elemento será apresentado no Gráfico de Gantt;
- **Mostrar para tarefas:** por seleção no botão de seta à direita do campo é indicado um ou mais tipos de tarefas, descritos a seguir, para serem representados pelo elemento criado:
- **Normal:** todas as tarefas, críticas e não críticas;
- **Etapa:** tarefas com duração zero ou designadas como Etapa marcando a caixa de seleção Etapa na ficha Avançado da caixa de diálogo Informações sobre a tarefa;
- **Resumo:** tarefas de resumo, elementos agrupadores de tarefas que representam a totalização das tarefas subordinadas a elas em uma estrutura de tópicos;
- **Crítica:** tarefas do caminho crítico e tarefas cuja margem de atraso é menor ou igual a zero dias (o padrão), ou menor ou igual à quantidade especificada na opção Tarefas são críticas quando a margem de atraso é menor ou igual a da ficha Avançado da caixa de diálogo Opções do Project;
- **Não crítica:** tarefas cuja margem de atraso é maior que zero dia (o padrão) ou maior que a quantidade especificada na opção Tarefas são críticas quando a margem de atraso é menor ou igual a da ficha Avançado da caixa de diálogo Opções do Project;
- **Marcada:** tarefas com o campo Marcada definido como Sim; o campo Marcada pode ser inserido em qualquer tabela de tarefa;
- **Concluída:** tarefas encerradas, % físico real = 100;
- **Em andamento:** tarefas já iniciadas e não encerradas, seu início real foi informado e o término real não;
- **Não concluída:** tarefas não encerradas, inclusive as não iniciadas, % físico real < 100;
- **Não iniciada:** tarefas não iniciadas, seu início real não foi informado;
- **Iniciada com atraso:** tarefas com início real atrasado, início real > início meta;

Capítulo 19 - Tratamento Avançado de Tarefas | **369**

- **Concluída com atraso:** tarefas com término real atrasado, onde % físico real = 100 e final real > final meta;
- **Iniciada ant.:** tarefas com início provável antecipado, início provável < início meta;
- **Concluída ant.:** tarefas com término provável antecipado, final provável < final meta;
- **Iniciada pontualmente:** tarefas com início provável pontual, início provável = início meta;
- **Concluída pontualmente:** tarefas com término provável pontual, término provável = término meta;
- **Represent. acum.:** tarefas projetadas sobre a barra de resumo, pela seleção da opção Representação acumulada, na ficha Geral da janela de diálogo Informações sobre a tarefa; a indicação aparece sobre a barra de resumo e não sobre a de tarefa;
- **Resumo do projeto:** tarefa de resumo do projeto, aquela com Id = 0 exibida quando está selecionado na faixa de opções Formato → grupo Mostrar/Ocultar → opção Tarefa de Resumo do Projeto;
- **Agrupar por resumo:** elementos agrupadores de tarefas quando da aplicação da ferramenta Grupo; a configuração recai sobre a linha título do grupo e não sobre as tarefas agrupadas;
- **Dividir:** tarefas divididas, a tarefa foi interrompida em algum momento para ser reiniciada mais adiante;
- **Tarefas externas:** tarefas de outros projetos vinculadas por relação de precedência com tarefas do projeto corrente;
- **Produto:** tarefas que representam um resultado mensurável do projeto – disponível somente em projetos salvos no MS Project Server (EPM);
- **Dependência:** tarefas que representam dependência a uma tarefa de produto – disponível somente em projetos salvos no MS Project Server (EPM);
- **Ativo:** tarefas ativas são aquelas consideradas parte do plano, quando configurada como inativa, na faixa de opções Tarefa → grupo Cronograma → opção Inativa, as propriedades da tarefa ainda existem para fins de históricos ou para reativação em um momento posterior;
- **Agendada Manualmente:** tarefas com agendamento manual ativado, na faixa de opções Tarefa → grupo Tarefas → opção Agendar Manualmente,

fazendo com que os valores de duração, início e término não sejam atualizadas automaticamente;
- **Aviso:** tarefas com um possível conflito de agendamento com uma data de início, data de término ou duração da tarefa agendada manualmente ou com restrição de data;
- **Espaço Reservado (Início):** tarefas agendadas manualmente sem informações de início suficientes para serem agendadas;
- **Espaço Reservado (Término):** tarefas agendadas manualmente sem informações de término suficientes para serem agendadas;
- **Espaço Reservado (Duração):** tarefas agendadas manualmente sem informações de duração suficientes para serem agendadas;
- **Espaço Reservado:** tarefas agendadas manualmente sem informações suficientes para serem agendadas;
- **Atrasada:** tarefas com o campo Status indicando Atrasada, a porcentagem concluída acumulada dividida em fases não alcança a meia-noite do dia anterior à Data de Status ou Data Atual quando aquela não estiver definida;
- **Sinalizador 1 a Sinalizador 20:** tarefas com o campo personalizado Sinalizador N definido como Sim; estes campos podem ser adicionados a qualquer tabela de tarefa.

DICA → para indicar mais de um tipo de elemento no campo Mostrar para tarefas... separe cada item com um ponto-e-vírgula (;) .

- **Linha:** por operação de digitação é determinada a altura da linha, você pode mostrar até quatro linhas ou barras para cada tarefa e colocar as barras em qualquer uma dessas linhas;
- **De:** é indicada a informação inicial da barra criada por seleção na caixa de lista à direita do campo, das quais convém ressaltar:
- **Início da Tarefa:** data e hora provável de início de uma tarefa;
- **Início real:** data e hora em que uma tarefa realmente iniciou;
- **Início da linha de base:** data meta de início de uma tarefa;
- **Início antecipado:** data mais cedo possível de início, baseado no início provável sem acréscimo de Latência;

- **Início atrasado:** data mais tarde possível de início, baseado no início provável acrescido de folga da tarefa;
- **Término da Tarefa:** data e hora provável de término de uma tarefa;
- **Término real:** data e hora em que uma tarefa realmente terminou;
- **Término da linha de base:** data meta para a conclusão de uma tarefa;
- **Término antecipado:** data mais cedo possível de término, calculado por início antecipado acrescido da duração provável;
- **Término atrasado:** data mais tarde possível de término, calculado por Início atrasado acrescido da duração provável;
- **Margem de atraso negativa:** total de tempo a ser recuperado para não atrasar o projeto.
- **Até:** por seleção na caixa de lista à direita do campo é indicada a informação final da barra criada, com lista de opções idêntica ao item anterior.

No capítulo anterior, Revisão de Metas, vimos a possibilidade de determinar novas metas em um projeto já em andamento, ou, ainda, de trabalhar com vários cenários diferentes em um mesmo projeto, pela faixa de opções Projeto → grupo Cronograma → botão Definir Linha de Base → opção Definir Linha de Base → Salvar plano provisório. De nada adianta guardarmos informações, se não temos acesso a elas, ou se este acesso se dá por ferramentas de difícil visibilidade ou compreensão. Pela correta configuração dos elementos do Gantt, podemos visualizar graficamente qualquer uma das duas situações expostas, o que permite análises bastante ricas.

Outra situação interessante acontece no trabalho com grandes projetos, quando é bastante comum nos depararmos com situações em que gostaríamos de diminuir o nível de detalhamento para visualizarmos um menor número de linhas, porém necessitamos visualizar as tarefas subordinadas individualmente. Para resolver este dilema experimente a sequência a seguir, onde é utilizado o item Represent.acum. para destacar esta necessidade de representação.

Figura 19.8. - *Tarefa de resumo com barras acumuladas.*

1. selecione as tarefas subordinadas de um grupo e acione a faixa de opções Tarefa → grupo Propriedades → botão Informações e na janela Informações sobre tarefas múltiplas → ficha Geral selecione a opção Representação Acumulada - as tarefas estão configuradas para projetar suas barras na sua tarefa de resumo;

2. selecione a tarefa de resumo do grupo e acione a faixa de opções Tarefa → grupo Propriedades → botão Informações e na janela Informações sobre tarefas de resumo → ficha Geral selecione as opções Representação Acumulada e Ocultar barra - a tarefa de resumo está configurada para mostrar as barras das tarefas subordinadas;

3. opcional – insira na tabela corrente algumas colunas Sinalizador (Sinalizador1, Sinalizador2, ...) e marque-as em tarefas alternadas como Sim - na primeira tarefa subordinada a coluna Sinalizador1 está marcada como Sim, na segunda tarefa subordinada a coluna Sinalizador2 está marcada como Sim e assim sucessivamente;

4. opcional – acione faixa de opções Formato → grupo Estilos de Barras → botão Formatar → opção Estilos de Barra, posicione no item Tarefa acumulada, acione o botão Recortar linha, posicione na primeira linha em branco e acione o botão Colar linha uma vez para cada sinalizador utilizado;

5. opcional – para cada linha colada dê um nome distinto, na coluna Mostrar para tarefas inclua após a lista existente o item SinalizadorN apontando para o respectivo sinalizador e formate cor e/ou padronagem de barras com formatação distinta.

O resultado final é uma tarefa de resumo representando separadamente cada uma de suas subordinadas.

Capítulo 19 - Tratamento Avançado de Tarefas | 373

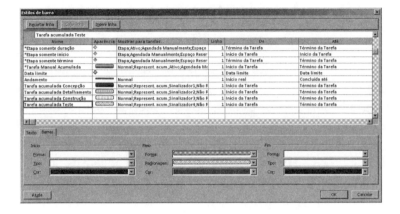

Figura 19.9. - Configuração de barras acumuladas.

 NOTA → A faixa de opções Formato → grupo Formatar → opção Layout permite produzir um efeito de rolagem com resultado similar ao proposto acima, pela seleção das caixas Sempre acumular Barras de Gantt e Ocultar barras de acúmulo quando o resumo expandir. Porém este método apresenta a desvantagem de rolar todas as tarefas do projeto sobre suas respectivas tarefas de resumo, não permitindo que tenhamos em um mesmo projeto grupos de tarefas com efeito de rolagem e outros sem o efeito, podendo produzir resultados confusos pelo acúmulo de muitas informações.

PRÁTICA

Criar um projeto com uma tarefa de resumo denominada Empreendimento e quatro tarefas denominadas respectivamente Concepção, Detalhamento, Construção e Teste. Todas as tarefas têm 20 dias úteis de duração e suas relações de precedência são em sequência, com vínculo término-início e sem lag. Fazer com que as tarefas sejam refletidas por diferentes cores na sua linha de resumo.

Personalizando visualizações

É comum a equipe de gerência de projetos se defrontar com a necessidade de aplicar diferentes formatações às visualizações do MS Project, como o Gráfico de Gantt ou o Diagrama de Rede, para destacar esta ou aquela perspectiva. Quando trabalhamos com os estilos padrão fornecidos pelo aplicativo é simples alternar entre as diferentes formatações, mas quando desenvolvemos estilos próprios, estes se perdem ao aplicarmos outra formatação, obrigando-nos a refazer todo o processo de formatação para reaplicar aquele estilo criado anteriormente. Para sanar este problema o MS Project permite criarmos diferentes modos de exibição, com nomes distintos, e em seguida basta aplicarmos o modo de exibição criado para ter a configuração desejada.

Criando novas visualizações

Acione a faixa de opções Exibição → grupo Modos de Exibição de Tarefa → botão Gráfico de Gantt → opção Mais modos de exibição para ter acesso à janela de diálogo Mais modos de exibição, onde podemos acionar o botão Novo para criar um modo de exibição a partir do zero ou selecionar um modo de exibição que se aproxime do desejado, acionando em seguida o botão Copiar. O segundo método (cópia) é mais interessante, pois desta forma teremos menos trabalho para a definição dos parâmetros necessários, mas se a opção escolhida foi o botão Novo uma janela de diálogo denominada Definir Novo Modo de Exibição se abre, solicitando a definição entre Modo de exibição único, onde o painel ocupa a tela toda, ou Modo de exibição combinado, dividido em dois painéis.

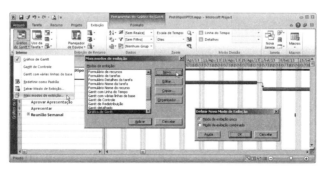

Figura 19.10. - Janela de diálogo para definição de tipo de modo de exibição.

Capítulo 19 - Tratamento Avançado de Tarefas | 375

NOTA → Evite alterar as ferramentas padrão do software, criando, sempre que desejar alterar um modo de exibição original, uma cópia do modo de exibição desejado e fazendo as alterações na cópia. Esta sugestão se deve ao fato de não existir um comando Redefinir, tão comum em vários aplicativos, para os modos de exibição do MS Project, e isto faz com que a operação de retorno às características originais seja mais trabalhosa, ou pela redefinição manual de cada elemento ou, se der sorte e o Global.MPT não foi alterado, por operação de cópia do Global para o arquivo corrente na janela Organizador.

A janela de diálogo Definição do modo de exibição apresenta diferentes opções, se adequando para a perfeita definição tanto de modos de exibição únicos quanto de modos de exibição combinados, conforme mostrado na figura a seguir.

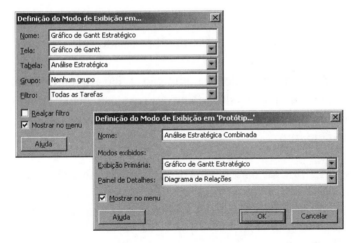

Figura 19.11. - Janelas de diálogo para definição de modos de exibição.

- **Nome:** presente tanto na definição de modos de exibição únicos quanto na de combinados, indica o nome pelo qual o modo de exibição será referenciado; defina sempre nomes significativos, que não deixem margem a dúvidas sobre a aplicação do modo de exibição;

- **Tela:** para modos de exibição únicos, indica o ambiente sobre o qual o modo de exibição será montado; quando o modo de exibição é criado a partir de cópia de um existente não permite alteração da informação, quando é criado um novo modo de exibição requer a indicação da base, que pode ser o Gráfico de Gantt, o diagrama de Rede, um formulário, uma planilha, etc;

- **Tabela:** para modos de exibição únicos, define a tabela componente do modo de exibição, que pode ser uma tabela padrão ou uma tabela criada pelo usuário; não se aplica a modos de exibição de calendário, de diagrama e de formulário;

- **Grupo:** para modos de exibição únicos, define um critério de agrupamento a ser aplicado, podendo ser um grupo padrão ou um grupo criado pelo usuário; não se aplica a modos de exibição de calendário nem de formulário;

- **Filtro:** para modos de exibição únicos, define um filtro a ser aplicado, podendo ser um filtro padrão ou um filtro criado pelo usuário;

- **Realçar filtro:** para modos de exibição únicos, quando desmarcado só mostra as tarefas que atendam ao critério imposto pelo filtro, quando marcado mostra todas as tarefas, dando realce àquelas que atendam ao critério imposto pelo filtro;

- **Exibição Primária:** para modos de exibição combinados, define o modo de exibição a ser mostrado no painel superior da tela, podendo ser um modo de exibição padrão ou um modo de exibição criado pelo usuário;

- **Painel de Detalhes:** para modos de exibição combinados, define o modo de exibição a ser mostrado no painel inferior da tela, podendo ser um modo de exibição padrão ou um modo de exibição criado pelo usuário;

- **Mostrar no menu:** presente tanto na definição de modos de exibição únicos quanto na de combinados, quando marcado mostra o nome do modo de exibição criado como parte integrante dos menus de modos de exibição.

Disponibilizando modos de exibição para outros projetos

Modos de exibição são objetos de apoio a projeto como os calendários e outras ferramentas do MS Project, portanto, para serem utilizados em outros projetos que não naquele onde foram criados é necessário copiá-los para o arquivo Global.MPT pelo acionamento do botão Organizador da janela de diálogo Mais modos de exibição ou pela faixa de opções Arquivo, onde acionamos o botão Organizador. Para apagar ou renomear um modo de exibição você deve acessar a janela de diálogo Organizador, para aí efetuar a operação desejada. A operação de disponibilização de modos de exibição deve ser feita na ficha Modos de Exibição.

HIPERLINK → consulte o capítulo 7 Criação do Pool de Recursos – tópico Disponibilizando Calendários Para Outros Projetos para obter mais informações sobre o comando Organizador.

PRÁTICA

Abrir o arquivo PrototípoXPTOI, criado no Capítulo 18 – Revisão De Metas, e criar um modo de exibição denominado Gantt Metas Originais, utilizando o modo de exibição Gantt com várias linhas de base e a tabela Metas Originais.

Visualizando emprego de tarefas

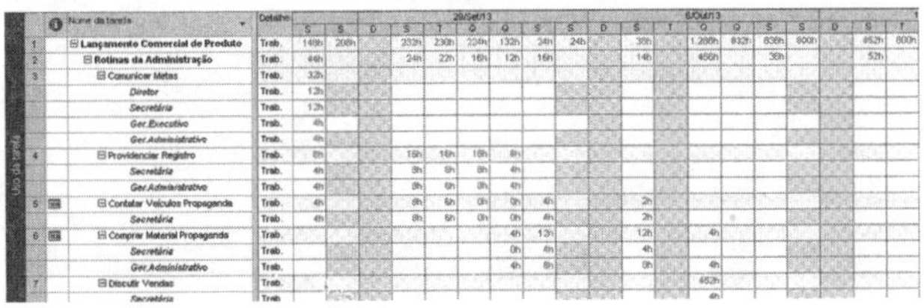

Figura 19.12. - Visualização Uso da tarefa.

A partir da faixa de opções Exibição → grupo Modos de Exibição de Tarefa → botão Uso da Tarefa → opção Uso da tarefa você tem acesso a uma visualização extremamente útil apresentando inicialmente, para cada tarefa do projeto, todos os recursos alocados, a quantidade de trabalho provável alocada por recurso e total de trabalho provável da tarefa, além da evolução cronológica desta alocação, o que permite análises bastante interessantes, baseadas na curva de alocação de recursos das tarefas, pela visualização dos piques máximo e mínimo.

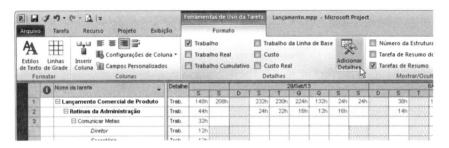

Figura 19.13. - Definição de informações de Uso da tarefa.

A informação em foco pode ser alterada na faixa de opções Formato → grupo Detalhes, sendo possível mostrar, além do trabalho provável, o trabalho real, o trabalho provável acumulado, o trabalho meta e o custo alocado, sob os enfoques provável e real. Estas informações podem ser apresentadas simultaneamente, ou uma de cada vez, dependendo da seleção feita no submenu, pois este não é exclusivo.

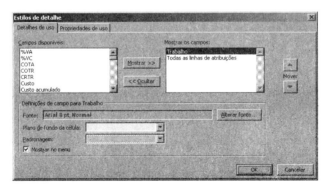

Figura 19.14. - Janela de diálogo para configuração de Uso de tarefa.

Outra possibilidade para configuração da informação apresentada é pelo botão Adicionar Detalhes, na faixa de opções Formato → grupo Detalhes, sendo esta mais rica e abrangente não apenas pelo fato de disponibilizar maior variedade de informações para escolha do usuário, mas também pelo fato de permitir diferentes formatações para a visualização.

Na ficha Detalhes de uso você pode selecionar os dados a serem apresentados pelo deslocamento de itens da lista Campos disponíveis para a lista Mostrar os campos com o auxílio do botão Mostrar e, no sentido inverso, deslocando itens da lista Mostrar os campos para a lista Campos disponíveis com o auxílio do botão Ocultar para deixar de apresentar determinadas informações.

Se, por exemplo, você marcar em Campos disponíveis o item Trabalho real e acionar o botão Mostrar, esse campo sairá da lista Campos disponíveis e irá para a lista Mostrar os campos. Com o pressionamento do botão Ok você pode observar que na área de dados numéricos, tanto para os recursos quanto para as suas atividades, existem agora duas linhas de dados: Trabalho e Trabalho real. Retornando à janela de diálogo Estilos de detalhe, marque o item Trabalho em Mostrar os campos e, pressionando o botão Ocultar seguido de Ok, você terá exibida apenas a linha de dados relativa a Trabalho real, pois Trabalho terá passado para a lista Campos disponíveis.

DICA → Clicando na área de dados numéricos com o botão reverso do mouse você pode escolher de forma imediata os dados a serem exibidos, ou ainda acionar a janela de diálogo Estilos de detalhe.

Abaixo estão relacionadas todas as informações possíveis de serem apresentadas a partir de Campos disponíveis:

- **% VA (porcentagem de variação da agenda):** percentual representado pela Variação da Agenda frente ao Custo Orçado do Trabalho Agendado (VA / COTA * 100);
- **% VC (porcentagem da variação de custo):** percentual representado

pela Variação de Custo frente ao Custo Orçado do Trabalho Realizado (VC / COTR * 100);

- **COTA (custo orçado do trabalho agendado):** cálculo do custo meta da tarefa até a data corrente (Informações sobre o projeto à Data atual), proporcional ao percentual físico meta, que é calculado baseado nas datas Início da linha de base e Término da linha de base;
- **COTR (custo orçado do trabalho realizado):** cálculo do custo meta da tarefa proporcional ao percentual físico real informado (% concluído x Custo da linha de base);
- **CRTR (custo real do trabalho realizado):** cálculo dos custos reais dos recursos, proporcional ao percentual de trabalho real (% trabalho concluído) informado ou projetado a partir do percentual físico real (% concluído) informado, somados ao custo fixo real da tarefa;
- **Custo:** custo provável apontando a expectativa de custo do projeto, que em tarefas já realizadas é sempre igual ao custo real;
- **Custo acumulado:** custo provável acumulado;
- **Custo da linha de base:** custo meta determinado ao final do planejamento para servir como informação balizadora para a fase de acompanhamento, apontando se o recurso está onerando o projeto para mais ou para menos que o previsto;
- **Custo da linha de base 1 a 10:** custo meta das linhas de base intermediárias;
- **Custo de Orçamento:** custo provável proveniente do uso de recursos de custo do orçamento, atribuídos à tarefa de resumo do projeto;
- **Custo de Orçamento da linha de base:** custo meta proveniente do uso de recursos de custo do orçamento, atribuídos à tarefa de resumo do projeto;
- **Custo de Orçamento da linha de base 1 a 10:** custo meta das linhas de base intermediárias proveniente do uso de recursos de custo do orçamento, atribuídos à tarefa de resumo do projeto;
- **Custo fixo:** custo fixo de tarefa, não se aplica a recursos;
- **Custo fixo real:** custo fixo de tarefa efetivamente realizado, não se aplica a recursos;
- **Custo real:** custo calculado sobre o trabalho já executado;
- **IDA (Índice de Desempenho de Agendamento):** mostra a razão entre o trabalho provável e o trabalho realizado (COTR/COTA);
- **IDC (Índice de Desempenho de Custo):** mostra a razão entre o custo

Capítulo 19 - Tratamento Avançado de Tarefas | 381

meta do trabalho realizado e o custo real deste trabalho realizado (COTR/ CRTR);

- **Porcent. concluída acumulada:** percentual físico real acumulado;
- **Porcentagem concluída:** percentual físico real distribuído proporcionalmente pelo tempo decorrido da tarefa;
- **Porcentagem de alocação:** representação em percentual da relação entre a quantidade possível de horas de trabalho do recurso contra a quantidade programada de horas para o recurso;
- **Superalocação:** quantidade de horas sobrealocadas de um recurso para a unidade de tempo apresentada; mostra apenas a quantidade que excede a possibilidade de trabalho de um recurso;
- **Trabalho de orçamento da linha de base:** trabalho meta proveniente do uso de recursos de custo do orçamento, atribuídos à tarefa de resumo do projeto;
- **Trabalho de orçamento da linha de base 1 a 10:** trabalho meta das linhas de base intermediárias proveniente do uso de recursos de custo do orçamento, atribuídos à tarefa de resumo do projeto;
- **Trabalho acumulado:** hh provável acumulado;
- **Trabalho da linha de base:** hh meta determinado ao final do planejamento para servir como informação balizadora para a fase de acompanhamento, apontando se o recurso está despendendo mais ou menos trabalho que o previsto.
- **Trabalho da linha de base 1 a 10:** trabalho meta das linhas de base intermediárias;
- **Trabalho de horas extras:** quantidade de hh programada para ser executada em regime de horas extras;
- **Trabalho de Orçamento:** trabalho provável proveniente do uso de recursos de custo do orçamento, atribuídos à tarefa de resumo do projeto;
- **Trabalho normal:** quantidade de hh executada em horário normal de trabalho;
- **Trabalho real:** quantidade de horas normais despendidas efetivamente, informado durante o acompanhamento;
- **Trabalho real de horas extras:** quantidade de horas extras despendidas efetivamente, informado durante o acompanhamento;
- **Unidades de pico:** a maior quantidade do recurso utilizada na unidade de tempo apresentada, representa o pico de alocação do recurso;

- **VA:** variação entre os custos meta proporcionais ao percentual físico real e percentual físico provável (COTR - COTA);
- **VC**: variação entre custo real e custo meta (COTR ou Custo real - CRTR).

Ainda na ficha Detalhes de uso, grupo Definições de campos para, é possível a formatação de fonte pela acionamento do botão Alterar fonte, de cor de fundo pela caixa de lista Plano de fundo da célula, de padrão de fundo pela caixa de lista Padronagem e inclusão de opções no menu suspenso acionado pelo botão reverso do mouse.

Na ficha Propriedades de uso é determinado o alinhamento das colunas no campo Alinhar dados de detalhes, a visualização de coluna indicando o nome da informação mostrada no campo Exibir coluna do cabeçalho de detalhes, a repetição do nome da informação nas linhas detalhe no campo Repetir cabeçalho de detalhes em todas as linhas de atribuições e a apresentação do nome abreviado da informação, quando possível, no campo Exibir nomes de cabeçalhos de detalhes abreviados.

PRÁTICA

Montar um orçamento mensal por tarefa indicando valores previstos e realizados para o projeto Lançamento Comercial de Produto (Lançamento.MPP). Como o foco são as tarefas, as linhas de detalhe apresentando recursos devem ser ocultadas.

Classificando tarefas

Classificando tarefas com chave simples

Figura 19.15. - Opção de classificação de tarefas.

A ordem em que as tarefas estão originalmente lançadas em um projeto deve obedecer à lógica determinada pela Estrutura Analítica de Projeto, podendo esta não ser a ordem ideal para determinadas consultas ou apresentações que se mostrem necessárias. O MS Project possui um mecanismo de classificação que possibilita a apresentação das tarefas na forma desejada pelo usuário, acionado pela faixa de opções Exibição → grupo Dados → botão Classificar, que mostra um submenu de opções com os critérios mais correntes de ordenação:

- **por data de início:** classifica por data de início provável, em ordem ascendente;
- **por data de término:** classifica por data de final provável, em ordem ascendente;
- **por prioridade:** classifica por prioridade de nivelamento, em ordem ascendente;
- **por custo:** classifica por custo provável, em ordem ascendente;
- **pelo número da tarefa:** classifica pelo número de identificação da tarefa, em ordem ascendente.

Uma ordem de classificação estabelecida permanece ativa para o modo de exibição onde foi aplicada até que se mude tal ordem, porém para outros modos de exibição a mesma não se aplica. Note que mesmo que o projeto seja fechado, a ordem de classificação será mantida, pois é gravada antes do fechamento do arquivo.

PRÁTICA

Abrir o projeto Lançamento Comercial de Produto (Lançamento.MPP) e seu pool de recursos e determinar:

Quais as cinco primeiras tarefas a serem executadas no projeto?
Quais as duas tarefas mais custosas deste projeto?
Retorne o projeto à ordem original.

Classificando tarefas com chave composta

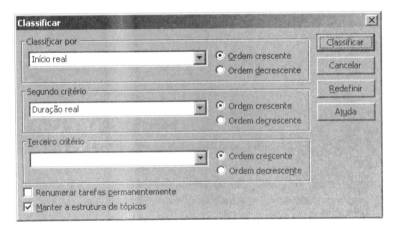

Figura 19.16. - Classificação personalizada.

Para permitir a classificação por outros campos não disponíveis no submenu de classificação ou ainda classificar por critérios compostos com até três chaves de classificação, é utilizada a opção Classificar por, acionada pela faixa de opções Exibição → grupo Dados → botão Classificar, quando se abre a janela de diálogo Classificar apresentando os seguintes campos:

Capítulo 19 - Tratamento Avançado de Tarefas | **385**

- **Classificar por:** determina a chave principal do critério de ordenação, podendo a mesma ser em ordem ascendente ou descendente;

- **Segundo critério:** determina a segunda chave do critério de ordenação, criando um segundo nível onde são classificados os itens de igual teor na primeira chave, podendo ser em ordem ascendente ou descendente independentemente do anterior;

- **Terceiro critério:** determina a terceira chave do critério de ordenação, criando um terceiro nível onde são classificados os itens de igual teor nas duas primeiras chaves, podendo ser em ordem ascendente ou descendente, independentemente das anteriores;

- **Renumerar tarefas permanentemente:** muita atenção com esta opção, pois quando selecionada faz com que a cada ordenação os Id das tarefas sejam refeitos; isto não implica em perda de referência das tarefas (predecessoras e sucessoras, alocação de recursos, etc) mas este efeito pode ser indesejável por dificultar o retorno à ordem original, respeitando a Estrutura Analítica de Projeto;

- **Manter a estrutura de tópicos:** se habilitada, esta opção faz com que a classificação ocorra respeitando a ordem de estruturação do projeto (EAP); para proceder a uma ordenação que atenda a um contexto geral essa opção deve ser desmarcada, quando mostra-se útil desmarcar na faixa de opções Formato → grupo Mostrar/Ocultar → opção Tarefas de Resumo, pois ela perde seu sentido.

PRÁTICA

No projeto Lançamento Comercial de Produto (Lançamento.MPP) criar chave de classificação para visualizar dentre as tarefas com início meta imediato, quais as duas de maior duração meta. Experimente desativar as opções Manter a estrutura de tópicos e Mostrar tarefas de resumo.

Retornar o projeto à ordem original.

Agrupando Tarefas

Usando grupos padrão

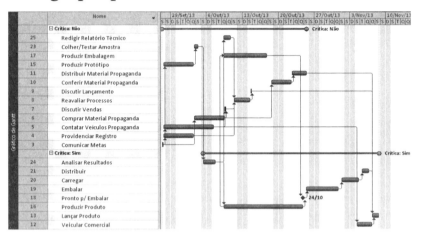

Figuras 19.17. - Tarefas agrupadas.

As tarefas, tanto no Gráfico de Gantt quanto no Uso da tarefa como ainda no Diagrama de rede, se agrupam conforme a Estrutura Analítica de Projeto definida originalmente para o projeto e é assim que as queremos na maioria das vezes. Em determinadas situações, podemos nos deparar com a necessidade de agrupar as tarefas de forma distinta, obedecendo a outros critérios de agrupamento que não a EAP. Para atender a estas situações específicas devemos acionar na faixa de opções Exibição → grupo Dados à caixa de combinação Agrupar por, a qual permite agrupar as tarefas segundo vários critérios, criando uma estrutura de tópicos independente da EAP, fornecendo diferentes visualizações das tarefas e as mesmas facilidades da manipulação de estruturas de tópicos, já que é possível abrir e fechar níveis de detalhamento, numa operação semelhante à manipulação de tarefas sob uma EAP.

Nas linhas de título de cada grupo temos, na coluna Nome, o critério utilizado para o agrupamento e, nas outras colunas, totalizações de valores e informações comuns aos itens pertencentes ao grupo em questão.

Abaixo estão descritos os grupos oferecidos pelo MS Project.

Capítulo 19 - Tratamento Avançado de Tarefas | **387**

grupos de tarefa	descrição
Nenhum grupo	Desfaz qualquer agrupamento montado, voltando à ordem original.
Agendada Automaticamente versus Manualmente	Agrupa as tarefas entre agendadas automaticamente e agendadas manualmente.
Ativo versus Inativo	Agrupa as tarefas entre ativas e inativas.
Crítica	Agrupa as tarefas entre críticas e não críticas.
Duração	Agrupa as tarefas do projeto de acordo com sua duração provável.
Duração e prioridade	Agrupa as tarefas do projeto inicialmente de acordo com sua duração provável e, depois, pela prioridade de nivelamento em cada grupo de duração.
Etapas	Agrupa as tarefas entre etapas (marcos) e tarefas.
Prioridade	Agrupa tarefas do projeto de acordo com sua prioridade de nivelamento.
Prioridade mantendo a estrutura de tópicos	Agrupa as tarefas do projeto inicialmente por seus números de estrutura de tópicos e, depois, por sua prioridade de nivelamento na estrutura de tópicos.
Recurso	Agrupa as tarefas pelo conjunto de recursos alocados e não por um recurso específico como o nome sugere.

Status	Agrupa as tarefas pelo seu status, ou seja: Tarefa Futura, No Prazo, Atrasada, Concluída
Tarefas concluídas e não concluídas	Agrupa as tarefas entre concluídas e não concluídas.
Tipo de restrição	Agrupa as tarefas do projeto conforme seu tipo de restrição.

Tabela 19.1.Grupos aplicáveis a tarefas.

PRÁTICA

Abrir o projeto Lançamento.MPP e agrupar as tarefas por Crítica.
Agrupar as tarefas de Lançamento.MPP por Tipo de restrição.
Desfazer a estrutura de grupos.

Personalizando grupos de tarefas

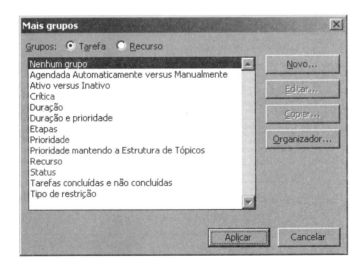

Figura 19.18. - A janela de diálogo Mais grupos.

A faixa de opções Exibição → grupo Dados → caixa de combinação Agrupar por → opção Mais grupos permite personalizar grupos de tarefas através de várias ações distintas, o que permite categorizar e exibir as informações de diversas maneiras, atendendo a qualquer necessidade de apresentação que se mostre, da mais simples à mais complexa, o que pode envolver vários níveis de critério para a formação do grupo, com diferentes formatações na apresentação dos grupos e sub-grupos que se formam neste caso.

A seguir são descritas as diferentes ações que podem ser tomadas a partir da janela de diálogo Mais grupos.

- **Criar novos grupos:** pelo acionamento do botão Novo ou pela seleção de um grupo existente, seguido do acionamento do botão Copiar, temos acesso à janela de diálogo Definição de grupo, onde fazemos toda a configuração necessária à criação de um novo grupo;

- **Alterar grupos existentes:** pela seleção de um grupo existente seguido do acionamento do botão Editar, temos acesso à janela de diálogo Definição de grupo, onde podemos alterar toda a configuração de um grupo;

 NOTA → Evite alterar as ferramentas padrão do software, criando, sempre que desejar alterar um grupo original, uma cópia do grupo desejado e fazendo as alterações na cópia. Esta sugestão se deve ao fato de não existir um comando Redefinir, tão comum em vários aplicativos, para os grupos do MS Project, e isto faz com que a operação de retorno às características originais seja mais trabalhosa, ou pela redefinição manual de cada elemento ou, se der sorte e o Global.MPT não foi alterado, por operação de cópia do Global para o arquivo corrente na janela Organizador.

- **Aplicar grupos:** permite a aplicação de grupos que não estejam representados no submenu, selecionando o grupo desejado e acionando o botão Aplicar;

- **Disponibilizar para outros projetos:** grupos criados em um projeto existem tão somente no projeto onde foram criados, pelo acionamento do botão Organizador podemos copiar um ou mais grupos personalizados para o arquivo Global.MPT, tornando-os, desta forma, disponíveis para outros projetos.

É na janela de diálogo Definição de grupo em onde fazemos as configurações dos grupos personalizados. Podemos criar um grupo com até 10 subgrupos, formatar cada grupo/subgrupo com padrões próprios e definir intervalos de valores para cada grupo/subgrupo, utilizando, dependendo do campo escolhido para critério de agrupamento, valores pré-definidos ou escolhidos pelo usuário.

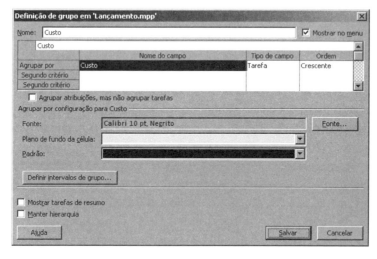

Figura 19.19. - A janela de diálogo Definição de grupo.

A seguir são descritos os diferentes campos da janela de diálogo Definição de grupo:

- **Nome:** especifica o nome do grupo;
- **Mostrar no menu:** exibe o nome do grupo no menu da caixa de combinação Agrupar por;
- **Agrupar por:** na coluna Nome do campo você deve determinar o campo que servirá como critério de agrupamento das tarefas, sendo a lista

Capítulo 19 - Tratamento Avançado de Tarefas | 391

que se apresenta pelo acionamento do botão no canto direito da célula bastante completa, contendo todos os campos de informação referentes a tarefas; na coluna Tipo de campo você define, quando a opção Agrupar atribuições, mas não agrupar tarefas está marcada, se o campo indicado é de tarefa ou de atribuição; na coluna Ordem você determina a ordem de classificação crescente ou decrescente; as 10 linhas disponíveis a seguir, com o título Segundo critério, permitem a formação de filtros complexos com até 10 subgrupos para o grupo principal definido na primeira linha;

- **Agrupar atribuições, mas não agrupar tarefas:** quando seleciona-do permite aplicar critérios envolvendo tanto campos de tarefas quanto campos de atribuição, indicados na coluna Tipo de campo citada no item anterior;
- **botão Fonte:** pelo acionamento do botão Fonte você pode alterar a fonte e o tamanho do cabeçalho do grupo ou subgrupo selecionado na caixa Agrupar por;
- **Plano de fundo da célula:** especifica a cor do plano de fundo da célula do cabeçalho do grupo ou subgrupo selecionado na caixa Agrupar por;
- **Padrão:** especifica o padrão de preenchimento do plano de fundo do ca-beçalho grupo ou subgrupo selecionado na caixa Agrupar por;
- **botão Definir intervalos de grupo:** este botão abre a janela de diálogo Definir intervalo de grupo, onde podemos definir intervalos para os gru-pos e valor de início dos campos selecionados na caixa Agrupar por, as possibilidades de definição de intervalos dependem do campo escolhido, podendo, inclusive, o botão se apresentar inibido caso o campo escolhido não permita intervalos, como, por exemplo, Atribuição ou Confirmado;
- **Mostrar tarefas de resumo:** quando selecionado exibe as tarefas de resu-mo dentro dos agrupamentos, com o critério definido para os grupos sen-do aplicado às informações de totalização da tarefa de resumo e ignorando a relação de hierarquia entre esta e suas subordinadas; na maioria dos filtros não faz muito sentido mostrar as tarefas de resumo, pois algumas das tarefas subordinadas podem ficar sob o mesmo grupo de suas tarefas de resumo e outras em grupos diferentes.

Um grupo criado em um projeto é salvo junto com o projeto, podendo ser reutilizado toda vez que o mesmo for aberto.

Disponibilizando grupos para outros projetos

Grupos são objetos de apoio a projeto como os calendários e outras ferramentas do MS Project, portanto, para serem utilizados em outros projetos que não naquele onde foram criados é necessário copiá-los para o arquivo Global.MPT pelo acionamento do botão Organizador da janela de diálogo Mais grupos ou pela faixa de opções Arquivo, onde acionamos o botão Organizador. Para apagar ou renomear um grupo você deve acessar a janela de diálogo Organizador, para aí efetuar a operação desejada. A operação de disponibilização de grupos deve ser feita na ficha Grupos.

HIPERLINK → consulte o capítulo 7 Criação do Pool de Recursos – tópico Disponibilizando Calendários Para Outros Projetos para obter mais informações sobre o comando Organizador.

PRÁTICA

Criar no projeto Lançamento Comercial de Produto (Lançamento.MPP) um grupo novo que agrupe as tarefas por custo, com intervalos de R$ 500,00.

Criar no mesmo projeto do exercício anterior um grupo novo que agrupe as tarefas por crítica e, dentro de crítica, por prioridade de nivelamento.

Trabalhando com códigos estruturais

Toda tarefa possui uma identificação numérica única denominada Número da Estrutura de Tópicos, que aponta para a sua localização dentro da Estrutura de Divisão de Trabalho.

Esta identificação é definida pelo MS Project quando da inclusão da tarefa e recalculada toda vez que a mesma for movida para cima ou para baixo na coluna de tarefas, quando for alterada sua posição na estrutura de tópicos através de operação de recuo para a direita ou para a esquerda, ou ainda, quando uma tarefa for inserida ou excluída antes desta.

É possível visualizar o Número da estrutura de tópicos acionando a faixa de opções Formato → grupo Mostrar/Ocultar → opção Número da Estrutura de Tópicos ou pela inserção de uma coluna com o referido campo, porém não é permitido alterar diretamente este campo.

HIPERLINK → no capítulo 9 Visualização de Projeto – tópico Personalizando Tabelas você encontrará mais informações sobre inserção de colunas em tabelas.

O Número da Estrutura de Tópicos é de grande importância, pois reflete a relação da tarefa com a Estrutura de Divisão de Trabalho montada para o projeto, sendo esta utilizada, por exemplo, na identificação de subprodutos, de responsabilidades ou na subtotalização de custos.

Formatando o código de estrutura de divisão de trabalho

O Número da Estrutura de Tópicos tem um formato pré-definido que não pode ser alterado, apresentando sempre sequências de números separadas por pontos. Este formato pode não ser o mais adequado para determinados projetos, podendo o cliente exigir um padrão diferente ou mesmo a organização adotar um padrão mais adequado às suas necessidades. Para atender a situações como estas, podemos lançar mão de outra identificação de localização de tarefa dentro da Estrutura de Divisão de Trabalho (EDT ou WBS), denominada Código de Estrutura de Divisão de Trabalho ou simplesmente EDT, a qual permite a criação de máscaras alfabéticas e/ou numéricas e a digitação direta na célula, obedecendo à máscara criada. Por padrão, o MS Project apresenta o campo EDT em formato numérico, com conteúdo idêntico ao Número da Estrutura de Tópicos.

Quando o projeto exigir um formato específico de código de Estrutura de Divisão de Trabalho, diferente do formato numérico apresentado como padrão, você deve utilizar o campo EDT, criando uma máscara personalizada que atenda às necessidades, a qual será usada para atribuir os códigos de EDT correspondentes às tarefas, dependendo da sua posição na hierarquia da estrutura de tópicos do projeto.

A faixa de opções Projeto → grupo Propriedades → caixa de combinação WBS → opção Definir Código abre a janela de diálogo Definição de código de EDT em apresentada a seguir.

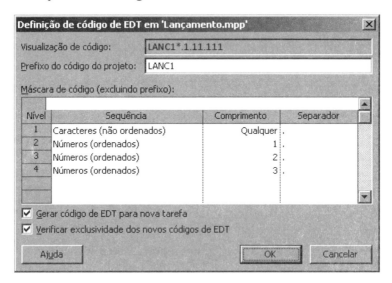

Figura 19.20. - *Definição de máscaras para Código de Estrutura de Divisão de Trabalho.*

- **Visualização de código:** apresenta um preview da máscara criada;
- **Prefixo do código do projeto:** especifica o código de identificação do projeto, a ser utilizado iniciando a máscara em todos os códigos designados;
- **coluna Sequência:** define, para cada nível de EDT a ser criado, o formato da máscara, que pode ser escolhido entre quatro opções distintas:

    Números (ordenados): máscara permitindo apenas formato numérico, em ordem ascendente - este é o padrão do Project, aplicado a Número da estrutura de tópicos;

Letras maiúsculas (ordenadas): máscara permitindo apenas formato alfabético maiúsculo, em ordem ascendente;
Letras minúsculas (ordenadas): máscara permitindo apenas formato alfabético minúsculo, em ordem ascendente;
Caracteres (não ordenados): máscara permitindo qualquer combinação de caracteres alfabéticos maiúsculos e minúsculos e caracteres numéricos, não apresentando ordenação; o MS Project exibirá um asterisco (*) no campo até que seja lançada uma sequência de caracteres;

- **coluna Comprimento:** define, para cada nível de EDT a ser criado, a quantidade máxima de caracteres permitida; a limitação do tamanho é interessante por um lado, já que define um padrão de preenchimento homogêneo para os códigos, mas por outro lado a opção Qualquer não oferece limitações desnecessárias ao projeto, que ocorreriam se, por exemplo, fosse determinado um tamanho máximo de 1 caractere, levando o Project a limitar a quantidade de tarefas neste nível a 9;
- **coluna Separador:** define, para cada nível de EDT a ser criado, o caractere separador da sequência deste nível para o nível seguinte;
- **Gerar código de EDT para nova tarefa:** faz com que o MS Project gere um código de EDT sempre que uma nova tarefa for criada;
- **Verificar exclusividade dos novos códigos de EDT:** quando selecionado não permite dois códigos idênticos no mesmo projeto, caso seja lançado um código que já existe será exibida uma mensagem notificando que o código é uma duplicata.

Renumerando o código de estrutura de divisão de trabalho

Os códigos EDT na maioria das vezes não são renumerados corretamente quando acontece uma alteração na estrutura de tópicos do projeto ou na sequência de descrição das tarefas, visto que a operação, quando ocorre, se restringe a colocar um código maior que o último utilizado, independentemente do posicionamento da tarefa. Por exemplo, se você selecionar e arrastar a 1a tarefa do projeto, com código EDT 01, reposicionando-a no projeto e mantendo o mesmo nível de indentação original a mesma permanecerá com o código

Dominando Gerenciamento de Projetos com MS Project 2010

EDT original que é 01, se você reposiconá-la num nível diferente do original será calculado um novo código EDT maior que o último utilizado no nível de destino, independentemente dela ser a última deste nível ou não, se você utilizar a operação de recortar e colar será calculado um novo código EDT maior que o último utilizado, mais uma vez independentemente dela ser a última do nível ou não. Qualquer que seja a operação executada a 1a tarefa do projeto continuará apresentando o seu código EDT original, que é 02.

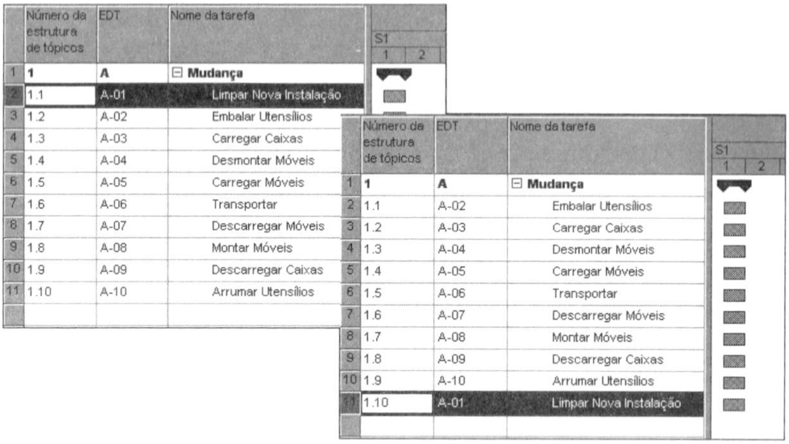

Figura 19.21. - *Falha de renumeração de EDT em operação de arrastar e soltar.*

Para provocar o recálculo dos códigos EDT de forma correta devemos solicitar a sua renumeração, acionando a faixa de opções Projeto → grupo Propriedades → caixa de combinação WBS → opção Renumerar. É possível renumerar o projeto inteiro ou apenas uma parte dele, para esta segunda opção é necessário selecionar as tarefas a serem renumeradas antes de acionar o comando de renumeração e, na janela de diálogo que se abre após o comando de renumeração, selecionar a opção Tarefas selecionadas.

Na sua primeira release o Project 2010 apresenta um bug na operação Renumeração de EDT → Projeto Inteiro, não fazendo o recálculo. A opção é selecionar o projeto inteiro, clicando no canto superior esquerdo da tabela, e fazer a operação selecionando a opção Tarefas Selecionadas.

Utilizando códigos de estruturas auxiliares

Tanto o Número da Estrutura de Tópicos quanto o Código EDT estão diretamente ligados à Estrutura de Divisão do Trabalho definida para o projeto, porém você pode se defrontar com a necessidade de criar códigos que reflitam estruturas auxiliares como, por exemplo, a estrutura departamental da organização ou ainda uma estrutura contábil de centros de custos ligados a tarefas, as quais não devem sofrer impacto de alterações na Estrutura de Divisão do Trabalho do projeto.

Para implementar estruturas de código auxiliares o MS Project disponibiliza os campos Código de Estrutura de Tópicos 1 a 10, os quais apresentam máscaras pré-definidas semelhantes às máscaras dos Códigos EDT, porém não sofrem qualquer tipo de renumeração automática ou por comando, e ainda podem apresentar uma lista de códigos válidos para os usuários utilizarem. Selecione a faixa de opções Projeto → grupo Propriedades → botão Campos Personalizados, na janela de diálogo que se abre selecione se você deseja montar uma estrutura de campo de Tarefa ou de Recurso e na caixa de lista Tipo a opção Código da Estrutura de Código, conforme apresentado a seguir.

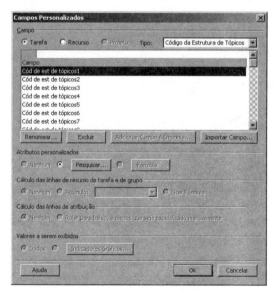

Figura 19.22. - Janela para configuração de códigos de estruturas de tópicos auxiliares.

- **opções Tarefa e Recurso:** define se o código a ser personalizado será de tarefa, o mais utilizado, ou de recurso;

- **botão Renomear:** abre uma janela de diálogo que permite renomear os campos de Código de Estrutura de Tópicos dando-lhes nomes significativos de sua utilização, o que facilita sobremaneira a utilização dos mesmos por várias pessoas; os códigos renomeados aparecem nesta janela de diálogo com o novo nome, seguido do original entre parênteses;

- **botão Excluir:** limpa uma estrutura de código que tenha sido definida para o código selecionado;

- **botão Adicionar Campo à Empresa:** recurso disponível apenas quando conectado ao MS Project Server (solução EPM);

- **botão Importar Campo:** abre uma janela de diálogo que permite importar um campo personalizado previamente do Global.MPT ou de um arquivo de projeto aberto;

- **botão Pesquisar:** abre uma janela de diálogo, apresentada em detalhes a seguir, para a definição da tabela e da máscara de código a ser utilizada.

O botão Pesquisar, presente na janela de diálogo Campos Personalizados, abre a janela de diálogo Editar Tabela de Pesquisa para Cód de est de tópicos N, a qual deve ser utilizada para a criação e alteração de uma tabela de pesquisa, tabela esta que permite aos usuários a escolha dos códigos de estrutura de tópicos a serem utilizados em uma lista pré-definida, ao invés de digitá-los. É possível restringir a utilização de códigos de estrutura de tópicos àqueles definidos na tabela de pesquisa, bastando para isto deixar desmarcada a opção Permitir que itens adicionais sejam informados nos campos (os valores serão adicionados à pesquisa).

Capítulo 19 - *Tratamento Avançado de Tarefas* | 399

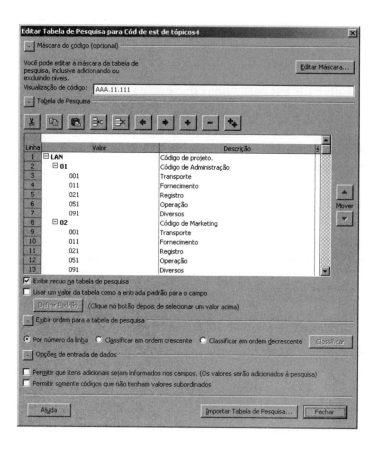

Figura 19.23. - Janela para configuração de códigos de estruturas de tópicos auxiliares.

- **botão Editar Máscara:** abre uma janela de diálogo, apresentada em detalhes a seguir, para a definição das máscaras de código a serem utilizadas;

- **campo Visualização do código:** mostra como o código de estrutura de tópicos aparecerá, usando a sequência, o comprimento e o separador definido na caixa de diálogo Definição da Máscara de Código para Cód de;

- **botão Recortar Linha:** remove a linha de código selecionada da estrutura de tópicos e a coloca na área de transferência;

400 | *Dominando Gerenciamento de Projetos com MS Project 2010*

- **botão Copiar Linha:** copia a linha de código selecionada da estrutura de tópicos para a área de transferência;

- **botão Colar Linha:** cola a linha que está na área de transferência imediatamente acima da linha selecionada;

- **botão Inserir Linha:** insere uma linha em branco imediatamente acima da linha selecionada;

- **botão Excluir Linha:** remove a linha de código selecionada;

- **botão Recuo à Esquerda:** recua o código selecionado para a esquerda, promovendo-o um nível acima na estrutura de tópicos;

- **botão Recuar:** recua o código selecionado para a direita, rebaixando-o um nível na estrutura de tópicos;

- **botão Mostrar Subcódigos:** expande o código selecionado da estrutura de tópicos, caso esteja resumido, mostrando os itens subordinados;

- **botão Ocultar Subcódigos:** recolhe o código selecionado da estrutura de tópicos, caso esteja expandido, ocultando os itens subordinados;

- **botão Mostrar Todos os Subcódigos:** expande todos os códigos da estrutura de tópicos que estejam resumidos, mostrando os itens subordinados;

- **coluna Linha:** indica o número da linha do código descrito;

- **coluna Valor:** indica o código a ser utilizado, devendo estar de acordo com a definição de máscara especificada para o seu nível na janela de diálogo Definição de Máscara de Código, ou seja, se está especificado para o nível daquele código uma máscara numérica de tamanho 3 não devemos criar um código alfabético ou com 2 algarismos, se isto ocorrer a linha toda ficará em vermelho;

Capítulo 19 - Tratamento Avançado de Tarefas | **401**

- **coluna Descrição:** permite a inclusão de uma descrição para o item, permitindo assim a documentação do código criado para melhor entendimento no momento da sua utilização;

- **opção Exibir recuo na tabela de pesquisa:** quando selecionado mostra os diversos níveis sob efeito de recuo, representando melhor a hierarquia dos mesmos.

- **opção Usar um valor da tabela como a entrada padrão para o campo:** quando selecionado permite, pelo acionamento do botão Definir Padrão, indicar um valor da tabela como padrão de entrada;

- **grupo Exibir ordem para a tabela de pesquisa:** permite definir a ordem de apresentação dos itens da estrutura quando em uso, com as opções Por número da linha, Classificar em ordem crescente, Classificar em ordem decrescente; note que a simples seleção de uma destas opções já provoca a reclassificação na caixa de lista do campo quando acessado em uma tabela, sendo que a ordem somente se altera aqui na janela de diálogo Editar Tabela de Pesquisa se o botão Classificar for acionado;

- **opção Permitir que itens adicionais sejam inseridos nos campos:** permite a utilização de dados diferentes dos valores na tabela de pesquisa, adicionando esses novos valores à tabela de pesquisa;

- **opção Permitir somente códigos que não tenham valores subordinados:** permite a utilização de dados diferentes dos valores na tabela de pesquisa apenas se elas estiverem no nível mais baixo de estrutura de tópicos;

- **botão Importar Tabela de Pesquisa:** abre uma janela de diálogo que permite importar, do Global.MPT, de um arquivo de projeto aberto ou de outro campo Código de Estrutura de Tópico do próprio arquivo de projeto, uma estrutura criada anteriormente.

A definição das máscaras a serem utilizadas pelos campos Código de Estrutura de Tópico 1 a 10 é feita pelo acionamento do botão Editar Máscara em operação bastante semelhante à descrita anteriormente no tópico Formatando o Código de Estrutura de Divisão de Trabalho, conforme apresentado a seguir:

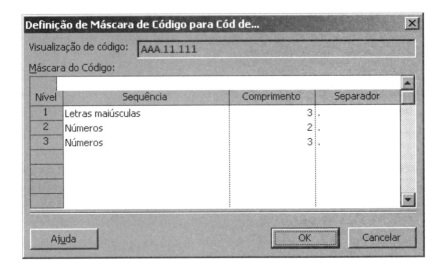

Figura 19.24. - Janela para configuração de códigos de estruturas de tópicos auxiliares.

- **Visualização de código:** apresenta um preview da máscara criada;
- **coluna Sequência:** define, para cada nível de EDT a ser criado, o formato da máscara, que pode ser escolhido entre quatro opções distintas:

    Números: máscara permitindo apenas formato numérico;
    Letras maiúsculas: máscara permitindo apenas formato alfabético maiúsculo;
    Letras minúsculas: máscara permitindo apenas formato alfabético minúsculo;
    Caracteres: máscara permitindo qualquer combinação de caracteres alfabéticos e numéricos; o MS Project exibirá um asterisco (*) no campo até que seja lançada uma sequência de caracteres;

- **coluna Comprimento:** define, para cada nível de EDT a ser criado, a quantidade máxima de caracteres permitida; a limitação do tamanho é interessante por um lado, já que define um padrão de preenchimento homogêneo para os códigos, mas por outro lado a opção Qualquer não oferece limitações desnecessárias ao projeto, que ocorreriam se, por exemplo, fosse determinado um tamanho máximo de 1 caractere, levando o Project a limitar a quantidade de tarefas neste nível a 9;

Capítulo 19 - Tratamento Avançado de Tarefas | **403**

- **coluna Separador:** define, para cada nível de EDT a ser criado, o caractere separador da sequência deste nível para o nível seguinte;

PRÁTICA

Criar no projeto Lançamento Comercial de Produto (Lançamento.MPP) um código de estrutura de divisão de trabalho em cuja máscara tenhamos como identificação do projeto a sigla LANC1, no primeiro nível caracteres e nos outros 3 níveis números, com tamanhos 1, 2 e 3 respectivamente.

Coloque na tabela corrente duas colunas lado a lado contendo Código de Estrutura de Divisão de Trabalho e Número da estrutura de tópicos e observe o resultado.

Resumo – Tratamento avançado de tarefas

O Que Fazer	Como Fazer
Criar uma tarefa recorrente	*Tarefa* → grupo *Inserir* → botão *Tarefa* → opção *Tarefa Periódica* Determine na janela de diálogo *Informações sobre tarefas recorrentes* o nome da tarefa (campo *Nome da tarefa*), a duração de cada ocorrência (campo *Duração*), a periodicidade (grupo *Padrão de recorrência*), a frequência e dia de cada ocorrência (grupo *Diariam ente|Semanalmente|Mensalmente| Anualmente*) e a abrangência da tarefa (grupo *Intervalo de recorrência*).
Acessar uma ocorrência de tarefa recorrente	**duplo clique no *Id* da tarefa cabeçalho** O duplo clique sobre o número de identificação da tarefa cabeçalho de uma sequência de recorrências abre e fecha as tarefas detalhe, numa operação similar às tarefas de resumo. O **clique sobre o símbolo de hierarquia** também abre e fecha as tarefas detalhe.

Alterar a frequência de uma tarefa recorrente	*Tarefa* → grupo *Propriedades* → opção *Informações* No grupo **Padrão de recorrência** defina a frequência desejada para a tarefa de repetição periódica. **Duplo clique sobre a tarefa**, também dá acesso à janela de diálogo *Informações sobre tarefas recorrentes*.
Incluir elementos gráficos no Gráfico de Gantt	*Formato* → grupo *Estilos de Barras* → botão *Formatar* → opção *Estilos de Barra* Na coluna *Nome* da janela de diálogo *Estilos de barra* procure a primeira linha em branco e indique o nome do novo elemento gráfico, na coluna *Mostrar para tarefas* defina o tipo de tarefa a ser representado, nas colunas *De* e *Até* defina a informação a ser monitorada. A coluna *Aparência* mostrará um *preview* da formatação definida na ficha *Barras*.
Excluir elementos gráficos no Gráfico de Gantt	*Formato* → grupo *Estilos de Barras* → botão *Formatar* → opção *Estilos de Barra* Selecione na janela de diálogo *Estilos de barra* o elemento a ser excluído e pressione o botão *Recortar linha*.
Alterar informação monitorada no Gráfico de Gantt	*Formato* → grupo *Estilos de Barras* → botão *Formatar* → opção *Estilos de Barra* Selecione na janela de diálogo *Estilos de barra* o elemento a ser alterado e nas colunas *De* e *Até* defina a nova informação a ser monitorada.
Alterar elemento representado no Gráfico de Gantt	*Formato* → grupo *Estilos de Barras* → botão *Formatar* → opção *Estilos de Barra* Selecione na janela de diálogo *Estilos de barra* o elemento a ser alterado e na coluna *Mostrar para tarefas* defina o novo tipo de elemento a ser representado.

Capítulo 19 - Tratamento Avançado de Tarefas | **405**

Criar um novo Modo de Exibição	*Exibição* → grupo *Modos de Exibição de Tarefa* → botão *Gráfico de Gantt* → opção *Mais modos de exibição* janela *Mais modos de exibição* → botão *Novo* Indique o tipo do modo de exibição como único ou combinado e acione o botão *OK*. Para um tipo de modo único, defina o *Nome* do novo Modo de Exibição, o ambiente ou *Tela* sobre o qual o modo de exibição vai operar, a *Tabela* que vai compor o modo de exibição - se Tela for diferente de calendário, diagrama e formulário -, podendo ainda aplicar *Grupo* e *Filtro*. Para um tipo de modo combinado, indique o modo de exibição a ser aplicado no painel *Superior* e o modo a ser aplicado no painel *Inferior*.
Alterar um Modo de Exibição	*Exibição* → grupo *Modos de Exibição de Tarefa* → botão *Gráfico de Gantt* → opção *Mais modos de exibição* janela *Mais modos de exibição* → *modo de exibição desejado* → botão *Editar* ou botão *Copiar* Na janela de diálogo *Definição do modo de exibição* faça as alterações desejadas. Lembre-se que devemos evitar alterar as ferramentas padrão do *software*, criando, sempre que desejar alterar um modo de exibição original, uma cópia do modo de exibição desejado e fazendo as alterações na cópia.
Disponibilizar um modo de exibição para outros projetos	*Exibição* → grupo *Modos de Exibição de Tarefa* → botão *Gráfico de Gantt* → opção *Mais modos de exibição* Modos de exibição são objetos de apoio a projeto e, por isto, os novos modos de exibição devem ser copiados para o arquivo Global.MPT, caso queiramos utilizá-los em outros projetos. O botão *Organizador* na janela de diálogo *Mais modos de exibição* permite esta operação. Pela faixa de opções *Arquivo* → opção *Informações* → botão *Organizador* também é possível a disponibilização de modos de exibição para outros projetos.

Visualizar a distribuição da alocação de recursos por Tarefa	*Exibição* → grupo *Modos de Exibição de Tarefa* → botão *Uso da Tarefa* → opção *Uso da tarefa* A informação em foco pode ser alterada na faixa de opções *Formato* → grupo *Detalhes*.
Alterar a informação mostrada em *Uso da tarefa*	*Formato* → grupo *Detalhes* → botão *Adicionar Detalhes* Caso a informação desejada não esteja disponível na faixa de opções *Formato* → grupo *Detalhes*, selecione a opção indicada acima e, pela operação com os botões *Mostrar* e *Ocultar*, adicione os itens desejados na lista *Mostrar os campos*. O botão **reverso do *mouse*** sobre a área de dados numéricos também dá acesso ao submenu de opções e à janela de diálogo *Estilos de detalhe*.
Determinar ordem de classificação para tarefas	*Exibição* → grupo *Dados* → botão *Classificar* Estando ativa a tabela a ser classificada, acione o comando acima. Se o critério de classificação desejado estiver no submenu apresentado, basta clicá-lo, caso contrário, escolha a opção *Classificar por* e determine o critério na janela de diálogo que se apresenta, sendo que um critério definido por usuário pode ter até 3 níveis de quebra.
Agrupar tarefas	*Exibição* → grupo *Dados* → caixa de combinação *Agrupar por* Escolha no submenu o critério de agrupamento desejado, ou escolha *Nenhum grupo* para desfazer qualquer agrupamento montado anteriormente.

Criar grupos de tarefas	***Exibição*** → grupo ***Dados*** → **caixa de combinação** ***Agrupar por*** → **opção** ***Mais grupos*** Na janela de diálogo ***Mais grupos*** você aciona o botão ***Novo*** ou o botão ***Copiar***; na janela de diálogo ***Definição de grupo em*** use a caixa ***Agrupar por*** para indicar o campo que servirá de critério de agrupamento e a ordem de classificação, você pode ter até 10 subgrupos abaixo do grupo principal, use os campos ***Fonte***, ***Plano de fundo da célula*** e ***Padrão*** para formatar a aparência do cabeçalho de cada grupo/subgrupo montado e o botão ***Definir intervalos de grupo*** para indicar intervalos de valores para o agrupamento.
Disponibilizar um grupo para outros projetos	***Exibição*** → grupo ***Dados*** → **caixa de combinação** ***Agrupar por*** → **opção** ***Mais grupos*** Grupos são objetos de apoio a projeto e, por isto, os novos grupos devem ser copiados para o arquivo Global.MPT, caso queiramos utilizá-los em outros projetos. O botão ***Organizador*** na janela de diálogo ***Mais grupos*** permite esta operação. A faixa de opções ***Arquivo*** → **opção** ***Informações*** → **botão** ***Organizador*** também permite a disponibilização de grupos para outros projetos
Alterar formato de código de estrutura de divisão de trabalho	***Projeto*** → grupo ***Propriedades*** → **caixa de combinação** ***WBS*** → **opção** ***Definir Código*** Na janela de diálogo ***Definição de código de EDT em*** defina o formato de máscara a ser aplicado ao código EDT, indique se o Project deverá gerar automaticamente códigos quando da inclusão de novas tarefas e dê preferência ao tratamento exclusivo dos códigos.

Renumerar o código de estrutura de divisão de trabalho	*Projeto* → grupo *Propriedades* → caixa de combinação *WBS* → opção *Renumerar* Na janela de diálogo *Renumeração de EDT* defina a renumeração do projeto inteiro ou, caso tenha selecionado anteriormente as tarefas desejadas, apenas das tarefas selecionadas. Na sua primeira release o Project 2010 apresenta um *bug* na operação *Renumeração de EDT → Projeto Inteiro*, não fazendo o recálculo. A opção é selecionar o projeto inteiro, clicando no canto superior esquerdo da tabela, e fazer a operação pela opção *Tarefas Selecionadas*.
Criar códigos de estruturas auxiliares	*Projeto* → grupo *Propriedades* → botão *Campos Personalizados* janela *Campos Personalizados* → campo *Tipo: Código da Estrutura de Código* Neste ambiente é possível *Importar campo* evitando retrabalho, *Renomear* um campo tornando-o mais significativo, criar um padrão adequado às necessidades acionando o botão *Pesquisar*. Caso escolha a criação de uma tabela de pesquisa, trabalhe preferencialmente com a opção *Permitir que itens adicionais sejam inseridos nos campos* desmarcada.

20

TRATAMENTO AVANÇADO DE RECURSOS

Recursos são os elementos físicos necessários à realização das tarefas e, como já foi visto anteriormente, são os principais responsáveis pelos custos dos projetos. É essencial à gerência de projetos a análise cuidadosa de todos os aspectos referentes ao uso dos recursos e, para facilitar este trabalho, o MS Project oferece inúmeras possibilidades de visualização de recursos, através de gráficos, escalas de tempo, fichas e planilhas, e de classificação e agrupamento de recursos segundo critérios específicos.

Apenas a análise dos custos dos recursos não basta, os custos dos recursos podem variar com o passar do tempo e até de um projeto para outro ou de uma tarefa para outra. O MS Project tem ferramentas que permitem a definição de custos diferenciados para um mesmo recurso, permitindo registrar uma variação de custo em uma data-base ou ainda alocar um mesmo recurso com um custo unitário em uma tarefa e com outro custo unitário em outra tarefa.

Geralmente os recursos são limitados e muito disputados, e esta limitação nos leva a trabalhar sempre no limite da utilização X disponibilidade. Como veremos neste capítulo, é possível registrar corretamente variações de disponibilidade de recursos, por exemplo, quando contratamos mão-de-obra temporária ou quando alugamos um equipamento. Para otimizar ao máximo o uso dos recursos o MS Project oferece a possibilidade de alocação de um recurso em uma tarefa segundo uma curva não uniforme, por exemplo, com um pico de alocação ao início da tarefa ou ao seu término, evitando a ociosidade que causa indisponibilidade para o recurso e custo desnecessário ao projeto.

São estas possibilidades de otimização do trabalho com recursos o foco deste capítulo.

Visualizando emprego de recursos

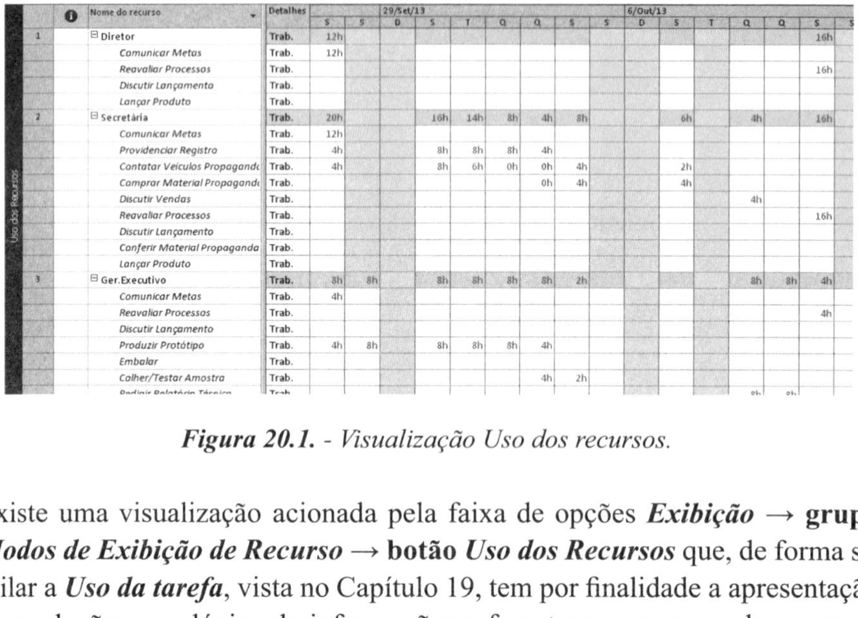

Figura 20.1. - *Visualização Uso dos recursos.*

Existe uma visualização acionada pela faixa de opções *Exibição* → **grupo** *Modos de Exibição de Recurso* → **botão** *Uso dos Recursos* **que**, de forma similar a *Uso da tarefa*, vista no Capítulo 19, tem por finalidade a apresentação da evolução cronológica de informações referentes ao emprego de recursos, mas tendo como foco principal os recursos e como detalhamento as tarefas alocadoras, ou seja, mostra todos os recursos e, abaixo de cada um destes, as tarefas que alocam o mesmo. Este ambiente permite, por exemplo, a visualização da curva de alocação de um recurso, baseada em um projeto ou em vários, no caso da mesma ser aplicada no arquivo *pool* de recursos.

No Capítulo 11, já tivemos oportunidade de acessar esta importante visualização, quando procedemos à análise de conflitos de recursos. Naquela oportunidade a intenção era visualizar a quantidade de trabalho alocada, mas pela na faixa de opções **Formato** → grupo **Detalhes** você pode escolher outras opções além de trabalho alocado, como trabalho disponível, custo e outras, podendo mostrar uma única destas informações de cada vez ou várias informações simultaneamente e, ainda, como em *Uso da tarefa*, você pode optar pelo botão **Adicionar Detalhes**, na faixa de opções **Formato** → grupo **Detalhes**, quando chegamos a uma janela de diálogo com um conjunto maior de opções para a configuração de *Uso dos recursos*.

Figura 20.2. - Informações de Uso dos recursos.

A operação da janela de diálogo *Estilos de detalhes* se baseia no deslocamento de itens entre a lista *Campos disponíveis* e a lista *Mostrar os campos*, pelo pressionamento dos botões *Mostrar* e *Ocultar* respectivamente.

 HIPERLINK → no capítulo **19 Tratamento Avançado de Tarefas** – tópico **Visualizando Emprego de Tarefas** você encontrará informações detalhadas sobre a operação da janela de diálogo *Estilos de detalhes*.

Todas as informações possíveis de serem apresentadas a partir de *Campos disponíveis* estão relacionadas no tópico apontado pelo *hiperlink* acima, com exceção dos campos **Porcent. Concluída acumulada** e **Custo fixo** que não estão disponíveis para *Uso dos recursos* e dos campos descritos a seguir, disponíveis somente para *Uso dos recursos*:

- **Disponibilidade da Unidade**: visível apenas para o recurso em si e não para suas consequentes atribuições, representa a quantidade de unidades do recurso tal qual está definida no *Pool* de Recursos, independentemente de o recurso estar alocado ou não;

- **Disponibilidade de Recursos**: visível apenas para o recurso em si e não para suas consequentes atribuições, representa a disponibilidade real do recurso em horas, calculada pela diferença entre a quantidade de horas que o recurso pode trabalhar *(Disponibilidade do Trabalho)* e a quantidade de horas alocadas do mesmo.

- **Disponibilidade do Trabalho**: visível apenas para o recurso em si e não para suas consequentes atribuições, representa a quantidade total de horas que o recurso poderia trabalhar na unidade de tempo, independentemente de o recurso estar alocado ou não; representa a quantidade máxima de trabalho que poderia ser atribuída ao recurso na unidade de tempo;

NOTA → Quando você selecionar para mostrar o campo *Disponibilidade de Recursos*, o MS Project vai mostrá-lo com o nome Disp. Rest., resquícios da versão 2002 onde o campo chamava-se Disponibilidade Restante.

PRÁTICA

Montar no projeto Lançamento Comercial de Produto (Lançamento.MPP) um ambiente para análise de alocação de recursos apresentando a evolução cronológica de *Porcentagem de alocação* e *Unidades de pico*, tendo semana como unidade de tempo e, apresentando a coluna *Unid. máximas* ao lado do nome do recurso na tabela. Note que no geral os recursos têm muita disponibilidade, indicando a possibilidade de alocação em outros projetos.

Capítulo 20 - Tratamento Avançado de Recursos | 413

Visualizando um recurso graficamente

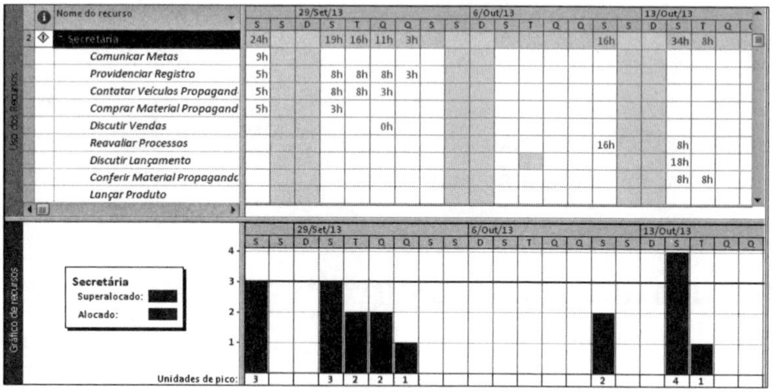

Figura 20.3. - Gráfico de recursos mostrando sobrealocação de recurso.

O gráfico acionado pela faixa de opções *Exibição* → **grupo** *Modos de Exibição de Recurso* → **botão** *Gráfico de Recursos*, utilizado para análise de alocação de recursos, se torna mais prático quando usado em combinação com *Uso dos Recursos* no painel superior, pois mostra o gráfico daquele recurso que estiver selecionado no painel superior e com a escala de tempo se adequando ao padrão apresentado neste painel. A necessidade de ter o *Gráfico de Recursos* no painel superior é dada pelo interesse ou não de imprimi-lo, pois somente é possível imprimir um modo de exibição quando este se encontra ocupando a tela toda ou a parte superior da mesma. Nesta visualização você pode acompanhar, em formato gráfico, a curva de alocação de determinado recurso durante todo o desenvolvimento de um projeto ou de vários projetos, no caso da mesma ser aplicada no arquivo *pool* de recursos, visualizando unidade de pico, quantidade de horas de trabalho, quantidade de horas sobrealocadas, quantidade de horas disponíveis, custos e outras informações.

O conteúdo informativo do Gráfico de recursos é determinado pela faixa de opções *Formato* → **grupo** *Dados*, estando ativo o painel inferior, e apresenta em sub-menu as opções *Custo, Custo Acumulado, Trabalho Acumulado, Superalocação, Unidades de Pico, Porcentagem de Alocação, Disponibilidade Restante, Disponibilidade da Unidade, Trabalho* e *Disponibilidade de Trabalho*, opções estas que são independentes daquelas determinadas para o painel superior, onde *Uso dos recursos* se baseia na faixa de opções *Formato* → **grupo** *Detalhes*.

PRÁTICA

Abrir o *pool* de recursos Recursos.MPP com seu arquivo cliente Lançamento.MPP e, no *pool*, montar o ambiente proposto.

Comparando recursos graficamente

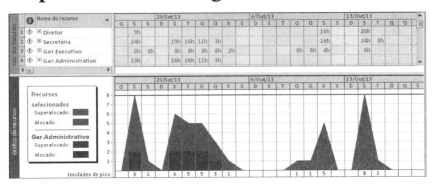

Figura 20.4. - Gráfico de recursos comparando um recurso com total alocado.

O *Gráfico de recursos* pode também apresentar a comparação entre alocação de um determinado recurso e a totalização de outros. A forma padrão do gráfico apresenta dados de um único recurso, podendo ser configurado para mostrar totais de uma seleção pelo acionamento da faixa de opções *Formato* → **grupo** *Formatar* → **botão** *Estilos de Barra*.

Na janela de diálogo *Estilos de Barra* você pode selecionar, por exemplo, na coluna *Recursos Selecionados*, no campo *Mostrar como* do grupo *Recursos Superalocados* a opção *Área*, repita a seleção para o campo *Mostrar como* do grupo *Recursos Alocados* e coloque em ambos os grupos, ainda como mero exemplo, a cor cinza.

Agora você pode selecionar mais de um recurso no painel superior, para que o gráfico apresente o total da seleção comparado a um recurso. O recurso a ser comparado com os outros deve ser determinado pela operação da barra de rolagem horizontal à esquerda do painel inferior ou na faixa de opções *Formato* → grupo *Navegar* → botões *Recurso Anterior* ou *Próximo Recurso*.

Na janela de diálogo *Estilos de barra* você pode determinar no campo *Mostrar como* diferentes apresentações para os histogramas do gráfico, como *Área*, *Linha* e *Barra*, além de cor e hachura nos campos *Cor* e *Padronagem*, conseguindo com isto uma apresentação das informações bastante rica e agradável aos olhos.

PRÁTICA

No arquivo *pool* de recursos Recursos.MPP, fazer a comparação da alocação de trabalho acumulada de todos os recursos com cada um dos recursos.

Registrando disponibilidade temporária

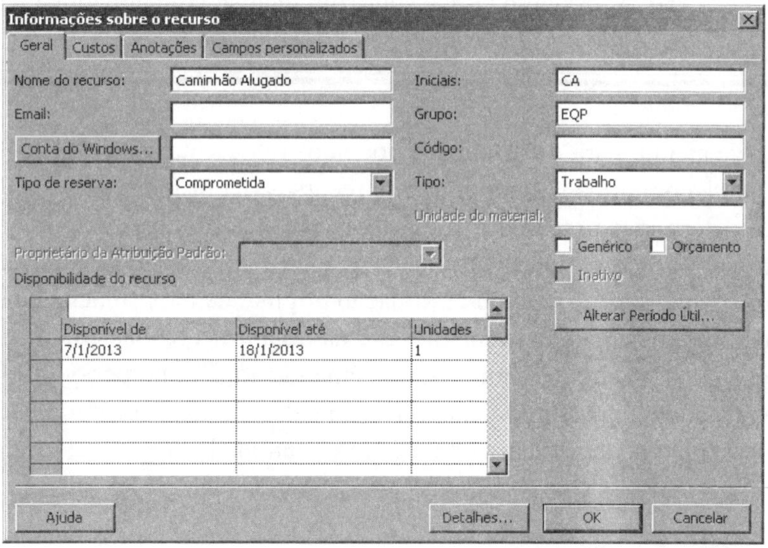

Figura 20.5. - Recurso disponibilizado por período de tempo limitado.

Quando há necessidade de alocarmos um recurso, por exemplo, do tipo mão de obra temporária ou equipamento alugado, em um projeto, temos estes recursos disponíveis para o projeto apenas dentro de um período de tempo limitado, o período de tempo referente à vigência de seu respectivo contrato. Se não deixarmos esta situação de disponibilidade temporária devidamente registrada, teremos a falsa impressão que o recurso está disponível permanentemente, como se fizesse parte do quadro de mão de obra efetiva da organização, ou como se fosse um equipamento adquirido pela mesma.

A faixa de opções **Recurso** → **grupo Propriedades** → **botão Informações**, disponível quando o ambiente ativo for um ambiente de recursos, por exemplo **Planilha de Recursos** ou **Uso dos Recursos**, dá acesso à janela de diálogo **Informações sobre o recurso,** onde a ficha **Geral** mostra, além de outras informações sobre o recurso selecionado, o quadro **Disponibilidade do recurso**, neste quadro devemos informar a quantidade de recursos que temos em cada período de tempo.

DICA → duplo clique sobre um recurso também abre a janela de diálogo **Informações sobre o recurso**.

Você deve atentar para o fato de que podemos representar duas situações distintas de disponibilidade temporária de recursos: na primeira situação temos que um determinado recurso não existe na organização, será disponibilizado por um período de tempo determinado e após este período deixará de estar disponível, novamente voltando à situação original de inexistência; na segunda situação temos que um recurso existe na organização, mas em quantidade insuficiente para atender a um pico de demanda atípico, no período referente ao pico receberá um reforço temporário em sua quantidade disponível e, após terminar o pico de demanda, voltará a ter a quantidade disponível original.

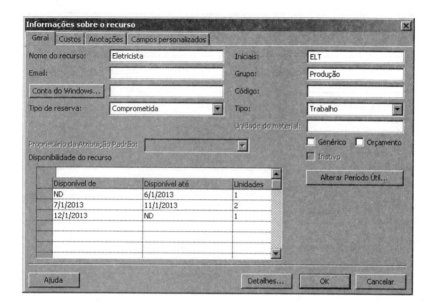

Figura 20.6. - Recurso com aumento temporário de disponibilidade.

Note que na segunda situação descrita no parágrafo anterior, devemos ter cuidado com um detalhe: foi contratado um recurso temporariamente para complementar a quantidade disponível de um recurso já existente, aquele sendo parte integrante deste. Portanto, os recursos devem ser mutuamente substituíveis, ou seja, devem atender à mesma função, possuir o mesmo valor unitário, obedecer ao mesmo calendário de expediente. Se houver diferenças entre os recursos, o temporário deve ser enquadrado na primeira situação descrita no parágrafo anterior, não podendo ser incluído no item de recurso já existente, mas sim descrito separadamente na **Planilha de Recursos**, com suas peculiaridades sendo apontadas nos respectivos campos de informação.

PRÁTICA

Criar um projeto denominado MontagemLinhaProdução.MPP, com início em 07/jan/2013, conforme apresentado na tabela 20.1.

id	tarefa	duração	id da predecessora	vínculo	latência
1	**Montagem de Linha de Produção**				
2	Entrega de Equipamentos	0 d		TI	0
3	Montar Equipamento 1	10 d	2	TI	0
4	Montar Equipamento 2	10 d	2	TI	0
5	Montar Equipamento 3	10 d	2	TI	0
6	Montar Equipamento 4	10 d	2	TI	0
7	Montar Equipamento 5	10 d	2	TI	0
8	Montar Equipamento 6	10 d	2	TI	0
9	Montar Equipamento 7	10 d	2	TI	0
10	Montar Equipamento 8	10 d	2	TI	0
11	Montar Quadro de Comando Geral	5 d	2	TI	0
12	Conectar Equipamentos	2 d	3;4;5;6;7;8; 9;10;11	TI	0
13	Testar	2 d	12	TI	0
14	Fim	0 d	13	TI	0

Tabela 20.1. - Exercício de criação de projeto.

Cadastrar no projeto Montagem de Linha de Produção os recursos apresentados na tabela 20.2.

recurso	tipo	unid.máximas	taxa padrão
Técnico Mecânico	trabalho	8	R$ 14,00/hr
Eletricista	trabalho	1	R$ 10,00/hr

Tabela 20.2. - Exercício de cadastramento de recursos.

Capítulo 20 - Tratamento Avançado de Recursos | **419**

Alocar os recursos no projeto Montagem de Linha de Produção conforme a tabela 20.3.

id	tarefa	recurso	qtd
3	Montar Equipamento 1	Técnico Mecânico	1
4	Montar Equipamento 2	Técnico Mecânico	1
5	Montar Equipamento 3	Técnico Mecânico	1
6	Montar Equipamento 4	Técnico Mecânico	1
7	Montar Equipamento 5	Técnico Mecânico	1
8	Montar Equipamento 6	Técnico Mecânico	1
9	Montar Equipamento 7	Técnico Mecânico	1
10	Montar Equipamento 8	Técnico Mecânico	1
11	Montar Quadro de Comando Geral	Eletricista	2
12	Conectar Equipamentos	Eletricista	1
13	Testar	Eletricista	1

Tabela 20.3. - Exercício de alocação de recursos.

Analisar em *Uso dos Recursos* os dados relativos a *Disponibilidade de recursos* e *Disponibilidade da unidade* referentes a Eletricista no período de 7/01/2013 a 24/01/2013.

Indicar para o recurso Eletricista disponibilidade de 1 unidade até 6/01/2013, disponibilidade de 2 unidades no período de 7/01/2013 a 11/01/2013 e novamente disponibilidade de 1 unidade a partir de 12/01/2010, representando a contratação temporária de 1 unidade de Eletricista.

Analisar em *Uso dos recursos* os dados relativos a *Disponibilidade de recursos* e *Disponibilidade da unidade* referentes a Eletricista no período de 7/01/2013 a 24/01/2013.

Determinando custos diferenciados

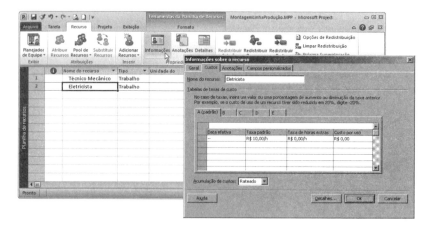

Figura 20.7. - Fichas de custos.

Ao trabalharmos com *pool* de recursos, vários projetos compartilhando recursos cadastrados em um único arquivo, muitas vezes nos deparamos com a necessidade de alocar recursos com valores unitários diferenciados por projeto, por exemplo, em um projeto os encargos sociais incidentes sobre os recursos do tipo mão de obra serão cobrados diretamente do cliente e em outro projeto tais encargos serão cobrados indiretamente, diluídos no *overhead* do contrato. Note que os recursos são os mesmos nos dois projetos, porém seu custo unitário é diferente em cada projeto, já que em um caso deve incluir o valor dos encargos sociais e no outro este custo unitário deve representar somente o valor do salário/hora.

Outra necessidade a ser atendida se mostra quando, no meio de um projeto, temos um aumento ou redução do custo unitário de um recurso e o mesmo se encontra alocado antes e depois desta variação. Ao início do projeto o custo do recurso era um e ao término era outro.

Para atender a estas necessidades de variação de custos de recursos, devemos acionar a faixa de opções **Recurso** → **grupo Propriedades** → **botão Informações**, disponível quando o ambiente ativo for um ambiente de recursos, por exemplo **Planilha de Recursos** ou **Uso dos Recursos**. A janela de diálogo

Informações sobre o recurso disponibiliza a ficha ***Custos,*** a qual mostra, além de outras informações sobre o recurso selecionado, uma estrutura com cinco fichas denominada ***Tabelas de taxas de custo.***

 DICA → duplo clique sobre um recurso também abre a janela de diálogo ***Informações sobre o recurso.***

Em cada uma das cinco ***Tabelas de taxas de custo*** podemos cadastrar um diferente custo para o mesmo recurso, pelo preenchimento das colunas ***Taxa padrão***, ***Taxa de horas extras*** e ***Custo por uso*** da primeira linha da tabela.

Para indicar que uma determinada tarefa usará uma tabela diferente da padrão, que é a tabela A, devemos acionar o modo de exibição ***Uso dos recursos***, estando posicionado em uma tarefa sob o recurso em questão, acionamos a opção ***Projeto*** → ***Informações sobre a atribuição*** e, no campo ***Tabela de taxas de custo*** da ficha ***Geral***, indicamos a tabela de custos do recurso a ser utilizada naquela tarefa. Esta operação atende à questão de termos um mesmo recurso com diferentes custos em cada projeto ou até no mesmo projeto, se for o caso.

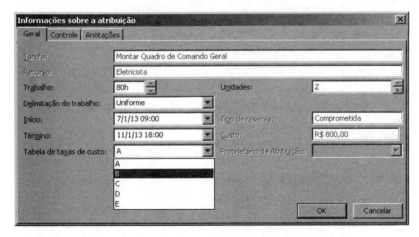

Figura 20.8. - *Indicação da* ***Tabela de taxas de custos*** *a ser utilizada pela tarefa.*

DICA → Se você indicar uma nova tabela de custos em uma tarefa e o MS Project recalcular os custos das linhas de detalhe, mas não recalcular os custos da linha principal, experimente abrir e fechar o nível de detalhamento com um clique no símbolo de estrutura de tópico à esquerda do nome do recurso. Este procedimento provoca o recálculo dos valores, corrigindo todos os valores.

Cada uma das cinco **Tabelas de taxas de custo** permite indicar até 25 variações de valores no tempo, quando lançamos em suas linhas a informação de **Data efetiva**, data a partir da qual um determinado valor entra em vigor, e a informação de **Taxa padrão**, **Taxa de horas extras** e **Custo por uso**, que é o novo valor a vigorar. Note que o novo valor pode ser informado na forma monetária ou percentual, neste segundo caso o *software* calcula a incidência do percentual indicado, positivo ou negativo, sobre o valor indicado na linha imediatamente acima. Esta operação atende à questão de termos aumento ou redução do custo de um recurso, fazendo com que o MS Project respeite a variação do custo de um determinado recurso em um determinado período.

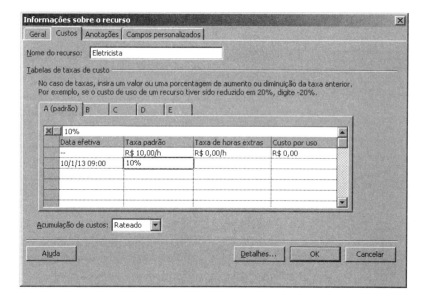

Figura 20.9. - Tabela de taxas de custos indicando variações de custos.

PRÁTICA

Utilizando o projeto Montagem de Linha de Produção:

1. Analisar em *Uso dos recursos* o *Custo* do recurso Eletricista no período de 7/01/2013 a 24/01/2013.

2. A tarefa Montar Quadro de Comando Geral envolve riscos, e no custo do recurso Eletricista deverá estar incluído adicional de periculosidade. Indicar na tabela de taxas de custo *B* do recurso Eletricista uma taxa padrão de R$13,00 e aplicar esta tabela na tarefa Montar Quadro de Comando Geral. Analisar em *Uso dos recursos* o *Custo* do recurso Eletricista no período de 07/01/2013 a 24/01/2013.

3. Está previsto um dissídio coletivo no dia 10/01/2013, com perspectiva de aumento de 10% nos custos dos recursos. Indicar, na tabela de taxas de custo *A (padrão)* do recurso Técnico Mecânico e nas tabelas de taxas de custo *A (padrão)* e *B* do recurso Eletricista, um aumento de 10% a partir de 10/01/2013. Analisar em *Uso dos recursos* o *Custo* do recurso Eletricista e do Técnico Mecânico no período de 7/01/2013 a 24/01/2013.

Alocando carga de trabalho diferenciada

Usualmente os recursos envolvidos em um projeto são alocados tarefa a tarefa, sendo o padrão do *software* a alocação em toda a duração da tarefa com carga de trabalho uniforme, possibilitando visualizar a curva de alocação de recursos de diferentes formas, como visto nos dois tópicos anteriores, mas esta forma de trabalho pode ser considerada muito trabalhosa em casos específicos de projetos muito grandes. O MS Project fornece uma ferramenta denominada *Delimitação do trabalho*, que permite a alocação de recursos em tarefas regulares ou até mesmo em tarefas de resumo com diferentes cargas de trabalho no transcorrer do tempo, atendendo ao exemplo citado, dentre outras possibilidades.

Vamos supor a visão de um projeto detalhado segundo o esquema a seguir, onde em cada tarefa participe apenas uma unidade do recurso Carpinteiro, do qual existem na organização 4 unidades disponíveis.

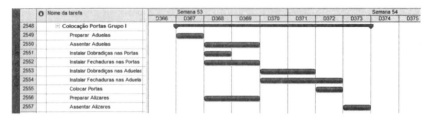

Figura 20.10. *- Projeto detalhado.*

Se quiséssemos apreciar a curva de alocação do recurso Carpinteiro no projeto teríamos a representação no Gráfico de recursos mostrada a seguir, indicando um início suave, seguido de um pico e uma gradativa diminuição na alocação do recurso até o final do projeto.

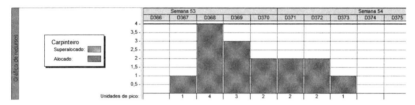

Figura *20.11. - Curva de alocação no Gráfico de Recursos.*

Imagine um projeto muito grande, constituído de várias tarefas de resumo similares à descrita anteriormente. Pode ser considerado pouco produtivo entrar no mérito do detalhamento de cada tarefa do projeto, mas haver a necessidade de alocar os recursos, baseado em modelos padrão de curvas de alocação.

	Nome do recurso	Detalhes	D367	D368	D369	D370	D371	D372	D373	D374	D375
1	Carpinteiro	Trab.	8h	32h	24h	16h	16h	16h	8h		
	Preparar Aduelas	Trab.	8h								
	Assentar Aduelas	Trab.		8h	8h						
	Instalar Dobradiças nas Portas	Trab.		8h							
	Instalar Fechaduras nas Portas	Trab.		8h	8h						
	Instalar Dobradiças nas Aduelas	Trab.				8h	8h				
	Instalar Fechaduras nas Aduelas	Trab.				8h	8h	8h			
	Colocar Portas	Trab.						8h			
	Preparar Alizares	Trab.		8h	8h						
	Assentar Alizares	Trab.							8h		
		Trab.									

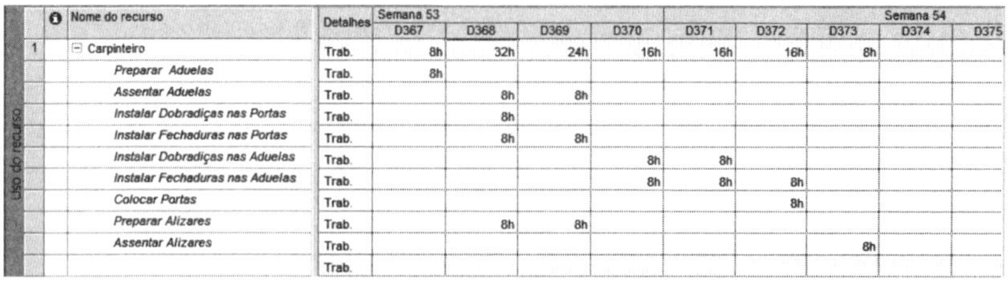

Figura *20.12. - Detalhe de alocação de recurso.*

Para alocar recursos a uma tarefa utilizando a ferramenta **Delimitação do trabalho** você deve primeiramente alocar o recurso pelos métodos tradicionais (**Formulário de Tarefa** → **Trabalho do recurso**), preocupando-se em conseguir precisar o total de trabalho necessário à execução da tarefa, assim como a quantidade de recursos. Em seguida aplique a visualização *Uso da Tarefa*, selecionando a faixa de opções **Exibição** → grupo **Modos de Exibição de Tarefa** → botão **Uso da Tarefa** → opção **Uso da tarefa**, ou *Uso dos recursos* selecionando a faixa de opções **Exibição** → grupo **Modos de Exibição de Recurso** → botão **Uso dos Recursos**, e abra a janela de diálogo *Informações sobre a atribuição*, acionando a faixa de opções **Formato** → grupo **Atribuição** → botão **Informações** ou com duplo clique na linha detalhe da alocação de recursos,.

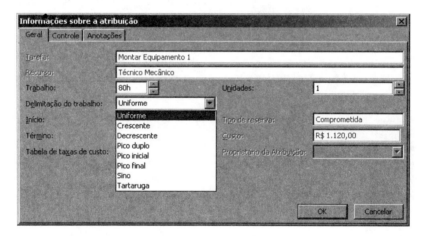

Figura 20.13. - Opções de Delimitação do trabalho.

Na janela de diálogo **Informações sobre a atribuição** escolha no campo *Delimitação do trabalho* o perfil de alocação que melhor reflita o empenho do recurso durante a atividade, dentre os 8 formatos existentes. Se a tarefa for do tipo Trabalho Fixo ou Unidade Fixa, sua duração será ajustada automaticamente pelo *software* para refletir o trabalho necessário à curva de alocação escolhida e à quantidade de recursos alocados. Se a tarefa for do tipo Duração Fixa, o trabalho será ajustado pelo *software* para refletir o novo perfil de alocação de recursos.

A seguir são descritos os tipos de **Delimitação do trabalho** disponíveis.

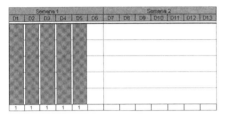

Figura 20.14. - Delimitação Uniforme.

Uniforme: é o formato padrão da curva de alocação, isto é, todas as alocações de recurso executadas anteriormente obedeceram ao padrão de **Delimitação do trabalho Uniforme**, que se caracteriza pelo emprego do recurso no pico durante toda a tarefa.

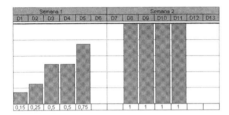

Figura 20.15. - Delimitação Crescente.

Crescente: caracterizado por um aumento gradativo do comprometimento do recurso na tarefa, no início pequeno, chegando ao pico só ao final; aumenta em aproximadamente 2/3 a duração da tarefa se comparada à alocação **Uniforme**.

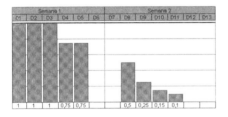

Figura 20.16. - Delimitação Decrescente.

Decrescente: o inverso de **Crescente**, caracterizado por um comprometimento total do recurso no início da tarefa, decrescendo até o mínimo durante a sua execução; aumenta em aproximadamente 2/3 a duração da tarefa se comparada à alocação **Uniforme**.

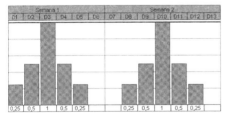

Figura 20.17.Delimitação Pico duplo.

Pico duplo: cria dois instantes de pico durante a atividade, um a 1/6 de sua duração e outro a 5/6, existindo entre os picos uma redução de até 1/4 do pico; aumenta em 100% a duração da tarefa se comparada à alocação **Uniforme**.

Capítulo 20 - Tratamento Avançado de Recursos | 427

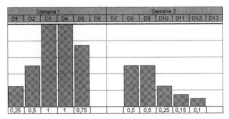

Figura 20.18. Delimitação Pico inicial.

Pico inicial: começa com aproximadamente 25% do pico, chegando ao máximo em 1/3 da duração da tarefa, a partir daí diminuindo até o mínimo; aumenta em 100% a duração da tarefa se comparada à alocação ***Uniforme***.

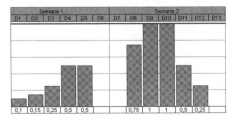

Figura 20.19. - Delimitação Pico final.

Pico final: o inverso de ***Pico inicial***; da mesma forma, aumenta em 100% a duração da tarefa se comparada à alocação ***Uniforme***.

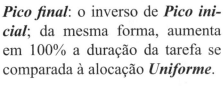

Figura 20.20. Delimitação Sino.

Sino: o pico, de curta duração, se concentra no meio da atividade; aumenta em 100% a duração da tarefa se comparado à alocação ***Uniforme***.

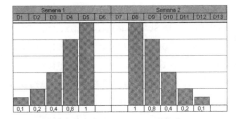

Figura 20.21. - Delimitação Tartaruga.

Tartaruga: similar ao ***Sino***, pois existe apenas um pico no meio da atividade, mas este é de maior duração e o início da tarefa é mais carregado que seu final; esta curva aumenta em aproximadamente 50% a duração da tarefa se comparada à alocação ***Uniforme***.

PRÁTICA

Utilizando o projeto Montagem de Linha de Produção, determinar para cada tarefa Montar Equipamento *N* um tipo diferente de **Delimitação do trabalho** e analisar o resultado.

Classificando recursos

Classificando recursos com chave simples

Figura 20.22. - Opção de classificação de recursos.

Assim como tarefas, os recursos também podem ser classificados, de forma a atender a determinadas consultas ou apresentações que se mostrem necessárias. O mecanismo que permite a classificação de recursos é idêntico ao de tarefas, acionado pela faixa de opções *Exibição* → grupo *Dados* → **caixa de combinação** *Classificar,* sendo que o MS Project identifica o modo de exibição ativo como um ambiente de recursos, por exemplo, a **Planilha de Recursos**, variando as opções disponíveis no submenu para se adequar ao novo foco:

- *Por custo*: classifica por custo de alocação provável, em ordem ascendente;
- *Por nome*: classifica por nome do recurso, em ordem ascendente;
- *Pelo número da tarefa*: classifica por número de identificação do recurso, em ordem ascendente.

NOTA → A ordem de classificação *Pelo número da tarefa* não tem nada a ver com classificação de tarefas, ela classifica por número de identificação do recurso. A nomenclatura é fruto de displicência nas alterações de tradução implementadas, com este erro se repetindo desde a versão 2003.

PRÁTICA

No *pool* de recursos Recursos.MPP determinar:

- Quais os dois recursos com maior custo unitário?
- Retorne à ordem original.

Classificando recursos com chave composta

A opção *Classificar por* da faixa de opções *Exibição* → grupo *Dados* → caixa de combinação *Classificar* entra novamente em ação, como no capítulo 19 – tópico Classificando Tarefas, abrindo a janela de diálogo *Classificar*, com mecanismo de operação muito similar ao visto na classificação de tarefas, mudando apenas pelo fato das chaves e campos disponíveis para a classificação estarem adequados ao foco Recurso. Os campos disponíveis são:

- *Classificar por*: determina a chave principal do critério de ordenação, podendo a mesma ser em ordem ascendente ou descendente;
- *Segundo critério*: determina a segunda chave do critério de ordenação, criando um segundo nível onde são classificados os itens de igual teor na primeira chave, podendo ser em ordem ascendente ou descendente, independentemente do anterior;
- *Terceiro critério*: determina a terceira chave do critério de ordenação, criando um terceiro nível onde são classificados os itens de igual teor nas duas primeiras chaves, podendo ser em ordem ascendente ou descendente, independentemente das anteriores;
- *Renumerar recursos permanentemente*: muita atenção com esta opção, pois quando selecionada faz com que a cada ordenação os *Id* dos recursos

sejam refeitos; isto não implica em perda de referência dos recursos (alocação de recursos, etc) mas este efeito pode ser indesejável por dificultar o retorno à ordem original;
- **Classificar recursos por projeto**: quando você trabalha com vários projetos consolidados em um (vide Capítulo 23) e estes projetos alocam recursos próprios, a ordem de classificação respeita a origem de cada recurso, separando-os por projeto; caso esta opção esteja desmarcada, o MS Project deixa de respeitar esta estrutura original, classificando os recursos independentemente do projeto no qual estão alocados.

PRÁTICA

No *pool* de recursos Recursos.MPP criar filtros para visualizar:

Dentre os recursos com apropriação rateada, qual o que possui maior quantidade de trabalho meta alocado?
Retorne à ordem original.

Agrupando recursos

Usando grupos padrão

Figura 20.23. - Agrupando recursos.

Capítulo 20 - Tratamento Avançado de Recursos | **431**

Estando posicionado em um ambiente de recursos, por exemplo *Planilha de recursos* ou *Uso dos recursos*, a na faixa de opções *Exibição* → grupo *Dados* → **caixa de combinação** *Agrupar por* permite agrupar os recursos segundo vários critérios, criando uma estrutura de tópicos que permite uma visualização melhor e maior facilidade na manipulação das informações, já que é possível abrir e fechar níveis de detalhamento, numa operação semelhante à manipulação de tarefas sob uma Estrutura Analítica de Projeto.

Nas linhas de título de cada grupo temos, na coluna *Nome do recurso*, o critério utilizado para o agrupamento e, nas outras colunas, totalizações de valores e informações comuns aos itens pertencentes ao grupo em questão.

Abaixo estão descritos os grupos padrão oferecidos pelo MS Project.

grupos de recurso	descrição
Nenhum grupo	Desfaz qualquer agrupamento montado, voltando à ordem original.
Atribuições mantendo a estrutura do código	Aplicável apenas ao modo de exibição Uso dos recursos, mantém a relação original do modo de exibição, indicando para cada recurso as tarefas que o alocam, porém acrescenta as linhas superiores da estrutura de tópicos das tarefas (tarefas de resumo).
Grupo do recurso	Agrupa os recursos segundo as informações lançadas na coluna grupo.
Recursos concluídos e não concluídos	Pelo % de trabalho concluído, agrupa os recursos em três grupos: não iniciado, em andamento e concluído.
Taxa padrão	Agrupa os recursos segundo sua taxa padrão.
Tipo de recurso	Agrupa os recursos em função de seu tipo - material, trabalho ou custo.

Tabela - 20.2.- Grupos aplicáveis a recursos.

PRÁTICA

Abrir o *pool* de recursos Recursos.MPP e agrupar os recursos por tipo.

- Agrupar os recursos de Recursos.MPP por grupo.
- Desfazer a estrutura de grupos.

Personalizando grupos de recursos

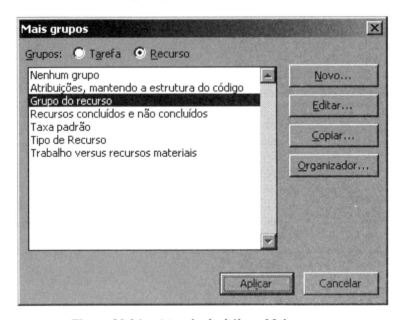

*Figura 20.24. - A janela de diálogo **Mais grupos**.*

A faixa de opções **Exibição → grupo Dados → caixa de combinação *Agrupar por* → opção *Mais grupos*** permite personalizar grupos de recursos através de várias ações distintas, o que permite categorizar e exibir as informações de diversas maneiras, atendendo a qualquer necessidade de apresentação que se mostre, da mais simples à mais complexa, o que pode envolver vários níveis de critério para a formação do grupo, com diferentes formatações na apresentação dos grupos e sub-grupos que se formam neste caso.

A seguir são descritas as diferentes ações que podem ser tomadas a partir da janela de diálogo *Mais grupos*:

- **Criar novos grupos:** pelo acionamento do botão *Novo* ou pela seleção de um grupo existente, seguido do acionamento do botão *Copiar*, temos acesso à janela de diálogo *Definição de grupo*, onde fazemos toda a configuração necessária à criação de um novo grupo;

- **Alterar grupos existentes:** pela seleção de um grupo existente seguido do acionamento do botão *Editar*, temos acesso à janela de diálogo *Definição de grupo*, onde podemos alterar toda a configuração de um grupo;

 NOTA → Evite alterar as ferramentas padrão do *software*, criando, sempre que desejar alterar um grupo original, uma cópia do grupo desejado e fazendo as alterações na cópia. Esta sugestão se deve ao fato de não existir um comando Redefinir, tão comum em vários aplicativos, para os grupos do MS Project, e isto faz com que a operação de retorno às características originais seja mais trabalhosa, ou pela redefinição manual de cada elemento ou, se der sorte e o Global.MPT não foi alterado, por operação de cópia do Global para o arquivo corrente na janela Organizador.

- **Aplicar grupos:** permite a aplicação de filtros que não estejam representados no submenu, selecionando o grupo desejado e acionando o botão *Aplicar*;

- **Disponibilizar para outros projetos:** grupos criados em um projeto existem tão somente no projeto onde foram criados, pelo acionamento do botão *Organizador* podemos copiar um ou mais grupos personalizados para o arquivo Global.MPT, tornando-os, desta forma, disponíveis para outros projetos.

É na janela de diálogo *Definição de grupo* onde fazemos as configurações dos grupos personalizados. Podemos criar um grupo com até 10 subgrupos, formatar cada grupo/subgrupo com padrões próprios e definir intervalos de valores para cada grupo/subgrupo, utilizando, dependendo do campo escolhido para critério de agrupamento, valores pré-definidos ou escolhidos pelo usuário.

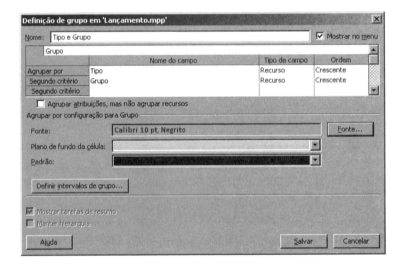

Figura 20.25. - A janela de diálogo Definição de grupo.

A seguir são descritos os diferentes campos da janela de diálogo **Definição de grupo**:

- **Nome**: especifica o nome do grupo;

- **Mostrar no menu**: exibe o nome do grupo no menu da caixa de combinação *Agrupar por*;

- **Agrupar por**: na coluna **Nome do campo** você deve determinar o campo que servirá como critério de agrupamento dos recursos, sendo a lista que se apresenta pelo acionamento do botão no canto direito da célula bastante completa, contendo todos os campos de informação referentes a recursos; na coluna **Tipo de campo** você define, quando a opção *Agrupar atribuições, mas não agrupar recursos* está marcada, se o campo indicado é de recurso ou de atribuição; na coluna **Ordem** você determina a ordem de

Capítulo 20 - Tratamento Avançado de Recursos | **435**

classificação crescente ou decrescente; as 10 linhas disponíveis a seguir com o título *Segundo critério* permitem a formação de filtros complexos com até 10 subgrupos para o grupo principal definido na primeira linha;

* *Agrupar atribuições, mas não agrupar recursos*: quando selecionado permite aplicar critérios envolvendo tanto campos de recursos quanto campos de atribuição, indicados na coluna *Tipo de campo* citada no item anterior;

* botão *Fonte*: pelo acionamento do botão *Fonte* você pode alterar a fonte e o tamanho do cabeçalho do grupo ou subgrupo selecionado na caixa *Agrupar por*;

* *Plano de fundo da célula*: especifica a cor do plano de fundo da célula do cabeçalho do grupo ou subgrupo selecionado na caixa *Agrupar por*;

* *Padrão*: especifica o padrão de preenchimento do plano de fundo do cabeçalho do grupo ou subgrupo selecionado na caixa *Agrupar por*;

* *Definir intervalos de grupo*: este botão abre a janela de diálogo *Definir intervalo de grupo*, onde podemos definir intervalos para os grupos e valor de início dos campos selecionados na caixa *Agrupar por*, as possibilidades de definição de intervalos dependem do campo escolhido, podendo, inclusive, o botão se apresentar inibido, caso o campo escolhido não permita intervalos, como, por exemplo, *Acumular* ou *Campos vinculados*.

Um grupo criado em um projeto é salvo junto com o projeto, podendo ser reutilizado toda vez que o mesmo for aberto.

Disponibilizando grupos para outros projetos

Grupos são objetos de apoio a projeto como os calendários e outras ferramentas do MS Project, portanto, para serem utilizados em outros projetos que não naquele onde foram criados é necessário copiá-los para o arquivo Global.MPT pelo acionamento do botão *Organizador* da janela de diálogo *Mais grupos* ou pela faixa de opções *Arquivo,* onde acionamos o botão *Organizador*. Para apagar ou renomear um grupo você deve acessar a janela de diálogo *Organizador*, para aí efetuar a operação desejada. A operação de disponibilização de grupos deve ser feita na ficha *Grupos*.

HIPERLINK → consulte o capítulo **7 Criação do** *Pool* **de Recursos** – tópico **Disponibilizando Calendários Para Outros Projetos** para obter mais informações sobre o comando *Organizador*.

PRÁTICA

Criar no *pool* de recursos Recursos.MPP um novo grupo de recursos que agrupe os recursos por tipo e grupo simultaneamente.

Resumo – Tratamento avançado de recursos

O Que Fazer	Como Fazer
Visualizar a curva de alocação de recursos por recurso	*Exibição* → grupo *Modos de Exibição de Recurso* → botão *Uso dos Recursos* A informação em foco pode ser alterada na faixa de opções *Formato* → grupo *Detalhes*.
Alterar a informação mostrada em *Uso dos recursos*	*Formato* → grupo *Detalhes* → botão *Adicionar Detalhes* Caso a informação desejada não esteja disponível na faixa de opções *Formato* → grupo *Detalhes*, selecione selecione a opção indicada acima e, pela operação com os botões *Mostrar* e *Ocultar*, adicione os itens desejados na lista *Mostrar os campos*. O **botão reverso do** *mouse* sobre a área de dados numéricos também dá acesso ao submenu de opções e à janela de diálogo *Estilos de detalhe*.

Capítulo 20 - Tratamento Avançado de Recursos | **437**

Visualizar um recurso graficamente	*Exibição* → grupo *Modos de Exibição de Recurso* → botão *Uso dos Recursos* *Exibição* → grupo *Modo Divisão* → opção *Detalhes* painel inferior → *Exibição* → grupo *Modo Divisão* → caixa de combinação *Modos de Exibição de Detalhes* → opção *Gráfico de Recursos* Com o primeiro comando aplique a tabela de alocação de recursos, em seguida divida a tela em dois painéis e, por fim, ative o painel inferior aplicando então o gráfico de recursos. Os dois painéis funcionam de forma sincronizada, com o *Gráfico de recursos* mostrando o gráfico do recurso selecionado no painel superior. A estrutura de painéis não é obrigatória na visualização de *Gráfico de recursos*, mas enriquece muito a visualização das informações.
Alterar o conteúdo informativo do gráfico de recursos	painel inferior → *Formato* → grupo *Dados* Estando ativo o *Gráfico de recursos*, escolha a informação a ser visualizada, por exemplo unidades de pico, qtd. de trabalho, qtd. de sobrealocação, etc. Lembre-se que *Uso dos recursos* também permite variar a informação apresentada.
Comparar alocação de recursos	*Formato* → grupo *Formatar* → botão *Estilos de Barra* Estando ativo o *Gráfico de recursos*, escolha na janela de diálogo *Estilos de barra* — coluna esquerda (*Recursos selecionados*), campos *Mostrar como* — o tipo de representação gráfica desejado.
Configurar os histogramas do gráfico de recursos	*Formato* → grupo *Formatar* → botão *Estilos de Barra* → campos *Mostrar como* Estando ativo o *Gráfico de recursos*, configure o tipo de apresentação desejado para cada elemento diferente no seu respectivo campo *Mostrar como*.

Registrar disponibilidade temporária de recurso	*Recurso* → grupo *Propriedades* → botão *Informações* Estando ativo um modo de exibição de recurso, abra a janela de diálogo *Informações sobre o recurso* e indique, na tabela *Disponibilidade do recurso* da alça de ficha *Geral*, o período e a quantidade disponível do recurso. Duplo clique sobre um recurso também abre a janela de diálogo *Informações sobre o recurso*.
Determinar custos diferenciados para um mesmo recurso	*Recurso* → grupo *Propriedades* → botão *Informações* *Projeto* → *Informações sobre a atribuição* Estando ativo um modo de exibição de recurso, selecione o recurso desejado e abra a janela de diálogo *Informações sobre o recurso*, definindo na alça de ficha *Custos* até cinco diferentes custos para um mesmo recurso, utilizando as cinco tabelas de taxas de custo disponíveis. Estando ativo o modo de exibição *Uso dos recursos*, selecione a tarefa desejada, abra a janela de diálogo *Informações sobre a atribuição* e defina, no campo *Tabela de taxas de custo* da ficha *Geral* a tabela de custo a ser utilizada na tarefa selecionada. Duplo clique sobre um recurso também abre a janela de diálogo *Informações sobre o recurso*. Duplo clique sobre uma tarefa no modo de exibição *Uso dos recursos* também abre a janela de diálogo *Informações sobre a atribuição*.

Capítulo 20 - Tratamento Avançado de Recursos | **439**

Alterar o custo de um recurso a partir de uma data	***Recurso*** → grupo ***Propriedades*** → botão ***Informações*** Estando ativo um modo de exibição de recurso, selecione o recurso desejado, abra a janela de diálogo ***Informações sobre o recurso*** e defina, na alça de ficha ***Custos***, na tabela de taxas de custo adequada, a data a partir da qual acontece a variação de custo e os novos valores de ***Taxa padrão***, ***Taxa de horas extras*** e ***Custo por uso***. O MS Project reconhece e calcula o lançamento de variações percentuais. Duplo clique sobre um recurso também abre a janela de diálogo ***Informações sobre o recurso***.
Alocar carga de trabalho diferenciada	***Exibição*** → grupo ***Modos de Exibição de Tarefa*** → botão ***Uso da Tarefa*** → opção ***Uso da tarefa*** ***Formato*** → grupo ***Atribuição*** → botão ***Informações*** ***Informações sobre a atribuição*** → ***Delimitação do trabalho*** Com o primeiro comando aplique a tabela de alocação de recursos por tarefa, selecione abaixo da tarefa desejada o recurso a ser configurado e abra a janela de diálogo ***Informações sobre a atribuição*** e, no campo ***Delimitação do trabalho*** selecione o perfil desejado de alocação de recursos.
Determinar ordem de classificação para recursos	***Exibição*** → grupo ***Dados*** → caixa de combinação ***Classificar*** Estando ativa a tabela a ser classificada, acione o comando acima. Se o critério de classificação desejado estiver no submenu apresentado basta clicá-lo, caso contrário, escolha a opção ***Classificar por*** e determine o critério na janela de diálogo que se apresenta, sendo que um critério definido por usuário pode ter até três níveis de quebra.

Agrupar recursos	***Exibição*** → grupo ***Dados*** → **caixa de combinação** ***Agrupar por*** Escolha no submenu o critério de agrupamento desejado, ou escolha ***Nenhum grupo*** para desfazer qualquer agrupamento montado anteriormente.
Criar grupos de recursos	***Exibição*** → grupo ***Dados*** → **caixa de combinação** ***Agrupar por*** → ***Mais grupos*** Na janela de diálogo ***Mais grupos*** você aciona o botão ***Novo*** ou o botão ***Copiar***; na janela de diálogo ***Definição de grupo*** use a caixa ***Agrupar por*** para indicar o campo que servirá de critério de agrupamento e a ordem de classificação, você pode ter até 10 subgrupos abaixo do grupo principal, use os campos ***Fonte***, ***Plano de fundo da célula*** e ***Padrão*** para formatar a aparência do cabeçalho de cada grupo ou subgrupo montado e o botão ***Definir intervalos de grupo*** para indicar intervalos de valores para o agrupamento.
Disponibilizar um grupo para outros projetos	***Exibição*** → grupo ***Dados*** → **caixa de combinação** ***Agrupar por*** → **opção** ***Mais grupos*** Grupos são objetos de apoio a projeto e, por isto, os novos grupos devem ser copiados para o arquivo Global.MPT, caso queiramos utilizá-los em outros projetos. O botão ***Organizador*** na janela de diálogo ***Mais grupos*** permite esta operação. O **menu** ***Ferramentas*** → ***Organizador*** também permite a disponibilização de grupos para outros projetos.

21

CAMPOS PERSONALIZADOS

O MS Project possui vários campos com nomenclatura similar, em formato numérico sequencial, tais como Data1, Data2, Data10, Custo1, Custo2, Custo10, Duração1, Duração2, Duração10, Sinalizador1, Sinalizador2, Sinalizador20, Número1, Número2, Número20, Texto1, Texto2, Texto30. Estes campos são denominados Campos Personalizados e estão disponíveis ao usuário para o uso que lhe for mais conveniente, respeitando o tipo de dado de cada campo, que pode ser data, moeda, duração, lógico, número e texto, respectivamente.

Existem campos personalizados de projeto (disponível apenas quando o MS Project está conectado ao MS EPM), de tarefas e de recursos e de atribuições. Tomando como exemplo o campo Texto1: a coluna Texto1 que inserimos no Gráfico de Gantt é um campo de tarefa, a coluna texto1 que inserimos na Planilha de Recursos é um campo de recurso e a coluna Texto1 que inserimos em Uso da Tarefa é um campo de atribuição. Portanto cada um dos 3 campos Texto1 poderá ter um valor distinto.

Os dados destes campos podem ser digitados diretamente na célula, podem ser selecionados em caixas de listas (o que obriga a entrada de dados validados) ou, ainda, serem resultado de fórmulas.

O MS Project não emprega os Campos Personalizados diretamente em suas operações, assim você pode usá-los livremente sem receio de serem sobrescritos por alguma operação interna do aplicativo.

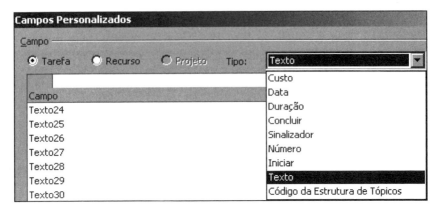

Figura 21.1. - Campos personalizados.

O método Personalizar campos, acionado na faixa de opções Projeto → grupo Propriedades → botão Campos Personalizados ou faixa de opções Formato → grupo Colunas → botão Campos Personalizados, permite renomear os Campos Personalizados, determinar fórmulas e funções para o emprego e processamento desses campos, sumarizar resultados nas linhas de resumo e utilizar figuras representando resultados.

 DICA → Os campos calculados podem ser exibidos por diferentes caminhos:

Campos de Projeto: acionando a faixa de opções Projeto à grupo Propriedades à botão Informações do Projeto, onde na parte inferior da janela de diálogo aparece o grupo Campos Personalizados da Empresa com a relação dos campos personalizados e o conteúdo de suas respectivas células.

Campos de Tarefa: acionando a faixa de opções Tarefa → grupo Propriedades → botão Informações, onde na ficha Campos Personalizados

Capítulo 21 - Campos Personalizados | **443**

existe a relação de todos os campos que foram personalizados no projeto ativo e o conteúdo de suas respectivas células para a tarefa selecionada; duplo clique sobre uma tarefa também abre a janela Informações sobre a tarefa com a ficha Campos Personalizados.

Campos de Recurso: acionando a faixa de opções Recurso → grupo Propriedades → botão Informações, onde na ficha Campos Personalizados existe a relação de todos os campos que foram personalizados no projeto ativo, exibindo ainda o conteúdo de suas respectivas células para o recursoselecionado; duplo clique sobre um recurso também abre a janela Informações sobre o recurso com a ficha Campos Personalizados.

Preparando o modelo

Um exemplo característico da necessidade de utilização de campos personalizados se baseia no gerenciamento de um projeto onde uma das preocupações é o controle do fornecimento de quantidades variadas de diferentes peças por diferentes fornecedores.

Para casos como o exposto, é de fundamental importância um controle firme sobre o % de avanço físico do fornecimento de cada tipo de peça. Este % de avanço físico é diretamente proporcional à quantidade efetivamente entregue e não ao tempo decorrido, que é a forma mais usual de medição de % de avanço físico, uma vez que permite melhor gerenciar as tarefas sucessoras, identificando diferentes possibilidades para iniciá-las pelo planejamento do suprimento Just in time das peças necessárias à produção. O controle de custos também deverá ser proporcional à quantidade efetivamente entregue, não havendo no MS Project campos que atendam a estas necessidades.

A solução para esta situação começa com a criação de um projeto onde um grupo de tarefas identifica cada um dos fornecimentos.

Dominando Gerenciamento de Projetos com MS Project 2010

PRÁTICA

Criar um projeto denominado Produção.MPP, com data de início em 07/01/2013 e contendo as tarefas descritas na tabela 21.1. Atenção com a estruturação das tarefas de resumo, pois elas terão efeito significativo no trabalho, e com as precedências, pois todas as tarefas têm como predecessora a tarefa 3 (marco).

id	nome da tarefa	duração	id da predecessora	vínculo	latência
1	**Produção**				
2	**Fornecimento (por terceiros)**				
3	Colocação dos Pedidos	0			
4	**Matérias-Primas**				
5	Chapas Modelo GTI-90	65 d	3	TI	0
6	Chapas Modelo GTI-68	60 d	3	TI	0
7	**Secundários**				
8	Anéis de Vedação	45 d	3	TI	0
9	Calotas de Fechamento	50 d	3	TI	0
10	Revestimento Isolante Líquido	30 d	3	TI	0
11	Revestimento Isolante Pó	35 d	3	TI	0
12	Ok	0 d	5;6;8;9;10;11	TI	0

Tabela - 21.1. - Exercício de criação de projeto.

Personalizando campos

A partir da faixa de opções Projeto → grupo Propriedades → botão Campos Personalizados ou faixa de opções Formato → grupo Colunas → botão Campos

Personalizados você chega a uma janela de diálogo denominada Campos Personalizados com as seguintes opções:

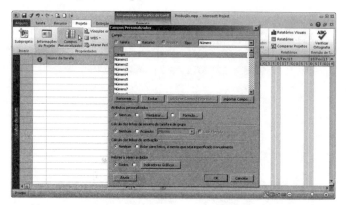

Figura 21.2. - Janela de diálogo Campos Personalizados.

grupo Campo: os botões de opção Tarefa e Recurso determinam se o campo a ser tratado é referente a tarefas ou a recursos; quando trabalhamos com o Project Professional associado ao Microsoft EPM é possível personalizar também campos tipo Projeto; a caixa de combinação Tipo apresenta os diferentes tipos de campos de usuário que estão disponíveis para a opção selecionada em Tarefa/Recurso; a caixa de lista Campo apresenta os diferentes campos de usuário disponíveis para o Tipo escolhido;

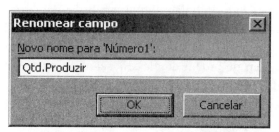

Figura - 21.3. - Renomeando campos.

botão Renomear: abre a janela de diálogo Renomear campo, onde é possível rebatizar os campos a serem utilizados com nomes significativos, tornando mais fácil o entendimento do conteúdo do campo;

grupo Atributos personalizados: como atributo você deve entender a estrutura interna da informação, que pode ser:

- opção Nenhum para o caso de não haver estrutura alguma, permitindo ao usuário livre digitação;

Figura 21.4. - Definindo opções para um campo.

- botão Pesquisar para associar ao campo uma estrutura do tipo caixa de combinação; o acionamento do botão abre a janela de diálogo Editar Tabela de Pesquisa para onde são definidas as opções a serem disponibilizadas para o usuário, a opção padrão, a forma de interação com lançamentos não disponíveis na lista, além de ordem de classificação; o botão Importar Tabela de Pesquisa permite utilizar uma lista definida em outro arquivo de projeto;

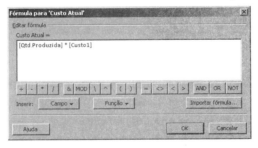

Figura 21.5. - Definindo fórmulas e funções para um campo.

- botão Fórmula para associar uma estrutura do tipo campo calculado ao campo, o acionamento do botão abre a janela de diálogo Fórmula para onde é definida a forma de cálculo do campo; note que esta fórmula pode incluir diversos campos de informação do projeto que se encontram disponíveis no botão Campo, operações matemáticas e lógicas disponíveis nos respectivos botões, além de funções padrão do software disponíveis no botão Função; o botão Importar fórmula permite utilizar um campo definido em outro arquivo de projeto;

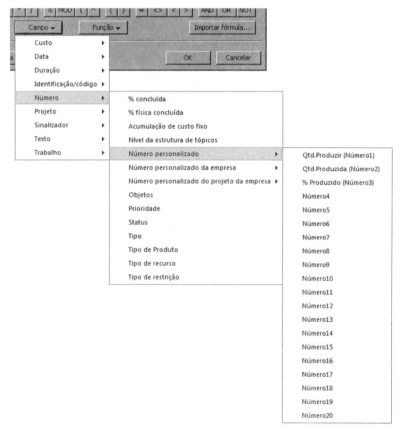

Figura 21.6. - Lista de campos.

grupo Cálculo das linhas de resumo de tarefa e de grupo: define a forma como os valores são tratados nas linhas de resumo, apresentando as opções Nenhum para o caso de não haver totalização, Usar fórmula para aplicar na linha de

448 | *Dominando Gerenciamento de Projetos com MS Project 2010*

resumo a mesma fórmula que esteja sendo utilizada na linha de detalhe e Acúmulo, não se aplica a campos tipo Texto ou Código da Estrutura de Tópicos, define a forma de acumulação seguindo fórmulas prontas, descritas a seguir:

- **Calcular a média do primeiro subnível:** disponível para campos do tipo Custo, Duração e Número, o acúmulo representa a média dos valores das linhas de nível imediatamente abaixo;

- **Máximo:** disponível para campos do tipo Custo, Data, Duração, Concluir, Número e Iniciar, o acúmulo representa o valor máximo de todos os valores listados abaixo;

- **Média:** disponível para campos do tipo Custo, Duração e Número, o acúmulo representa a média direta dos valores das linhas de detalhe;

- **Mínimo:** disponível para campos do tipo Custo, Data, Duração, Concluir, Número e Iniciar o acúmulo representa o valor mínimo de todos os valores listados abaixo;

- **Soma:** disponível para campos do tipo Custo, Duração e Número, o acúmulo representa o total dos valores das linhas de detalhe;

- **Contar todos:** disponível somente para os campos do tipo Número, o acúmulo representa o total de todos os itens apresentados abaixo;

- **Contar primeiro subnível:** disponível somente para os campos do tipo Número, o acúmulo representa o total dos valores das linhas de nível imediatamente abaixo;

- **E:** disponível somente para os campos do tipo sinalizador, o acúmulo representa um E lógico de todos os valores de sinalizador apresentados abaixo, se houver qualquer sinalizador nas linhas de detalhe definido como Não, o resultado da tarefa de resumo será Não;

- **Ou:** disponível somente para os campos do tipo sinalizador, o acúmulo representa um Ou lógico de todos os valores de sinalizador listados abaixo, se houver qualquer sinalizador nas linhas de detalhe definido como Sim, o resultado da tarefa de resumo será Sim.

grupo Valores a serem exibidos: define a forma como os valores são apresentados, na forma de dados ou na forma de indicadores gráficos como bolas, sinais, bandeiras e outros.

 DICA → O conjunto de funções disponíveis no MS Project, principalmente as de datas, para utilização nos campos personalizados é amplo, abrindo possibilidades bastante interessantes. A seguir alguns exemplos.

- Para mostrar as datas de recebimento de parcelas com vencimento 30 dd após a entrega dos produtos do projeto, com o campo *Sinalizador1* apontando onde deve ser aplicado, use em um campo personalizado do tipo *Texto*: *IIf([Sinalizador1]; Format(DateAdd("d"; 30; [Término]); "dd/mm/yyyy"); "NA")*

- Para mostrar duração corrida de tarefas e do projeto, em dias inteiros, use em um campo personalizado do tipo *Duração*: *(DateDiff("d"; [Início]; [Término]) + 1) * 480*; usa-se a multiplicação por 480 porque a duração é guardada internamente em minutos e queremos apresentá-la em dias; no item *Cálculo das linhas de resumo de tarefas e de grupo* da janela *Campos Personalizados*, selecione a opção *Usar Fórmula*.

- Para mostrar o tempo transcorrido do início do projeto até a data atual, em dias úteis no calendário do projeto, use em um campo personalizado do tipo *Duração*: *ProjDateDiff([Início do projeto]; [Data atual]; [Calendário do projeto])* ; no item *Cálculo das linhas de resumo de tarefas e de grupo* da janela *Campos Personalizados*, selecione a opção *Usar Fórmula*.

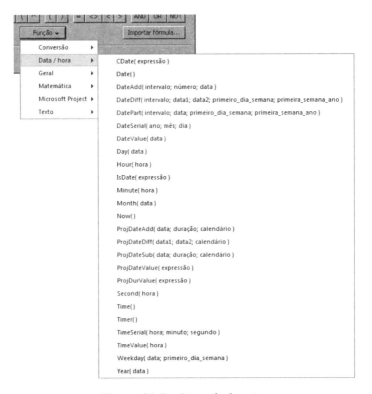

Figura 21.7. - Lista de funções.

PRÁTICA

Utilizando o projeto Produção.MPP:

1- Renomear os campos de tarefas a seguir.
   Número1 para Qtd.Produzir
   Número2 para Qtd.Produzida
   Número3 para % Produzido
   Custo1 para Custo Unitário
   Custo2 para Val.Contrato
   Custo3 para Custo Atual

2 - Associar aos campos renomeados as fórmulas a seguir.
   % Produzido = IIF ([Qtd.Produzir] > 0; ([Qtd.Produzida] / [Qtd.Produzir]) * 100; 0)

Capítulo 21 - Campos Personalizados | **451**

Val Contrato = [Qtd.Produzir] * [Custo Unitário]
Custo Atual = [Qtd.Produzida] * [Custo Unitário]

3 - Criar uma tabela de tarefa denominada Campos Calculados, com os campos apresentados na tabela 21.2.

nome do campo	alinhar dados
Id	Centralizar
Nome	À Esquerda
Duração	À Direita
Qtd.Produzir	À Direita
Custo Unitário	À Direita
Val.Contrato	À Direita
Qtd.Produzida	À Direita
Custo Atual	À Direita
% Produzido	À Direita

Tabela - 21.2. *- Exercício de criação de tabela.*

4 - Aplicar a tabela criada e inserir os dados conforme apresentados a seguir.

Tarefa	Qtd. Produzir	Custo Unitário	Qtd. Produzida
Matéria-Prima			
Chapas Modelo GTI-90	1331	35,00	191
Chapas Modelo GTI-68	457	48,00	23
Secundários			
Anéis de Vedação	8443	11,00	611
Calotas de Fechamento	2111	17,00	97
Revestimento Isolante Líquido	15317	8,00	1317
Revestimento Isolante em Pó	3217	10,50	73

Tabela 21.3. *- Exercício de lançamento de dados.*

5 - Definir cálculo das linhas de resumo como Soma para os campos Val. Contrato (somatório dos compromissos) e Custo Atual (desembolso devido ou valor já comprometido).

Associando indicadores gráficos a campos

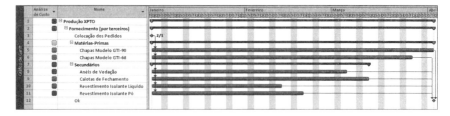

Figura 21.8. - Indicadores gráficos.

A faixa de opções Projeto → grupo Propriedades → botão Campos Personalizados ou faixa de opções Formato → grupo Colunas → botão Campos Personalizados permite associar elementos gráficos a campos de informações, obtendo assim diferentes sinalizações alertando para diferentes situações. Na janela Campos Personalizados selecione um campo e, em seguida, acione o botão Indicadores gráficos, quando se abre a janela onde são configurados os indicadores gráficos. A seguir estão descritos os campos desta tabela:

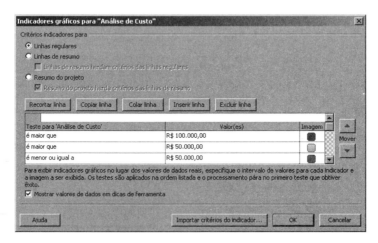

Figura 21.9. - Definindo Indicadores gráficos de um campo.

Capítulo 21 - Campos Personalizados | **453**

- **opção Linhas regulares:** configura a apresentação do indicador nas linhas de detalhe (tarefas e etapas/marcos);

- **opção Linhas de resumo:** configura a apresentação do indicador nas linhas de resumo, quando a opção Linhas de resumo herdam critérios das linhas regulares está desmarcada;

- **opção Resumo do projeto:** configura a apresentação do indicador na linha de resumo do projeto, quando a opção Resumo do projeto herda critérios das linhas regulares está desmarcada;

- **coluna Teste para:** define o operador de comparação que será aplicado no critério;

- **coluna Valor(es):** define o valor que servirá como parâmetro de comparação do critério, podendo ser um valor qualquer digitado ou um campo do MS Project selecionado na caixa de combinação disponível na linha;

- **coluna Imagem:** define o indicador a ser mostrado, caso a aplicação do critério definido resulte em verdadeiro;

- **opção Mostrar valores de dados em dicas de ferramenta:** exibe os dados do campo em uma Dica de ferramentas dos campos que têm indicadores gráficos; para exibir uma Dica de ferramentas, posicione o cursor do mouse sobre o campo;

- **botão Importar critérios do indicador:** permite utilizar indicadores definidos em outro arquivo de projeto.

PRÁTICA

1. Renomear o campo de tarefa Custo4 do projeto Produção para Análise de Custo.

2. Associar ao campo Análise de Custo a seguinte fórmula: IIF ([Duração] > 0; [Custo2];0)

3. Criar 3 critérios para os indicadores gráficos do campo Análise de Custo, conforme mostrado na tabela 21.4.

teste para Análise de Custo	valor	imagem
é maior que	100.000	(Quadrado Vermelho)
é maior ou igual a	50.000	(Quadrado Amarelo)
é menor que	50.000	(Quadrado Verde)

Tabela 21.4. - Exercício de definição de indicadores gráficos.

4. Inserir a coluna Análise de Custo à esquerda da coluna Nome.

5. Note que os indicadores gráficos não estão funcionando a contento nas tarefas de resumo. Configure o campo Análise de Custo de forma que os cálculos das linhas de resumo de tarefas e de grupo utilizem a fórmula criada para o campo e que os indicadores gráficos das linhas de resumo herdem os critérios das linhas regulares.

Disponibilizando Campos Personalizados para outros Projetos

Campos Personalizados são objetos de apoio a projeto como os calendários e outras ferramentas do MS Project, portanto, para serem utilizadas em outros projetos que não naquele onde foram criados é necessário copiá-los para o arquivo Global.MPT pelo acessando a faixa de opções Arquivo, onde acionamos o botão Organizador, na ficha Campos, é feita a operação de cópia. Para apagar ou renomear um Campo Calculado você deve acessar a janela de diálogo Organizador, para aí efetuar a operação desejada.

HIPERLINK → consulte o capítulo 7 Criação do Pool de Recursos – tópico Disponibilizando Calendários Para Outros Projetos para obter mais informações sobre o comando Organizador.

Resumo – Campos personalizados

O Que Fazer	Como Fazer
Renomear campos de usuário	*Projeto* → grupo *Propriedades* → botão *Campos Personalizados* Na janela de diálogo *Campos Personalizados* indique o grupo *Tarefa* ou *Recurso*, o *Tipo* e na caixa de lista selecione o campo específico a ser renomeado. Acione o botão *Renomear* e informe, na janela de diálogo *Renomear campo*, o novo nome do campo. *Formato* → grupo *Colunas* → botão *Campos Personalizados* também abre a janela de diálogo *Campos Personalizados*
Limitar entrada de dados em campos de usuário	*Projeto* → grupo *Propriedades* → botão *Campos Personalizados* *Campos Personalizados* → botão *Pesquisar* Na janela de diálogo *Campos Personalizados* indique o grupo *Tarefa* ou *Recurso*, o *Tipo* e na caixa de lista selecione o campo específico a ser editado. Acione o botão *Pesquisar* e informe, na janela de diálogo que se abre, os valores a serem apresentados na lista, indicando ainda o valor padrão, a possibilidade de entrada de valores não constantes da lista e a ordem de classificação.
Incluir fórmulas em campos de usuário	*Projeto* → grupo *Propriedades* → botão *Campos Personalizados* *Campos Personalizados* → botão *Fórmula* Na janela de diálogo *Campos Personalizados* indique o grupo *Tarefa* ou *Recurso*, o *Tipo* e na caixa de lista selecione o campo específico a ser editado. Acione o botão *Fórmula* e informe, na janela de diálogo que se abre, a fórmula a ser utilizada no campo. Voltando à janela de diálogo *Campos Personalizados*, indique a forma de *Cálculo das linhas de resumo de tarefa e de grupo*.

Associar indicadores gráficos a campos	**Projeto** → **grupo Propriedades** → **botão Campos Personalizados** **Campos Personalizados** → **botão Indicadores gráficos** Na janela de diálogo **Campos Personalizados** indique o grupo **Tarefa** ou **Recurso**, o **Tipo** e na caixa de lista selecione o campo específico a ser editado. Acione o botão **Indicadores gráficos** e informe, na janela de diálogo que se abre, se os indicadores serão utilizados em linhas regulares ou de resumo, os critérios e as imagens associadas a cada um deles.

VI

GERENCIAMENTO DE MÚLTIPLOS PROJETOS

22

ANÁLISE DE SUPERALOCAÇÕES ENTRE PROJETOS

Um dos pontos mais sensíveis da moderna administração em organizações orientadas a projetos é a administração de seus limitados recursos sendo compartilhados entre inúmeros projetos, em execução ou em planejamento, haja visto a imperiosa necessidade de produzir planos efetivamente exequíveis.

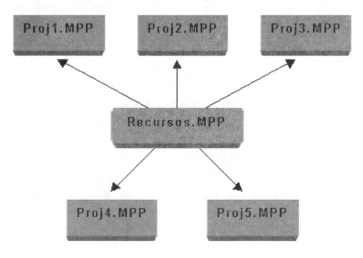

Figura 22.1. - *Compartilhamento de recursos entre projetos.*

Dominando Gerenciamento de Projetos com MS Project 2010

O ponto central da administração do compartilhamento de recursos entre projetos está baseado na necessidade da organização trabalhar com um único arquivo de *Conjunto de Recursos*, onde devem estar caracterizados todos os recursos, sejam eles do tipo mão-de-obra, máquina, equipamento, material de consumo ou empreiteiro. A existência de tal arquivo permite não só a análise e resolução de superalocações de recursos entre múltiplos projetos, como também a padronização das informações dos recursos e a eliminação do trabalho de cadastramento de recursos a cada novo projeto.

Preparando o modelo

Um exemplo característico da necessidade de interpretação e resolução de superalocações, ou conflitos, de recursos entre diferentes projetos se apresenta na gestão de recursos em uma indústria de produção contra pedido. À medida que novos pedidos entram em fabricação, os recursos da organização alocados na linha de produção tendem a escassear, até os prazos originais de fabricação serem obrigados a se alongar para fazer frente a esta escassez. A interpretação e solução de conflitos de recursos nestes casos é absolutamente essencial para o bom andamento da organização, uma vez que permite estabelecer datas corretas para entrega das encomendas frente à realidade circunstancial da linha de produção, não correndo risco de comprometimento em contratos inviáveis em termos de prazos e custos, fazendo o correto agendamento dos recursos e planejando o suprimento *just in time* dos insumos necessários à produção.

A solução para esta situação está na criação de um modelo de fabricação representando o produto vendido pela organização, composto por um arquivo *Conjunto de Recursos* e pelo arquivo do projeto efetivo de produção. Atente ao fato de que este projeto é um modelo, portanto, deve possuir uma data de início que não possibilite a disputa de recursos com projetos efetivos, pois a emissão de um pedido real de fabricação com a mesma data do modelo dará ao sistema a impressão de que este está disputando recursos com o projeto efetivo. Outra observação importante diz respeito à determinação de metas do projeto: não faz sentido falar de determinação de metas em um modelo, só em projetos reais.

NOTA → Conceitualmente este modelo de produção contra pedido pode ser aplicado a qualquer organização orientada a projetos que compartilhe recursos entre projetos, pois o fato do documento de autorização do projeto ser um pedido, um contrato, uma solicitação ou qualquer outro é irrelevante para o processo. Uma empresa de consultoria, uma agência de publicidade, uma instituição de capacitação profissional, todas podem funcionar orientadas a projetos e compartilhando recursos entre projetos, por conseguinte, podem se beneficiar da metodologia aqui apresentada, claro, com as devidas adaptações.

PRÁTICA

1 – Criar um arquivo novo de **Conjunto de Recursos** denominado Pool da Fábrica.MPP contendo os recursos descritos na tabela 22.1. Observe que não nos preocupamos com calendário nem com custos, em ambos os casos será aplicado o padrão ou até a omissão, pois o que é significativo para o exercício são os recursos e suas quantidades.

Exibição → *Planilha de Recursos* - lançar apenas os dados conforme a tabela apresentada a seguir.

recurso	tipo	iniciais	grupo	unid.máximas
Soldador	trabalho	S	HH	4
Funileiro	trabalho	F	HH	4
Auxiliar	trabalho	A	HH	7
Pintor	trabalho	P	HH	2
Grua	trabalho	G	MH	1

Tabela 22.1. - Exercício de cadastramento de recursos.

2 – Criar um arquivo de projeto para servir como modelo de fabricação denominado Modelo de Fabricação.MPP, como descrito na tabela 22.2 e tendo como data de início 02/01/2013.

id	Tarefa	duração	id da predecessora	vínculo	latência
1	**Modelo Tanque Criogênico**				
2	Emissão Ordem de Fabricação	0			
3	**Cilindro Externo**				
4	Transportar Chapa p/ Galpão	4 h	2	TI	0
5	Chanfrar Chapa	1 d	4	TI	0
6	Soldar Chapa	2 d	5	TI	0
7	Soldar Anéis	2 d	6	TI	18 hd
8	Rever Solda	1 d	7	TI	18 hd
9	Aplicar Revestimento	3 d	8	TI	18 hd
10	**Cilindro Interno**				
11	Transportar Chapa p/ Galpão	4 h	2	TI	0
12	Chanfrar Chapa	1 d	11	TI	0
13	Soldar Chapa	2 d	12	TI	0
14	Soldar Anéis	2 d	13	TI	18 hd
15	Rever Solda	2 d	14	TI	18 hd

16	Aplicar Revestimento	4 d	15	TI	18 hd
17	**Sequência Final**				
18	Encaixar Cilindros	1 d	9	TI	18 hd
			16	TI	18 hd
19	Aplicar Isolantes	3 d	18	TI	0
20	Soldar Calotas	2 d	19	TI	12 hd
21	Rever Solda	2 d	20	TI	18 hd
22	Aplicar Revestimento	3 d	21	TI	18 hd
23	Supervisão Final	2 d	22	TI	18 hd
24	Transportar p/ Área Acabados	4 h	23	TI	0

Tabela 22.2. *- Exercício de criação de projeto.*

3 – Estabelecer vínculo entre o arquivo de projeto e o arquivo conjunto de recursos (faixa de opções **Recurso** → grupo **Atribuições** → **caixa de combinação** *Pool de Recursos* → opção *Compartilhar Recursos*) e alocar os recursos segundo a tabela 22.3. Para compartilhar os recursos o arquivo do pool de recursos tem que estar aberto.

id	Tarefa	recurso	qtd
3	**Cilindro Externo**		
4	Transportar Chapa p/ Galpão	Auxiliar	3
		Grua	1
5	Chanfrar Chapa	Funileiro	2
		Auxiliar	2
6	Soldar Chapa	Soldador	1
		Auxiliar	2

7	Soldar Anéis	Soldador	1
		Auxiliar	2
8	Rever Solda	Soldador	1
		Auxiliar	1
9	Aplicar Revestimento	Funileiro	1
		Auxiliar	2
		Pintor	1
10	**Cilindro Interno**		
11	Transportar Chapa p/ Galpão	Auxiliar	3
		Grua	1
12	Chanfrar Chapa	Funileiro	2
		Auxiliar	2
13	Soldar Chapa	Soldador	1
		Auxiliar	2
14	Soldar Anéis	Soldador	1
		Auxiliar	2
15	Rever Solda	Soldador	1
		Auxiliar	1
16	Aplicar Revestimento	Funileiro	1
		Auxiliar	2
		Pintor	1
17	**Sequência Final**		
18	Encaixar Cilindros	Auxiliar	3
		Grua	1
19	Aplicar Isolantes	Funileiro	2
		Auxiliar	3
		Pintor	2
20	Soldar Calotas	Soldador	1
		Auxiliar	2
21	Rever Solda	Soldador	1
		Auxiliar	1
22	Aplicar Revestimento	Funileiro	2
		Auxiliar	2
		Pintor	1
23	Supervisão Final	Soldador	1
		Auxiliar	1
24	Transportar p/ Área Acabados	Auxiliar	3
		Grua	1

Tabela 22.3. - Exercício de alocação de recursos.

Preparando o ambiente

O ambiente ideal para a análise de superalocações de recursos entre múltiplos projetos é conseguido pela aplicação de um modo de exibição que combina dois painéis, denominado *Alocação de Recursos*. Acione a partir da faixa de opções *Exibição* → grupo *Modos de Exibição de Tarefa* → caixa de combinação *Gráfico de Gantt* → opção *Mais Modos de Exibição*, na janela de diálogo que se abre selecione na lista a opção *Alocação de Recursos* e acione o botão *Aplicar*. No painel superior o modo de exibição *Uso dos Recursos* mostra à esquerda os nomes dos recursos em superalocação destacados em vermelho e à direita mostra uma escala de tempo com a quantidade de trabalho do recurso na unidade de tempo, sendo o momento do conflito destacado com a quantidade de trabalho em vermelho. No painel inferior o modo de exibição *Gantt de Redistribuição* mostra em um Gráfico de Gantt apenas as tarefas que alocam o recurso selecionado no painel superior, mostrando também, quando for o caso, uma linha fina após a barra da tarefa representando sua folga livre e outra linha fina antes da barra de tarefa que tenha sofrido adiamento por ação de nivelamento.

Para que o ambiente fique mais completo é aconselhável criar uma tabela no arquivo conjunto de recursos que mostre o nome da tarefa, o projeto ao qual pertence e outras informações que facilitarão o entendimento da situação real e suas consequências. O principal objetivo desta tabela é, trabalhando associada ao modo de exibição *Gantt de Redistribuição*, permitir identificar não só o nome das tarefas às quais um determinado recurso está alocado, mas também os respectivos projetos.

PRÁTICA

Criar no arquivo conjunto de recursos Pool da Fábrica.MPP uma tabela denominada Análise InterProjetos com os campos mostrados na tabela 22.4 e, em seguida, disponibilizá-la para o Global.MPT.

nome do campo	alinhar dados	título
ID	Centralizar	
Nome	À Esquerda	Tarefa
Projeto	À Esquerda	
Início	À Direita	
Término	À Direita	
Prioridade	À Direita	
Atraso da redistribuição	À Direita	Adiamento

Tabela 22.4. - Exercício de criação de tabela.

Analisando superalocações entre projetos

Para que a análise abranja todos os projetos clientes do conjunto de recursos é necessário abrir estes projetos e o conjunto de recursos simultaneamente, ativando este último e procedendo à operação de análise nele, por ser o concentrador das informações.

O ambiente de trabalho no conjunto de recursos deve ser o descrito no item anterior: *Uso dos Recursos/Gantt de Redistribuição + Análise InterProjetos.*

No painel superior os recursos em conflito são destacados pelo nome em vermelho na coluna *Nome do Recurso* e o momento do superalocação pela quantidade de trabalho em vermelho em um ou mais pontos da escala de tempo. Selecionando cada recurso em superalocação no painel superior é possível identificar no painel inferior as tarefas geradoras da superalocação e seus respectivos projetos.

Com este método fica bastante facilitado o processo de decisão pela melhor alternativa para a solução das superalocações.

Nivelando Recursos entre projetos

Quando a decisão para a solução da superalocação recai sobre o nivelamento por *software*, utilize a faixa de opções *Recurso* → grupo *Nível* → botão *Opções de Redistribuição* de forma muito semelhante à operação sobre um único projeto, no entanto, aplicada sobre o conjunto de recursos.

DICA → A faixa de opções *Recurso* → **grupo** *Nível* → **botão** *Opções de Redistribuição* permite a você conferir as configurações da redistribuição antes de realizar a operação.

Ainda na faixa de opções *Recurso* → **grupo** *Nível* os botões **Redistribuir Seleção, Redistribuir Recursos** e **Redistribuir Tudo** realizam a operação de redistribuição de um ou mais recursos selecionados, de um recurso específico ou de todos, sem permitir a conferência das configurações definidas para a redistribuição, o que pode influenciar decisivamente no resultado final da operação.

 HIPERLINK → no capítulo **11 Resolução de Superalocações** – tópico **Procedendo ao Nivelamento por** *Software* descrevemos em detalhe a operação de nivelamento por *software*.

Tomando como exemplo a gestão da produção de uma indústria que conta no seu quadro de pessoal com os recursos descritos no arquivo Pool Da Fábrica. MPP, um conjunto de recursos, e produz apenas um produto, cujo modelo de produção está representado pelo projeto descrito no arquivo Modelo de Fabricação.MPP, compartilhando os recursos do conjunto de recursos.

A partir da emissão do segundo pedido fica clara a necessidade da gestão do compartilhamento de recursos entre projetos, pois novos pedidos terão prazos maiores que os anteriores, dependendo do tempo decorrido entre o início deles, devido à escassez de recursos.

Na proposição desta metodologia partimos da premissa de não ser admitido que as ordens de fabricação, uma vez determinadas suas metas, estejam sujeitas a reprogramações oriundas de novas ordens de fabricação recém-chegadas. Para isto, após a determinação de metas do pedido deverá ser indicada prioridade de projeto *1000*, acione a faixa de opções *Projeto* → **grupo** *Propriedades* → **botão** *Informações do Projeto* e indique a prioridade desejada no campo *Prioridade* da janela de diálogo que se abre. Note que as operações de nivelamento deverão ter o campo **Ordem de Redistribuição** indicando **Prioridade, Padrão**.

 NOTA → As prioridades em nível de projeto determinam como as tarefas do projeto são redistribuídas em relação a outros projetos, devendo ser utilizada quando você desejar definir prioridades para projetos específicos em uma gestão envolvendo múltiplos projetos que compartilham recursos. A prioridade mais alta, 1000, equivale a não redistribuir, indicando que a operação de redistribuição do MS Project nunca dividirá ou postergará as tarefas neste projeto nem removerá os *delays* ou as divisões de redistribuição.

Prioridades de projetos e de tarefas são complementares. O MS Project primeiro avalia as prioridades de projeto, se forem diferentes as toma como parâmetro, se forem iguais toma as prioridades de tarefas como parâmetro. Por exemplo, se um projeto A tiver prioridade 600 e um projeto B tiver prioridade 500, as tarefas do projeto A sempre terão prioridade maior frente às tarefas do projeto B na operação de redistribuição, independentemente da prioridade de cada uma das tarefas do projeto A e do projeto B.

PRÁTICA

Gerar quatro pedidos copiados do arquivo Modelo de Fabricação criado no exercício anterior e nivelar segundo a metodologia apresentada a seguir. O primeiro será denominado Pedido1.MPP com data de início **02/01/2013**, o segundo será denominado Pedido2.MPP com data de início **03/01/2013**, o terceiro será denominado Pedido3.MPP com data de início **07/01/2013**, o quarto será denominado Pedido4.MPP com data de início **10/01/2013**.

A seguir apresentamos um modelo de procedimento para a criação de pedidos e nivelamento entre pedidos:

1. Abrir o projeto Modelo de Fabricação e o conjunto de recursos Pool da Fábrica;

Capítulo 22 - Análise de Superalocações entre Projetos | **469**

2. Salvar o projeto modelo com o novo nome (Pedido X); Após salvar o primeiro pedido, feche o arquivo modelo, vá para o projeto do Pool da Fábrica e no menu Recurso → Pool de Recursos → Compartilhar recursos, clique no vínculo Modelo de Fabricação e clique no botão quebrar vínculo. Esta quebra de vínculo será feita apenas para que o projeto modelo não utilize recursos do Pool.

3. Alterar a data de início do pedido;

4. Verificar a existência de superalocações no conjunto de recursos, atentando para o Gantt no painel inferior que mostra tarefas de diferentes pedidos;

5. Se houver superalocação, fazer a redistribuição no conjunto de recursos com o campo **Procurar superalocações em uma base** indicando **A cada hora** e o campo **Ordem de redistribuição** indicando **Prioridade, Padrão**, este último obrigatório a partir do nivelamento do 2º pedido para não interferir nos pedidos com metas determinadas. A opção "Limpar nivelamentos anteriores" deve estar desmarcada;

6. Verificar o impacto da operação de nivelamento na duração total do pedido;

7. Determinar metas para o pedido (Salvar linha de base);

8. Alterar **Prioridade** do pedido para **1000**;

9. Salvar o projeto.

10. Refaça a partir do item 2 para Pedido 2, 3 e 4.

Analise nas visões **Uso dos Recursos/Gantt de Redistribuição + Análise InterProjetos**, a alocação dos recursos para cada pedido.

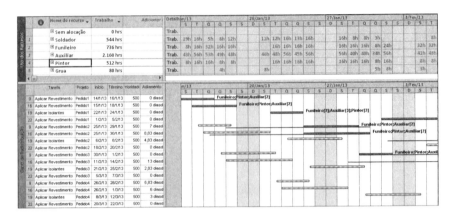

Figura 22.2 Análise do uso dos recursos.

Resumo – Análise de superalocações entre projetos

O Que Fazer	Como Fazer
Compartilhar recursos	**Criar um arquivo *Conjunto de Recursos*** Ver Capítulo 7 Criação de Pool de Recursos. **Associar o projeto ao *Conjunto de Recursos*** Ver Capítulo 10 Alocação de Recursos – tópico Associando O Projeto A Um Pool De Recursos.
Preparar um ambiente propício	*Exibição* → grupo *Modos de Exibição de Tarefa* → caixa de combinação *Gráfico de Gantt* → opção *Mais Modos de Exibição* → *Alocação de Recursos* No arquivo de conjunto de recursos divida a tela em dois painéis, aplicando a tabela de alocação de recursos no painel superior e o Gráfico de Gantt filtrado por recurso no painel inferior. Crie uma tabela com uma coluna para o nome do projeto, *Projeto*, e outra para o nome da tarefa, *Nome*, aplicando-a ao *Gantt de Redistribuição*. Isto facilitará bastante o processo de visualização interprojeto.

Analisar superalocações entre projetos	***Arquivo → Abrir → Projeto1, Projeto2, ...*** ***Conjunto de Recursos → Alocação de Recursos*** Abra todos os projetos que compartilham os recursos do *pool*, se posicione no *pool* com o ambiente proposto montado e analise as alocações de cada recurso.
Nivelar superalocações entre projetos	***Recurso → grupo Nível → botão Opções de Redistribuição*** Faça o nivelamento pelo pressionamento do botão ***Redistribuir Agora***, lembrando-se que a ***Ordem de Redistribuição*** deve ser ***Prioridade, Padrão,*** pois foi determinada prioridade de nivelamento igual a 1000 para os projetos com planejamentos já concluídos (metas já determinadas).

23

PROJETOS CONSOLIDADOS

Um recurso extremamente interessante do MS Project é a capacidade de consolidar vários projetos em um só. Este recurso deve ser aplicado sempre que surgir a necessidade de trabalhar com vários projetos aliada à necessidade de acessar informações gerenciais englobando todos os projetos, independentemente do fato de compartilharem os mesmos recursos ou estarem sob a mesma liderança ou ainda de haver relação de precedência entre os mesmos.

Temos como resultado da operação de consolidação, o agrupamento de projetos em um mesmo ambiente, um projeto simulado, o que permite a apresentação dos dados consolidados através dos gráficos, tabelas, formulários e relatórios disponíveis no *software*.

Existem situações nas quais é necessária a visão conjunta de diversos projetos, a seguir citamos algumas destas possibilidades.

Em um estaleiro onde estivessem sendo construídos diversos navios ao mesmo tempo e houvesse a necessidade de acompanhar conjuntamente a evolução desses trabalhos.

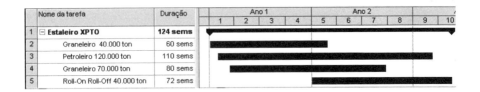

Figura 23.1. *- Exemplo 1 de Projeto Consolidado.*

Os trabalhos relacionados à operacionalização de um grande campo petrolífero onde seriam instaladas diversas plataformas de petróleo.

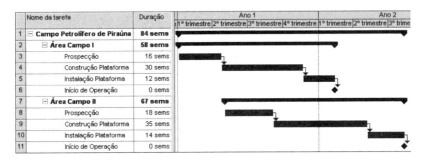

Figura 23.2. *- Exemplo 2 de Projeto Consolidado.*

No lançamento de um novo produto no mercado onde estivessem envolvidos projetos de Publicidade, Fabricação, Publicação de Manuais, Treinamento de Técnicos, etc.

Nome da tarefa	Duração	1º trimestre			
		Jan	Fev	Mar	Abr
1	⊟ Lançamento Impressora XCA	17 sems				
2	Análise de Viabilidade	3 sems				
3	Projeto de Engenharia	6 sems				
4	Projeto Administrativo	4 sems				
5	Fabricação	8 sems				
6	Publicação de Manuais	4 sems				
7	Treinamento de Técnicos	2 sems				
8	Campanha de Lançamento	4 sems				
9	Lançamento	0 sems				

Figura 23.3. *- Exemplo 3 de Projeto Consolidado.*

Em um grande empreendimento onde partes diversas do trabalho fossem delegadas a diferentes sub-empreiteiros.

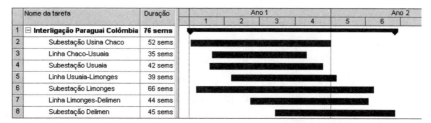

Figura 23.4. - *Exemplo 4 de Projeto Consolidado.*

Em todos os casos apresentados o que se deseja, na realidade, é enxergar cada projeto como se fosse uma única tarefa, de forma a permitir uma visão sintética combinada da relação entre eles. O detalhamento é importante, mas a preocupação detida com a constituição e particularidades de cada subprojeto é fato que deve ser atendido pela análise de cada projeto *per si*.

O primeiro caso apresentado, de um estaleiro, é análogo ao da fábrica de tanques criogênicos apresentado no Capítulo 22 – cada um dos pedidos de fabricação de um tanque é similar à produção de um navio diferente – e estão sendo executados em uma mesma organização, disputando o mesmo Conjunto de Recursos, mas as tarefas de cada um dos projetos não têm, necessariamente, precedência com a de outro projeto.

Criando um projeto consolidado

A faixa de opções ***Projeto*** → grupo ***Inserir*** → botão ***Subprojeto*** possibilita a criação de um projeto consolidado que visa à apresentação simultânea de diversos projetos já existentes, os subprojetos. Note que um projeto pode ser inserido em qualquer nível da estrutura de tópicos. Pode ser interessante que antes da inclusão dos subprojetos seja criada uma tarefa na primeira linha do projeto consolidado, que vai funcionar como uma tarefa de resumo do projeto consolidado, ou que seja acionada a faixa de opções ***Arquivo*** → ***Opções*** → ***Avançado*** → ***Mostrar tarefa de resumo do projeto***.

Um projeto consolidado funciona operacionalmente como um projeto comum, podendo ter tarefas além das tarefas-projeto, precedências, etc.

Toda vez que for feita uma alteração em um projeto consolidado que possa causar alterações nos subprojetos uma janela de diálogo questionará a atualização dos subprojetos no momento de fechar o consolidado, o botão **Sim** permitirá a atualização do subprojeto constante da janela de diálogo e abrirá nova janela para cada um dos subprojetos subordinados ao consolidado, o botão **Sim para todos** atualizará todos os subprojetos e os botões **Não** e **Não para todos** procederão de forma análoga.

Figura 23.5. - Caixa de diálogo para salvar subprojetos.

Tendo selecionado a linha de cabeçalho de um sub-projeto e acionando a faixa de opções **Tarefa** → **grupo Propriedades** → **botão Informações**, você tem acesso à de diálogo *Informações sobre o projeto inserido*, onde a ficha *Avançado* revela dois campos importantíssimos para determinação da relação entre o projeto consolidado e os subprojetos subordinados:

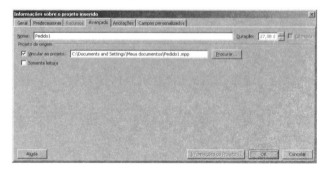

Figura 23.6. - Configuração da atualização de subprojetos.

- **Vincular ao projeto**: quando marcado permite que o projeto consolidado seja atualizado frente ao subprojeto sempre que for aberto, existindo um vínculo entre o projeto origem (subprojeto) e o consolidado, que permite o manuseio independente do subprojeto e a visão gerencial sempre atualizada do consolidado; caso esse campo fique desmarcado não haverá atualização do consolidado;

- **Somente leitura**: quando marcado não permite que qualquer atualização de dados no consolidado se reflita automaticamente no subprojeto, isto não significa que os dados alterados não possam ser gravados, significa apenas que quando for feita a gravação de um arquivo de *Apenas leitura* o MS Project pedirá outro nome de arquivo para armazenar todo o conjunto dos dados deste arquivo origem que não pode ser sobrescrito, dando a oportunidade de gerar um arquivo alternativo.

Observe que, neste mecanismo de lançar subprojetos por inclusão, podemos ter um grande projeto já delineado e nele inserir outros projetos como se fossem tarefas.

Há um segundo método para criação de um projeto consolidado, quando são abertos simultaneamente vários projetos e, pela faixa de opções *Exibição* → **grupo** *Janela* → **botão** *Nova Janela* é criado um projeto consolidado contendo os arquivos indicados na janela de diálogo *Nova Janela*. Se a operação for concretizada salvando o consolidado, esta terá o mesmo efeito que a operação *Inserir* → *Subprojeto*, o que é provado pela ficha *Avançado* da janela de diálogo *Informações sobre a tarefa*.

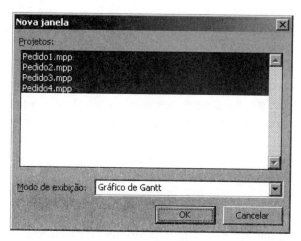

Figura 23.7. - Criação de projeto consolidado.

Projetos consolidados não dependem operacionalmente da forma como foram criados, se por *Inserir* → *Subprojeto* ou por *Nova janela*.

Para excluir um subprojeto basta selecionar a sua linha de resumo e acionar a tecla <Delete>. A exclusão de um subprojeto de dentro de um consolidado não significa a exclusão física do arquivo MPP que contém o subprojeto, o qual permanece disponível para acesso.

PRÁTICA

Criar um projeto novo denominado Fábrica.MPP, com data de início 01/01/2013, tendo na primeira linha a tarefa de resumo Pedidos Aprovados, englobando todas as ordens de fabricação criadas no Capítulo 22. Utilizar a operação *Inserir → Subprojeto* e verificar a forma de apresentação e a operação do projeto consolidado.

Mostrando caminhos críticos em projeto consolidado

Quando um projeto consolidado é montado, por padrão o MS Project calcula o caminho crítico deste projeto consolidado como um todo, ignorando a visão unitária de cada projeto, o que pode ser confirmado aplicando no Gráfico de Gantt uma formatação com tarefas críticas diferenciadas.

Para o exemplo tratado neste capítulo, onde os subprojetos são totalmente independentes, apesar de estarem consolidados para fornecer uma visão gerencial da linha de produção, pode ser mais interessante que sejam visualizados, mesmo no consolidado, os caminhos críticos de cada projeto independentemente. Para isto você deve desmarcar a opção *Projetos inseridos são calculados como tarefas de resumo* que se encontra em *Arquivo → Opções → Cronograma*.

PRÁTICA

Utilizando o projeto consolidado Fabrica.MPP, selecione o item *Tarefas Críticas* na faixa de opções *Formato* para diferenciar as tarefas críticas das não críticas. Repare que a maioria dos subprojetos não apresenta tarefas críticas. Desmarcar a opção *Projetos inseridos são calculados como tarefas de resumo*. Repare que agora cada subprojeto apresenta seu conjunto de tarefas críticas.

Capítulo 23 - Projetos Consolidados | **479**

Resumo – Projetos consolidados

O Que Fazer	Como Fazer
Criar um projeto consolidado	*Projeto* → grupo *Inserir* → botão *Subprojeto* Na janela *Inserir projeto* selecione os projetos a serem consolidados e acione o botão *Inserir*. A opção *Exibição* → grupo *Janela* → botão *Nova Janela* também cria projetos consolidados, com a única diferença de que os subprojetos deverão estar abertos para que a operação possa ser feita.
Permitir a atualização de um projeto consolidado	**Tarefa** → grupo *Propriedades* → botão *Informações* Selecione o projeto desejado e acione **Tarefa** → **grupo** *Propriedades* → botão *Informações*, na alça de ficha *Avançado* da janela de diálogo *Informações sobre o projeto inserido* marque a opção *Vincular ao projeto* para que o consolidado seja atualizado frente ao subprojeto selecionado sempre que aquele for aberto. Duplo clique sobre o nome do subprojeto, na linha de cabeçalho do mesmo, também dá acesso à janela *Informações sobre o projeto inserido*.
Permitir a atualização de um subprojeto	**Tarefa** → grupo *Propriedades* → botão *Informações* Selecione o projeto desejado e acione **Tarefa** → **grupo** *Propriedades* → botão *Informações*, na alça de ficha *Avançado* da janela de diálogo *Informações sobre o projeto inserido* desative a opção *Somente leitura* para que o subprojeto selecionado seja atualizado frente ao consolidado. Duplo clique sobre o nome do subprojeto, na linha de cabeçalho do mesmo, também dá acesso à janela *Informações sobre o projeto inserido*.
Mostrar caminho crítico de cada subprojeto	*Arquivo* → *Opções* → *Avançado* Desmarque a opção *Projetos inseridos são calculados como tarefas de resumo* para visualizar o caminho crítico de cada subprojeto *per si*. O padrão é esta opção se apresentar marcada, mostrando o caminho crítico do projeto consolidado como um todo.

24

PRECEDÊNCIAS ENTRE TAREFAS DE DIFERENTES PROJETOS

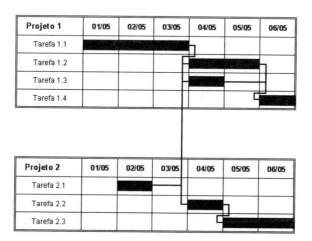

Figura 24.1. - Representação de precedência entre diferentes projetos.

Em tese, a partir dos conceitos acadêmicos de gerenciamento de projetos, só é possível estabelecer relação de precedência entre tarefas de projetos diferentes a partir da primeira e última tarefas dos projetos, ou seja, não podemos estabelecer relação de precedência entre tarefa de meio de um projeto e tarefa de meio de outro projeto, pois tal fato descaracterizaria os projetos já que cada um deles deve apresentar um e apenas um objetivo, a ser alcançado ao final do mesmo.

Na prática a realidade é outra e vários fatores podem induzir ao agrupamento de mais de um objetivo em um único projeto. Por exemplo, em muitos projetos devemos atingir vários objetivos intermediários, os subprodutos, até chegar ao objetivo final e então nos deparamos com o fator limitante da quantidade de arquivos componentes, que teoricamente é de 998, mas esbarra nos limites de processamento do *hardware*, nos levando a agrupar em um mesmo arquivo de projeto mais de um objetivo intermediário. Outro exemplo se baseia em fatos organizacionais, tais como a divisão de um projeto entre diferentes departamentos, não sendo desejado que um departamento tenha acesso irrestrito à parte de outro no projeto, o que somente é conseguido pela divisão do projeto em arquivos distintos, e permanecendo as relações de precedência envolvendo então diferentes projetos, pelo fato de se encontrarem em arquivos separados.

Como vimos, o expediente de utilizar precedência entre tarefas internas de diferentes projetos muitas vezes se faz necessária e o MS Project oferece um método para atender especificamente a esta necessidade, denominado Tarefas Externas.

Preparando o modelo

Abordando um exemplo bem característico da necessidade de utilizar precedência entre tarefas internas de diferentes projetos, a divisão de um projeto entre diferentes departamentos, vamos estudar o caso de uma organização multinacional do setor automobilístico que deseja lançar no mercado nacional um novo veículo importado e que, para melhor gestão deste projeto, o mesmo tenha que ter sua administração dividida por três setores distintos e independentes: Administração Regional com a responsabilidade de gerar todo o trabalho básico para o projeto, Documentação Técnica que será responsável pela edição em língua portuguesa dos manuais para os mecânicos e dos manuais para os motoristas e Gerência de Marketing, com a finalidade do gerenciamento de todos os trabalhos envolvendo diretamente as concessionárias.

PRÁTICA

Capítulo 24 - Precedências entre Tarefas de Diferentes Projetos | **483**

1. Criar um projeto denominado CapriAdm.MPP, a cargo da Administração Regional, conforme descrito a seguir.
Data de Início: 24/06/2013
Encadeamento: A partir do início do projeto
Calendário: Padrão

id	nome da tarefa	duração	id da predecessora	vínculo	latência
1	**Capri – Processos Da Administração**				
2	Início Processos da Administração	0 d			
3	Apresentar à Filial Brasil	1 d	2	TI	0
4	Treinar Instrutores de Mecânica	7 d	3	TI	0
5	Planejar Marketing	10 d	3	TI	0
6	Importar 300 Unidades	12 d	3	TI	0
7	Selecionar Concessionárias	3 d	5	TI	0
8	Final Processos da Administração	0 d	4; 5; 6; 7	TI	0

Tabela 24.1. - Exercício de criação de projeto.

2. Criar um projeto denominado CapriDoc.MPP, a cargo da Documentação Técnica, conforme descrito a seguir.
Data de Início: 01/07/2013
Encadeamento: A partir do início do projeto
Calendário: Padrão

484 | *Dominando Gerenciamento de Projetos com MS Project 2010*

id	nome da tarefa	duração	id da predecessora	vínculo	latência
1	**Capri – Edição de Manuais**				
2	Recebimento dos Originais	0d			
3	**Manuais de Motoristas**				
4	Traduzir	10 d	2	TI	0
5	Revisar	5 d	4	TI	0
6	Editorar	5 d	5	TI	0
7	Publicar	0 d	6	TI	0
8	**Manuais Técnicos**				
9	Traduzir	12 d	2	TI	0
10	Revisar	7 d	9	TI	0
11	Editorar	6 d	10	TI	0
12	Publicar	0 d	11	TI	0
13	Final Edição de Manuais	0 d	7; 12	TI	0

Tabela 24.2. - *Exercício de criação de projeto.*

3. Criar um projeto denominado CapriMkt.MPP, a cargo da Gerência de Marketing, conforme descrito a seguir:
Data de Início: 01/07/2013
Encadeamento: A partir do início do projeto
Calendário: Padrão

id	nome da tarefa	duração	id da predecessora	vínculo	latência
1	Capri – Concessionárias				
2	Veicular Campanha de Apresentação	3 d			
3	Discutir Estratégias de Marketing	2 d	2	TI	0
4	Recebimento de Manuais Técnicos	0 d	2	TI	0
5	Treinar Mecânicos	5 d	4	TI	0
6	Treinar Comercial	3 d	2	TI	0
7	Liberar Alfândega	9 d	2	TI	0
8	Receber Veículos	1 d	2; 7	TI	0
9	Recebimento de Manuais de Motoristas	0 d	2	TI	0
10	Lançamento no Mercado	0 d	9;8;6;5;3	TI	0

Tabela 24.3. - *Exercício de criação de projeto.*

Trabalhando com precedência externa

O mecanismo de tarefas externas permite procedimento de atualização remota entre diferentes arquivos, caso haja alteração na tarefa predecessora localizada em um determinado arquivo, sua sucessora em outro arquivo pode ser automaticamente atualizada. Com este recurso é possível estabelecer precedência entre tarefas de diferentes projetos, com a vantagem de que esta relação de precedência pode ser visualizada de forma explícita tanto no projeto da tarefa predecessora quanto no projeto da tarefa sucessora, pois as tarefas externas podem ser representadas sem, contudo, perder de vista o fator segurança, já que estas tarefas são apresentadas no formato somente leitura, com o nome inibido, a barra no Gantt em tom cinza e sem permitir alterações em suas informações.

A precedência entre tarefas de diferentes projetos via tarefas externas é estabelecida em três passos:

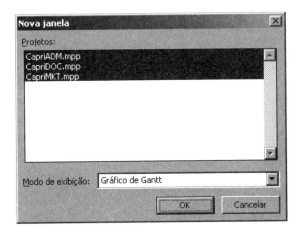

Figura 24.2. - Janela para seleção de arquivos.

1. Com os projetos que participarão da operação abertos você aciona a faixa de opções *Exibição* → grupo *Janela* → botão *Nova Janela* e, na janela de diálogo *Nova janela*, seleciona os arquivos desejados;

2. É criado um projeto novo, contendo os projetos indicados no passo anterior – este projeto é denominado Projeto Consolidado e sua utilização mais ampla é discutida no Capítulo 24 — e neste projeto você estabelece as precedências desejadas; selecione a tarefa predecessora, com a tecla *<CTRL>* pressionada selecione a tarefa sucessora e com a tecla *<CTRL>* liberada acione o botão *Vincular tarefas* na faixa de opções *Tarefa* → grupo *Cronograma*; esta sequência deve ser repetida para cada uma das precedências externas desejadas;

3. Feche este projeto novo sem salvar e salvando os projetos restantes que participaram da operação.

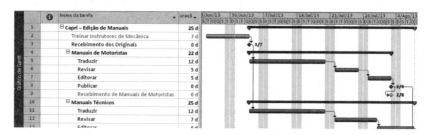

Figura 24.3. - Visualização de tarefas externas no Gráfico de Gantt.

Repare as tarefas externas que se apresentam com seus nomes inibidos e com a barra no Gantt em tom cinza – caso não as veja acione a faixa de opções **Arquivo → Opções → Avançado** e, no grupo **Opções de vinculação entre projetos deste projeto**, selecione os campos **Mostrar sucessoras externas** e **Mostrar predecessoras externas**.

Algumas considerações a serem apreciadas no trabalho com **Tarefas Externas**:

Um projeto pode possuir simultaneamente tarefas externas predecessoras e sucessoras, podendo ainda possuir tarefas que sejam predecessoras e sucessoras externas de outros projetos.

A precedência entre tarefas de diferentes projetos via mecanismo tarefas externas não causa restrição de data.

A precedência entre tarefas de diferentes projetos via mecanismo tarefas externas causa renumeração de tarefas, pois há inclusão de tarefas predecessoras e/ou sucessoras antes inexistentes.

Toda tarefa externa apresenta seu nome inibido na coluna **Nome da tarefa** e sua barra no Gráfico de Gantt em tom cinza.

Não é possível alterar qualquer informação de uma tarefa externa.

Quando um projeto com tarefas externas é aberto e houve alterações no projeto origem, aparece uma janela de diálogo informando esta situação e possibilitando a atualização pela seleção da tarefa divergente, seguida do acionamento do botão *Aceitar*.

Duplo clique sobre a tarefa externa abre o projeto externo.

Se houver alterações de caminho de arquivo ou nome de arquivo os vínculos devem ser corrigidos na janela de diálogo *Vínculos entre projetos* que se apresenta automaticamente quando o projeto é aberto ou pela faixa de opções *Projeto* → grupo *Propriedades* → botão *Vínculos entre Projetos*.

Prática

1. Abrir os projetos CapriAdm.MPP, CapriDoc.MPP e CapriMkt.MPP e criar uma nova janela contendo estes três arquivos.

2. Na nova janela criar as precedências indicadas na tabela 24.4, todas com vínculo TI, observando o reposicionamento das tarefas no tempo.

predecessora	sucessora
CapriAdm a Treinar Instrutores de Mecânica	CapriDoc a Recebimento dos Originais
CapriAdm a Selecionar Concessionárias	CapriMkt a Veicular Campanha de Apresentação
CapriAdm a Importar 300 Unidades	CapriMkt a Liberar Alfândega
CapriDoc a Manuais de Motoristas a Publicar	CapriMkt a Recebimento de Manuais de Motoristas
CapriDoc a Manuais Técnicos a Publicar	CapriMkt a Recebimento de Manuais Técnicos

Tabela 24.4. - *Exercício de definição de precedência entre projetos.*

3. Fechar o arquivo da nova janela sem salvá-lo e fechar CapriAdm e CapriMkt, salvando-os.

4. Em CapriDoc alterar a duração de Manuais de Motoristas → Traduzir de 10 para 12 dias e fechar, salvando-o.

5. Abrir o projeto CapriMkt.MPP e atualizar as datas.

Desfazendo precedência externa

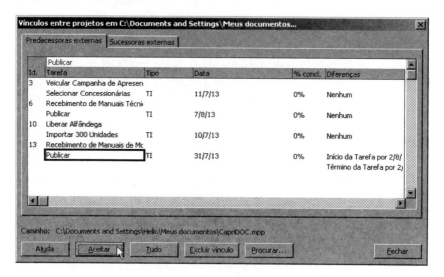

Figura 24.4. - Atualização/exclusão de precedências externas.

Para eliminar uma ligação externa você deve, com os dois projetos abertos, acionar a faixa de opções **Projeto** → **grupo Propriedades** → **botão Vínculos entre Projetos**, na janela de diálogo **Vínculos entre projetos** selecionar o vínculo a ser desfeito e clicar o botão **Excluir vínculo**. Após apagar uma ligação dinâmica você deve salvar os dois projetos para tornar com efeito a operação. Não se deve apagar uma tarefa com vínculo externo, pois o mesmo será quebrado apenas em um dos lados envolvidos na operação.

Resumo – Precedência entre tarefas de diferentes projetos

O Que Fazer	Como Fazer
Criar precedência externa	*Exibição* → grupo *Janela* → botão *Nova Janela* → **Projeto1, Projeto2, ...** *novo arquivo* → *Tarefa* → grupo *Cronograma* → botão *Vincular Tarefas* Na janela de diálogo *Nova janela* selecione todos os projetos que participarão das precedências externas. No novo arquivo de projeto consolidado que se abre, selecione a tarefa predecessora e a sucessora, nesta ordem, com a ajuda da tecla <**CTRL**>, e acione o botão *Vincular Tarefas* da faixa de opções *Tarefa*, repetindo esta operação para cada uma das precedências externas desejadas. Feche o novo arquivo de projeto consolidado sem salvá-lo e salvando todos os outros projetos que participaram da operação.
Desfazer precedência externa	*Projeto* → grupo *Propriedades* → botão *Vínculos entre Projetos* Antes de acionar o comando indicado, abra os projetos envolvidos na precedência a ser desfeita. Na janela de diálogo *Vínculos Entre Projetos* selecione o vínculo a ser desfeito e acione o botão *Excluir vínculo*.

VII

INTERFACE COM OUTROS SOFTWARES

25

IMPORTAÇÃO/EXPORTAÇÃO DE INFORMAÇÕES

Um projeto desenvolvido no MS Project contém muitas informações essenciais para o bom funcionamento de uma organização como um todo. O recurso de importação e exportação de dados permite o compartilhamento destas informações com outros *softwares*, permitindo, por exemplo, importar custos unitários de uma planilha Excel ou exportar estes custos para esta planilha, permitindo elaborar cálculos mais complexos de análise financeira ou fazer projeções de progresso físico envolvendo diversos critérios de ponderação, aplicando inclusive gráficos para melhor visualização, ou ainda preparar uma apresentação usando o Power Point ou o Harvard Graphics...

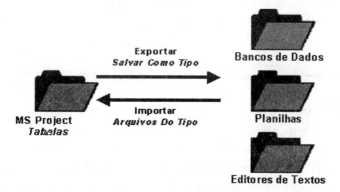

Figura 25.1. - *Troca de informações entre diferentes aplicativos.*

O mecanismo geral de importação e exportação é extremamente simples, pois está baseado em estruturas de dados denominadas **Mapa**, construídas de forma interativa, que, para facilitar o processo, devem ser espelhadas em tabelas do Project.

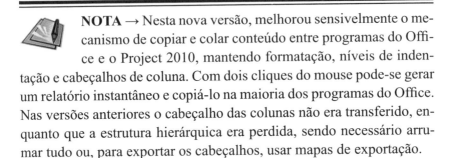

NOTA → Nesta nova versão, melhorou sensivelmente o mecanismo de copiar e colar conteúdo entre programas do Office e o Project 2010, mantendo formatação, níveis de indentação e cabeçalhos de coluna. Com dois cliques do mouse pode-se gerar um relatório instantâneo e copiá-lo na maioria dos programas do Office. Nas versões anteriores o cabeçalho das colunas não era transferido, enquanto que a estrutura hierárquica era perdida, sendo necessário arrumar tudo ou, para exportar os cabeçalhos, usar mapas de exportação.

Exportando informações do projeto

A partir da opção *Arquivo* → *Salvar como* é possível exportar uma tabela de dados ou o projeto todo para outro tipo de arquivo, como, por exemplo, uma versão anterior do Project, uma planilha Excel, um banco de dados, etc.

Primeiramente é necessário que, no campo **Salvar como tipo** da janela de diálogo **Salvar como**, seja determinado o tipo de arquivo para o qual será realizada a operação de exportação. O passo seguinte é dependente do tipo de arquivo escolhido e do escopo de informações a ser exportado, como mostrado a seguir.

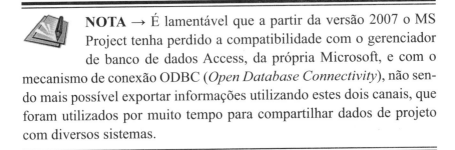

NOTA → É lamentável que a partir da versão 2007 o MS Project tenha perdido a compatibilidade com o gerenciador de banco de dados Access, da própria Microsoft, e com o mecanismo de conexão ODBC (*Open Database Connectivity*), não sendo mais possível exportar informações utilizando estes dois canais, que foram utilizados por muito tempo para compartilhar dados de projeto com diversos sistemas.

Note que existe o botão **ODBC** na janela de diálogo **Salvar como** do MS Project, mas a Microsoft afirma na Ajuda do aplicativo "Um formato usado por bancos de dados Microsoft SQL Server compatíveis com o ODBC. Não é possível salvar no formato ODBC usando o Project 2010, mas você pode abrir projetos que estejam armazenados em arquivos ODBC.".

Atualmente o compartilhamento de dados só é possível com a utilização do Project Professional associado ao EPM da Microsoft, que utiliza o MS SQL Server como banco de dados.

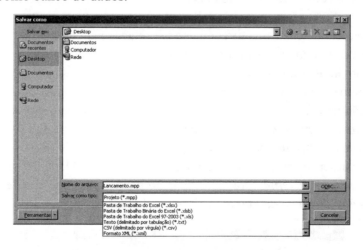

Figura 25.2. - Exportação de informações.

Exportando para tabelas de dados

Por tabela de dados entendemos arquivos padrão Excel, Texto Delimitado por Tabulação ou ainda Texto Delimitado por Vírgula (CSV).

Exportar dados de um projeto para um arquivo Excel é uma opção interessante quando desejamos disponibilizar as informações do projeto para aqueles que não possuam o MS Project instalado ou ainda para aplicação de fórmulas e cálculos complexos, ou, ainda, para geração de gráficos baseados em cruzamentos complexos de informações. Já a exportação de Texto Delimitado por Tabulação ou CSV serve para promover a *interface* com padrões não aceitos diretamente pelo MS Project, como, por exemplo, bancos de dados de *mainframe*.

Ao selecionar uma das opções de tabela no campo *Salvar como tipo*, ao acionar o botão *Salvar* abre-se a primeira janela do Assistente para exportação, onde deve-se acionar o botão *Avançar*.

Quando a exportação é direcionada para o Excel é necessário na etapa 2, *Assistente para exportação – Dados*, definir se será exportado um *Modelo de projeto do Excel* ou *Dados selecionados*. O *Modelo de projeto do Excel* gera uma pasta com 3 planilhas, a 1ª com dados de tarefas, a 2ª com dados de recursos e a 3ª com dados de atribuições.

Caso sua escolha tenha sido direcionar a exportação para o Excel com a opção *Dados selecionados* ou para um padrão Texto Delimitado você deve necessariamente indicar um *Mapa*, o qual vai definir os dados a serem exportados assim como os campos que receberão tais dados no seu destino. Na etapa 2 da exportação para Texto Delimitado ou 3 na exportação para o Excel, denominada *Assistente para exportação – Mapa*, há 2 opções: escolha *Novo mapa* para criar uma estrutura de exportação de dados nova cumprindo os passos do assistente descritos no tópico a seguir, Exportando Com Mapa Personalizado, ou *Usar mapa existente* para selecionar no passo seguinte, *Assistente para exportação – Seleção de mapa*, um dentre os mapas disponíveis.

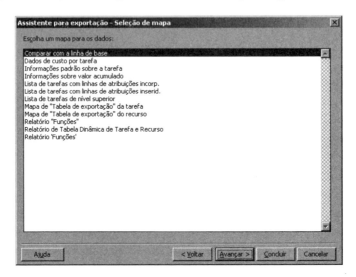

Figura 25.3. - *Janela de diálogo para seleção de mapa de exportação de dados.*

No passo *Assistente para exportação – Seleção de mapa* você pode, após selecionar o mapa desejado, acionar o botão *Concluir* e efetuar a operação imediatamente ou acionar o botão *Avançar* para conferir e/ou alterar as informações a serem exportadas, cumprindo os passos do assistente descritos no tópico a seguir.

Exportando com mapa personalizado

Se você está exportando para uma tabela de dados e os mapas disponíveis não atendem às suas necessidades, é possível optar no passo *Assistente para exportação – Mapa* pela criação de um mapa novo selecionando a opção *Novo mapa* ou pela alteração de um mapa existente selecionando a opção *Usar mapa existente* e na janela de diálogo que se segue, *Assistente para exportação – Seleção de mapa*, selecionando o mapa a ser alterado e acionando o botão *Avançar*.

No passo *Assistente para exportação – Opções de mapa* você deve definir se os dados a serem exportados são referentes a tarefas, a recursos ou a alocação de recursos (atribuições). Caso a exportação tenha como destino um padrão Texto Delimitado a seleção das opções *Tarefas*, *Recursos* e *Atribuições* é excludente, ou seja, somente uma opção poderá ser selecionada. Caso a exportação tenha como destino um arquivo Excel você pode selecionar mais de uma das opções *Tarefas*, *Recursos* e *Atribuições*.

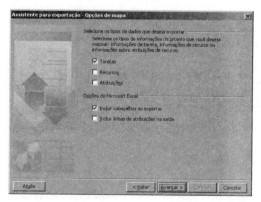

Figura 25.4. Definições do mapa de exportação.

Ainda nesta janela você pode determinar a inclusão de uma linha de cabeçalho contendo os nomes dos campos pela seleção da caixa **Incluir cabeçalhos ao exportar**, o que facilitará uma importação futura deste conjunto de informações, sendo possível também selecionar a caixa **Incluir linhas de atribuição na saída**, criando linhas de detalhamento abaixo de cada linha exportada (para tarefas o detalhamento mostra os recursos alocados e para recursos mostra as tarefas alocadoras) e determinar o caractere que separa os campos em arquivos texto no campo **Delimitador de texto**.

No(s) passo(s) seguinte(s), cujo(s) nome(s) varia(m) conforme você tenha escolhido exportar dados de tarefas, de recursos ou de atribuições, **Assistente para exportação – Mapeamento de tarefas/recursos/atribuições**, você deve definir as informações a serem exportadas. Os elementos de edição estão descritos a seguir.

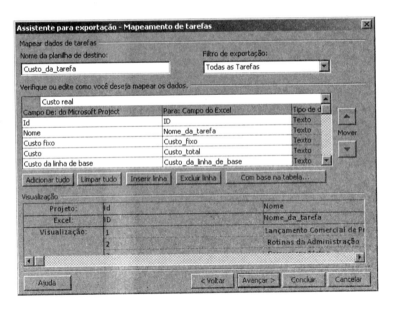

Figura 25.5. - Definição dos dados de tarefas a serem exportados.

- **Nome da planilha de destino**: disponível quando o destino da exportação é uma pasta de trabalho Excel, determina o nome da tabela que receberá os dados;

Capítulo 25 - Importação/Exportação de Informações | **499**

- *Filtro de exportação*: permite a aplicação de um filtro, padrão ou personalizado, sobre os dados;
- **coluna *Campo De: do Microsoft Office Project***: nesta coluna você deve indicar em cada linha os campos de informação a serem exportados;
- **coluna *Para: Campo do Excel* ou *Para: Campo do arquivo de texto***: nesta coluna você deve indicar para cada linha a ser exportada o nome do campo ou coluna destino, que receberá os dados exportados;
- **coluna *Tipo de Dados***: aqui o *software* indica o tipo do campo a ser exportado;
- **botão *Adicionar tudo***: inclui no *Mapa* todos os campos de informação referentes a tarefas ou a recursos ou a atribuição, conforme a opção de tipo de dados selecionada no passo anterior;
- **botão *Limpar tudo***: apaga todos os campos definidos para o mapa;
- **botão *Inserir linha***: insere uma nova linha, acima da linha selecionada;
- **botão *Excluir linha***: apaga a linha selecionada;
- **botão *Com base na tabela***: baseia os dados na estrutura de uma tabela padrão ou personalizada, permitindo a inclusão, exclusão e alteração da sequência dos campos, o que pode facilitar sobremaneira a definição das informações a serem exportadas;
- **botões *Mover***: move uma linha de dados para cima ou para baixo na estrutura.

Abaixo da sequência de botões temos uma visualização da estrutura de dados, mostrando na linha superior do cabeçalho os nomes dos campos no Project e na linha inferior do cabeçalho os nomes dos campos no arquivo de destino.

A operação desta janela independe da opção de tipo de dados selecionada no passo anterior, sendo que os campos disponíveis para exportação se adaptam à opção feita.

O último passo, *Assistente para exportação – Final da definição de mapa*, permite a você salvar o mapa criado ou alterado pelo acionamento do botão *Salvar mapa*. Salve os mapas criados com um nome significativo, de forma a facilitar seu uso posterior, sendo também interessante copiá-lo para o arquivo de padronização Global.MPT, operação acionada na janela de diálogo *Salvar mapa* pelo botão *Organizador*, de forma que o mesmo fique disponível para outros projetos.

> **DICA** → a opção *Arquivo* → *Organizador* também permite disponibilizar mapas de exportação para uso em outros projetos.

Consulte o capítulo **7 Criação do *Pool* de Recursos** – tópico **Disponibilizando Calendários Para Outros Projetos** para obter mais informações sobre o comando *Organizador*.

Algumas considerações sobre o procedimento de exportação de dados:

- A ordem das colunas da tabela exportada determina a ordem das colunas de uma planilha ou a ordem dos campos de um arquivo de dados; quando não houver uma tabela que atenda às necessidades da exportação você pode criar uma tabela para esta finalidade, podendo exportar tabelas customizadas normalmente ou montar a estrutura diretamente no *Mapa*, sendo conveniente, neste caso, salvá-lo para uso posterior.

- Numa operação de exportação de tabelas, objetos como calendário não são levados junto; se a partir do projeto exportado for feita uma operação de importação o calendário assumido para o projeto será o *Padrão*.

- O processo de exportação é um recurso de cópia estática, o que significa que o arquivo destino não refletirá alterações feitas no projeto após a exportação, a menos que seja feita nova operação.

PRÁTICA

Exportar os dados da tabela de custos (Custo) do projeto Lançamento Comercial de Produto para uma planilha Excel denominada Lançamento Custos.XLS.

Importando informações para o projeto

É possível importar um conjunto de dados ou mesmo um projeto inteiro que esteja em outro tipo de arquivo que não o do MS Project, como, por exemplo, uma versão anterior do Project, uma planilha Excel, texto delimitado, etc.

A operação de importação de dados tem sua sequência definida pelo tipo do arquivo origem e pelo escopo de dados que se deseja importar, sempre começando pela opção *Arquivo* → *Abrir*, que dá acesso à janela de diálogo *Abrir*, onde você deve indicar o tipo de arquivo a partir do qual deseja fazer a importação de dados no campo *Arquivos do tipo*.

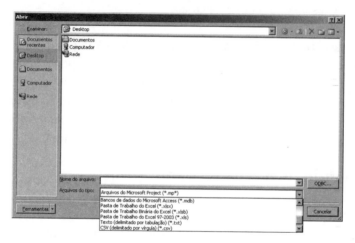

Figura 25.6. - *Importação de informações.*

Importando de banco de dados Access

Apesar de, a partir da versão 2007, não permitir a exportação de dados para o banco de dados MS Access, o MS Project faz a importação de dados deste aplicativo, abrindo importantes possibilidades, como atualização de *pool* de recursos, importação de tarefas a partir de histórico de tarefas similares, importação de durações de tarefas calculadas no sistema de banco de dados com base no histórico, atualização de dados de acompanhamento, etc.

Para importar um conjunto informações do MS Access, siga o roteiro a seguir.

Na janela de diálogo *Abrir* indique no campo *Arquivos do tipo* a opção *Bancos de dados do Microsoft Access*, selecione o banco de dados que contém as informações e acione o botão *Abrir*;

Na janela de diálogo *Assistente para importação* acione o botão *Avançar*;

Na janela de diálogo *Assistente para importação - Mapa* há duas opções: escolha *Novo mapa* para criar uma estrutura de importação de dados nova, cumprindo os passos do assistente descritos no tópico apresentado mais adiante denominado Importando Com Mapa Personalizado, ou *Usar mapa existente* para utilizar um dos mapas disponíveis cumprindo o passo 4. Após selecionar uma das opções acione o botão *Avançar*;

Na janela de diálogo *Assistente para importação – Seleção de mapa*, selecione um dentre os mapas disponíveis. Note que aqui você pode, após selecionar o mapa desejado, acionar o botão *Concluir* e efetuar a operação imediatamente ou acionar o botão *Avançar* para conferir e/ou alterar as informações a serem importadas, cumprindo os passos do assistente descritos no tópico Importando Com Mapa Personalizado apresentado mais adiante.

Importando de banco de dados project

Apesar de, a partir da versão 2007, não permitir a exportação de dados para o banco de dados Project (MPD), o aplicativo faz a importação de dados neste padrão. O formato Banco de dados do Project só permite importar informações do projeto inteiro, ou seja, abrir um projeto gravado anteriormente neste formato. A operação deve seguir o roteiro descrito a seguir.

Na janela de diálogo *Abrir* indique no campo *Arquivos do tipo* a opção *Banco de dados do Project (*.MPD)*, selecione o banco de dados que contém as informações e acione o botão *Abrir*;

Na janela de diálogo *Assistente para importação – Definição do projeto*, selecione o projeto a ser aberto e acione o botão *Concluir*.

Importando de tabela de dados

Por tabela de dados entendemos arquivos padrão Excel, Texto Delimitado por Tabulação ou ainda Texto Delimitado por Vírgula (CSV).

A importação deste tipo de informação permite a atualização de dados do projeto, principalmente na fase de acompanhamento/controle, com dados fornecidos por usuários que não possuam o MS Project instalado, ampliando, assim, a participação dos envolvidos no projeto e permitindo a automação de processos de atualização de dados.

Quando a importação é feita a partir de arquivo Excel ou Texto delimitado, você deve seguir um roteiro semelhante ao indicado para a operação de exportação, conforme descrito a seguir.

Na janela de diálogo *Abrir* indique no campo *Arquivos do tipo* a opção desejada, selecione o arquivo que contém as informações e acione o botão *Abrir*;

Na janela de diálogo *Assistente para importação* acione o botão *Avançar*;

Na janela de diálogo *Assistente para importação – Mapa* há duas opções: escolha *Novo mapa* para criar uma estrutura de importação de dados nova cumprindo os passos do assistente descritos no tópico a seguir, Importando Com Mapa Personalizado, ou *Usar mapa existente* para selecionar no passo seguinte, *Assistente para importação – Seleção de mapa*, um dentre os mapas disponíveis. Acione o botão *Avançar*;

Na janela de diálogo *Assistente para importação – Seleção de mapa* você pode, após selecionar o mapa desejado, acionar o botão *Concluir* e efetuar a operação imediatamente ou acionar o botão *Avançar* para conferir e/ou alterar as informações a serem importadas, cumprindo os passos do assistente descritos no tópico a seguir.

Importando com mapa personalizado

Caso os mapas disponíveis não atendam às necessidades de uma operação de importação, você pode optar pela criação de um. Em operação análoga à de exportação, na janela de diálogo você indica as informações a serem importadas, de acordo com suas necessidades específicas, conforme o roteiro a seguir.

Na janela de diálogo *Abrir* indique no campo *Arquivos do tipo* a opção desejada, selecione o arquivo que contém as informações e acione o botão *Abrir*;

Na janela de diálogo *Assistente para importação* acione o botão *Avançar*;

Na janela de diálogo *Assistente para importação – Mapa* você pode optar pela criação de um mapa novo selecionando a opção *Novo mapa* ou pela alteração de um mapa existente selecionando a opção *Usar mapa existente*; caso sua opção tenha sido a 2ª, na janela de diálogo que se segue, *Assistente para importação – Seleção de mapa*, selecione o mapa a ser alterado;

Na janela de diálogo *Assistente para importação – Modo de importação* você deve definir se os dados a serem importados serão depositados em um novo projeto a ser aberto pelo MS Project, opção *Como um novo projeto*, acrescentados ao final do projeto ativo, opção *Acrescentar os dados ao projeto ativo*, ou mesclados ao projeto corrente tendo por base uma chave de identificação única definida mais adiante, opção *Mesclar os dados no projeto ativo*;

NOTA → A operação de mesclar dados percorre todos os registros da tabela a ser importada e, para cada registro, procura no projeto ativo o campo que foi definido como chave primária, atualizando os registros (tarefas e/ou recursos e/ou atribuições) que ocorrerem nos dois arquivos e incluindo aqueles que não existirem no arquivo de projeto. Se encontrar a chave atualiza o registro do projeto com os dados do registro da tabela importada e se não encontrar a chave inclui novo registro no projeto com os dados do registro da tabela importada.

Como você pode perceber, a definição correta do campo chave é de extrema importância para esta operação. Tenha cuidado com a utilização dos campos Nome da Tarefa e Nome do Recurso, o nome pode ter sido alterado no projeto ou na tabela importada. Tenha cuidado também com a utilização do campo ID, tanto de tarefa quanto de recurso, lembre-se que toda vez que um elemento é inserido ou excluído no meio de uma lista o MS Project recalcula automaticamente o ID de todos aqueles que o sucedem na lista.

Dê preferência ao uso dos campos Id Exclusiva, disponíveis tanto para tarefas quanto para recursos e atribuições, pois este campo depois de ser criado nunca é alterado no MS Project, ficando os procedimentos de controle de alterações restritos à tabela de dados.

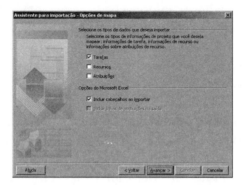

Figura 25.7. - Definições do mapa de importação.

Na janela de diálogo **Assistente para importação – Opções de mapa** você deve definir se os dados a serem importados são referentes a tarefas, a recursos ou a alocação de recursos. Caso a importação tenha como origem um padrão Texto Delimitado, a seleção das opções **Tarefas**, **Recursos** e **Atribuições** é excludente, ou seja, somente uma opção poderá ser selecionada. Caso a importação tenha como origem um arquivo Excel você pode selecionar mais de uma das opções **Tarefas**, **Recursos** e **Atribuições**. A caixa de seleção **Incluir cabeçalhos ao importar** especifica se as informações do cabeçalho serão importadas, o que facilita a definição do mapa de importação, ou não;

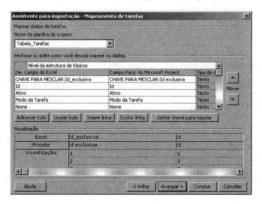

Figura 25.8. Definição dos dados de tarefas a serem importados.

Na(s) janela(s) de diálogo seguinte(s), cujo(s) nome(s) varia(m) conforme você tenha escolhido exportar dados de tarefas e/ou de recursos e/ou de atribuições, *Assistente para importação – Mapeamento de tarefas/recursos/atribuições*, você deve definir as informações a serem importadas. Os elementos de edição estão descritos a seguir.

- *Nome da planilha de origem*: disponível quando a origem da importação é uma pasta de trabalho Excel, determina o nome da tabela que enviará os dados;
- **coluna** *De: Campo do Excel* ou *De: Campo do arquivo de texto*: nesta coluna você deve indicar em cada linha os campos de informação a serem importados;
- **coluna** *Campo Para: do Microsoft Office Project*: nesta coluna você deve indicar para cada linha a ser importada o nome do campo ou coluna destino, que receberá os dados importados, no MS Project;
- **coluna** *Tipo de Dados*: nesta coluna o *software* indica o tipo do campo a ser importado;
- **botão** *Adicionar tudo*: inclui no mapa todas as colunas da planilha indicada no campo *Nome da planilha de origem*. Os campos são apresentados na tabela de edição de campos acima do botão e visualizados na tabela de visualização de campos mais abaixo;
- **botão** *Limpar tudo*: apaga todos os campos indicados anteriormente na tabela de edição de campos;
- **botão** *Inserir linha*: insere uma nova linha na tabela de edição de campos, acima da linha selecionada;
- **botão** *Excluir linha*: apaga a linha selecionada na tabela de edição de campos;
- **Botão** *Definir chave para mesclar*: define o campo selecionado na tabela de edição de campos como chave primária para a operação *Mesclar os dados no projeto ativo*;

Abaixo da tabela de edição de campos temos um *preview* da estrutura de dados, mostrando na linha superior do cabeçalho os nomes dos campos no Project e na linha inferior do cabeçalho os nomes dos campos no arquivo de origem.

As janelas de diálogo *Assistente para importação – Mapeamento de recursos* e *Assistente para importação – Mapeamento de atribuições*, disponíveis quando são selecionadas na janela de diálogo *Assistente para importação – Opções de mapa* as caixas **Recursos** e **Atribuições** respectivamente, têm *layout* e operação idênticos à janela de diálogo *Assistente para importação – Mapeamento de tarefas* descrita acima;

O último passo, *Assistente para importação – Final da definição de mapa*, lhe permite salvar o mapa criado ou alterado, pelo acionamento do botão *Salvar mapa*. Salve os mapas criados com um nome significativo, de forma a facilitar seu uso posterior, sendo também interessante copiá-lo para o arquivo de padronização Global.MPT, operação acionada na janela de diálogo *Salvar mapa* pelo botão *Organizador*, de forma que o mesmo fique disponível para outros projetos.

 DICA → a opção *Arquivo* → *Organizador* principal também permite disponibilizar mapas de exportação para uso em outros projetos.

Consulte o capítulo **7 Criação do *Pool* de Recursos** – tópico **Disponibilizando Calendários Para Outros Projetos** para obter mais informações sobre o comando *Organizador*.

Algumas considerações sobre o procedimento de importação de dados:

Para importar uma tabela de forma segura, primeiro exporte o mapa da estrutura a ser importada tendo selecionado a opção *Incluir cabeçalhos ao exportar*, a qual também deverá estar selecionada quando da operação de importação;

Um arquivo deverá estar fechado para que seja importado;

O processo de importação é um recurso de cópia estática, o que significa que o projeto não refletirá alterações feitas no arquivo origem após a importação a menos que seja feita nova operação de importação.

PRÁTICA

1. Criar uma planilha no Excel denominada Recursos.XLS, conforme a tabela 25.1.

	A	B	C	D	E	F
1	1	Recurso 1	R1	Prod	5	25
2	2	Recurso 2	R2	Prod	4	32
3	3	Recurso 3	R3	Prod	1	15
4	4	Recurso 4	R4	Prod	1	12

Tabela 25.1. - Exercício de criação de planilha no Excel.

2. Importar os dados de recursos da planilha criada, acrescentando-os ao projeto Produção XPTO (Produção.MPP).,

Exportando imagem

Muitas vezes nos vemos diante da necessidade de apresentar um cronograma de projeto, ou outro modo de exibição do Project, associado a um documento texto, a uma apresentação, a uma página WEB. Para atender a esta situação o Project oferece a possibilidade de exportação do cronograma para um arquivo de imagem com formato GIF, o qual poderá ser associado a qualquer arquivo que suporte imagens neste formato.

Note que o método de exportação de imagem não está disponível para os modos de exibição Formulário de tarefas, Formulário de recursos, Formulário detalhes da tarefa, Formulário nome da tarefa e Formulário nome do recurso. No modo de exibição Diagrama de rede o método de exportação está disponível, porém se limita ao conteúdo visualizado na tela no momento do acionamento do comando.

A faixa de opções *Tarefa* → grupo *Área de Transferência* → **caixa de combinação** *Copiar* → **opção** *Copiar Imagem* abre a janela de diálogo *Copiar imagem*, comentada a seguir.

Capítulo 25 - Importação/Exportação de Informações | **509**

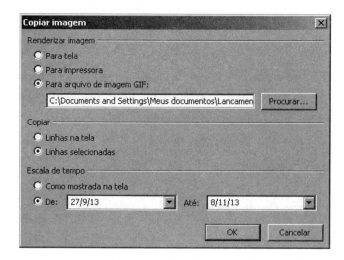

Figura 25.9. *- Janela para exportação de imagem de cronograma.*

- **Renderizar imagem Para tela**: copia o modo de exibição como uma figura, respeitando o formato que aparece na tela, devendo esta figura ser colada em outro arquivo pelo comando Colar do aplicativo de destino;

- **Renderizar imagem Para impressora**: copia o modo de exibição como uma figura que deverá ser colada em outro arquivo pelo comando Colar do aplicativo de destino, porém com a aparência que teria ao ser impresso com o tipo de impressora selecionada no MS Project no momento em que o comando é acionado, portanto, quando a intenção for imprimir a figura, ao invés de exibi-la em tela, você deve dar preferência a esta opção; caso haja mudança de impressora no aplicativo destino, a operação de cópia deverá ser repetida, apontando para a nova impressora;

- **Renderizar imagem Para arquivo de imagem GIF**: selecione esta opção e insira o caminho e o nome do arquivo na caixa para salvar a figura como uma imagem GIF (Graphics Interchange Format), após isto feito a imagem deverá ser inserida no arquivo destino pelo procedimento padrão para inclusão de figuras ou imagens do respectivo aplicativo; os arquivos GIF são bitmaps compactados compatíveis com inúmeros navegadores da Web, editores de texto, programas de apresentação, etc;

- *Copiar Linhas na tela*: inclui na figura apenas as linhas visualizadas na tela;

- *Copiar Linhas selecionadas*: inclui na figura as linhas selecionadas; para incluir em uma imagem uma quantidade de linhas maior que o limite da tela selecione as linhas e escolha esta opção;

- *Escala de tempo Como mostrada na tela*: inclui na figura apenas o intervalo de datas exibido na tela;

- *Escala de tempo De/Até*: inclui na figura o intervalo de datas especificado.

Caso a figura exceda 56 cm por 56 cm, serão apresentadas opções para ajustar o tamanho antes de exibi-la em outro programa. O limite interno máximo de uma figura é de 864 centímetros por 1000 tarefas. Caso seja escolhida a opção *Para arquivo de imagem GIF* e a figura exceda 254 centímetros por 254 centímetros, serão apresentadas opções para reduzir o tamanho.

PRÁTICA

Gere uma imagem GIF de todo o projeto Lançamento.MPP e insira esta imagem em um documento Word e em uma apresentação PowerPoint.

Resumo – importação/exportação de Informações

O Que Fazer	Como Fazer
Exportar informações	*Arquivo → Salvar como* janela *Salvar como → caixa Salvar como tipo* Na caixa *Salvar como tipo* indique o padrão do arquivo que receberá as informações, acionando em seguida o botão *Salvar*. Na sequência de janelas de diálogo *Assistente para exportação* indique a estrutura de informações que será exportada.

Capítulo 25 - Importação/Exportação de Informações | **511**

Criar uma estrutura de exportação

Arquivo → Salvar como
janela *Salvar como* → caixa *Salvar como tipo*
janela *Assistente para exportação – Mapa → Novo mapa*.
Na caixa *Salvar como tipo* indique o padrão do arquivo que receberá as informações, acionando em seguida o botão *Salvar*.
Na sequência de janelas de diálogo *Assistente para exportação* acione o botão *Avançar* até a janela *Assistente para exportação – Mapa* onde você deve acionar a opção *Novo mapa*.
Na janela de diálogo *Assistente para exportação – Opções de mapa* você deve definir se os dados a serem exportados são referentes a tarefas, a recursos ou a alocação de recursos e nas janelas seguintes você deve definir as informações a serem exportadas.
Dependendo do(s) foco(s) definido(s) uma ou mais janelas de diálogo *Assistente para exportação – Mapeamento* ficarão disponíveis para a definição dos dados.

Alterar uma estrutura de exportação

Arquivo → Salvar como
janela *Salvar como* → caixa *Salvar como tipo*
janela *Assistente para exportação – Mapa → Usar mapa existente*.
Na caixa *Salvar como tipo* indique o padrão do arquivo que receberá as informações, acionando em seguida o botão *Salvar*.
Na sequência de janelas de diálogo *Assistente para exportação* acione o botão *Avançar* até a janela *Assistente para exportação – Mapa* onde você deve acionar a opção *Usar mapa existente*.
Na janela de diálogo *Assistente para exportação – Seleção de mapa* você deve selecionar o mapa a ser alterado e acionar o botão *Avançar*.
Na janela de diálogo *Assistente para exportação – Opções de mapa* você deve definir se os dados a serem exportados são referentes a tarefas, a recursos ou a alocação de recursos e nas janelas seguintes você deve definir as informações a serem exportadas.
Dependendo do(s) foco(s) definido(s) uma ou mais janelas de diálogo *Assistente para exportação – Mapeamento* ficarão disponíveis para a definição dos dados.
Lembre-se que não devemos alterar elementos padrão do *software*, para isto no último passo, *Assistente para exportação – Final da definição de mapa*, você deve salvar o mapa alterado com outro nome pelo acionamento do botão *Salvar mapa*. Pode ser interessante copiá-lo para o arquivo de padronização Global.MPT, acionando o botão *Organizador* na janela de diálogo *Salvar mapa*.

Excluir uma estrutura de exportação	***Arquivo → Informações → Organizador*** Na janela de diálogo ***Organizador*** selecione a alça de ficha ***Mapas***, selecione o mapa a ser excluído e acione o botão ***Excluir***.
Disponibilizar uma estrutura de exportação para outros projetos	**menu *Ferramentas → Organizador*** Na janela de diálogo ***Organizador*** selecione a alça de ficha ***Mapas***, selecione o mapa a ser disponibilizado e acione o botão ***Copiar***.
Importar informações	***Arquivo → Abrir*** **janela *Abrir* → caixa *Arquivos do tipo*** Na caixa de lista ***Arquivos do tipo*** indique o padrão do arquivo que fornecerá as informações, acionando em seguida o botão ***Abrir***. Na sequência de janelas de diálogo ***Assistente para importação*** indique a estrutura de informações que será importada.
Criar uma estrutura de importação	***Arquivo → Abrir*** **janela *Abrir* → caixa *Arquivos do tipo*** **janela *Assistente para importação – Mapa → Novo mapa***. Na caixa ***Arquivos do tipo*** indique o padrão do arquivo que fornecerá as informações, acionando em seguida o botão ***Abrir***. Na sequência de janelas de diálogo ***Assistente para importação*** acione o botão ***Avançar*** até a janela ***Assistente para importação – Mapa*** onde você deve acionar a opção ***Novo mapa***. Na janela de diálogo ***Assistente para importação – Opções de mapa*** você deve definir se os dados a serem importados são referentes a tarefas, a recursos ou a alocação de recursos e na(s) janela(s) seguinte(s) você deve definir as informações a serem importadas. Dependendo do(s) foco(s) definido(s), uma ou mais janelas de diálogo ***Assistente para importação – Mapeamento*** ficarão disponíveis para a definição dos dados.

Capítulo 25 - Importação/Exportação de Informações | **513**

Alterar uma estrutura de importação	*Arquivo → Abrir* janela *Abrir →* caixa *Arquivos do tipo* janela *Assistente para importação – Mapa → Usar mapa existente*. Na caixa *Arquivos do tipo* indique o padrão do arquivo que fornecerá as informações, acionando em seguida o botão *Abrir*. Na sequência de janelas de diálogo *Assistente para importação* acione o botão *Avançar* até a janela *Assistente para importação – Mapa* onde você deve acionar a opção *Usar mapa existente*. Na janela de diálogo *Assistente para importação – Seleção de mapa* você deve selecionar o mapa a ser alterado e acionar o botão *Avançar*. Na janela de diálogo *Assistente para importação – Opções de mapa* você deve definir se os dados a serem importados são referentes a tarefas, a recursos ou a alocação de recursos e na(s) janela(s) seguinte(s) você deve definir as informações a serem importadas. Dependendo do(s) foco(s) definido(s), uma ou mais janelas de diálogo *Assistente para importação – Mapeamento* ficarão disponíveis para a definição dos dados. Lembre-se que não devemos alterar elementos padrão do *software*, para isto no último passo, *Assistente para importação – Final da definição de mapa*, você deve salvar o mapa alterado com outro nome pelo acionamento do botão *Salvar mapa*. Pode ser interessante copiá-lo para o arquivo de padronização Global.MPT, acionando o botão *Organizador* na janela de diálogo *Salvar mapa.*
Excluir uma estrutura de importação	*Arquivo → Informações → Organizador* Na janela de diálogo *Organizador* selecione a alça de ficha *Mapas*, selecione o mapa a ser excluído e acione o botão *Excluir*.
Disponibilizar uma estrutura de importação para outros projetos	*Arquivo → Informações → Organizador* Na janela de diálogo *Organizador* selecione a alça de ficha *Mapas*, selecione o mapa a ser excluído e acione o botão *Excluir*.

Exportação de imagem	***Tarefa → grupo Área de Transferência → caixa Copiar → opção Copiar Imagem*** Selecione as opções de destino, escopo de linhas e intervalo de tempo. No aplicativo destino use o método Colar ou o método Inserir Figura/Imagem.

MS-PROJECT 2010
Do Planejamento ao Controle com Earned Value

Autor: Alex Damasio

152 páginas
1ª edição - 2013
Formato: 16 x 23
ISBN: 978-85-399-0367-2

Escolhi o MS-PROJECT para este livro, pois é um software prático e dinâmico que aceita integração com outros programas. O MS-PROJECT é somente uma ferramenta, tem que ser moldada para o objetivo final de cada especialidade. O Earned Value (Valor agregado) é uma técnica de Planejamento e Controle que integra de forma abrangente o físico e financeiro de cada projeto. Junto com outros métodos, como Fichas de apropriação e controle de Produtividade, será essencial para o bom funcionamento do ciclo PDCA em qualquer projeto.

Quando comecei a trabalhar com planejamento, não tinha ideia de como esta área era tão importante para o sucesso de um projeto, independentemente da ferramenta utilizada, pois um bom planejamento pode ser feito até mesmo, se necessário, com o bom e velho papel de pão.

O MS-PROJECT, trabalhado de forma correta, fornece automaticamente todos os dados para trabalharmos com Earned Value.

À venda nas melhores livrarias.

Impressão e acabamento
Gráfica da Editora Ciência Moderna Ltda.
Tel: (21) 2201-6662